L A   V E R I T A B L E
O R I G I N E
D E   L A
T R E S - I L L U S T R E
MAISON DE SOHIER,

AVEC UNE TABLE GENEALOGIQUE

De sa Ligne principale & directe, embellie d'un court recit des Branches qui en sont sorties, depuis six cens ans, ou environ jusques à present.

Le tout verifié par Titres, Chartres, Monumens, & Histoires authentiques.

LA VERITABLE ORIGINE DE LA TRES-
ANCIENNE ET TRES-ILLVSTRE
MAISON DE SOHIER.
Sohier.
Sart.
Hellemans.
De Surgues.
Malapert.
Berlot.
Renialme.
Santvoort.
STELLA XPI DVCE.
A LEYDEN,
Chez François Hacke.
MDCLXI.

O NOBLE!

Ouvien-toy que tout ce qui naiſt dans le temps perit avec le temps. Ta Nobleſſe a pris commencement dans le temps, pour y prendre ſa fin, & tu peux remarquer qu'il ne faut ſouvent qu'un jour pour deſtruire l'ouvrage de pluſieurs ſiecles. Les degrez de l'elevation des mortels ſont gliſſants & raboteux, le faiſte en eſt tremblant, & le precipice effroyable. Tes Anceſtres ont monté avec peine à des conditions eminentes; ils s'y ſont maintenus avec bien de la difficulté, & tu en peux deſcendre bien rudement à l'impourveu. Apprens des Sages que les plus grands hommes ont leurs malheurs comme les moindres, que les Empires meſmes trouvent leur fin, & que l'on void maintenant des abiſmes ou furent autresfois des villes. Ne te glorifie de ta fortune preſente, car elle n'eſt baſtie que ſur le ſable & ſur les flots; ſache que ta plus belle gloire n'eſt qu'un beau ſonge, que les cheſnes ſont plus ſujets à la foudre que les buiſſons, & que les adverſitez ſont parmy les diademes comme les eſpines ſont parmy les roſes, & que tout le bonheur du Monde n'eſt point un bonheur ſolide. Et confeſſe qu'encor que la Fortune diverſifie la condition de toutes choſes, elle les égale d'ailleurs dans leur naiſſance, & leur aneantiſſement, & imprime dans ta memoire les paroles du Poëte qui dit:

Nous courons tous meſme danger,
Nous avons meſmes deſtinées;
Et le meſme malheur qui pourſuit le Berger,
Peut attaquer auſſi les teſtes couronnées:
Nos jours ſont filez d'un fuſeau,
Ceux des moindres ſujets, & des plus grands Monarques
Sont entrepris de meſmes Parques,
Et couppez d'un meſme ſiſeau.

ÆTATIS XXXXVII.
STELLA XPI DVCE;
Nobilissimo ac Generosissimo Domino, Dno: CONSTANTINO SOHIER,
Celsissimo (primorum Veromandiæ Comitum) stemmate orto; Equiti, Libero
S.R.J. Baroni, Warmenhusæ, Crabbendami etc. Toparchæ, nec non Antiquæ
Poelgeestanæ Arcis Domino;   Hanc ipsius Effigiem ad vivum a se delineatam sculptamq;
obseruantiæ ergo D.D. Petrus Holstenius Aº 1662.

A TRES-ILLUSTRE
SEIGNEUR
CONSTANTIN SOHIER,
LIBRE BARON DU SAINT EMPIRE,
Seigneur de Warmenhuyſen, Crabbendam, Out-Poelgeeſt, &c.

ONSIEUR,

SI vos derniers Peres ne vous avoient laiſſé le deſir, & le moyen de profiter des belles ouvertures, qu'ils avoient eu de leur ancienne & illuſtre extraction, & ſi vous n'aviez pas ſuivy le beau ruiſſeau qu'ils avoient dé-couvert, quoy que ſur des piſtes aſſez confuſes & incer-taines; vous n'auriez jamais pû remonter à ſa ſource, ca-
**
chée &

chée & inconnuë depuis tant de siecles, & vous n'auriez
eu le bien de considerer cette Fontaine, ou vous puisez
aujourd'huy dequoy relever le prix, & la bonté des eaux
qui en derivent. L'avantage que j'y trouve, c'est qu'au lieu
que les sources sont ordinairement tres foibles, & qu'elles poussent un si petit filet d'eau, qu'il a bien de la peine
de se traisner sans se perdre sur le sable, & sur le gravier;
celle-cy tout au contraire, n'est pas moindre d'abord que
son ruisseau, elle court avec impetuosité tout d'un coup.
Je veux dire que celuy que vous avez trouvé,& que vous
reverez pour Autheur de vostre Grande Famille, possedoit une puissance qui ne cedoit que bien peu à la Royalle, & estoit si ancien & si illustre en son extraction, qu'il
ne reconnoissoit que des Empereurs, & des Roys pour ses
Ancestres. Puis donc que vous avez découvert si heureusement cette belle Source, (qui a produit un nombre de
glorieuses & fecondes Branches) & que vous participez
tres particulierement à la Gloire & à la Grandeur
d'une des premieres Maisons du Monde, veu que vous
pouvez vous vanter d'estre legitimement sorty de celle VERMANDOIS issuë de l'EMPEREUR CHAR-
LEMAGNE, & veu que ce mesme Empereur descend
de FERREOL Prefect du Pretoire des Gaules; j'ay
pris la hardiesse, à la faveur de toutes vos rares & belles preuves & de nos plus fameux Historiens, de vous
dresser un Plan ou Table Genealogique de vos tres-Il-
lustres Ancestres, dés sa premiere source, & de l'ex-
poser au public sous l'auctorité de vostre nom, puis que
vous en estes aujourd'huy l'un des principaux Chefs, &
supports. Je sçay bien que vostre Modestie m'a long-
temps diverty de ce dessein; mais à la fin je me suis reduit à la consideration de l'avantage que peuvent tirer beaucoup d'autres grandes Maisons de ce petit
Travail, embelly de plusieurs particularitez, qui
n'ont encore veuës le jour. Et à vray dire qui pourroit me

roit me blâmer d'une entreprise que mille autres ont ten-
té avant moy ? Les Bardes des Gaulois, & des Bretons
n'estoient-ils pas obligez en suite de leur profession, de
faire les Genealogies des personnes Nobles & Illustres, &
de rediger en vers leurs memorables actions ? Les Do-
ctes de Rome n'ont ils pas publié par leurs escrits les Ancestres & merites de leurs Senateurs & Chevaliers ? Du
temps de Baudouin Roy de Hierusalem n'y avoit-il pas
des sçavants establis & deputez pour faire des exactes &
diligentes recherches des Genealogies des Princes, & des
Grands Seigneurs ? Et mesme en ces derniers siecles ne
trouvons nous pas mille plumes, qui ont tracé la memoire
d'une infinité de Nobles & Insignes Familles ?

Semblables Exemples, MONSIEUR, m'ont fait
demeurer dans les termes de mon premier dessein, &
m'ont persuadé que vous ne pouvez prendre de mauvaise
part, ce que tous les Biennez recherchent en nos jours
avec zele,& passion. Je vous restitue donc publiquement
ce que le temps, ou la nonchalance vous avoit ravy, &
je fais voir à tout le monde la splendeur, le lustre, les vertus, les adventures, & les cheutes de vos Grands Progeniteurs & Ancestres, afin que l'on recognoisse que
tout est à pied glissant, & qu'il n'y a rien en assiete assu-
rée au monde, & que tous les plus Grands y sont la
despoüille du temps, les images de l'inconstance, &
les patrons des miseres & des douleurs ?

Messieurs vos Enfans apprendront aussi par ce petit
narré à suivre,& aymer la Vertu, par les exemples de la
Gloire, & de l'Honneur,qu'ils y verront avoir rendu la
memoire de leurs Ayeux digne d'une perpetuelle reco-
mendation:ils y reconnêtront,que pour estre parfaitement louez d'avoir eu tant de braves, & fameux Predecesseurs,ils deuront fonder cette louange sur les fermes
colomnes de leurs propres merites.Et côme la Jeunesse
Romaine estoit animée au desir de la gloire par la repre-
** 2

sentation

fentation des Images de ſes Predeceſſeurs , de meſme
trouveront-ils en ce narré , comme dans un Tableau , ou
Racourcy , depeintes toutes les plus celebres actions , &
eminentes vertus de leurs Ayeux , qui leur ſerviront
d'exemple , & de prototype , & donneront des ailes à
leurs jeunes courages pour les porter à des hautes & glo-
rieuſes entrepriſes. Agreez donc, s'il vous plaiſt, MON-
SIEUR, ce mien petit Travail , & permettez que mon
affection vous aſſure du vœux , que je fais de vivre à jamais en l'obeyſſance de vos commandemens ,

MONSIEUR

comme

*Voſtre tres-humble , & tres-obeyſſant
ſerviteur*

J. C. D. D.

PREFACE.

CHERS LECTEURS, *Il y a des certaines choſes, qui demeurent long temps obſcures, & cachées, pour ſe relever de leurs tenebres avec plus de gloire, que ſi elles euſſent touſiours demeuré dans leur luſtre, & dans la poſſeſſion de l'honneur qu'elles pouvoient tirer de la grandeur de leur Origine. Le Soleil ne nous paroiſtroit pas ſi beau, s'il ne ſe cachoit jamais, & le partage que Dieu a fait du jour & de la nuiЄt, nous rend la joüiſſance de la lumiere beaucoup plus agreable, que ſi elle n'eſtoit point interrompuë par l'obſcurité, à qui nous avons l'obligation de nous la faire trouver plus belle.*

Nous dirions volontiers la meſme choſe des Maiſons, & des Familles. Quand leur Origine eſt ſi claire, que tout d'un coup elle ſe deſcouvre, on n'en fait pas ſi grande eſtime. On la met au rang des choſes communes, & on en fait comme des veritez, ſur leſquelles on ne fait plus de reflexion, pource qu'elles ſont certaines, & que tout le monde en eſt perſuadé. Mais lors qu'une Illuſtre Famille, dont la Tige & le commencement ont eſté cachez pluſieurs ſiecles, vient à faire voir ſa naiſſance, &, ſi nous l'oſons dire, ſon berceau, on la conſidere bien d'avantage, & elle attire ſur ſoy les yeux d'un chacun; de meſme qu'un homme reſuſcité ſeroit l'eſtonnement, & l'admiration de tous ceux de ſon ſiecle, & à peine euſt-on penſé à luy ſi ſa vie n'euſt point eſté interrompuë.

Perſonne ne niera que la premiere MAISON DE VERMANDOIS ne ſoit une des plus illuſtres, & des plus grandes de l'Europe, nous n'avons rien à dire pour prouver cette verité, elle eſt ſi connuë, qu'il faudroit renoncer au ſens commun, & refuter tous les Hiſtoriens, pour en former le moindre doute. Mais auſſi perſonne ne niera qu'il n'y a gueres eu de Maiſon, dont la cheute ait eſté plus ſubite, & la connoiſſance pluſtoſt perduë, ou obſcurcie, par la diſgrace qu'encourut EUDE COMTE DE VERMANDOIS, lequel fut injuſtement deſpoüillé de ſes Eſtats par Henry I. & Philippes ſon fils, Roys de France, qui ne laiſſerent à ſes enfans que bien peu de Seigneuries, de peur que reprenans leurs forces ils ne ſe ſoûlevaſſent contre leurs Couronnes, & ne ſe vangeaſſent du tort qu'on leur faiſoit. Les Hiſtoriens de ce temps là ou par reſpeЄt, ou par crainte n'oſerent faire éclater cette uſurpation. Aucuns par une flatterie baſſe & laſche ont publié par leurs eſcrits qu'EUDE n'avoit pas aſſez d'eſprit pour gouverner ſes Eſtats. Les autres, pour appuyer les pretenſions de leur Roy, diſent qu'EUDE avoit teſmoigné ſon peu de ſens en s'alliant avec la fille d'un Chevalier Picard, & meſme ſans l'advis & bon plaiſir du Roy ſon Maiſtre. Les troiſieſmes plus raiſonnables, rapportent que les Roys de France reconnoiſſans que la diſtraЄtion de pluſieurs grandes Provinces (comme de la Picardie, du Vermandois, du Valois, &c) diminuoit de beaucoup leur Royaume, & oſtoit le luſtre de leur Couronne, & qu'il pouvoit arriver un jour qu'il y auroit tant d'enfans de la Maiſon de France, que les Provinces du Royaume ne ſuffiroient pas à les partager, ils trouverent meilleur qu'au lieu des partages, les enfans de France eſpouſaſſent les heritieres des grands Seigneurs du Royaume, dont les Anceſtres avoient autresfois eſté partagez, ou s'eſtoient emparez des Provinces de la Couronne, afin de les y faire rentrer & reünir. En cette ſorte (dit Laurent Turquois en ſon Hiſtoire au fueillet 277.) le Roy Philippes fit eſpouſer à Hugues dit le Grand ſon frere, ALIX (Sœur d'EUDE COMTE DE VERMANDOIS ET DE VALOIS) ſans luy aſſigner aucun partage, ny autre bien que celuy que ſa femme luy apportoit en mariage, dont il fut obligé de prendre le nom & les armes eſcartelées de celles de France, & fut dés lors defendu aux Deſcendans du dit EUDE de ne retenir dores-en-avant aucunes Armes,

** 3

qualitez,

qualitez, & marques de leurs Ayeulx, afin de tant pluſtoſt faire perdre le ſouvenir de ce tyran-
nique envahiſſement. La Morliere plus hardy que les autres dit en ſes Antiquitez d'Amiens
folio 60. que le Roy avoit eu la force de des-heriter contre tout droit le vray heritier de Vermandois EUDE, frere d'ALIX, &c. la poſterité duquel ne s'eſt pû jamais relever de cette
diſgrace, parce que les biens, & les forces luy manquerent. Tels, ou ſemblables ſujets
ont renduës muëttes les plumes de nos anciens Genealogiſtes & Hiſtoriens, & ils ne ſe ſont
travaillé à continuer la poſterité de noſtre EUDE, parce, peut-eſtre, qu'ils ne l'ont jugé
aſſez conſiderable en ſes biens & Alliances, pour la faire marcher de pair, & la joindre
avec celle de la ſuſnommée ALIX. Quoy qu'il en ſoit, cette diſgrace & cette retenuë
n'ont pû empeſcher que les Enfans du dit EUDE ne ſe ſoient faits conneître par les bienfaits & munificences qu'ils ont exercé envers les Cloiſtres & Egliſes, ou ils ont choiſy leurs
ſepultures & encor bien que les Moines des ſiecles paſſez ayent eſté fort negligens à faire éclater
par leurs eſcrits les noms de leurs Bienfaicteurs, ſi eſt-ce qu'ils ſe ſont eſtudie, malgré la malice
des temps, d'en conſerver les Chartres, & Titres de donation dans leurs Archives, & Regiſtres, ſans leſquels les Genealogiſtes n'auroient que des conjectures, voires que des Chimeres, &
des fables des meilleures Familles. Monſieur Du Cheſne dans toutes ſes Hiſtoires Genealogiques, les Sieurs Sanderus, Grammaye, Miræus, Bouchet, Butkens, Sainte-Marthe, la Morliere & autres confeſſent unanimement, qu'ils n'ont trouvé autre chemin, pour eſtre conduits dans
la vraye connoiſſance des Familles qu'ils vouloient entreprendre de deſcrire, que parmy les cahiers
des ſuſdits lieux, qui ne ſont ordinairement ſi aſſujettis aux naufrages, embraſemens, & ravages des guerres, que le Chaſteaux ou ſejours des Gentilshommes.

Ce ſont donc des ſemblables lieux, qui nous ont donné les premieres nouvelles des enfans de
noſtre EUDE, COMTE DE VERMANDOIS, dont le cadet nommé
SOHIER, fut la Tige & l'Autheur de la Famille de ce meſme nom. Mais comme cecy
n'eſtoit encore que l'Aube, & qu'il eſtoit impoſſible de percer au travers des tenebres, que l'on y a
rencontrées, les derniers Deſcendans de cette Famille ont laiſſé à ceux qui les ont ſuivy, l'envie
de profiter des belles ouvertures qu'ils leur ont données, & de continuer le chemin qu'ils avoient
entrepris, mais qu'ils avoient abandonné dans des pas difficiles. Le Seigneur de VVarmenhuiſen
a ſuccedé, qui voyant le chemin applany, & qu'il n'eſtoit mal-ayſé au milieu de l'Abondance &
des Richeſſes de courir dans la carriere que ſes Anceſtres luy avoient frayé, employa tous ſes
ſoins, & le credit de ſes amys à faire fueilleter exactement la plus part des Archives, & Cartulaires des Chapitres, Monaſteres, & Egliſes du pays de Cambreſis, de Haynaut, d'Artois, &
des lieux circonvoiſins. En quoy il a ſi bien reüſſy, apres le travail de ſix, ou ſept années, qu'il
a ramaſſé un grand nombre de demonſtrations ſi certaines, des raiſonnemens ſi forts, & ſi judicieux, & des Chartres, & des preuves ſi conſtantes, & ſi aſſurées, qu'à mon advis il ne prendra
jamais envie à perſonne de luy diſputer la grandeur, & ancienneté de ſon extraction. Nous
ſçavons que pluſieurs Critiques s'eſtonneront de cette nouveauté, & qu'ils blâmeront de ſuperbe le
le dit Seigneur de VVarmenhuiſen; mais qu'ils ſçachent que ce n'eſt pas vice, ains une vertu,
de rechercher l'antiquité de ſon origine. Salluſt. dit fort bien que Gens ſeriem majorum
quærit, majorumque gloria poſteris quaſi lumen eſt. Ce n'eſt pas d'aujourd'huy
que la Nobleſſe a recherché l'antiquité de ſon extraction: chez les Romains, celuy là eſtoit eſtimé
le plus Noble, qui eſtoit le plus Ancien; ils ſe glorifioient de la multitude des Images de leurs
Predeceſſeurs, & par là faiſoient la preuve de leur Nobleſſe. Et de là vient que chacun a tiré la
ſource de ſa Famille le plus loin qu'il a peu, juſques à recourir aux Fables, & aux Dieux des Anciens, les Roys, & les Empereurs, dont l'Hiſtoire ancienne fait tant de cas, ſe ſont laiſſés emporter à cette curioſité. N'avoit-on pas perſuadé à Alexandre le Grand qu'il eſtoit fils de Ju-
piter

piter Ammon, à Jules Cesar, qu'il descendoit de la Deesse Venus, & à Auguste qu'il estoit issu
d'Enée? Les Anglois ne commencent-ils pas le Catalogue de leurs Roys à Brutus, pretendu fils
de Silvius Posthumius & petit fils d'Ascanius fils d'Enée? Et entre les Historiens Espagnols,
les uns remontent l'origine de leurs Roys depuis Adam, les autres depuis Tubal fils de Noé, &
les plus moderez depuis Hercule. Cette innocente curiosité a passé des Empereurs & des Roys
aux autres Princes, Seigneurs, & Gentils-hommes. Ceux de la Maison d'Est, ne se preten-
dent-ils pas yssus d'un Prince Troyen nommé Marchus, les Ursins de Lyacon Roy d'Arcadie
du costé paternel, & d'Acestes Troyen du costé maternel? Les Colomnes se disent estre sortis
des Camilles Romains, les Avalos d'Achille, les VVelfes de Catilina; les Braux Princes d'Orange de l'un des trois Roys qui adorerent JESVS CHRIST en Bethleem,
les Comtes de Nassau de Nauseus Capitaine de Jules Cesar, les Gonzagues Ducs de Man-
toüe de Lucius Cotta Consul Romain, les Rossys (Marquis de S. Second & Comtes de Bercet-
to) de Roscius Lieutenant general de Xerxes Roy de Perse; Les Montmorencys d'un Prince
de la Gaule nommé Mauritasgus mentionné par Jules Cesar. Les Aubignys d'un Albiniacus
Senateur Romain, les Marcillac de Marcelliacus, les Marsacs de Martius, les Crecys
de Carisus, & une infinité d'autres, que je laisse par discretion. Ce qui nous monstre assez
comme chascun se plaisoit du passé, en la recherche de sa naissance & de son extraction. Aussi
cette loüable ambition s'est tellement emparée des esprits des Gentils-hommes de nos derniers siecles,
qu'il n'y a que les lasches, & poltrons, qui ne se glorifient de la gloire de leurs nobles Ancestres,
de peur que ne les imitans pas, on croye qu'ils ne sont pas leurs legitimes heritiers, ou que les merites & vertus de leurs Peres facent par trop éclater l'infamie de leurs mauvaises vies.

Nous sçavons que le principal regret, qui demeure en l'ame de force gens de condition, est,
que la pluspart des Registres de leurs Maisons, qui leur donnoient la vraye connoissance de leur
origine, & de leurs Alliez, sont perdus, & peris par les frequentes guerres & ravages arri-
vez en ces Provinces, ou bien par la nonchalance de leurs Devanciers. Toute leur consolation
se prend de ce que c'est un malheur des siecles passez qui n'a point eu de remede, & que les Chartres, ou Titres que l'on croyoit peu profitables à l'advenir, (veu que les clauses & les articles en
estoient executées,) ont suby la loy des choses naturelles, qui passent toutes avec le temps. Mais
ces disgraces ne sont pas generales parmy toutes les Familles, & specialement parmy celles qui ont
fait quelques donations aux Eveschez, Abbayes, & Eglises, ou qui ont possedé des Fiefs relevans
de ces lieux. Entre icelles nous pouvons nommer à bon droict celle de SOHIER, de laquelle
descend legitimement par succession de pere en fils le dit Seigneur de VVarmenhuisen, comme
vous apprendrez cy dessous.

Si vous vous estonnez (chers Lecteurs) que cette tres-Ancienne, & tres-Illustre Famille de SOHIER, s'est trouvée en nostre dernier siecle en des conditions plus ravallées, &
moins glorieuses, c'est avoir oublié que les malheurs sont dessus les Grands comme les espines sont
parmy les roses, que les beaux jours ont souvent des fascheuses nuits, & que de tout temps on a
passé d'un grand estat à un petit, comme l'on a monté d'une basse charge à une relevée. Platon
dit, que la condition des hommes est tellement variable, qu'on perd & acquiert plusieurs fois un
mesme estat; d'ou vient qu'il ne nous faut pas estonner, si celuy qui labouroit hier la terre fait aujourd'huy le Cavalier, & si ce Cavalier qui paroissoit hautement dans une ville, picque aujourd'huy les bœufs dans un champ. Si nous avons de la foy pour les Histoires, nous advoüerons
que Denis Roy de Syracuse devint maistre d'Escole, & Vielleur, & que pour obtenir un mor-
ceau de pain, il fut contraint de faire rire ceux qu'il avoit fait pleurer sous sa tyrannie. Louis
Duc d'Anjou ne se vit-il pas chassé de Naples, & forcé de vendre tout ce qu'il avoit pour rache-
ter sa vie? L'Empereur Charles le Gros ne souffrit-il pas la faim par l'opiniastreté de l'Empereur

pereur *Arnulphe* ? *Chriſtierne Roy de Dannemarck* ne mourut-il pas en *Zelande* ſous l'*Empire*
de *Charles* V. apres y avoir combattu contre la faim juſques au dernier ſoupir de ſa vie ?
Le Duc de Lancaſtre beau frere d'*Edouard Roy d'Angleterre* ne courut-il pas à nuds pieds
apres le train du *Duc de Bourgogne* ? *Valerius Publicola* l'un des *Liberateurs* de la *Repu-*
blique, & *Menenius Agrippa*, qui fut entremetteur de la plus belle paix dont *Rome* ait jamais
joüy, n'ayans rien dequoy ſe faire un ſepulcre apres une ſi belle vie, ne furent-ils pas enſevelis
aux deſpens du *Public* ? *Bref*, ſans emprunter tant d'exemples des *Anciens*, ne voyons nous
pas tous les jours pluſieurs bonnes *Familles*, & grands *Hommes* reduits à la pauvreté, &
d'icelle comme à tours & virevoltes remonter à l'abondance ? *Apprenons* de cecy qu'il faut
remettre noſtre *Fortune* à la diſcretion & manege de ce *Haut Juſticier du Ciel*, de qui tous les
Sceptres, & les *Grandeurs* ſont en hommage & en fief, & de qui vient le cours, & decours,
le flux, & reflux, le haut & le bas des fortunes de ce monde ; & confeſſons ingenuëment,
que ſi la dite *Famille* de SOHIER s'eſtudie en nos jours de ſe remettre au chemin de ſa
premiere ſplendeur, que cela vient des reſſorts & mouvemens ſecrets de cette *Prudence* im-
mortelle, qui ſçait mettre le hola aux orages, & aux adverſitez, qui nous moleſtent, & faire
repleuvoir ſur nous toutes ſes graces & benedictions ſelon ſa volonté.

Or comme noſtre deſſein n'eſt pas de faire maintenant l'*Hiſtoire* de cette *Maiſon*, ny de
donner à ce travail les ornemens que le ſujet merite, nous nous contenterons de vous en dreſſer,
en forme de *Plan*, une *Table Genealogique* de la ligne principale & directe, que tout le monde
aura droit de conſiderer, eſperans que de jour en jours nous ferons proviſion de nouveaux materiaux, pour eſlever avec le temps plus glorieuſement ce baſtiment, qui ne pourra eſtre que
magnifique.

Quant aux *Preuves* & *Titres*, dont nous nous ſervons, ils ſont tirez, pour la pluspart des
meilleures *Archives* du *Cambreſis*, du *Haynaut* & d'*Artois* : l'ancienneté de leur caractere preſque
tout terny, la rareté des *Seaux* dont ils ſont garnis, la vieilleſſe de la patte & *Cire*, des rubans,
des *Cordons*, & du parchemin, qui les compoſent & aſſortiſſent, & l'antiquité du langa-
ge *Gaulois* qu'ils contiennent, nous ſont autant de vrays & certains teſmoignages de leur fidelité.

Quant au ſurplus, apres pluſieurs eſſais, & quantité de travaux, nous nous ſentons redeva-
bles au hazard, & à la fortune d'une connoiſſance, que peut eſtre deux vies plus longues que la
noſtre n'euſſent pas acquiſes, apres quantité de recherches. *Et* en cela nous ſommes ſemblables
à ceux, qu'une tempeſte ſans autre conduite jette dans des terres inconnuës, ou ils n'euſſent jamais
abordé avec l'aide de la *Bouſſole*, & par une navigation reglée.

Il ne nous reſte plus qu'à ſupplier ceux, qui prendront la peine de lire cet ouvrage, de ne pas
paſſer l'eſponge par deſſus, ſans l'avoir bien conſideré en tous ſes points, ny de grincer les dents
ſur la probité de tant de beaux *Titres*, qui l'appuyent, & ſur le ſain jugement de tant de ſignalez perſonnages qui le verifient, & l'approuvent.

TABLE

TABLE GENEALOGIQVE
DES ANCESTRES
DE
PEPIN LE BREF,
ET DE
CHARLEMAGNE Roys de France,
D'ou descend la Famille de VERMANDOIS, *& de celle-cy noftre Famille de* SOHIER.

I.

FERREOL I. du nom, fut Prefect des Gaules fous l'Empereur Honorius (& felon Caffiodor. Ep. 6.) des Efpagnes & d'Angleterre, environ l'an 450. apres l'irruption d'Attila. *Sidonius Apollinaris* fon parent (gendre de l'Empereur Romain *Avitus*) exalte hautement le fang, & le luftre de fes Anceftres des plus renommez d'entre les Senateurs Romains. Il efpoufa PAPIANILLE, fille du Conful *Afranius Siagrius*, (felon Philippe l'Abbe) qui avoit efté Maiftre des Offices de Rome, deux fois Conful, & trois fois Prefect du Pretoire.

II.

TONANGE-FERREOL II. du nom, fut Senateur, & Gouverneur General des Gaules fous Valentinian III. Il efpoufa N...... fille de l'Empereur *Eparchius Avitus*, fœur du Comte *Ecdicius*, & de *Papianille* femme de *Sidonius Apollinaris*, felon P. Labbe.

RORICE, Patrice fait Evefque d'Uzés, fut honnoré du Patriciat, felon Bouchet.

FIRMIN Patrice, connu de Sidonius & d'Ennodius, fut auffi Evefque d'Uzés.

III.

FERREOL III. du nom, iffu d'Auvergne, tenoit fa Cour à Narbonne, fous le regne de Clouis le Grand, lequel pour mieux s'affermir en fa domination du Royaume de France, s'avifa de fe joindre avec luy d'un eftroit lien d'affinité, & luy prefenta fa fille en mariage qu'il accepta, le nom de laquelle eft ignorée, quoy que quelques-uns l'appellent INDUSTRIE, SIDONIE ou DEUTRIE. Ferreol eut plufieurs freres, defquels parle Sidonius.

IV.

ANSBERT furnommé le Senateur, un des plus puiffans Seigneurs de fon fiecle, efpoufa BLITILDE fille de Clotaire I. du nom Roy de France. Vaffebourg, & Rofieres, & apres eux Jofeph Texera, Vincent & autres font defcendre ANSBERT de Pharamond I. Roy de France, mais ils font pertinemment refutez par les Seigneurs Vignier, Fauchet, le Feure Chantereau, Philippe l'Abbe, les Sieurs de Sainte Marthe, & autres que nous avons fuivy en ce deffein. Il eut pour la dot de fa femme, le Brabant, Mets, Cologne, Luxembourg, fous le Titre de Duc de Mofellane, felon Divæus, &c.

DEODATAIRE Evefque d'Arifie ou de l'Arfat en Rovergue.

FIRMIN Evefque d'Ufés apres Rorice fon grand Oncle.

AIGULPHE Evefque de Mets.

GAMARD furnommé Babon Pere de quatre enfans, *Godin*, *Ratbert*, *Dodane*, & *Dodelene*. *Godin* fut Pere de *Goeric* qualifié Duc, ou Roy d'Aquitaine.

RAINFROY dit Peone Pere du Patrice Numol, ou Mummol, qui chaffa les Lombards de France,

GODE, & MARIE, Vierges,

A

A

V. ARNOALD

A

V.

ARNOALD ou **ARNAUD** surnommé Buggise, ou Boggis, Duc en Austrasie & Comte Palatin, (selon du Tillet, & Meurisse en l'Histoire des Evesques de Mets, &c.) fonda l'Abbaye de Longueville en Lorraine, & celle de S. Martin dite aux Chesnes, ou il eut la sepulture, selon Miræus. ODE ...... sa femme luy enfanta au moins *Arnould*, qui suit. Vincent dit qu'elle estoit fille du Duc de Suave, nommé *Gunzon* par Turquoys.

FERREOL Evesque d'Usés fut, selon aucuns, martyrisé par les Gascons, l'an 581.

MODERIC Evesque du petit pays d'Arsat en Rovergue, ou il gist

TARSITIE est honnorée comme Sainte au Diocese de Rhodes, selon Philippe Labbe.

VI.

SAINT ARNOUL Duc de Brabant, Maire du Palais de France, & d'Austrasie, Prince des François, puis Evesque de Metz. Il espousa **DODE** de la Maison *de Sueve* selon les Sieurs de Sainte Marthe. Et il deceda l'an 640. selon P. Labbe. La haute naissance, & les loüables qualitez de ce Saint sont exaltées par Reginon, Otho de Frising, Sigebert, Vincent de Beauvais, Usuard, Meurisse Evesque de Madaure, & autres.

BRUNULPHE Comte de Templacence, &c. espousa **CLOTILDE** sœur de Sainte *Aye* Duchesse de Lobbe. d'ou vint *Brunulphe*, pere d' *Alberic* Comté de *Haynaut*, qui espousa la fille du Duc d'*Alsace*, nommée *Sibille*, selon Vincent.

Plusieurs autres enfans, comme S. **VANDELIN**, **VALGISE**, selon le Maire, Texera, &c.

VII.

ANSEGISE, ou **ANCHISE** Duc en Austrasie, de Brabant, &c. Comte Palatin, fut Tige d'une longue suite d'Empereurs, de Roys, & de Princes, donnez à l'Allemagne, la France, l'Italie, & à d'autres Regions. Il espousa **BEGGUE** Duchesse de Hasbain, fille de *Pepin* le Vieil dit *de Landen*, I. du nom, Duc & Maire du Palais en Austrasie sous les Rois Dagobert I. & Sigebert II. Il fut assassiné par *Goduin* son filleul, encore qu'il l'eust élevé à des grands Estats, & honneurs ; & ne laissa qu'un fils de sa femme **BEGGUE** : il fut inhumé dans le Monastere d'Andenne sur la Meuse prés la ville de Namur l'an 679.

CLODULPHE, ou S. **CLOU**, duquel est issu *Hugues Capet*, selon Aimon, Turquoy, & autres, mais sans fondement. Il mourut Evesque de Metz.

WALTCHISE Comté de Verdun, selon les Sieurs de S. Marthe, fut pere de S. *Vandrille* Maire du Palais de France sous le Roy Dagobert I.

VIII.

PEPIN surnommé **HERISTEL**, lieu de sa Naissance, ou *le Gros* pour la constitution de son corps, fut Maire des deux Palais sçavoir de France & d'Austrasie sous Clouis III. Childebert & Dagobert II. durant 27. ans, & six mois. Il contraignit les Bavarois, les Sueves, les Saxons, les Frisons, & autres peuples voisins d'obeir aux François, & les força de professer la foy Chrestienne. Il mourut à Jupilles sur Meuse prés la ville de Liege l'an 714. & fut inhumé en l'Abbaye de Saint Arnoul de Mets. Il espousa **PLECTRUDE** fille de *Grimoald* Duc de *Baviere*, lequel la repudia pour espouser **ALPAIDE** sœur de ce *Dodon* qui tua Saint Lambert Evesque de Maestricht l'an 696.

IX.

1. lict.

DROGON ou **DREUX** Comte de Champagne, & Duc de Bourgogne espousa **AUSTRUDE** fille de *Varaton* Maire du Palais d'Austrasie, ou Neustrie nommé Berthier, d'ou vint *Hugues* Archevesque de Roüen ; *Arnoul* Duc de *Bourgogne* ; *Godefroy* Duc de *Saxe*, de Sueve, ou de Mosellane ; & *Pepin* qualifié aussi Duc.

GRIMOALD Maire du Palais de France, ou de Westrie, fut tué l'an 714. par les pratiques de **THEODESINNE** sa femme, fille de *Rabbaud* Duc de *Frize*. Son Bastard *Thibaud* fut Maire du Palais du Roy Dagobert le Jeune.

SILVIN Moine enterré a S. Pierre de Chiny, selon P. Labbe.

2. lict.

CHARLES dit **MARTEL** Maire du Palais de France, Duc & Prince des François, obtint l'effect, & la puissance Royale, sans le nom, fit trembler toute l'Allemagne, & les Estats voisins sous l'eclat, & le bruit de ses armes, & dompta tous les ennemis du nom Chrestien. Il espousa en 1. nopces **ROTRUDE**, ou **GERTRUDE** : en 2. nopces **SUANECHILDE** sœur, ou fille d'*Odilon* Duc de *Baviere*. Il deceda l'an 741.

CHILDEBRAND, Tige de la troisiesme race des Roys de France, selon Frededegaire, P. Labbe, &c.

A

X. CAR.

X.

A

CARLO-MAN Moine au Mont Caffin, mourut à Vienne en Dauphiné de poifon l'an 755.	PEPIN DIT LE BREF declaré Roy par les Eftats de France, vint à bout de tous fes ennemis, & mourut l'an 768. Il efpoufa BERTRADE fille de *Charibert* Comte de *Laon,* felon P. Labbe. Les autheurs parlent diverfement des freres, & fœurs du dit PEPIN, comme auffi de leurs meres.	GRIFFON Duc des Auftrafiens, & d'*Andely*; aucuns le font aifné des enfans de *Martel.* Il fut tué l'an *753.* en la vallée de Maurienne en Savoye.	BERNARD Comte, fut pere de 4. enfans mentionnez par P. Labbe, les Srs de Sainte Marthe, &c.	HIEROS-ME Comte de Vermandois, & Abbé de S. Quentin, fut pere de *Fulrad.*	LANDRADE, femme de *Sigram* Comte de *Hesbay.*	ALDANE, femme de *Theodoric* Comte de *Tolofe.* / HILTRUDE, femme d'*Odilon* Duc de *Baviere.*

XI.

CHARLEMAGNE ou CHARLES LE GRAND Empereur des Romains, & Roy de France, d'Allemagne, d'Italie, & d'une partie d'Efpagne, remplit l'Europe de fa puiffance, & l'Univers de la gloire de fon nom. Vous remarquerez fes admirables conqueftes, & fes rares vertus dans les Hiftoires d'Eginard, d'Ademar, de Pithou, Freher, Du Chefne, Donat Acciaioli & d'autres. On luy donne quatre femmes, & plufieurs Concubines. Sa 1. femme ERMENGARDE, ou LUTBERGE, fille ou fœur de *Didier* Roy des Lombards, ne luy procrea d'enfans; comme auffi FASTRADE, (fille du *Raoul* Comte de Franconie) fa 111. femme, & LUTGARDE fa IV. Tous fes enfans legitimes viennent de HILDEGARDE fa 11. femme, fille de *Hildebrand* Duc de *Sueve,* & de *Rutgarde* de *Baviere,* felon la plus commune opinion. Il deceda l'an 814. aagé de 72. ans. & laiffa onze, ou douze enfans de fes concubines.	CARLOMAN Roy d'Auftrafie, de Bourgogne, & d'une partie d'Aquitaine mourut l'an 771. laiffant (au rapport de P. Labbe) de fa femme GERBERGUE deux fils, *Pepin,* & *Syagre* Evefque de Nice en Provence.	GILLE Moine prés de Rome.	PEPIN, ROTHAIDE, ADELEIDE, GISLE, S. ISTEBERGE, BERTE, & autres enfans, au rapport d'aucuns Hiftoriens.

XII.

CHARLES Roy d'Allemagne, ou de la France Orientale, & de Bourgogne, mourut à marier l'an 811.	PEPIN *Roy d'Italie* & de *Lombardie,* mourut l'an 810. à l'aage de 33. ans. Aucuns ont voulu foûtenir, mais fans preuves, qu'il ne laiffa aucuns enfans mafles de fa femme BERTE, fille de *S. Guillaume,* furnommé aux Court-nez Comte *de Tolofe.* Eginard en la vie de Charlemagne donne à PEPIN cinq filles, fans faire mention de fils. Les plus celebres Hiftoriens difent qu'il eut un fils legitime nommé BERNARD, quoy que plufieurs, avec Thegan, foient de contraire opinion.	LOUIS furnommé le Pieux & Debonnaire, fut declaré Empereur des Romains, Roy de France, & d'Allemagne, apres la mort de fes freres. Voiez fa pofterité dans les Hiftoriens de France, & d'Allemagne.	LOTHAIRE, mort au berceau. ROTRUDE, BERTE, GISLE, GERTRUDE, ADELEIDE, HILDEGARDE, &c.

XIII.

LES PREMIERS COMTES DE VERMANDOIS.

BERNARD fucceda au Royaume d'Italie, du vouloir de l'Empereur Charles fon Ayeul, qui l'en declara Roy l'an 813. Il fut privé de la veuë pour fa rebellion contre l'Empereur Louis fon oncle. Son corps fut inhumé l'an 818. en la grande Eglife de S. Ambroife de Milan. Il laiffa de fa femme, qu'aucuns font fortir de la Maifon de *Laon* un fils.

A

XIV. PEPIN,

A

XIV.

PEPIN, ayant esté privé du Royaume d'Italie, pour la rebellion de son pere, obtint à la fin le Comté de Vermandois de l'Empereur Louis avant l'an 840. Il fut la Tige des Princes, qui ont esté élevez à telle puissance & authorité, qu'ils firent presque tousjours la guerre aux Roys de France leurs Souverains, ne pouvans oublier la vengeance contre les Descendans de cét Empereur, qui avoit si rigoureusement fait crever les yeux à BERNARD Roy d'Italie avant nommé. Le nom de la femme de PEPIN, ne s'est conservé jusques à nous. Reginon remarque qu'il à laissé trois fils.

XV.

BERNARD II. du nom deceda sans enfans.	HERBERT I. du nom COMTE DE VERMANDOIS, dit aussi *Comte de Peronne*, & *Abbé de Saint Quentin*, fut tué par les gens de Baudouin le Chauve Comte de Flandres, en haine de ce qu'il avoit tué son frere Raoul Comte de Cambray, l'an 902. Aucuns luy donnent pour femme, la fille de *Robert Duc de France*, mais sans fondement.	PEPIN DE VERMANDOIS *Comte de Senlis*, fut pere de *Bernard* Comte de Senlis, & Seigneur de Coucy, lequel eut une sœur nommée *Sprota* alliée avec *Guillaume* surnommée *Longue-espée, Duc de Normandie*. La Maison de Bouteiller de Senlis d'à present reconnoit ce PEPIN pour son estoc.

XVI.

HERBERT II. du nom COMTE DE VERMANDOIS, ET DE TROYES, fut presque en continuelles guerres contre les Roys de France, à la fin il se reconcilia avec eux par le moyen de l'Empereur Othon I. & mourut l'an 943. & fut enterré à Saint Quentin. Il espousa HILDEBRANTE, fille de Robert le Fort, Duc de France, Comte de Paris, & d'Anjou, couronné Roy, & tante, non pas sœur de Hugues le Grand. L'histoire de Normandie appelle cét HERBERT Satrape des Princes (c'est à dire le Premier. Guillaume de Gemieges l'appelle Prince des François, pour le rang, le pouvoir, & les grands biens qu'il possedoit pardessus tous les autres Princes, car il ne possedoit pas seulement le Vermandois, mais la Champagne, la meilleure partie de l'Isle de France, du Bolonois, de Ponthieu, d'Artois, du Cambresis, &c.	BEATRIX, femme du Roy Robert tué l'an 923.	N. DE VERMANDOIS femme d'Uddon frere d'Herman Duc de Suaube, ou Sueve, selon Flodoard.

XVII.

EUDE DE VERMANDOIS fut *Seigneur de Ham, & de Chasteau-Thierry*: il s'empara d'Amiens. Il fut Seigneur du pays de Viennois, mais il n'en pût joüir, & mourut avant son pere.	ALBERT COMTE de VERMANDOIS, espousa GERBERGE fille de Gilbert Duc de Lorraine, & de Gerberge de Saxe. Son mary estant mort l'an 988. elle se remaria à Louis d'Outremer Roy de France, qui avoit en haine les Princes de Vermandois, au recit des Sieurs de S. Marthe, de Flodoard, &c.	ROBERT DE VERMANDOIS *Comte de Troyes*, espousa ALIX surnommée *Werre*, (fille de *Gilbert* Duc de *Bourgogne*) Comtesse de Chalon, Beaune, &c. d'ou sortent les Comtes de Chaalons, de Nevers, Vergy, Montmirail, &c.	HERBERT fut *Comte de Meaux*, & espousa OGINE d'ANGLETERRE, vefue du Roy Charles le Simple.	HUGUE fut éleu Archevesque de Reims à l'aage de cinq ans.	LUIDULPHE Evesque de Noyon, a° 982.	GILBERT fut Tige des *Comtes de Soissons* & *d'Eu*.	RENAUD *Comte de Reims, de Roucy, &c.* il espousa ALBRADE fille du Roy Louys dit d'Outremer.	ALIX femme *d'Arnoul Comte de Flandres*; & LETGARDE femme de *Thibaud Comte de Champagnes, de Blois, Chartres, Tours, &c.* Puis N.... femme de *Thibaud de Montagu*.

A

XVIII. HER-

A

XVIII.

HERBERT III. du nom Comte de Vermandois, fit des grands biens aux Cloiſtres de Humblieres, de Vermand , de Saint Quentin, &c. Il eſpouſa Ermengarde de la Maiſon de *Bourgogne* , & il decedal'an 1015.	OTHON de Vermandois decedé ſans lignée.	LUIDULPHE Eveſque de Noyon ſelon P. Labbe.	GUY *Comte de Soiſſons* pere de *Regnaud* , qui mourut avec ſon fils *Guy* l'an 1057. *Adele* fille de ce *Regnaud* fut femme de *Guillaume* Buſat Comte *d'Eu.* Voiez P. Labbe.	GILLE fut femme du Comte *Arnoul* & mere de Saint Thibaud, ſelon P. Labbe.

XIX.

ALBERT II. du nom Comte de Vermandois, fonda l'Abbaye de Bucilly, & eſpouſa Gertrude, ou ſelon aucuns , Emme ..... qui ne luy procrea d'enfans.	OTHON ou EUDES fut Comte de Vermandois apres ſon frere, & Vicomte ou Advoüé de Beauvais & de Mouchy : Aucuns luy donnent 2. femmes, l'une Emme, & l'autre Pavie : les autres diſent qu'il n'eut qu'une femme, nommée Emme-Pavie, fille de *Guillaume Duc d'Aquitaine* ſurnommé Teſte-d'eſtouppe. Ce Prince eſt mentionné dans le Teſtament de Sohier, dit le Roux de Vermandois. fait l'an 1080. Cotté A.

XX.

HERBERT IV. du nom Comte de Vermandois, &c. eſpouſa Alix ou Adeluye de Crespy, ou de Valois fille,& heriticre de Raoul III. du nom Comte de Creſpy, de Valois, de Mante, Bar ſur-Aube, &c. P. Labbe luy donne pour 1. femme Gertrude, qui ne luy procrea d'enfans. Il eſt auſſi mentionné dans le dit Teſtament de Sohier , (qui le nomme ſon pere grand) & par les Titres A*· *A*· &c.	EUDE ſurnommé le Sec , eſt mentionné dans les Chartres de S. Quentin , & de Cambray, és années 1076. & 1080. De luy, peut eſtre, deſcend la Noble Famille de le *Secq* tant celebre à Amiens.	PIERRE de Vermandois ſurnommé Sohier , ou Siger (qui n'eſt qu'un ſelon duCheſne, & Pontus Heuterus , & ſignifie le Victorieux) eſt mentionné par Hemeré & par le dit Teſtament comme Parrain du ſouſnommé Sohier.

TIGE DES MAISONS DE S. SIMON, ET DE SOHIER.

XXI.

EUDES fut *privé injuſtement de ſes Comtez de Vermandois* , *de Valois* , *de Creſpy* , & de ſes principaux Eſtats, par la haine que luy portoient les Roys Henry , & Philippes, à cauſe que cette Maiſon par trop puiſſante , & trop opulente oſtoit beaucoup de luſtre à leurs Couronnes. Le nom de ſa femme eſt ſupprimé , comme auſſi les noms de ſes enfans. P. Labbe dit, que *ſa femme fut fille d'un Chevalier de Vermandie.* Et le dit Teſtament la nomme Avide ſans autre eſclairciſſement. Voiez auſſi le Titres Cottéz A*· *A* B. &c. Bouchet le fait *Seigneur de Saint Simon, & de Ham* , & en fait ſortir ces deux Maiſons.	ALIX fut *Comteſſe de Vermandois, de Creſpy, Valois, &c.* par les pratiques du Roy Henry I. & de ſon fils Philippe depuis Roy, laquelle il força deſpouſer *Hugues de France* dit le Grand ſon frere puiſné , ſans luy aſſigner autre partage, que celuy que ſa femme luy apportoit en mariage; *Hugue* prit le nom & les Armes de Vermandois, deſpoüillant par ce moyen les enfans d'Eude de toute ſucceſſion. Alix eut pour ſecond époux *Renaud* Comte de *Clermont,* d'où ſortit *Marguerite* , femme de *Charles de Dannemarck* Comte de Flandres : le dit *Hugues* mourut l'an 1102. laiſſant pluſieurs enfans: il eſt auſſi mentionné dans le dit Teſtament Cotté A.

A

XXII. EUDE

A

XXII.

EUDE DE VERMANDOIS dit *Farin* fut *Seigneur de Saint Simon & de Ham*, lequel, avec JEAN son fils, fut forcé de ceder au Roy Philippes Auguste son droict sur le Comté de Vermandois, selon P. Labbe, Hemeré, & autres. Il est la Tige de la *Maison de Saint Simon* en Picardie, laquelle fut obligée comme les autres, de quitter le nom, & les Armes de Vermandois. Voiez le Titres Cotté A. B.

ELLEBAUD DIT LE ROUGE, fonda les Chanoines de Sainte Croix de Cambray, & leur assigna pour demeure son Palais, l'an 1071. selon le Titre de la fondation gravée sur l'erain cy apres exhibé, Cotté B. lequel represente entr'autres quatre Armoiries émailliées à l'antique, à sçavoir celles du dit ELLEBAUD, d'EUDE, ou d'ODON DE S. SIMON, de SOHIER LE ROUX, & d'ISAAC LIOTARD. Voiez aussi le Titre Cotté A. A*.

SOHIER ainsi nommé sans doute en memoire de son grand Oncle PIERRE, fut surnommé LE ROUX DE VERMANDIE. Il fut Chastellain d'Espehy, Sr de le Heries, de Liramont & d'autres terres mentionnées dans son Testament, par lequel on remarque qu'il eut pour femme ADELVIE, fille de HUGUES DE MAUVOISIN Seigneur en Picardie. Voiez son dit Testament Cotté A. ou il se qualifie *Chevalier de l'Ordre de l'Estoile* laquelle il fut obligé de retenir pour ses Armes. Voiez aussi les Titres Cottez A*. *A*. B. C. D. &c.

ADE DE VERMANDOIS espousa ISAAC LIETARD Sire de Cuvilers Grand Bailly de Cambresis, par titre de l'an 1071. Cotté B.

XXIII.

JEAN DE St SIMON Seigneur de ce lieu, duquel descendent par femme les Ducs de St Simon d'à present. Voyez les Titres Cottez A, & B.

EUDE, selon Bouchet, fut frere de JEAN, & *Seigneur de Ham*, dont les Descendans prirent le nom.

AMALRIC LE ROUX eut en partage la Chastellenie d'Espehy, de Liramont, d'Alouane, de Marckonville, Bertincourt, de Huches & la terre de Choques en partie. Il espousa ADE d'OISY fille du Chastelain, ou Vicomte de Cambray. Du Chesne donne à cette famille d'Oisy un croissant pour ses Armes, mais sans fondement. BAUDOUIN LE ROUX fils D'AMALRIC fut Seigneur de Choques en partie contre HUGUES d'OISY Chastelain de Cambray, & *Anselme de Houdaing*. Il est souvent mentionné par Du Chesne dans ses Histoires de Gand, de Bethune, &c. Voiez les Titres A. B. & celuy A*. ou il est connu sous le nom D'AMALRIO DE MARCOING.

HUGUES I. du nom surnommé SOHIER en memoire de son pere, fut appannagé des Seigneuries de *le Heries* (dont sa posterité prit par fois le nom) de Berelges, de Serain, de Malincourt, &c. Il espousa ADELUCIE, ou ADELVIE DE TOROTE, fille de WASCE, ou GUASCON, Chevalier de grands merites, dont fait mention dans ses œuvres le Sr André du Chesne. Voiez les Titres Cottez A. A*. *A*. B. C. D. &c.

THIEBOLD fut Doyen de Cambray. Voiez le dit Testament, & les Srs de Sainte Marthe dans le 1. Volume de leur Gallia Christiana.

XXIV.

WATIER SOHIER Sr de le Heries, Serain, &c. espousa ADE DE CAMBRAY, fille de MARDE, ou MAINARDE, sorti des anciens Comtes de Cambray. Voiez les Titres A. *A*. B. C. D. E. F. G. R.

THIEBOLD, ainsi peut estre nommé en memoire de son Oncle, espousa IDE D'AUBIGNY, fille de HUGUES HAVET Sire d'AUBIGNY, mentionné par les Histoires d'Artois. Voiez les Titres Cottez A. B. C. D.

EUE SOHIER, dont le nom est connu par le titre Cotté D.

XXV.

RENAUD SOHIER Chevalier, Sire de le Heries, Serain, &c. espousa ADE DE LA FOSSE. Voiez les Titres Cottez *A*. D. E. F. &c.

HUGUES. GERARD. HENRY.

PIERRE SOHIER, Chevalier espousa N.. COLET, ou CHOLET, sortie de la Maison des Comtes de Roucy. Qui luy procrea des enfans.

A

XXVI. HU-

A

XXVI.

HUGUES SOHIER II. du nom Chevalier Sire de le Heries, Serain, &c. espousa LA FILLE DE RENAUD ROSEL grand Prevost de Cambray, nommée . . . . . . Voiez les Titres Cottez E, F, G, &c.

JEAN Chanoine a Cambray.

GILLEBERT Chevalier.

XXVII.

HELLIN SOHIER Chevalier Sire de le Heries, d'Euvilers, &c. se croisa pour la conqueste de la Terre Sainte, à l'exemple de son pere, & de ses autres Ancestres mentionnéz dans le Titre Cotté G. Voiez ansi le Titre Cotté E, F. Il espousa GILLOTE CRETON dite d'ESTOURMEL, Dame d'Euvilers, fille de RAMBAUD, Chevalier.

MATTHIEU mourut en la Terre Sainte. Il avoit espousé HAVIDE . . . .

XXVIII.

PIERRE SOHIER I. du nom dit de le Heries à cause de sa Seigneurie, mourut l'an 1258. il espousa en 1. nopces AMELINE DE BEAUMONT ; en 2. n. MARGUERITE d'INCHY fille de RAOUL. Voiez les Titres Cottez E, G, H, & I.

XXIX.

2. Lict.

BAUDUIN ou BAUDART SOHIER, mourut sans hoirs de sa femme JAQVELINE ASPIERS, issuë de l'Illustre Maison de Saint Aubert. Il est mentionné par l'Extrait Cotté E.

HANNOTIN SOHIER aliàs JEAN DE LE HERIES I. du Nom, Chevalier ; Seigneur de ce lieu, de Bertries, du Troncquoy, Capitaine & Gouverneur du Chasteau en Cambresis, &c. espousa *la fille* puisneé de ROBERT d'ENNE, (Seigneur de ce lieu, Pair de Cambresis) nommée N. . . . Voiez les Titres Cottez E, K, L, M, R, &c.

GODEFROY Chevalier, mentionné par l'Extrait Cotté E.

GUYON escuier nommé entre les plus celebres de la ville de Cambray, ez Archives de l'Evesché : il espousa N. . . . POLLÉ, ou POLLET.

RADULPHE Chanoine Regulier à Cantimpré. Voyez le Titre I.

XXX.

GILLEBERT SOHIER Chevalier, Sire de le Heries, Bertries, &c. qualifié Garde & Maistre, & Gouverneur du Comté d'Artois avec Simon de Mauresgard par Titre Cotté Q. de l'an 1292. Guy Comte de Flandres, & Marquis de Namur, l'envoya en Ambassade vers l'Empereur Henry & autres Princes, & le reconnoit descendre legitimement des *anciens Comtes de Vermandois* par Titre de l'an 1274. Cotté O. Voiez en outre ses autres qualitez dans les Titres Cottez E, N, P, R, W, &c. Il espousa N . . . . . DE SAINT VAAST dite LOUVET : il mourut l'an 1299.

PIERRE SOHIER Escuyer, homme Franc & Noble de l'Evesché de Cambray, espousa LA FILLE du Sire de SOLEMMES, d'ou sortit une belle posterité, fort recommandable pour les alliances qu'elle a fait avec les Illustres Maisons d'Escaillon, d'Iwy, de Mastaing, Bullecourt, &c.

AMULRIC espousa MARIE LE PREVOST.

ISABEAU 2. femme de HUGUE ROSEL Grand Prevost de Cambray d'ou vint belle posterité.

A

A

XXXI.

MATTHIEU SOHIER Chevalier Sire de le Heries, Bertries, &c. Gouverneur de Beaurevoir, d'Oisy, puis de Crevecœur, & Maître d'Hoftel de Jean Fils aifné Roy du Philippe de Valois par les Titres Cottez R.& T.Il fut Ambaffadeur de la part de Walerand de Luxembourg vers l'Empereur Henry, par le Titre Cotté Q *. Il reclama *l'Advoüerie* & Protection de l'Abbaye *de S. André,* de laquelle fes illuftres & *Puiffans* Anceftres avoient joüys plufieurs fiecles, par le Titre Cotté S. Il efpoufa MICHELLE DES ABLAINS fœur de *Guy* Chevalier par Titre Cotté W *. Voiez auffi les Titres Cottez E , W , &c.

GILLES SOHIER Baily de la Ville & Chaftellenie de Crevecœur, efpoufa PERONNE DE FOREST.

WATIER SOHIER; Chevalier efpoufa N .... DESCAILLON (Sœur de GERARD Sire d'Juvy) d'ou vint NICOLAS SOHIER marry d'JOLENDE DE BULLECOURT fille de MICHEL Chevalier.

N .... SOHIER femme de GUY DE HAUCOURT dit *Tieftu* Chevalier Sire de Lefdaing, d'ou vint une glorieufe pofterité. Voiez le Titre Cotté TT.

XXXII.

PIERRE SOHIER II. du nom, Sire de le Heries, &c. Bailly du Sire Mauny, puis d'Onaing & de Quaroulbe pour le grand Chapitre de Cambray; efpoufa MARIE LEURIOTE fille de PIERRE CHOLET, ou COULET, furnommé LEURIOT, Chevalier (fils de Meffire *Gillart* dit *le Hideux* Sire de Marcoing, Villersplouy, &c. Pair de Cambrefis) & niepce de ROBERT COULET dit DE ROUCY, Gouverneur & Lieutenant du Païs & Bailliage de Bapaumes, par Titre de l'an 1351. Cotté W *. Le fufnommé PIERRE efpoufa en fecondes nopces, MATHILDE DE VILLERS AU TORTRE (iffuë de la Maifon de WAVRIN) d'ou vint une grande & belle pofterité, dont eftoit JEAN SOHIER (fils de ROBERT) Grand Prevoft de Cambray, l'an 1440, & 1449. La fufnommeé MARIE LEURIOTE luy procrea 2. fils qui fuivent. Voiez auffi les Titres Cottez E, R, V, W, Y, BB. &c.

JENNE SOHIER 2. femme de WATIER d'ESTOURMEL aliàs CRETON Efcuyer, d'ou fortirent un fils, & deux filles.

XXXIII.

PIERRE SOHIER III. du nom, Chevalier, Sire de le Heries, &c. Bailly de la Ville d'Arleux par titre de l'an 1392. Cotté X. auparavant Bailly du Sire de Mauny, comme fon Pere, par Titre de l'an 1370. Cotté W. Il eft qualifié tres-preux , & tres Noble par le Titre Cotté Y, de l'an 1397. Il efpoufa en 1. nopces JENNE DE HAVERON & en 2. nopces FRANÇOISÉ DU SARTRAY. Il eftoit furnommé ROBIN par le Titre V. & mourut fort aagé l'an 1410. Il commença à écarteler fes Armes de celles LEURIOTE, ou bien de COLET, d'ou fortoit fa Mere, & laiffa trois fils, qui fuivent. Voiez auffi le Titre Cotté E, BB, &c.

NICOLAS, ou COLIN SOHIER Efcuier, efpoufa MICHELLE LE FUZELIERS, defcendue d'une tres ancienne Famille de Cambrefis , qui a donné des Grands Baillys aux Cambrefis, & des Grands Prevofts à Cambray, & y a fait des tres-hautes alliances, quoy que le Chef de cette Maifon foit en nos jours devenu roturier.

A

XXXIV. PIERRE

A

XXXIV.

PIERRE SOHIER IV. du nom furnommé ROBINET, Efcuier par le Titre E, Bailly d'Or & de Chaftillon pour Jean de Gaure Comte de Cambrefis, & Evefque de Cambray, par Titre de l'an 1436. Cotté Z. Il efpoufa MARIE DE LAYRE, ou LAIRE mentionée auffi par le dit Titre Cotté Z. Voiez auffi le Titre Cotté BB. & l'atteftation des Herauds d'Armes de fa Majefté Cottée VI.

JAQUES SOHIER Chanoine de Soignies, Protonotaire Apoftolique.

GILLEBERT SOHIER efpoufa la fœur du Seigneur de Neuville lez Soignes,

XXXV.

CHRISTOPHRE SOHIER, Seigneur de Mamigny, & de Magrie ; Confeiller au Souverain Confeil de Mons en Hainaut, efpoufa JENNE DE BOUCQ, fille de *Pierre*, Seigneur de Saint Vaaft, & de le Val, & de *Collette de Sart*. Voiez le Titre Cotté Z. De ce mariage eft forty ANTHOINE qui ne laiffa d'enfans de MAGDELAINE DE BEAU-SART ; & JENNE SOHIER Dame de Mamigny & de Magrie apres fon frere, qui fut femme de NICOLAS DE LA BOU-REILLIERE, Baron de Hefdigneul, Gouverneur de Peronne. d'ou vinrent 2. filles à fçavoir CATHERINE DE LA BOUREILLIERE femme de *Charles* Baron de *Silers*, & ANNE femme de FRAN-ÇOIS, fils du Comte de MAULEU-RIER, &c.

JEAN SOHIER II. du nom efcuier, demeurant à Mons, efpoufa JENNE DE MOULIN fille de JEAN. Voiez les Titres Cottez E, Z, BB, & CC.

JENNE morte à marier.

XXXVI.

JEAN SOHIER III. du nom, Efcuier, Sire de la Buifliere, Troncquoy, &c. Il efpoufa MAGDELAINE DU FAY defcenduë d'une ancienne Famille de ce nom en Cambrefis, pour preuves Voiez le Titre Cotté AA. & celuy Cotté CC. où il eft fait mention de JEAN DU FAY Efcuyer Seigneur de Couvrin, Marliere, &c. beau frere du dit JEAN SOHIER Confeiller à l'Archiduc Philippe d'Auftriche, l'an 1495. Voiez auffi les Titres Cottez E, DD.

SUSANNE morte à marier.

FLORENCE Abbeffe des Dames de Beaumont à Vallenciennes.

XXXVII.

JEAN SOHIER IV. du nom, Efcuyer, né à Mons, comme auffi fa femme ANTHOI-NETTE MALAPERT, defcenduë de l'ancienne Famille de *Bazantin* en Picardie, felon l'approbation & verification des Herauds d'Armes de fa majefté Catholique Cottée QQ. Voiez auffi le Titre Cotté DD. & le fragment de la Genéalogie de *Malapert* & de *Bazantin* dreffée par le Sr. Schier l'an 1643. dont l'Original fe peut voir chez le Seigneur de Zutphaes, Cotté icy EE.

A

B

XXXVIII. HU,

XXXVIII.

A

HUGUES SOHIER né à Mons a° 1550. perſecuté pour la Religion n'a peu maintenir ſon rang de Nobleſſe, & a entrepris le commerce pour mieux ſubſiſter. Il eſpouſa à Anvers ANNE SAYE fille de JEAN, iſſu d'une Maiſon Noble, & Patrice de la Ville de Tournay. Voiez le Titre de cette Maiſon de SAYE Cotté GG. & l'atteſtation des Herauds d'Armes Cottée FF. & le Teſtament des dits conioins Cotté HH. Il deceda à Cologne le 12. de May 1592. & ſa femme mourut à Amſterdam l'an · · · · ·

DAVID SOHIER eſpouſa AGNES COMMELIN d'ou vint DAVID allié à MARIE VAN OS; DANIEL mort à marier; SUSANNE femme de JAQVES MERCHIER; & MARIE, femme de JAQVES DRAGON, iſſu d'une noble, & ancienne Famille de la Flandres Gallicane, deſcenduë, ſelon aucuns, originairement de celle de *Gonnelieu* en Artois.

CATHERINE SOHIER femme de JEAN LATTEFOER.

MARIE SOHIER femme d'EVRARD BECKER.

XXXIX.

JEAN né à Anvers le 31. d'Aouſt, 1582. mourut à Cologne le 25. de Septbre l'an 1600.

GUILLAUME Docteur és loix, & en Medecine, Secretaire du Cardinal Zacheti, eſpouſa ISABELLE GEORGI, iſſuë d'une tres-noble Famille d'Italie. Il eſtoit né à Cologne le 28. de May 1587. & deceda à Rome 1654.

NICOLAS SOHIER né à Cologne, eſpouſa à Amſterdam l'an 1621. SUSANNE HELLEMANS, fille aiſnée d'ARNOLD, Colonel au ſervice du Roy Catholique, & de SUSANNE de SURQVES, dont les Anceſtres ont jadis poſſedé la Baronie & Pairie de SURCK au Comté de Guyennes, deſquels fait mention Du Cheſne en ſon Hiſtoire de Guines, & de Gand, és fueillets, 3, 22, 26, &c. Il laiſſa des grands biens à ſon fils, & l'exhorta devant mourir d'abandonner le commerce, & de reprendre le rang & l'Eſtat de Nobleſſe, acquiſe par ſes Illuſtres Anceſtres.

ANTHOINETTE neé à Anvers le 19. de Juillet 1584. Elle y deceda le 28. d'Avril 1585. ſans avoir eſté mariée.

ANNE née à Anvers le 24. de Decembre 1585. mourut le 26. de Janvier 1586.

ANNE née à Cologne le 17. de Fevrier, 1586. cedaà Amſterdam le 6. de Septembre 1612.

XL

CONSTANTIN SOHIER Seigneur de Warmenhuyſen, Crabbendam, Out-Poelgeeſt, &c. pouſſé d'une louable ambition de remarcher ſur les pas de ſes Illuſtres Devanciers, informa l'Empereur de leurs merites, qui les ayant meurement conſideré, remit le dit CONSTANTIN, avec ſa poſterité dans ſon premier & ancien rang de Nobleſſe, le qualifia des *Titres de Genereux & de Magnifique Chevalier, & le crea Libre Baron du Saint Empire, &c.* Comme il ſe void par les Lettres Patentes du dit Empereur Cottées PP.　Louis XIV. Roy de France, avoit, pour les meſmes conſiderations, honnoré le dit CONSTANTIN de ſon *Ordre de Chevalerie de Saint Michel*, comme il appert par les lettres Originalles du dit Roy, Cottées OO. Il eſpouſa l'an 1643. CATHERINE COYMANS DE MERESTEYN, fille unique de HIEROSME, *Seigneur de Mereſtein*, & de MARIE RAYE.

FELICIA née à Amſterdam le 8. de Novembre 1622. y mourut le 5. de Mars 1625.

OLYMPIA née à Amſterdam le 26. d'Aouſt 1625. y deceda le 18. de Decembre du meſme an.

NICOLAS SOHIER Eſcuyer, né à Beverwijck le 17. de May 1645.

HIEROSME Eſcuier, né le 27. de Novembre 1649.

SUSANNE-ISABELLE gemelle née à Berwyck le 21. de Fevrier, mourut à Hemmer le 25. de Juillet du meſme an.

MARIE-CATHERINE Gemelle née l'an & le jour ſus dits.

F I N.

PREUVES

DE LA

TABLE

GENEALOGIQUE

PRECEDENTE.

CHAPITRE I.

De l'origine du nom de SOHIER, des façons diverses dont il s'escrit, & des differentes Familles de ce nom.

Uparavant que de vous exhiber les preuves de la Genealogie precedente, il est important, voires necessaire de toucher aucunes questions historiques, dont peut estre les curieux ne plaindront pas la longueur. On demande donc en premier lieu, quelle est la source, & l'etymologie du nom de SOHIER. Pour à quoy respondre, sans m'amuser à vous estaller icy les opinions de divers Autheurs qui en ont parlé, je dis (apres Massæus, Waterloo, Grammaye en son Histoire de Namur, & Du Chesne en son Histoire de Gand, que le mot de SOHIER, est le mesme que celuy de *Siger*, *Zegher, Seicher, Sicher, Seger*, voires *Sigard*, tiré des vieux mots Allemans *Zeger*, ou *Seiger*, qui, selon P. Heuterus, signifie *Victorieux*, ou, selon Grammaye en son Namurcum, *modestus honor*.

Il est donc vraysemblable que SOHIER (Autheur de la Famille de ce nom) fut ainsi nommé, à cause de son grand Oncle PIERRE DE VERMANDOIS dit SOHIER, (c'est à dire le Victorieux) qui le leva de fonds, comme nous l'apprenons de son Testament Cotté A. cy apres exhibé.

Si vous me demandez, d'ou vient que ce nom de SOHIER, fut converty en surnom hereditaire aux Descendans de nostre SOHIER : je vous responds que c'estoit l'usage pratiqué, devant mesme ce temps là, par plusieurs Grandes Familles de France, & de ces païs, lesquelles comme par forme de patronymique, en memoire, & en l'honneur d'un de leurs Peres, convertissoient le nom propre d'iceluy en leur propre surnom, comme en ont escrit Grammaye, Sanderus, Divæus, Lindanus, Sneyro, Puteanus, Sansovin, Scioppius, Du Chesne, Chifflet & autres. Car les anciennes chartres, & documens publics enseignent, qu'à cause d'un *Bertout Sire de Grimbergues*, vivant du temps de Charlemagne, ses Descendans Sires de Malines prirent le surnom de *Bertout*. Les Seigneurs de Hennin sont surnommez *Lietards*, à cause d'un *Lietard* surnommé Brochet Sire de Hennin avant l'an 1000. Les Seigneurs de Mortagne, prirent le surnom de *Radoul*, en memoire d'un *Radoul*, qualifié Prince de Mortagne avant l'an 1000. Les *Daufins* de Viennois, & les *Dauphins* d'Auvergne portent ce nom, pour estre issus chacun d'eux d'un Comte de ce païs là, nommé *Daufin*. Les Seigneurs de *Monteil* en Dauphiné furent aussi sur-

B 3

nommez

nommez *Ademar*, ou *Aimar*, & leur frere mefme *Monteil-aimar*, en memoire
d'un de leurs Anceftres nommez *Ademar*. Un Chevalier de Bourbonnois,
appellé auffi en fon propre nom *Gouffier*, le laiffa à toute fa Famille, qui
eft aujourd'huy celle des *Gouffiers* en France, honnorée des Charges d'Ad-
miral, & de Grand Efcuyer, voire mefme de la dignité Ducale en la perfonne du Duc de Roüanois. *Berlay* fut pere d'un fils qui s'appella Geraut
Berlay, l'an 1130. *Morhier* Gentilhomme Chartrain, jetta le fondement
de la Famille, qui conferve encore en nos jours le furnom de *Morhier*.
Grimoard Seigneur de Chaffeus en Gevaudan, eut un fils appellé Pierre,
lequel avec fa pofterité, prit le furnom de *Grimoard*, dont eftoit iffu le Pape
Urbain V. nommé Guillaume Grimoard, auparavant qu'il fuft elevé au
Pontificat. Bref, on en peut dire autant des *Roberts*, & des *Foucauts* en Li-
moufin; des *Bertrands* en Normandie; des *Jourdains*, des *Emorrants* & de plufieurs autres au Royaume de France; on peut adjoufter les *Cantelmes* au
Royaume de Naples; les *Doria*, & les *Grimaldi* à Gennes, & les *Ferrants*,
& les *Vilains* de la Maifon de Gand en ces Païs-bas, qui dez long-temps
ont emprunté leurs furnoms des noms propres de leurs Ayeuls. De
mefme nous difons qué HUGUE (mentionné par les Titres A, B, D.)
prit le furnom de SOHIER, en memoire de fon Pere, lequel fut retenu
& confervé de fa pofterité jufques à nos jours.

Quant à la diverfité qu'on pratique à efcrire le furnom de SOHIER,
je trouve parmy les vieilles chartes une fi grande varieté à l'exprimer,
que fi je n'en touchois un mot, je croirois faire tort à la verité, puis qu'elle y eft notablement intereffée par la confufion, qui fe rencontre quelquesfois dans une mefme Charte, ou Regiftre, qui fait penfer qu'il parle
de perfonnes de differente Maifon. Ainfi le Titre Cotté K. fait mention de *Jean de Soherres* Sire de Bertries, & fur le dos de ce mefme Titre fe
. void efcrit *Jehan li Sohierre*. Le mefme par le Titre Cotté L. eft nommé
Sohiers; & par le Titre Cotté M. *Sohier*. *Gillebert* fon fils Sire de Bertries, eft
nommé de *Soherres* par le Titre Cotté N; *Sohier* par le Titre Cotté P; &
Sohieres par le Titre Cotté Q, & ainfi des autres.

Difons dont que ces mots de *Sohierres*, *ly Soyers*, *le Sohiers*, *Soher*, *Sohierre*, *Soibiers*, *Soiher*, *Sohir*, *Sohier*, *&c.* en Latin *Soiherus*, *Sigerus*, *de Soihieriis*, *&c.*
font le mefme, & que l'ancien ufage parmy ceux de la Famille, qui
ont figné diverfement les Chartes, ou que l'ignorance, ou le peu de curiofité des anciens Notaires & Efcrivains, doivent mettre hors de doute
le Lecteur, lorsqu'il remarque ce nom efcrit de diverfes façons.

Quant à la diverfité des Familles, qui ont autres fois porté ce furnom
tant en France qu'aux Païs-bas, j'en trouve quinze ou feize, dont aucunes font connuës dans les Regiftres, & recherches de nos Genealogiftes modernes, & les autres mentionnées par les Hiftoriens. Et afin
que le Lecteur ne confonde la noftre avec les autres, j'ay trouvé bon de
blafonner icy les Armes d'aucunes de ces Familles.

Sohier dit d'Intraville (felon Segoing) porte d'azur à trois fleches d'argent la pointe en bas, au cheuron d'or fur tout.

Sohier

Sohier (d'ou eſtoit ce tres fameux *Sohier*, tres entendu au blaſon & aux Genealogies) porte d'argent à trois cerfs aiſlez de ſable, ſe cabrans, & ſemblans vouloir voler, ſelon la Coulombiere.

Sohier, d'argent au cerf marchant de …… ſelon Pierre le Boucq en ſon Hiſtoire de la Vicomté de Sebourg, imprimée à Bruxelles l'an 1645. De laquelle Maiſon eſtoit Guillaume Sohier Eſcuyer, Archer de corps du Roy Philippes II. & Bailly de Sebourg l'an 1620.

Sohier d'or à quatre merlettes de ſable au chef d'hermines. De laquelle Maiſon eſtoit Jean Sohier, qui de ſa femme Alix eut un enfant mort reſuſcité par les merites de N. Dame d'Alſenberg l'an 1473., au rapport d'Auguſtin Wijckmans dans ſon Brabantia Mariana.

De plus, les Sʳˢ le Boucq, Rollencourt, Laurent le Blond & autres curieux dans les recherches des Maiſons Nobles, trouvent des Familles de ce nom, qui portent d'argent à la bande de ſable, accompagnée de 6. billets de meſme. Puis d'autres portantes d'argent, à la hure de ſanglier au naturel, accompagnée de 3. eſtoilles de cinq pointes de ſable; 3. d'argent au chevron de….. accompagné de 3. cornets de ſable; 4. d'azur à trois oyes d'argent; 5. de ſable freté d'argent; 6. d'azur au chevron d'or, accompagné de trois quintefueilles de meſme, &c. Ce qui doit ſervir d'advertiſſement au Lecteur, afin qu'en liſant les Hiſtoires & Titres anciens, il puiſſe plus aiſement reconnêtre de quelle Maiſon des *Sohiers*, ſont ceux qui y ſont mentionnez.

C H A P I T R E   I I.

De l'Eſcu des Armes de la Maiſon de SOHIER, & de ſon écarteleure.

Ors que les Chefs des Maiſons Nobles ont pris des Armoiries pour marque de leur Nobleſſe, on doit croire qu'ils ont eu une raiſon particuliere de prendre les pieces, animaux, ou autres choſes ſemblables pour mettre dans l'Eſcu de leurs Armes. Mais comme cette raiſon n'a eſté connuë que d'eux, ou qu'ils l'ont communiqué à peu de perſonnes, on a ignoré la cauſe, & le fondement de la plus grande part des Armes des Familles, & il s'en rencontre peu, dont on puiſſe rendre une raiſon apparemment vraye, orſmiſes celles qui ont eſté honnorées de quelque ancien Ordre de Chevalerie.

Les Hiſtoires nous apprennent que Charles Martel retourné victorieux de l'armée des Mores, y trouva quantité de riches fourrures de genettes, dont il fit tant d'eſtat pour la beauté de leur poil, & pour leur odeur pareille à celle de la civette, qu'il en donna comme un preſent de prix aux Princes,

& aux

& aux Seigneurs de son armée , voulant de plus que cette beste jusques alors inconnuë aux François fut la marque de leur vaillance : De sorte qu'il institua l'Ordre de la Genette composé de seize Chevaliers, faisant faire autant de colliers d'or à doubles chaisnes entrelassées , & comme noüées ensemble , au bout desquels pendoit la figure d'une Genette d'or emaillée de noir , & de rouge , soûtenuë d'une terrasse d'or diaprée de fleurettes. Cet Ordre de Chevalerie , que l'on peut dire le premier establi dans la Chrestienté l'an 726. a eu vogue en France , jusques au Regne du Roy Robert , fils de Hugues Capet , auquel temps il commença de s'abolir peu à peu par la nouveauté de l'Ordre de l'Estoille institué l'an 1022. sans doute en memoire de celle , qui a servi de guide à trois Grands Princes , qui vinrent adorer le Roy de tous les Monarques. Joint que l'Estoille marque fort bien la valeur , le courage , & la prudence , ou semblables excellentes qualitez , qui ont reluy aux personnes de merite.

Ce fut donc de cet Ordre de Chevalerie , que les Roys de France (depuis Robert jusques au regne de Charles VII.) ont gratifié leur premiere Noblesse. Entre laquelle estoit nostre SOHIER , qui vers l'an 1070. receut solemnellement , & en presence de tous les Grands du Royaume , selon la coustume de ce temps là , de Philippes I. Roy de France une Chaisne ; ou Collier d'or enrichi de pierreries , au bout duquel pendoit une Estoille , & ainsi fut fait Chevalier de l'Ordre. Ores comme le Roy cherchoit tous les moyens possibles , pour asseurer & affermir Hugues son frere puisné , dans l'usurpation des biens & estat d'EUDE Comte de Vermandois , commenda à nostre SOHIER de prendre dores-en-avant pour ses Armes une seule Estoille , afin de l'obliger de quitter les Armes de ses Ancestres Comtes de Vermandois , & en les quittant d'abolir , & enlevelir tant mieux les justes pretensions , que pouvoient avoir les enfans du dit EUDE sur les estats de leur Pere. Ce commandement est reconnu par le Titre Cotté A , en ces mots : *Idem rex voluit , ut ego & heredes mei , pro scuto gentilitio , unica in posterum dumtaxat stella publice uteremur.*

En ce temps là donc , la Maison de SOHIER , commença de porter l'Estoille pour ses Armes , (dont vous en pouvez remarquer la pratique dans le Titre B,) laquelle elle a retenu inviolablement jusques à nos jours. Ce qui rehausse de beaucoup le lustre de cette Maison , car d'autant plus long , & plus constamment une Maison se trouve avoir eu , & porté des Armoiries , d'autant plus la Noblesse , & l'eclat de son nom , doit estre estimé grand , & excellent.

Quant à l'ecarteleure des Armes de cette Maison , qui portoit dés l'an 1400. au second & tiers d'or à la croix de gueulle , nous l'apprenons de l'alliance , que fit PIERRE SOHIER II. du nom avec MARIE CHOLET , surnommé LEURIOT , descenduë des anciens Comtes de Roucy , (neveux de l'Empereur Charlemagne) comme nous l'enseigne le Titre Cotté T. Cette haute alliance obligea PIERRE SOHIER III. du nom d'ecarteler ses Armes de celle de sa mere , pour en laisser le souvenir à sa posterité.

Je me

Je me plaindroy icy volontiers du peu de curiosité qu'ont apporté les
Gentilshommes des siecles reculez dans l'écarteleure de leurs Armes,
puis que l'antiquité,& la grandeur de leur extraction se justifieroit clairement par la multitude de tous leurs meilleurs quartiers. En l'un se verroit
la marque d'un trisayeul, en l'autre d'un bisayeul, ou d'une ayeule, l'on
verroit icy les alliances illustres d'un grand pere ; là se considereroit la
Famille de la mere propre, & le tout nous representeroit vivement les
belles qualitez tant des uns que des autres. Autant de cartiers qu'on ap-
perceveroit dans un Escu, autant de Blasons qu'on y contempleroit, autant de persuasions ressentiroit-on en nos esprits, pour nous porter à tirer en exemples les beaux faits de nos Ancestres , & pour ne diminuer la
gloire qu'ils se sont acquise par leurs signalées vertus. Ce seroient des
éperons qui nous piqueroient nuict & jour, & qui nous pousseroient dans
la mesme carriere de l'honneur, & rien nous seroit plus naturel que d'em-
brasser toutes les occasions qui se presenteroient pour accroître la reputation de nos Familles. La veuë de cette diversité de Blasons nous fourniroit les pensées des actions heroïques qui ont annobli nos Lignées , & ce
souvenir nous feroit rendre des plus ardans , & des plus utiles services à
nostre Prince , & à nostre Patrie , lors qu'il s'agiroit de leur defence. Je dis
cecy afin de faire trouver bon aux personnes de merite , de se servir des
escussons de leurs plus Nobles Ancestres de l'un & de l'autre estoc pour en
relever leurs Armoiries. Je crois (apres de Varenes,la Colombiere & autres) que personne n'oseroit censurer cette methode, laquelle a esté receuë
parmi les Anciens. Juvenal mesme , & ces Satyriques de l'antiquité n'ont
jamais contreroollé ces representations des nobles ancestres, sinon lors
que la naissance de telle sorte n'estoit pas suivye de la Vertu.Et à vray dire
l'on ne sçauroit trouver moyen plus propre pour nous rafraischir le souvenir de nos Predecesseurs, qu'en nous obligeant de graver , ou de peindre en tout ce qui nous appartient, & en ce que nous avons presque tousjours en veuë, ces armes qui tiennent lieu de leurs plus veritables pourtraits.

CHAPITRE III.
Du Timbre, & Cimier, Tenans, & Devise
de la Maison de SOHIER.

LE Heaume de l'escu d'armes , & tout ce qui l'accompagne se nomme Tymbre , à raison que comme le tymbre des horologes est la
cloche qui les fait resonner , aussi toutes ces figures qu'on met en
teste de l'Escu publient hautement les grandeurs , & la vaillance des plus
nobles courages. Mais toutes les pieces qui s'y voyent ne sont pas abso-
lument hereditaires, comme le corps de l'Escu , ains seulement person-

C

nelles,

nelles, nos Anceſtres s'eſtans ſervis de nouveaux ornemens, ſelon les nouveaux ſujets qui ſe ſont preſentez. Anciennement il y avoit des regles certaines touchant la façon & le comportement de ces Tymbres, ſuivant le rang & la qualité des perſonnes. Mais la liberté & la licence de nos jours fait que chacun en uſe comme il l'entend, ſans qu'on ſe formaliſe de voir des Familles, qui ſortent encore de la pouſſiere, & qui ſont connuës pour l'excrement de la roture, porter non pas meſmes des Tymbres, mais encore des Courones de Comtes, & de Marquis. Voire meſme un Gentilhomme, ou autre avantagé des biens de la Fortune, trouveroit du deshonneur à timbrer ſes Armes d'un tortil de Baron.

Je pourrois icy adjouſter mes ſentimens ſur chacun des ornemens, & pieces d'honneur des Tymbres, mais je me remets à ce que des plus habiles que moy en jugeront, tandis que je m'arreſteray à celuy de la Maiſon de SOHIER, que j'ay entrepris d'illuſtrer.

Si vous voulez bien juger du Heaume, & du Tymbre qu'ont porté anciennement ceux de cette Maiſon, vous l'apprendrez de leurs ſeaux appendus aux Titres A, D, & T, ou vous les verrez parêtre armes de toutes pieces, l'eſpée nuë levée au poing dextre, & leur eſcu au ſeneſtre, le heaume en teſte, que quelques uns ont creu devoir eſtre fermé, & la viſiere abbatuë, en ſigne des batailles & des rencontres qu'ils avoient eu contre leurs ennemis; leurs chevaux bardez, caparaſſonnez, & couverts de volets & lambrequins parſemez d'eſtoilles en broderie à la mode des Grands de ce temps là. C'eſt de ſemblables repreſentations & petits pourtraits de cire, que nos anciens Genealogiſtes ont reconnu clairement, combien ceux qui eſtoient repreſentez de la ſorte, eſtoient Illuſtres en leur extraction, eminents en leurs qualitéz, renommez en leur valeur, & glorieux en leurs victoires & triomphes. De Varennes dit, que ceux qui avoient la liberté de ſe faire peindre, graver, ou figurer de la ſorte, eſtoient recommendables tant pour la hauteur de leur ſang, que pour la reputation de toutes ſortes de loüables, & genereux exploits. Inferez donc de cecy, que puis que ceux de cette Maiſon de SOHIER ſe ſont fait repreſenter & connêtre de cette ſorte par des acts publics, qu'ils ont poſſedé toutes les marques d'une extraction relevée, & des grands courages.

Le Cimier (qui eſt cette piece que vous voiez ſouvent ſur la cime du Timbre) ne nous eſt connu que par le Titre Cotté CC. Lequel ſemble repreſenter deux cornes ou branches de cerf, entourantes une croix, comme ſi ceux de cette Maiſon auroient voulu faire entendre à la poſterité la promptitude, & le zele, qu'ils avoient porté pour la Conqueſte de la Terre ſaincte, & la querelle de la Croix de noſtre Redempteur.

Les Tenans, ou Supports qui ſont deux lyons leopardez affrontez, ne manquent pas de ſondement, d'autant que ſelon le diſcours de Philippes Moreau, tres-acte, & ſçavant Eſcrivain de noſtre temps, Les Tenans ne ſervent pas ſeulement pour donner plus de grace aux Armoiries, comme ſeroit une bordure, ou compartiment hors d'Oeuvre, ou bien des volutes de marmouſets, que le peintre repreſente à ſa fantaiſie en diverſes formes
eſtranges,

eſtranges, & bizarres, qui ne furent jamais, & qui ſervent pour donner du plaiſir, & de la recreation à la veüe, mais il faut quelque ſens ou moral, ou hiſtorial; car ce ſont Armoiries parergues, & acceſſoires.

Tellement que recherchant la veritable cauſe & origine, pourquoy les Seigneurs de cette Maiſon ont pris deux Lions pour Tenans, je dis qu'il eſt probable, qu'elle eſt tirée des anciennes Armes des Seigneurs de Torote, ou de Cambray (qui portoient des Lions) deſquels cette Maiſon eſt iſſuë par femmes, comme vous pouvez remarquer par les Titres Cottez A.C.D.&c. puis qu'au jugement de l'Autheur que je viens de citer, pluſieurs, voyans leur Nobleſſe plus enrichie & appuyée par les parens, & biens maternels, & de leurs femmes, ont voulu que les blaſons de leurs Armes ſerviſſent de Supports à celles qui leur eſtoient propres, ſans les briſer ou écarteler.

Venons enfin au Simbole de la Famille de SOHIER, ſans toucher preſentement aux Deviſes des particuliers de ce nom: car tout ainſi qu'en pluſieurs autres Illuſtres Maiſons, il y en a une propre à toute la race, & d'autres portées ſeulement par aucuns; de meſme dans la Maiſon de SOHIER il y en a qui ont eu des Deviſes particulieres, que nous toucherons en ſon temps; & par deſſus la Famille a encor la ſienne, qui eſt compoſée de ces deux ou trois paroles *Stella Duce, ou Stella Xρi duce, ou bien Stella duce quis cæcus?* comme il ſe void dans pluſieurs Titres cy apres exhibez.

Laquelle Deviſe eſt empruntée de celle de l'Ordre de l'Eſtoille, inſtitué (comme nous avons deſia dit) par le Roy Robert, dit le Devotieux, fils de Hugues Capet; pour declarer que l'on ne ſe tromperoit jamais tandis que l'on ſeroit en la conduite du Roy de l'Univers. Si ce n'eſt que ceux de cette Famille, nous euſſent voulu faire entendre par cette Deviſe, que leurs premiers Anceſtres avoient reſpandu par tout le monde la lumiere & la gloire de leurs rares vertus, & nobles qualitez, touſiours conduites & guidées par la clarté celeſte. Et en effet, au dire des Anciens, l'Eſtoille eſt le Simbole de la prudence, qui eſt la reigle des vertus, & qui nous conduit à l'honneſteté des actions, nous eſclairant par ſa lumiere dans la nuict de cette vie mortelle.

CHAPITRE IV.

Du ſurnom DE LE HERIES, pris aucunesfois par la Famille de SOHIER, & des Terres & Seigneuries qu'elle a jadis poſſedé.

IL eſt tres certain & connu de tous les Genealogiſtes & Hiſtoriens qu'anciennement les Familles Nobles ſe faiſoient connêtre dans les acts publics promiſcuement, voires le plus ſouvent

ſous les noms de leurs Seigneuries & appannages. Nous en pourrions
rapporter dix mille exemples , mais afin de n'emprunter d'ailleurs,
ce que nous avons en nombre dans noſtre païs , nous nous contenterons d'en rapporter une ſeule qui eſt la Maiſon *d'Eſtourmel* , alliée par
deux fois à la Famille de S O H I E R. Cette Maiſon donc (au rapport de la Morliere , de Varennes & autres) depuis long-temps habi-
tuée en Picardie , eſt neantmoins originaire de Cambreſis , ou de toute
connoiſſance elle a poſſedé la terre *d'Eſtourmel* ſituée à une lieuë de Cambray. Le ſurnom ancien eſtoit *Creton*, d'ou vient que quelques uns blaſon-
nans ſes Armes diſent cretelée pour dentelée, ce qui revient à un. Toutesfois depuis le ſiecle 1200. juſques à l'un 1500. les Seigneurs de cette Maiſon ont pris indifferemment les ſurnoms de *Creton*, & *d'Eſtourmel*; mais depuis
l'an 1500. juſques à preſent ils ont negligé celuy de *Creton*, & ont ſimplement retenu celuy *d'Eſtourmel*, à cauſe du long-temps qu'il y a que cette terre eſt dans leur Maiſon.

De meſme la Famille de S O H I E R , prit ſans difference , & le plus
ſouvent le ſurnom D E L E H E R I E S (l'une de ſes anciennes Seigneuries) de ſorte que tout ce que nous pouvons remarquer dans les vieux
Regiſtres (depuis l'an 1100. ou environ juſques à l'an 1400.) eſtre dit &
mentionné de ceux DE LE HERIES , ſe doit entendre ſans diſcuſſion
de la Famille de SOHIER : Je dis juſques à l'an 1400. car environ ce temps
là, les Chartes nous enſeignent, que la dite Seigneurie fut en partie (ſans
doute par achapt) en la poſſeſſion de Robert Hannieres , & ſeize ans
apres en la Maiſon d'Eſlincourt. Tellement que depuis ce temps là , les
Seigneurs de la Famille de SOHIER , n'ayans plus la joüiſſance de cette
terre , non plus que de pluſieurs autres mentionnées cy apres , retinrent
leur vray & legitime ſurnom de SOHIER , en negligeant celuy de leur
appannage , dont ils avoient eſté dépoüillé.

Venons aux Richeſſes de cette Famille. Quand les Anciens ont voulu
repreſenter la Puiſſance de quelques Seigneurs , ils leurs ont touſiours
donné pour compagne la Nobleſſe du Sang , & les Richeſſes. D'ou vient
qu'Ansbert Senateur Romain , Grand Anceſtre de l'Empereur Charlemagne , mentionné en la Table Genealogique , a eſté appellé , entre ſes
plus hautes qualitez , *Seigneur Noble , & grandement Riche , vir Nobilis , & multis divitiis pollens.* Cela meſme s'auroit pû trouver dans la Famille de SO-
HIER , ſi les Roys de France, ennemis & jaloux de la puiſſance des Comtes de Vermandois , n'auroient injuſtement uſurpé leurs Eſtats , (comme
nous avons remarqué en noſtre Preface) n'ayans laiſſé que fort peu de Seigneuries aux enfans d'EUDE desherité de ſa Comté de Vermandois. Il
eſt bien vray que SOHIER dit LE ROUX DE VERMANDOIS dans
ſon Teſtament Cotté A , fait un denombrement de ſes Terres, les parta-
geant à ſes enfans , mais il eſt croyable que la pluſpart venoit de ſa femme
ADELVIE DE MAUVOISIN , fille d'un riche Chevalier de Picardie,
qui tenoit à grande gloire de marier ſa fille avec SOHIER, nepueu de tant
d'Empereurs & de Rois.

D'ailleurs

D'ailleurs nous remarquons par le Titre Cotté C. que HUGUES surnommé SOHIER , eſt qualifié *Seigneur puiſſant en Cambreſis & ailleurs* (*Dominus potens in patria noſtra , & alibi*) mais je crois que ſes principaux biens & revenuës venoient ou de ſes charges, ou du coſté de ſa femme LUCIE DE TOROTE, dont les parens Chaſtellains hereditaires de Noyon, poſſedoient auſſi la Chaſtellenie de Honnecourt, les Seigneuries de Bantœux, Bantouzel & pluſieurs autres belles terres en Cambreſis & ailleurs. Nous pourrions dire le meſme des Deſcendans du dit HUGUES, qui, pour mieux ſe maintenir , ont recherché les Alliances avec les Maiſons riches, & opulentes.

Quoy qu'il en ſoit, les Titres cy apres exhibez nous enſeignent que la Famille de SOHIER a poſſedé les Seigneuries de le Heries , de Berelges, d'Iry, de Serain, de Malincourt, de Cagnicourt, de Saudemont, de Haynecourt , de Choques en partie , la Chaſtellenie d'Eſpehy , les terres de Liramont, d'Alouan, de Marconville (ou pluſtoſt Marcoin) de Bertincourt, ou Bertaucourt, de Huches, d'Euvilers, de Freneſches, de Taviaumez , de Bertries, de Roquier , de Briaſtre & de Caſteniers en partie, de Troncquoy, de Saint Vaaſt, de Mamigny , de Magrie, & autres ſituées en Cambreſis , Vermandie , Artois , Hainaut & aux environs, leſquelles ont appartenuës en divers temps à ceux de cette Maiſon. Et ſi elle s'eſt trouvée en quelque façon abbaiſſée vers le ſiecle 1500. apprenons que la proſperité ſe renverſe bien ſouvent ſur ſa grandeur , que les fortunes du monde ſont mouvantes, & ſujettes au change, & que les plaiſirs & les afflictions joüent à tour de roolle ſur nous, tout ainſi que les ſaiſons roulent tour à tour, & s'avancent les unes ſur les autres.

CHAPITRE V.

Des Prerogatives , & marques d'honneur de la Maiſon de SOHIER.

Ne des principalles prerogatives qui nous fait parêtre la Grandeur de la Maiſon de SOHIER , eſt la dignité *d'Advoué de Saint André* , laquelle ſe trouve avoir appartenuë aux Seigneurs de cette Maiſon par droit de ſucceſſion & heredité, par le Titre Cotté S. qui nous enſeigne que MATTHIEU SOHIER Sire de Heries reclama l'an 1328. *l'Advouërie*, & protection de l'Abbaye de Saint André, dont ſes Illuſtres & Puiſſans Anceſtres avoient joüy quelques ſiecles.

Pour entendre donc quelle eſtoit l'eminence , & la grandeur de cette dignité, il convient ſçavoir que les *Advouez*, & par contraction *Vouez*, qui dans les Romans ſont dit *Advoyers*, chez les Allemans *Vogt*, ou *Caſtuogt*, &

par les vieilles Chartes, & Histoires Latines *Advocati*, signifient proprement ceux qui avoient la garde & defense des Eglises. Laquelle Charge nommée de la *Advocatia, ou Advocatio*, en François *Advoüerie*, fut introduite aprés le Consulat de Stilicon, pour la conservation des droits & biens temporels des personnes Ecclesiastiques contre les violences des seculiers. D'ou vient qu'il n'y avoit ordinairement que des personnes de haute & supreme authorité, qui en fussent pourveus, comme Rois, Ducs, Comtes, & autres notables Seigneurs. Ainsi nous lisons que Charlemagne fut Advoüé de l'Abbaye de S. Denis: que Louis Roy de Germanie fut Advoüé de S. Gal au Païs des Suisses: que l'Empereur Henry II. fut honnoré par le Pape Benoist du Titre d'Advoüé de Saint Pierre: que Frederic Empereur I. du nom tenoit à grande gloire d'estre Advoüé de l'Eglise de Saint Estienne de Besançon, & qu'il se piquoit de porter seul cette qualité: que les Comtes de Bourgogne l'estoient de l'Abbaye de la Charité: que les Ducs de Lorraine se disoient aussi Advoüez de l'Abbaye de Saint Michel dans le Barrois: que les Ducs de Luxembourg l'estoient autresfois: que les Seigneurs de Bethune prenoient pour leur beau Titre, celuy d'Advoüé de l'Abbaye de Saint Vaast d'Arras: que les Comtes de Louvain l'estoient de l'Abbaye de Gemblours, comme les Ducs de Brabant le sont encore de l'Eglise de Liege: que les Comtes de Mons l'estoient jadis de l'Abbaye de Lobbes: que les Comtes de Hesdin l'estoient de l'Abbaye de Saint Guingaloc de Monstreul: que Bervuold & ses Descendans furent Advoüez de l'Abbaye d'Egmont: que les Seigneurs d'Aloft furent Advouez de l'Abbaye de Tronchiennes en Brabant, comme les Seigneurs de la Famille de SOHIER l'estoient par succession & heredité de l'Abbaye de Saint André en Cambresis és siecles 1000. & 1100. lesquels semblent en avoir perdu la dignité, en la personne de REGNOLD SOHIER, pour l'avoir mal & injustement administrée, comme l'on remarque dans la lettre de Nicolas Evesque de Cambray Cottée *. A. *. en datte de l'an 1153. Et quoy que ses Descendans ayent tousiours depuis reclamé cette charge, si est ce que MATTHIEU SOHIER en a quitté & cedé toutes ses pretensions l'an 1328. comme nous remarquons par le susnommé Titre Cotté S.

Un autre Avantage de gloire qui releve aussi vivement le lustre de la mesme Famille de SOHIER est le nombre des grands Officiers que les Rois, Ducs & Comtes souverains en ont tirez pour exercer toutes les plus hautes charges, & dignitez de leurs Estats. Car cette Famille a produit un Gouverneur general au Comté d'Artois, des Gouverneurs aux Villes de Crevecœur, d'Oisy, du Chasteau en Cambresis, Beaurevoir, & aux autres places, des Maistres d'Hostel aux enfans de France, des Ambassadeurs vers les plus puissans Princes, & des Conseillers à terminer les querelles & differents des grands Seigneurs, aux Traitez de paix, & de mariages des Roys & des Princes, & aux executions de leurs dernieres volontez.

En troisiesme lieu, la splendeur de cette Famille a esté merveilleuse-

ment

ment accreuë par les proüesses, & hauts faits d'armes des siens, qui ont tousjours paru des premiers en tous lieux, ou la valeur, & generosité peuvent estre admirées, remplissant la France & l'Orient de la celebrité de leur nom. Car les Titres Cottez D. & G. nous enseignent qu'il ne s'est jamais presque entrepris de voyage en la Terre Sainte és siecles plus reculez, ou quelques uns d'eux n'ayent respandu leur sang pour le service de Dieu, & de la Foy Chrestienne.

La quatriesme Prerogative de cette Maison se remarque en son Origine primitive, & bien que beaucoup de grandes Familles ayent eu des foibles commencemens, neantmoins celle de SOHIER joüyt de ce signalé bonheur que les siens ont esté tres illustres, tres anciens, & tres puissans, puis que les Titres Cottez A. A*. *A*. B. C. O. &c. nous assurent qu'ils sortent des anciens Comtes de Vermandois, neveux de l'Empereur Charlemagne.

Une autre marque de Grandeur qui reluit avantageusement en elle, c'est outre l'antiquité de son Sang, sa durée, car par le premier Titre Cotté A. jusques au dernier Cotté DD. il se justifie qu'elle a continué heureusement de masse en masse jusques à present par une succession non interrompuë plus de six siecles entiers. Ce qui est si rare, si singulier, & si eminent, qu'il ne se rencontre qu'en bien peu de Familles.

La Pieté est encore une des Eminences particulieres, qui rend la Famille de SOHIER recommendable entre les autres : car plusieurs des siens ont signalé le zele de leur devotion par l'enrichissement d'un bon nombre d'Abbayes, Cloistres, Hospitaux, & Maladreries, qu'ils ont dotez de leurs moyens en divers endroits des Païs-Bas.

Quant aux Avantages des Alliances de la Famille de SOHIER, ils auroient esté beaucoup plus grands & considerables, si le susnommé EUDE n'auroit esté depoüillé de ses Comtez, & d'un grand Estat reduit a un petit. Nonobstant cette disgrace qui s'est coulée sur toute sa posterité, la pluspart des Seigneurs qui en sont sortis, se sont efforcez de temps en temps de s'allier avec des Dames de tres-noble, & tres-puissante extraction, comme vous pouvez remarquer en la suite.

Mais outre cela, il y a eu encore plusieurs autres avantages, qui sont entrez en part de la Grandeur laquelle a partu en ces anciens Seigneurs de SOHIER ; car les grand Seaux, ou ils se sont faits representer à cheval, tenans l'espée nuë d'une main, & l'escu de leurs Armes de l'autre ; Les qualitez de Barons, & de Chevaliers Bannerets, ou portans Baniere, qui leur ont esté attribuées, tout ainsi qu'au plus Grands d'un Royaume, comme il se void particulierement dans le Titre Cotté *A*. les premiers Rangs qu'ils ont tenus dans le Conseil de leurs Princes, & dans les plus importantes affaires de leurs Estats ; Bref les hautes & vertueuses actions, lesquelles ils n'ont pas moins glorieusement executées que genereusement entreprises ; Toutes ces choses, dis-je, sont autant de marques d'excellence & de sublimité, lesquelles ont accreu la splendeur primitive de cette Maison.

CHAPITRE VI.

C H A P I T R E   VI.

Je ne vous entretiendray pas long temps à vous reciter tous les glorieux exploits, & belles actions des Ancestres de l'Empereur Charlemagne, non plus que de ses Descendans, puis que cent Historiens (quoy que divers en opinions) en ont composé des volumes entiers, je vous rapporteray seulement, leurs alliances, avec un court recit de ce qu'il peut faire à leur plus grande gloire, & servir à la dignité de nostre sujet.

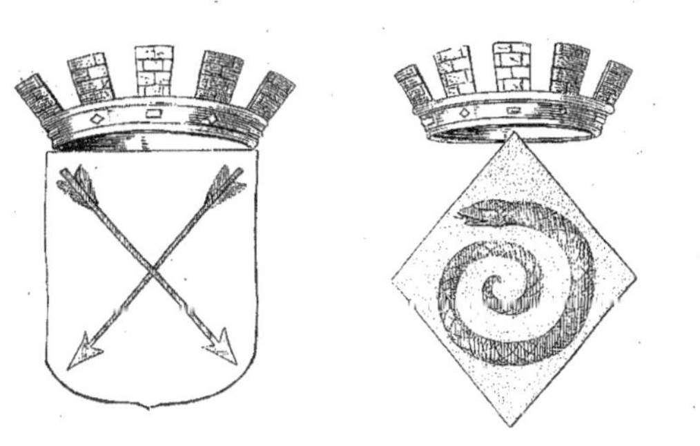

FERREOL I. du nom.   PAPIANILLE.

CE FERREOL fut Prefect du Pretoire des Gaules sous l'Empereur Honorius, la naissance duquel estoit si illustre, & si eminente, qu'elle peut estre comparée à celle des plus grands Roys. Car encores que les années nous ayent dérobé la connoissance du nom de ses Predecesseurs, & de ses freres, elles nous ont laissé neantmoins plusieurs marques certaines de leur condition ; & Sidonius qui vivoit, de son temps dit dans son livre VII. Epistre XII. que le nombre des Senateurs & des triomphes de sa Maison, se pouvoit compter par celuy de ses Ayeux, mesmes qu'on

pouvoit

pouvoit se lasser à descrire les honneurs qu'avoit possedé sa Famille, laquelle estoit sans doute du nombre de celles dont la Noblesse & le merite
obligerent les Romains, quelques temps apres la conqueste des Gaules, à
leur partager les charges de l'Empire.

La dignité du Prefect du Pretoire a esté la plus grande & la plus consi-
derable de toutes les dignitez de l'Empire, & sa puissance approchoit si
fort de l'Imperiale qu'Eunapius n'en fait la difference que par la Pourpre, voires mesmes le temps & la nonchalance des Empereurs la firent
monter jusques à l'Intendance generale de toutes les affaires de l'Empire;
de sorte que rien ne se faisoit que par l'advis ou par l'ordre du Prefect du
Pretoire. Lequel dans diverses loix des Empereurs est appellé la seconde
Puissance, la sublime Grandeur, l'illustre Preeminence, l'Altesse, Tuteur
de l'Empire, &c.

FERREOL donc en vertu de sa charge, commandoit sur vingt neuf Provinces, dix-sept dans les Gaules, sept en Espagne, comprise une partie de la
Mauritanie Tingitane, & cinq dans la grande Bretagne. Toutes ces Provinces, estoient divisees en trois Dioceses, & châque Diocese estoit gouverné par un Vicaire, qui obeïssoit au Prefect, lequel avoit encore sous luy un
Maistre de la Cavalerie, cinq Comtes des affaires Militaires, sept Ducs,
onze Consuls, dix-huict Presidens, & un grand nombre d'autres Officiers,
ainsi que l'on peut voir dans le denombrement des dignitez de l'Empire
tant Civiles que Militaires. Son siege & le lieu de sa residence souloit
estre la ville d'Arles, ou quelques autres places de la Gaule Narbonnoise,
son païs natal. Il seroit difficile de marquer precisement les années de la
Prefecture de FERREOLE, mais il est certain qu'il vivoit encore
l'an 456. Il espousa PAPIANILLE fille D'AFRANIUS SYAGRIUS,
l'un des plus grands hommes de son siecle, & dont le merite l'avoit rendu
digne de plus grandes Charges, ayant esté Maistre des Offices, deux fois
Consul, & trois fois Prefect du Pretoire, deux en Italie, & une dans les
Gaules. Elle avoit pour frere un autre SYAGRIUS, pour nepueu GILES
Maistre des deux Milices dans les Gaules, éleu Roy des François, apres
qu'ils eurent chassé Chilperic, & pour petit nepueu le jeune SYAGRIUS,
le dernier qui commanda pour les Romains dans les Gaules, que Gre-
goire Archevesque de Tours appelle Roy, & que Clouis fit mourir apres
l'avoir vaincu l'an 487. Bouchet dit que FERREOLE, & PAPIA-
NILLE moururent l'an 456.

D

Lors

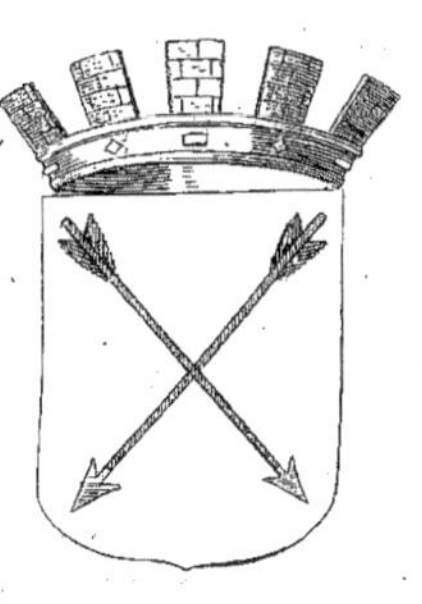

TONANGE FERREOL.   N .. fille de l'EMPEREUR AVITUS.

Ors qu'Attila fit une irruption dans les Gaules TONANTIUS-FERREOLUS y exerçoit fa Prefecture , & comme fon pere en avoit efté autresfois le fouftien, il en fut pour lors le Liberateur, car par fon addreffe fa prudence , & fa fage conduite obligea ce Roy barbare , fui-vy de quatre cens mille combattans, de fe retirer dans fon païs à demy vaincu : fit changer le deffein qu'avoit Torifmond Roy des Gots, par la force de fon eloquence, & chaffa des portes de la ville d'Arles , avec un repas , celuy qu'Ætius n'en auroit fceu éloigner avec une puiffante armée.

Il efpoufa la fille de l'Empereur A V I T U S , fils de Decius Magnus, Maiftre de la Cavalerie de Maximus , &c. au rapport de S^{rs} de Ste Marthe , de Bouchet , de P. Labbe, Turquoys & autres.

Un ap-

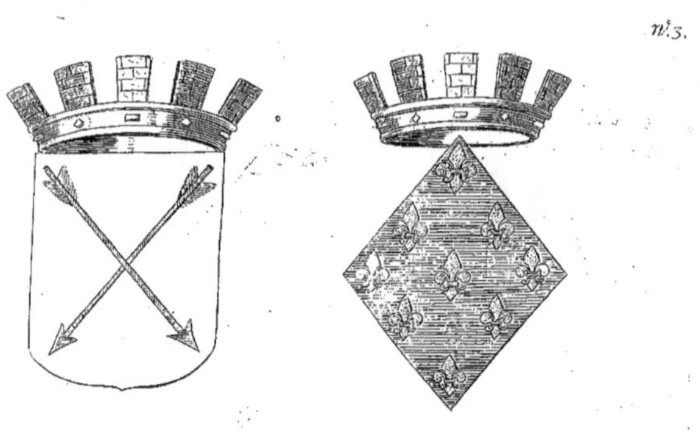

FERREOLE III. du nom.   INDUSTRIE fille du Roy CLOUIS,

ON apprend qu'il eſtoit fils de **TONANTIUS-FERREOLUS II.** du nom par l'Epiſtre IX. du Livre ſecond de Sidonius. Il eſpouſa **INDUSTRIE**, fille (ſelon Paul Diacre) du Roy **CLOUIS**, qui a recher-ché cette Alliance par une maxime d'Eſtat, afin de tant mieux ruiner la domination des Gots dans les Gaules, leſquels eſtoient liez d'amitié avec le dit **FERREOLE** Prince de la Gaule Narbonnoiſe.

On ne remarque pas le deces de **FERREOLUS**, ny de celuy de ſa femme, mais qu'il vivoit encore l'an DXX.

D 2

Pluſieurs

*n.*4.

ANSBERT.   BLITILDE fille de CLOTAIRE I.

PLufieurs Anciens Autheurs ont loüé ANSBERT, d'eftre tres-Illuftre en naiffance, & tres-puiffant en richeffes, mais les uns pour favorifer leur Nation, & les autres avec deffein, l'ont fait defcendre des premiers François, qui occuperent les Gaules, par MARCOMIR, & par CLODION, & apres luy avoir forgé une fuite d'Ayeux, ils luy ont donné encore des titres de Marquis du Saint Empire, de Duc de Mofellane, &c. mais comme tout cela n'eft appuyé que fur des conjectures & fuppofitions qu'aucuns ont inventées pour fervir au deffein qu'ils ont eu, de faire defcendre la Maifon de Lorraine de Clodion de Chevelu, nous dirons apres Columbanus, Alberic, Hariulfe, les Srs Vignier, Fauchet, le Fevre Chantereau, Ste Marthe, Bouchet, P. Labbe & autres, qu'il eftoit veritablement fils de FERREOLE III. & né à Narbonne, & qu'il poffedoit la meilleur partie de l'Aquitaine, l'Auvergne, l'Albigeois, le Rouergues, le Gevaudan, & prefque tout le Languedoc, & eftoit confideré le premier dans le Royaume d'Auftrafie, & portoit la qualité de Duc & Maire du Palais, comme l'on remarque dans le fragment de l'Hiftoire de ceux qui ont exercé cette dignité. Il mourut l'an 617. & fa femme un peu apres, & de quatre enfans qu'il euft, il y en a trois, dont l'Eglife Romaine celebre tous les ans la fainéteté.

Cet AR-

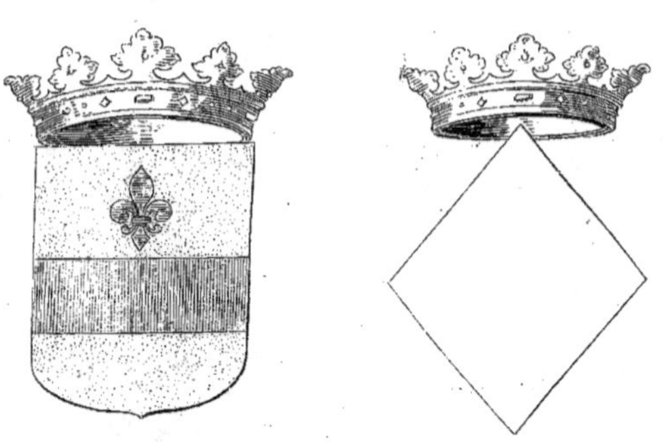

ARNOULD.   DODE de SUAVE,

CEt ARNOLD, I. du nom furnommé BUGISES, ou BUR-GISE fut Duc en Auftrafie fous les Roys Sigifbert & Childebert pere, & fils, & apres avoir efpoufé une Dame d'une Race tres-noble & tres-illuftre du païs dè Suave, nommée DODA, ou ODA, felon aucuns, fille du Duc de Suave, mortè l'an 571. en la ville de Liege, fut choifi pour fucceder à Aigulfe fon oncle paternel à l'Evefché de Mets, ou il fiegea huit ans, & mourut fous l'Empereur Phocas l'an 606. laiffant pour heritier de fes vertus, de fes biens, & de fon nom fon fils.

D 3

Ce Prince

n.° 6.

S. ARNOULD.   DODA de SUEVE.

CE Prince eſt nommé d'aucuns Duc de Brabant , Maire du Palais de
France & d'Auſtraſie ſous les Roys Theodebert II. Clothaire II.
& Dagobert I.   Il eſpouſa DODA , (que quelques Hiſtoriens ſont
fille du Duc de Saxe, & les autres de Vibitis Comte de Bologne) mais
ſon mariage fut plus heureux que de longue durée, car DODA mourut bientoſt apres qu'elle l'euſt rendu pere de trois enfans.   Apres la mort
de laquelle il accepta l'Eveſché de Mets , & comme il eſtoit le premier
Miniſtre du Royaume , il obſerva touſjours un juſte temperament entre les intereſts de Dieu , & des hommes , & la juſtice de ſes actions le
rendit auſſi bien l'arbitre des Couronnes que des conſciences.   A la fin
comme les grandeurs de la terre ſont importunes à ceux qui veuillent
faire leur ſalut, il ſe reſolut de faire divorce avec elles, & de renoncer
aux honneurs & aux vanitez du monde, pour ſe poſſeder ſoy meſme.
Il ſe retira dans les montagnes de Vaugé, & là reclus dans une cellule
paſſa le reſte de ſes jours religieuſement.   L'année de ſa mort eſt marquée diverſement.

                                                            Ce Prince

n.7.

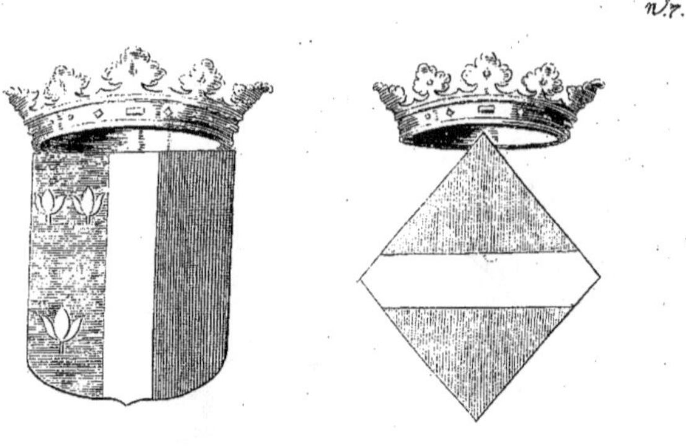

ANCHISE.   BEGGUE.

CE Prince fut heritier des honneurs de fon pere en Auſtraſie. Et pour rendre ſa puiſſance plus conſiderable, *il eſpouſa* BECGUE *fille de* PEPIN le vieil dit de LANDEN, un des plus puiſſans Princes en authorité & en richeſſes de ſon temps, car outre ſa qualité de Maire du Palais, qui le rendoit abſolu dans le Royaume, & le premier apres le Roy, il eſtoit Seigneur de ſon chef, de tout le païs qui eſtoit entre la riviere de Meuſe, & la foreſt Charbonniere. Les divers changemens de regne qui arriverent pendant ſa vie, n'en apporterent point à ſa grandeur; il ne s'eſloigna jamais de l'obeiſſance: & quoy que la Maiſon de ſon beau frere GRIMOALD euſt trouvé ſa ruine dans le deſſein de l'uſurpation de la Couronne d'Auſtraſie, la ſienne ne conneut point de diſgrace que lorsqu'il fut aſſaſſiné par un certain perfide nommé *Goduin*, ou *Godin* ſon filleul, qu'il avoit elevé aux premieres honneurs militaires. Cela arriva l'an 677. ſelon les Annales de Mets, ſelon Sigebert huit ans apres, & ſelon d'autres l'an 679. BEGGUE reſtée veufue chercha la conſolation de ſon malheur dans l'education de ſon fils, & dans l'exercice des vertus Chreſtiennes. S'eſtant voüée à Dieu elle fonda le Monaſtere d'Anden, & y fut inhumée l'an 698.

Ce Prince

n.8.

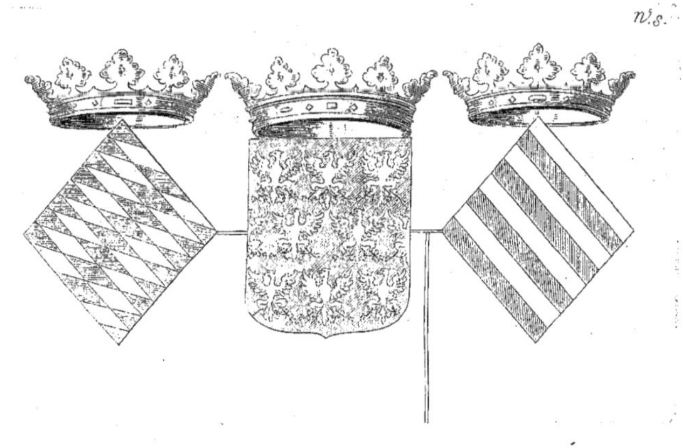

PLECTRUDE DE BAVIERE.   PEPIN I. du nom.   ALPHEIDE.

CE Prince surnommé le GROS, HERISTEL, & l'ANCIEN, fut Duc & Maire du Palais d'Austrasie, & Prince des François sous Thiery III. Clouis III. Childebert II. & Dagobert II. Roys de France, & d'Austrasie. Il ne s'est pas moins rendu recommendable par la pieté & par la Justice, qui ont esté inseparables des actions de sa vie, que par cette valeur, & cette bonne fortune, qui l'ont fait triompher si souvent de ses ennemis. Il se rendit maistre de l'Authorité sans usurper l'Estat, & il ne prit les armes que contre la tyrannie des Maires du Palais, & pour la liberté publique. Il espousa PLECTRUDE fille de *Grimoald Duc de Baviere*, laquelle il repudia, selon l'usage de ce temps là, pour espouser ALPHEIDE, de laquelle il eut deux fils, CHARLES, & CHIL-DEBRAND.

La haine,

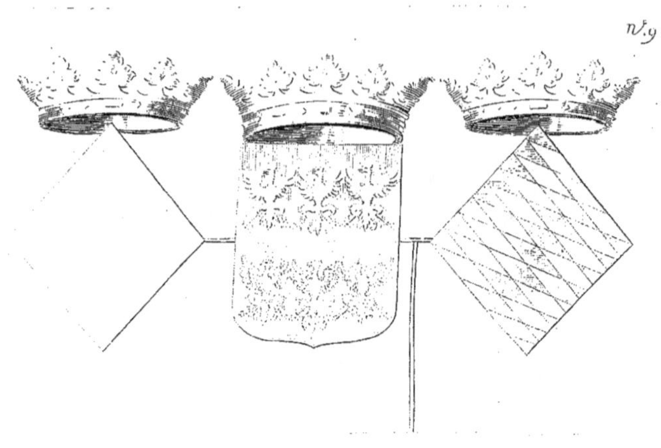

ROTRUDE.... CHARLES MARTEL. SUANECHILDE de BAVIERE.

LA haine, & l'ambition de PLECTRUDE avancerent la gloire de ce Prince, & les efforts de ses ennemis luy offrirent si souvent des occasions de triompher de leurs despoüilles, qu'on peut con-
ter le nombre de ses Victoires par années. La plus sanglante & la plus
glorieuse de toutes, fut celle qu'il remporta contre Abderame Roy des
Sarrasins d'Espagne, le tuant de sa main propre & passant sur le ventre à
son armée composée de quatre cens mille combattans; il acquit lors le
surnom de MARTEL, & sa valeur, & la renommée éleverent sa gloire au dessus de celle de tous les plus grands, & plus renommez Capitaines
de l'Antiquité. Il fut marié deux fois, & eut des enfans de ses deux femmes: la premiere nommée ROTRUDE estant morte l'an 720. Il espousa
depuis SUANICHILDE fille d'Odilon Duc de Baviere, qu'aucuns ne l'appellent que sa concubine, mais sans fondement.

E

Ce Prince

PEPIN II. du nom.   BERTRADE de LAON.

CE Prince succeda au grand pouvoir & credit de son pere , aussi bien qu'à ses titres de Maire du Palais, de Duc & Prince des François, &c. & voyant sa puissance beaucoup accreuë par la resignation que luy fit CARLOMAN de tous ses Estats, commença de jetter des fondemens pour s'élever à la Royauté. Il s'acquit la bienveillance du peuple par celles des Ecclesiastiques , & par un grand nombre d'actions de valeur & de pieté, se rendit digne d'estre assis sur le Thrône, & fit deposer, & confiner CHILDERIC dans un Monastere. Il fut surnommé *le Bref*, pour la stature de son corps , mais par une qualité contraire, la grandeur d'esprit, qui reluisoit sur son front, un haut courage joint à une prudence & felicité nonpareille, qui l'accompagnerent en tout le cours de sa vie, luy firent meriter les titres glorieux de *Grand*, de *Pieux*, de *Debonnaire*, lesquels avec celuy de *Tres-Chrestien*, furent transmis par heredité à ses fils & petit fils. Il espousa BERTRADE fille de *Caribert Comte de Laon*, non pas (comme escrivent les Historiens vulgaires) fille de l'Empereur Eraclius, qui vivoit plus de cent ans avant luy.

CHARLES

ERMENGARDE. HILDEGARDE CHARLEMAGNE. FASTRADE. LUTGARDE.
DE SUEVE.

CHARLES furnommé LE GRAND pour l'excellence de fes faits heroïques, ne fut inferieur à ces fameux Princes de l'antiquité Alexandre, Conftantin, & Theodofe : en outre fa Pieté, fa Juftice, & fa prudence avec le zele qu'il eut à l'avancement de la Religion Chreftienne, & autres qualitez fureminentes; luy firent meriter le nom de *Sainct*, & de *Bienheureux*. Sa pofterité eft amplement traitée par Meffieurs de Sainte Marthe, en leur Hiftoire Genealogique de la Maifon de France, ou je renvoye le Lecteur, & à ce qu'en difent les Srs Bouchet, Turquoys, P. Labbe & autres. Il efpoufa quatre femmes, & n'eut d'enfans legitimes que de fa feconde nommée HILDEGARDE (fille de *Hildebrand Duc de Sueve*) dont le deuzieme fils fut nommé PEPIN, en memoire du Roy fon ayeul paternel.

E 2

L'EMPE-

PEPIN.　　　　　BERTHE de TOLOSE.

'EMPEREUR CHARLEMAGNE voyant son fils PEPIN de belle esperance, & considerant qu'il avoit à supporter des guer-res continuelles contre les Saxons, les Huns, les Avarois & autres peuples esloignez, par ainsi qu'il ne pourroit vaquer à defendre l'Italie, & à la retenir dans le devoir, s'il ne luy donnoit un Roy, qui rendit la Justice, & par la force des armes rangeat les rebelles à la raison, il jugea estre necessaire d'associer à la Royauté d'Italie ce Prince PEPIN son fils, & le declara Roy l'an 781., & tint sa Cour & son siege à Milan, au grand contentement des peuples Italiens, qui sous son regne virent les Sarrasins & les Huns repoussez de leurs frontieres, les Avarois destruits, les Grecs chassez de leurs terres, & tous les rebelles remis à la discretion de ce Roy, qui mourut en l'aage de trente trois ans, & de son regne le treizieme, l'an de Jesus Christ 810.

Selon qu'escrivent aucuns modernes Historiens ce Roy PEPIN fut conioint par mariage avec ADELHEIDE, aucuns la nomment PLECTRUDE, les uns ny les autres, n'ayans point exprimé de quelle Maison elle estoit issuë. Thegan dit que cette ADELHEIDE n'estoit que sa Concubine, ce que nie Paul Emile. Mais P. Labbe tres curieux rechercheur des Maisons Royales, soûtient qu'il espousa BER-THE sœur de *Bernard Duc de Septimanie,* & fille de *S. Guillaume Comte de To-lose, &c.*

Ce Prince,

BERNARD.   N.....

CE Prince, selon l'opinion d'aucuns, estoit fils naturel de PEPIN, & pour sa generosité & grand courage succeda au Royaume d'Italie, du vouloir, & du consentement de L'EMPEREUR CHARLES son Ayeul l'an 813. L'ambition qu'il avoit de se faire Roy de France, & mesme Empereur, le porta à sa ruine, lequel, estant livré entre les mains de l'Empereur Louis son oncle, avec ceux qui avoient conspiré contre l'Empire, eut inhumainement les yeux crevez: mais trois jours apres il mourut de regret, & d'impatience de se voir si mal traité par son parent. Son corps fut ensevely dans la grande Eglise de Saint Ambroise de Milan. Sa femme n'est encore connuë des fameux Historiens; quoy qu'aucuns luy donnent une fille de la Maison de LAON. Si est ce qu'il est certain qu'il laissa un fils nommé PEPIN, qui a esté LA TIGE DES COMTES DE VERMANDOIS.

E 3   Le nom

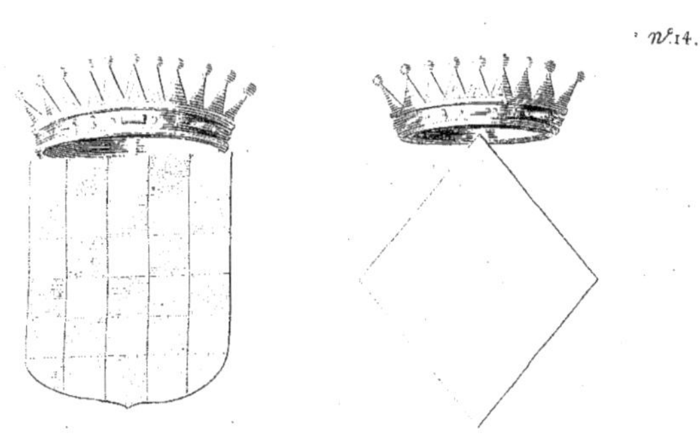

PEPIN I. COMTE DE VERMANDOIS.   N....

LE nom de PEPIN luy fut donné au baptefme en memoire du Roy fon ayeul paternel. L'Empereur Loüis ne le voulut reftablir dans le Royaume d'Italie, dont fon pere avoit efté defpoüillé, ains luy donna feulement le COMTE DE VERMANDOIS. Ce jeune Prince plein de feu & de courage, ût bien de la peine à fupporter cet affront, auffi a-il touſjours nourry dans fon ame les penſées de prendre vengeance de la mort de fon pere BERNARD, & participa (comme auffi fes Defcendans) prefque à toutes les conjurations entreprifes contre les Roys de France fes Souverains. Chriftophle Genuol dans la Genealogie des Ducs de Baviere, veut faire croire que ce Comte PEPIN, ayant efté privé de tous fes biens, fe retira avec fes trois fils en Allemagne vers la Franconie Orientale, & qu'il y poffeda le Comté de Langefeld. Il adjoufte que de fon fils Bernard vint le Comte Arnoul de Langefeld, duquel il fait fortir les anciens Comtes Palatins de Schirren, & Witesback, & de ceux cy les Ducs de Baviere Electeurs de l'Empire, alleguant pour preuves quelques Autheurs recens de fa nation, fans mettre en avant aucun titre ancien & confiderable pour nous perfuader cette verité. Quoy qu'il en foit, il eft certain, & connu de tous les Hiftoriens que cette MAISON DE VERMANDOIS a efté touſjours redoutée, par les Roys de France, qui fe font fervis de tous les moyens poffibles pour affoiblir fa puiffance & fon authorité, voires de la reduire au neant, comme vous remarquerez cy apres en la perfonne du COMTE EUDE.

PEPIN eut de fa femme, qui ne nous eft connuë, trois fils; dont le fecond continua la lignée des *Comtes de Vermandois.*

Ce Prince

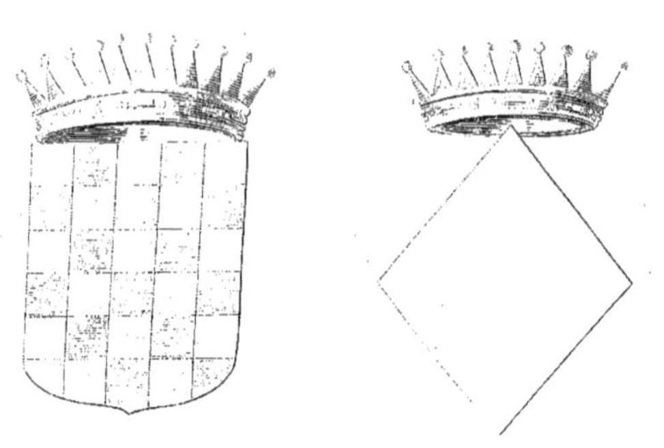

HERBERT I. du nom.   N. . . .

CE Prince succeda au Comté de Vermandois apres la mort de son
pere PEPIN. Il suivit premierement la fortune, & le party du
Roy Charles le Simple, contre les Princes de la Maison d'Anjou, puis
changeant d'advis, se rangea de leur costé, lors qu'Eudes Comte de Paris
se fit declarer Roy. Il tua en une rencontre Rodolphe Comte de Cambray, & recouvra ses villes de Peronne & de Saint Quentin prises par le
dit Rodolphe. Mais Arnoul Comte de Flandres resolu de venger la mort
du Comte son frere, fit machiner celle du Comte HERBERT l'an 902,
ce qui continua la haine entre ces deux Maisons de VERMANDOIS,
& de Flandres, qui furent enfin pacifiées par un mariage, comme il se
verra cy-aprés.

L'on n'a point remarqué en quelle Maison cét HERBERT prit alliance. Aucuns luy donnent la fille de Robert, Duc de France. Bien est-
il certain, qu'il laissa deux fils, dont l'aisné porta son nom.

Il est

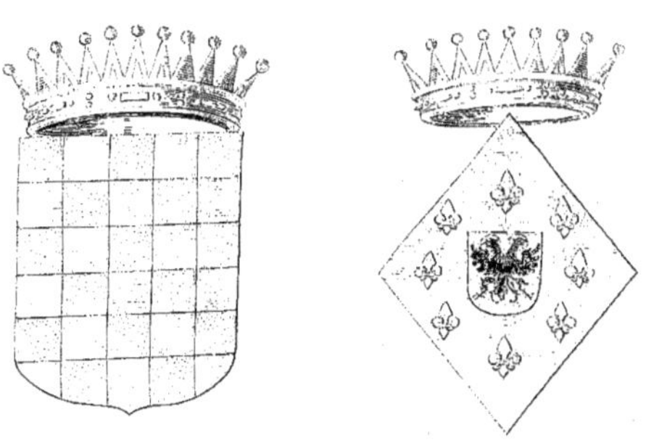

HERBERT II. du nom.   HILDEBRANTE DE FRANCE.

IL est qualifié Comte de VERMANDOIS de Troyes, de Champagne, &c. le plus puiffant & plus redouté Prince de France. Si
eft-ce que parmy toutes les troubles arrivées de fon temps dans le Royaume, il n'eut jamais l'ambition de monter fur le Thrône, ains, comme
par maniere de paffe-temps, y eflevoit tantoft l'un, & tantoft l'autre, &
leur rompoit la foy felon fa fantaifie. Enfin il fe reconcilia avec Louis
d'Outremer, par le moyen de l'Empereur Othon I. & fe repentit d'avoir
fi mal & fi indignement traité Charles le Simple pere du dit Louis. On
parle diverfement de fa mort. Apres fon deces fa Principauté fut depar-
tie entre fes enfans en tant de pieces, qu'elle perdit fon luftre. Il laiffa
huict fils & trois filles de fa femme HILDEBRANTE, fille de
Robert le Fort Duc de France, depuis couronné *Roy*, lefquels partagerent entr'eux les Comtez de VERMANDOIS, de Troyes, de Meaux, de
Soiffons, de Reims, de Roucy, d'Eu, &c.

Ce Prince

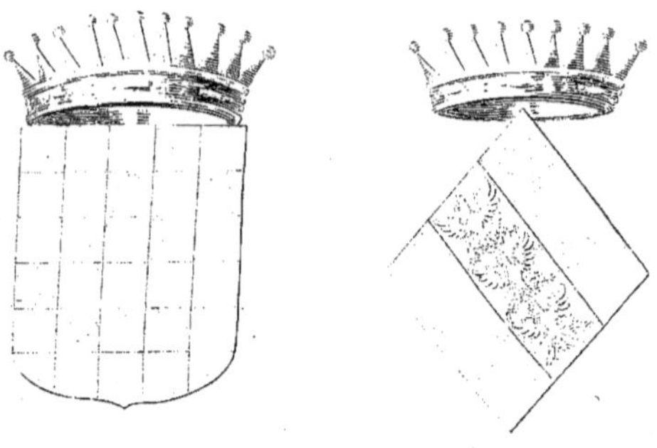

ALBERT I. du nom.   GERBERGE DE LORRAINE.

CE Prince fut loüé pour son zele & sa pieté, & soûtint à la fin de ses jours le party des Roys Carlovingiens contre le Roy Hugues Capet, avec lequel toutesfois il fut reconcilié par l'entremise de Richard Duc de Normandie. ALBERT mourut l'an 988. apres avoir atteint un grand aage, ayant laissé de sa femme GERBERGE (fille de *Gilbert Duc de Lorraine* & de *Gerberge de Saxe*) deux fils, selon les Sieurs de Ste Marthe, & selon P. Labbe quatre fils, & une fille.

F

Il se

N°. 18.

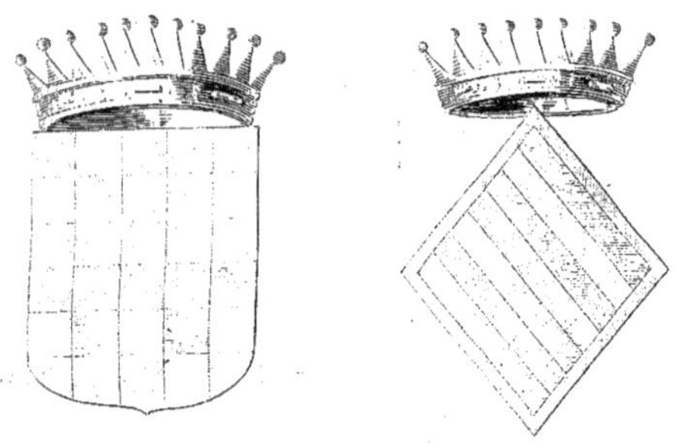

HERBERT III. du nom.   ERMENGARDE de BOURGOGNE.

IL se porta, comme son pere à faire beaucoup de biens aux Eglises, & particulierement à celles de Humolieres, Vermand , S. Quentin , &c.   Il fut conioint par mariage avec ERMENGARDE de BOURGOGNE, & mourut l'an 1015.

Il estoit

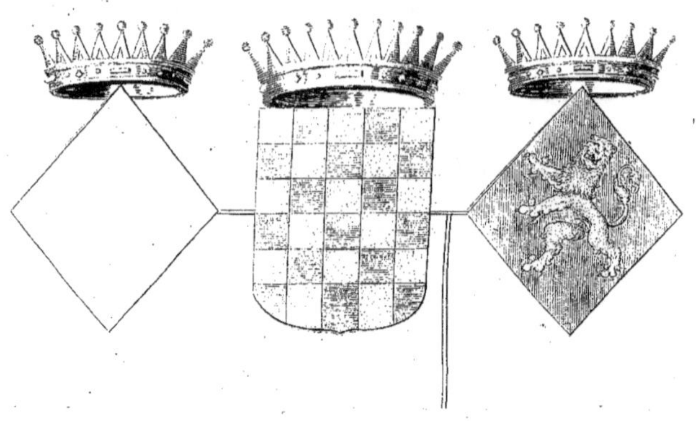

EMME.   OTHON ou EUDES.   EMME-PAVIE.

IL eſtoit deuziéme fils D'HERBERT III. du nom, & fut Comte de Vermandois apres la mort de ſon frere ALBERT. Il eſt mentionné dans pluſieurs Chartres de l'Eveſché de Beauvais (dont il eſtoit Advoüé) de Saint Quentin, de Cambray, &c. & particulierement aut Titre cy apres exhibé Cotte A.

Il ſe maria, ſelon les plus celebres Hiſtoriens, avec EMME-PAVIE, fille de *Guillaume Duc d'Aquitaine*, qui luy procrea trois enfans, dont l'aiſné fut HERBERT, qui ſuit.

F 2

Ce Prince

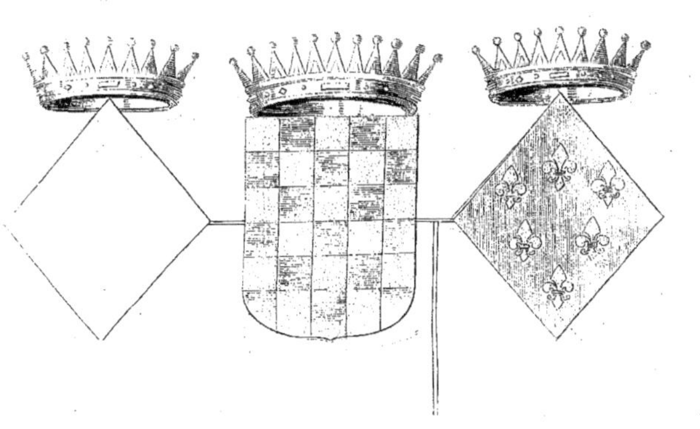

GERTRUDE.   HERBERT IV.   ALIX de CRESPY.

E Prince fit des grands biens à l'Eglife de St Quentin l'an 1047.
felon que rapporte Hemeré dans fa Vermandie: il en fit encore
aux Chanoines de Viry l'an 1067. en prefence des Evefques Baudovin
de Noyon, Elinand de Laon, Guy de Beauvais, Lietbert de Chambray
& Alard de Soiffons. Il monftra encor fa munificence à l'Abbaye de Saint
André en Cambrefis à laquelle il donna les difmes de Ferrieres comme
nous enfeigne le Titre cy apres exhibé Cotté * A *. Il eft auffi mentionné
par le Titre fuivant Cotté A, qui eft un Teftament de S O H I E R fon petit fils.

In nomine

In nomine Sante & individue Trinitatis. Amen.

Go SOHIERUS, qui nominor RUFUS de VIROMAN-
DIA, Caſtellanus Deſpauhenſis, tam futuris quam preſentibus in
perpetuum. Cum non ſit in hominis poteſtate mori, vel vivere, & huma-
nitatis conditio fragilis continuo proclivis ſit ad defectum , ſcienſque
quod elemoſina cum oratione extinguit peccatum non tantum viventium , ſed etiam mortuorum, hinc eſt quod hoc ſcripto, univerſis ultimum voluntatis mee decretum notificari volo. Videlicet quod ego à
Deo ſummo pro peccatis meis veniam contrito corde poſtulans , trado in
perpetuam elemoſinam Eccleſie, in qua corpus meum inhumabitur tres
markas argenti , & ejuſdem miniſtris duas. Item dono Eccleſie Santi
Quintini quinque mea mancipia apud Fervakum , quia ibidem multi
Majores mei corpore requieſcunt , & noviſſime kariſſimus *Pater meus*
EUDO, cum AVIDA *Matre mea* dilectiſſima. Item Eccleſie majori
Cameracenſi do apud Fontanas, manſum unum cum ſervis & ancillis,
excepto Oitebardo quem liberum fieri volo , quia ibidem filius meus
THIEBALDUS Decanum egit, ibidemque cum ipſo jacet *conjux mea*
ADELVIA HUGONIS MALOVICINI *filia.* Item Fratri-
bus Sante ✠. ab ELLEBAUDO *fratre mea* nuper fundatis & dotatis
(qui dicebatur RUBER) dono & contrado Allodem mei juris apud
Keſteniers, & quidquid apud Buicierias jure hereditario poſſideo. Item
Eccleſie Santi Petri ejuſdem Civitatis manſum unum cum uno mancipio
apud Aveſnas oberti. Item Eccleſie Peronenſi apud Meulanum manſum
unum cum duobus ſervis & ancilla una. Item Eccleſie & Paupertati Deſpauhi unam markam , & tres uncias argenti annuatim. Quia autem non
ſatis eſt Patrifamilias ſua diſpartire Eccleſijs terreſtria , ut mereatur cele-
ſtia , ſed ipſi etiam incumbit pacem domeſticam procurare, & conſerva-
re, ne per jurgia Deus offendatur, & concordia fratrum violetur, hinc
eſt quod ego idem SOHIERUS filijs meis, bona que michi Deus lar-
gitus eſt , diſpartire ante obitum volui hoc modo. Primo do pro portione
hereditaria AMALRICO *primogenito meo ,* dicto RUFO Caſtellaniam
meam Deſpauhi apud Viromanduos. Item terram meam in Pago Atrebatenſi. Item terras de Liramonte, Dalovan, Markonvilla, Berticurte
& Huchijs apud eoſdem Viromanduos. Item do eodem A. torquem
meum majorem aureum, cum gemmis teſſelato *Majorum meorum Viromandic*
Comitum ſcuto inſignitum. Preterea do pro portione hereditaria HU-
GONI dicto SOHIERO *ſecundo genito meo ,* terras meas de *Herijs ,* Berel-
gijs, de Irio, Seregno, Malicurte, Cuignicurte, Salicimonte, Tilieto, &
Hainicurte tam in Pago Cameracenſi quam Atreb. Item quintam partem terre mee *de Choques ,* contra A. in dicto Pago Atreb. Item de preno-
minato H. alium meum magnum torquem , cum gemmis *Parmatica Stella*
decoratum , mihi à *Philippo Rege nro-Auguſtiſſimo ,* ſolempniter collo appen-
ſum, in cujus facti memoriam , idem Rex voluit, ut ego & heredes mei

F 3

pro ſcuto

pro fcuto Gentilitio, *Unica* in pofterum dumtaxat *Stella* publice uteremur.
Conjugi autem dicti A. nomine ADE CASTELLANI CAMER. FI-
LIE , & LUCIE WASCONIS DE TOROTA FILIE predicti H.
Conjugi, do annulos, armillas, inaures, viriolas, omnefque ornatus gem-
marum & auri quibus in diebus fuis fuit precincta , & ornata Conjux
mea A. Item do BALDUINO dicti A. *filio* torquem aurem ponderis duarum librarum, teffelato fcuto *Viromanduorum Comitum* ornatum. Item
do WALTERO dicti H. *primogenito* torquem aureum ponderis itidem
duarum librarum , aut circiter ab *Hug. Capeto* Galliarum Monarcha,
OTHONI *proavo meo* donatum. Item ADE DE CAMBRAIO
dicti W. *Conjugi* do par armillarum ab *avia mea* ALIDE mihi datum.
Item THIOBALDO *fratri* W. do enfem mihi datum à PETRO
dicto SOIHERO *Patrino meo* , HERBERTI *avi mei Viromanduorum*
Principis fratri natu minimo. Item do JOHANNI DE SANTO SIMO-
NE *fratris mei* EUDONIS agnomine FARINI *filio* , alium enfem
meum. Item do IDE *Conjugi* dicti THIOB. *Hugonis d'Aubeugni dicti Ha-*
veti filie, par minimum viriolarum. Quantum ad *Armigeros*, *ferviente/que meos*
condigne remunerandos, debitaque mea folvenda , illa codicillo meo
aperui fufficienter. Ad hoc ultimum meum beneplacitum , firmiter
meum publicum imprimi juffi figillum, illudque teftium idoneorum autoritate comprobari. *S. Gerardi Cam. Epi Cognati mei* Reverendiffimi. *S. Alardi*
Archidiaconi. *S. Hugonis Comitis Viromanduorum. S. Anfelmi de Ribaumonte.* VVal-
teri Caftellani. VV*alteri Duacenfis. Hugonis de Houdeng.* VV*alteri de Perona. Manaßis*
de Bethunia Cognatorum meorum. S. Walteri de Tonitru. Razonis. Onulfi.
Anfelmi Cafatorum Epi. Actum Cameraci Anno Domini M° Octuagefimo. Prefulatus Domini G. quarto, Regni vero P. Francorum Regis
Aug. decimo octavo.

Aufridus Archicapellanus recognovit.   Avec parafe.

Sur le plis de cette lettre eftoit imprimé le feel du dit Aufride Archi-
chappelain , dont on ne voit plus que le veftige, & la forme, qui femble
reprefenter la Vierge Marie, ou quelque autre Sainte.

Sur le dos de cette lettre eft efcrit : *Teftamentum* SOHIERI DE VI-
ROMANDIA *Benefactoris nri, a° M° octuagefimo.* avec ce parafe

A cette mefme lettre pend un grand feel reprefentant un Chevalier
armé de toutes pieces, veftu d'une cotte d'armes à l'antique, traverfée
d'une chaifne d'or, au bout de laquelle fe void une petite eftoille, qui eft
la veritable marque d'un Chevalier de l'Ordre de l'Eftoille, inftitué en
                                                                    ce fiecle

ce siecle là, comme nous avons remarqué cy devant. Le dit Chevalier tient en une main une escusson chargé d'une Estoille de cinq pointes, & en l'autre une espée, ayant son cheval bardé & caparassonné à l'antique, ainsi que la figure suivante vous le represente.

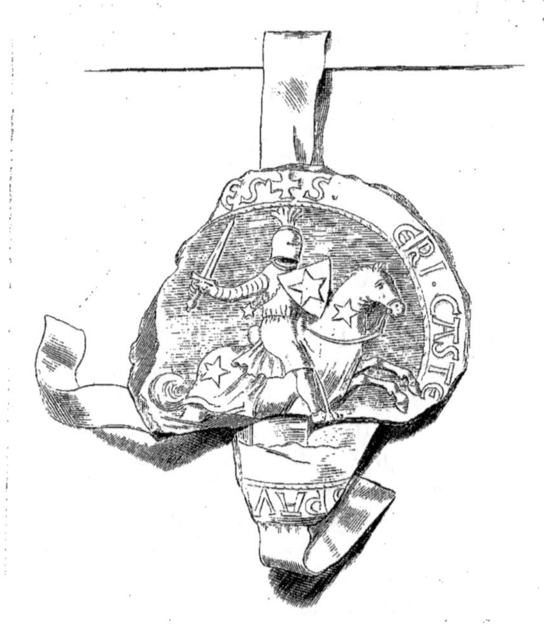

CHer Lecteur, si vous avez la bonté de bien peser & considerer tou-tes les particularitez de ce Titre, je m'assure que vous serez du tout persuadé de la haute Extraction, & de l'ancienne splendeur de la Famille de SOHIER.

Le susnommé HERBERT est encore mentionné par le Titre de *Hugues Chastelain de Cambray* Cotté A⋆. cy aprés exhibé, & y est qualifié *Prince*, & *Pere* D'EUDES. Le temps de sa mort nous est inconnu, si est-ce qu'il conste qu'il vivoit encore l'an 1067. selon le rapport des Sieurs de Sainte Marthe, & d'Hemeré.

Il assista au couronnement & sacre du Roy *Philippes* I. comme il appert par l'acte qui en fut passé. Il espousa selon aucuns en premieres nopces GERTRUDE.... & en secondes ALIX DE CRESPY, ou de VALOIS fille heritiere de *Raoul* troisiesme du nom *Comte de Crespy, de Bar-sur Aube, de Valois, &c.* lequel se maria en secondes nopces avec *Anne de Russie* Reyne de France, estant veufue du Roy *Henry* I. Cette ALIX eut pour frere SIMON *Comte de Crespy, de Bar-sur Aube, de Mante, &c.* qui se faisant Moine dans l'Abbaye de S. Claude sur le Mont Jura, fit sa sœur heritiere

de toutes

de toutes ses belles possessions. Elle est aussi mentionnée dans le susdit Titre Cotté A. par ces mots : ab *Avia mea* ALIDE.

Le susnommé Prince HERBERT eut deux freres dont l'un fut nommé EUDES ou ODO, surnommé le SEC, & l'autre PIERRE surnommé SOHIER, ou à cause de sa modestie, ou à cause du bonheur qu'il avoit dans la guerre : Ce PIERRE est aussi mentionné dans le Titre Cotté A, & y est qualifié frere maisné du Prince HERBERT, & Parrain de SOHIER, dont se fera mention cy apres.

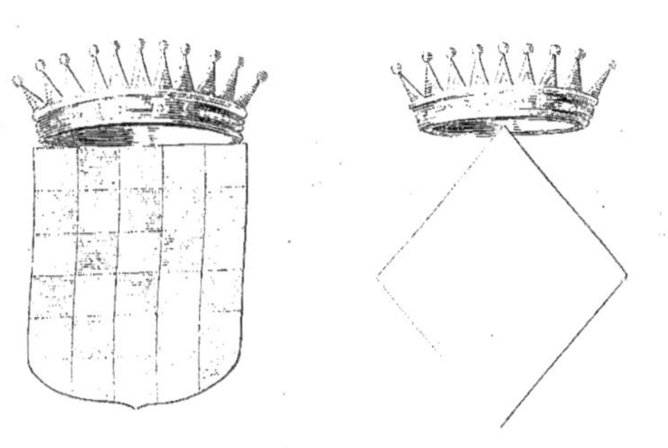

EUDES ou ODON.   AVIDE.

HEnry, & *Philippes* son fils, Roys de France ne pouvans souffrir la puissance des Comtes de Vermandois, qui ostoient beaucoup de credit & de lustre à leurs Diademes, voulurent profiter de la mesalliance qu'avoit fait sans leurs consentement le *Comte* EUDES avec AVIDE, fille d'un Chevalier de Picardie, & solliciterent les Barons du Païs de juger, & declarer par sentence solennelle le dit EUDE, inhabile, & incapable de regir, & gouverner ses Estats, pour son peu d'esprit, & industrie. Le Roy *Henry* estant mort, *Philippes* se trouvant ainsi appuyé des Barons & des plus grands Seigneurs (pour prevenir aux guerres qu'ils auroient pû émouvoir pour les interests de leur legitime Seigneur) priva injustement EUDE de toutes ses riches, & belles Comtez, & en fit heritiere sa sœur ALIX, laquelle sans doute auroit bien voulu que son frere n'encourusse ces disgraces, & qu'il demeurasse dans la possession de ses Estats, mais à la fin à la requeste & par le conseil des dits Barons, qui luy ont remonstré le bon plaisir du Roy, ou

son in-

son indignation en cas de refus , fut contraint d'obëir à l'injustice , &
de se marier avec *Hugues* frere du Roy , l'ennemy capital de son frere,
puis qu'en l'espousant il ravissoit tous ses biens. *Hugues* donc se voyant
par ce mariage Comte de Vermandois, de Valois, de Bar-sur Aube, de
Mantes , &c. & non content d'estre reconnu heritier de toutes les plus
riches Terres du COMTE EUDE , trouva aussi bon de *s'emparer de
ses Armes , qui estoient d'or eschiqueté d'azur* , lesquelles il commanda à sa posterité
de porter, avec defence aux Descendans du dit EUDE de ne les s'at-
tribuer à l'advenir : & laissa à EUDE quelques Seigneuries & Terres
feodales pour sa subsistance, & pour celle de ses enfans , qui n'ayans plus
assez de biens , de forces, & de moyens pour se souslever contre des testes
couronnées , furent obligez de faire des Alliances avec des Maisons de
moindre marque , & extraction.

La posterité D'EUDE n'est que bien peu connuë dans nos Histoires.
Les Sieurs de Sainte Marthe rapportent dans leur Histoire de la Maison de France, qu'il se void au Thresor des Chartes une Enqueste faite
du temps du Roy *Philippes* , par laquelle est porté que cet EUDE DE
VERMANDOIS , fils de HERBERT IV. procrea entr'au-
tres , un fils, qui eut son nom D'EUDE, surnommé FARIN, duquel
sortit JEAN DE SAINT SIMON.

Il semble que c'à esté sur cette Enqueste, que tous nos Historiens, &
Genealogistes ont terminé , & fini les Descendans D'EUDE, faisans fort
peu de cas de coucher dans leurs escrits les enfans de celuy que le Roy
avoit en mespris , & en indignation avec toute sa posterité : eu esgard que
les Historiens de ce temps là , comme du present, portoient du respect au
bon plaisir de leurs Roys, & n'avoient garde de publier, ou decouvrir leurs
violences, injustices,& usurpations,ains les faisoient tous justes,tous equi-
tables,& tous clemens. Ils s'estudioient à flatter leurs desseins,& quoy que
bien souvent pleins de perfidie,les divulgoient comme legitimes,glorieux
& innocens. Ils passoient sous le silence , ce qui leur pouvoit déplaire, &
retenoient dans leurs plumes tout ce qui pouvoit faire naistre du mescon-
tentement dans les esprits de leurs Souverains. Et non de merveille (dis-
je) si la posterité d'EUDE est si peu mentionnée dans les Chartres de
France , veu que le Roy cherchoit de la perdre , & reduire au neant. Et
quand bien elle se seroit fait connêtre dans les Chartres ou Registres de
quelques Monasteres, & Eglises , si est ce qu'elle n'est venuë en la connoissance de nos Historiens, parce, ou qu'ils n'ont eu le bonheur de foüiller
jusques dans ces lieux sacrez, ou que s'ils y ont foüillé,ils n'ont trouvé bon
de faire resusciter cette Maison par leurs escrits , de peur de reveiller en
mesme temps l'injustice & l'enuahissement de leur Roy.

Je me plaindrois icy volontiers avec le Sieur André du Chesne , le
premier Historien & Genealogiste des nouveaux siecles , de la nonchalance & ingratitude des Moines, qui retiennent les corps de leurs Bienfaicteurs avec leurs noms ensevelis dans leurs Eglises & Archives,
sans les publier au jour pour servir de gloire aux Descendans d'iceux.

G

Malheu-

Malheureux vous (dit-il) ingrats, & de peu d'efprit qui renfermez dans l'enceinte de vos murailles les corps & les noms de la plufpart de ceux, qui pourroient fervir de fujets & de matieres à mille plumes, qui eftaile-roient leurs vertus, non fans une indicible confolation à ceux qui pour-roient reconnêtre en tirer leur extraction.

Les Meffieurs de Sainte Marthe font les mefmes invectives contre aucunes Eglifes & Monafteres, & difent qu'il y a encor beaucoup plus de chofes cachées dans les Archives de femblables lieux, que con-nuës dans les Hiftoires, & cela vient de la fantaifie, ou pluftoft de la capricieufe retenuë des Chanoines, & Religieux, qui font pour la plus-part auffi fauvages dans leur converfation que dans leurs habits. Les mefmes difent encore au commencement de leurs œuvres, qu'ils les ont augmenté de mille remarques & particularitez, que les Autheurs, quoy que tres-judicieux & tres-recommendables n'avoient touchées, parce qu'ils ont eu le bien de füeilleter bon nombre de Chartes & Cartulaires d'Eglifes, d'Abbayes, & lieux publics, fans lefquels ils n'auroient eu non plus de lumiere que les autres, pour illuftrer & perfectionner leurs Oeuvres.

Le S'. Bouchet dans la veritable Origine de la Maifon de France dit en fa Preface que le temps nous defcouvre en un moment ce qu'il nous a efté caché plufieurs fiecles, & qu'aucunes Chartes & Chroniques luy ont appris plufieurs particularitez inconnües jufques à prefent. La curiofité (dit-il) de tirer la veritable connoiffance de l'Hiftoire, & des Maifons par les Titres, & par les Autheurs contemporains, s'eftant gliffée parmi plufieurs perfonnes, & dans la France, & chez les Eftran-gers, chacun a fait divers progres felon fon inclination; & ce qui avoit efté ignoré de tout le monde, a efté defcouvert par des particuliers. Et il conffeffe qu'ayant pris le foin de confulter l'Antiquité, & de vifiter plu-fieurs Archives, il a rencontré heureufement un grand nombre de preu-ves, qui luy ont fourny le moyen de tirer du milieu des tenebres une ve-rité qu'on a inutilement cherchée depuis cinq cens ans.

Je vous fais (Lecteur) cette digreffion, afin de vous faire comprendre, que fi le Seigneur de Warmenhuyfen, à l'exemple de mille autres, n'euffe pris le foin, & la curiofité de faire fureter jufques dans les Abbayes & Eglifes, (ou il reconnoiffoit par des lambeaux de memoires, que la pie-té & liberalité de fes Anceftres avoient laiffé des beaux monumens) la pofterité D'EUDE nous feroit encore inconnuë, auffi bien qu'aux Hi-ftoriens des fiecles reculez. Et puis que ce bonheur luy eft arrivé, ne feroit-il pas blâmable, s'il ne la faifoit efclater, veu qu'il s'agit plus de la gloire des morts que de fa propre perfonne? On ne peut (dit du Til-let) celer fans blâme la Nobleffe du Sang, l'origine, le progrez avec la gloire, & la fplendeur des Anceftres. On les offence en recelant leurs bonheurs, & leurs cheutes, qui viennent également du Tout-Puif-fant. On dérobe à leurs Succeffeurs les falutaires exemples, qui leur deveroient fervir d'un puiffant aiguillon pour les exciter à fuivre

la vertu,

la vertu, & les actions heroïques; on leur ravy la loy Domestique, & cette
loüable necessité de ne pas degenerer. Bref (disent Guichenon, Fauchet
& autres) qui tait ses Ancestres, renie son Sang; les fols n'osent faire parade de leurs Illustres Ayeux, parce qu'ils ont honte de n'en retenir que le
nom.

Telles & semblables considerations m'ont fait franchir le silence, & la
retenuë que le Seigneur de Warmenhuisen s'estoit proposée dans cette
heureuse rencontre. Et je m'ay laissé persuader par quelques personnes
de condition, de donner au public ce qui estoit ensevely dans l'oubly.

Disons donc, & avec verité, qu' E U D E eut de sa femme A V I D E
(qu'i est le mesme que *Havoise*, *Hadewilde*, voires *Adelvide*, *Amicie*, &c. selon
Du Chesne) trois fils & une fille, mentionnez dans la Genealogie,
comme nous pouvons voir clairement par les Titres A. A*. *A*. B.
C. D. &c.

Le Titre Cotté A*. est tel :

n nomine Trinitatis.   Amen.

H U G O *Cameracensis Castellanus* cunctis Deum amantibus
prosperos successus : Notum sit fidei Christiane cultori-
bus futuris & pntibus. quòd recognoscens culpas meas
innumeras , & multas injurias malaque que intuli Dño
Rdo Epo. L. dño meo eum ejusque vasallos. milites. &
kasatos molestando. & sine respectu persequendo villas
eorum. Ecclesiasque quas potui depredando. ac igne
concremando. tandem iram & indignationem Dei mei
in extrema hora pertimescens, & absolutionem peccatorum que commisi cum humilitate requirens. Sacramen-
tum novum & solempne dicto D. Epo feci hoc modo. Ego
HUGO fidelitatem sicut tibi antea promiseram, iterum juro quamdiu
tuus fuero, & tua bona tenuero, & pospositis Carlensibus & Capetijs
custumijs talem honorem tibi observabo qualem Lotharienses milites
Dompnis suis & Episcopis: & si quid contra tuam personam in posterum
peccavero, & ex parte tui de satisfactione facienda admonitus fuero. talem justitiam tibi ni michi indulseris faciam. qualem antedicti Lotharienses dictis Dompnis suis faciunt. Et quia antehac clericos & Laicos
tue Ecclesie contra legem & fidem diu molestavi. illis promitto justitiam
facere in quantum potero. nec posthac in civitate tua ullam guerram faciam que ad dampnum veniet tuis. & Epatui tuo nisi cum tua licentia. Ut
autem hoc cognitum inconvulsum & inviolabile permaneat. *Sedecim Obsi-*
des ad optionem & mandatum tuum solempniter tibi trado. qui etiam ju-
rant hoc modo. *Nos Obsides* infra nominati juramus Deo. Sancteque V.
& tibi Reverende Dñe Episcope. qud ab hac hora non erimus tibi in
dampno de vita. de membris tui Episcopij. De vicis. castellis. curtibus.

G 2

mansuris.

manfuris. terris. telonijs. neque de alijs bonis que hodie tenes. & per
noftrum in antea acquifieras. falva fiducia & fidelitate dompnorum noftrorum quos hodie habemus. & pro hoc pacto deftruendo Dompnum
non faciemus. neque militem adquiremus. Et fi H U G O *Confanguineus*
nofter contra te peccaverit , & ni infra duas quadragefimas emendaverit.
ex parte nr̄i contra te aufilium non habebit. & fi monueris per rectam fidem te juvabimus fine malo ingenio. & dictum H U G O N E M perfe-
quemur ad penitentiam ufque. His facramentis ita preftitis a me. & Ob-
fidibus meis antedictus ego H U G O in pn̄tia Dompni Ep̄i. fuorumque
militum. *Richildis Comitiffe amite mee.* fuorumque Principum. & aliorum
multorum werpivi folempniter. ritum moremque fequendo. cum ufore
mea A D A quidquid habebam & habere poteram beneficij infra civita-
tem Cameracum , & circa. homagium fidelitatemque palam omnibus
feci Dompno Ep̄o de omnibus Caftellature bonis , dependicijs & perti-
nentijs pro quibus & antedictos Obfides dedi ad majorem fecuritatem.
Hujus mei facramenti teftes interfuerunt.

Liebertus Ep̄us.
Balduinus Noviomenfis.
Drogo Tervanenfis Ep̄i.
Gerardus Prepof. & Archid.
Nazelinus Archidiacon.
Ardo. Rogerus. Stepo. Can̄i.
Richildis Hainacenfium & vallencens. Comitiffa.
Balduinus filius ejus.
Wedricus le Sor dictus Barbatus.
Gaucerus Athenfis Caftellanus.
Waulterus de Chimayo.
Wedricus Tornacenfis Richildis Principes.
Mardus de Cambraio nepos Arnulfi Comitis.
Walterus Tonitruus filius Walteri dicti Vituli.
A M A L R I C U S DE M A R C O E N G. cum H U G O N E AB
    H E R I J S *fratre ejus.* S E I H E R I *filijs.*
Wicardus de fonte Anfelli nepos.
Godinus miles de Hordeng Adami Oftrevandie Senefcaci fili°.
Fulco de Ableng. Herimbertus de Rofella filius E. Malcicurte.
Et alii multi Cafati & milites Dn̄i Ep̄i.

O B S I D E S

Qui & Principes terre funt hi.
ODO COMES VIROMANDUE HERBERTI P. FILI°.
Gualterus Comes Hefdinij Alolfi fili°.
Anfellus Comes Oftrebandie Hugonis fil.

Robertus

Robertus de Perona Comes Eudonis fi.
Robertus Atrebat. Advocatus Faifioli f.
ENLEBALDUS RUBER DICTI ODONIS COMITIS F.
SEIHERUS QVI ET RUFUS ODONIS COMITIS FIL.
Ifaac de Vallentianis Hugonis Caftel. f.
Walterus de Lenfio Seiheri filius.
Hugo Havet de Albiniaco Martiane Advoc.
Anfellus de Buccinio dicti Anfelli f.
Fulcardus Levinus Camerac. Vicedomn⁹.
Walterus a Pifis qui & Tirellus Walt. f.
Walterus Caftel. Doiacenfis Hugon. frat.
Guermondus de Pinquegniaco E. Ambian. f⁹.
Adam de Wallincurte Adami filius.

Actum eft Cameraci.

Ad pedes altaris S̄c̄te Marie. aº. incarnati Verbi milefimo fefagefi-
mo quinto ad p. Kalendas Decem. poft miffam folempnem.

Ego Gerardus Cancellarius relegi & fubfcripfi.

avec le parafe fuivant

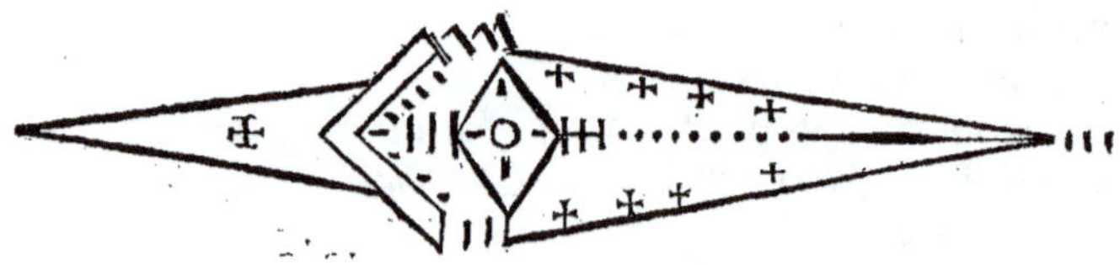

Cette lettre escrite d'un caractere admirable, & tres difficile à lire, nous apprend que HUGUES (Sire d'Oify) *Chastelain de Cambray* fut obligé de prester serment de fidelité à l'Evesque Liebert son Seigneur, avec promesse de ne plus molester ses sujets, ny d'usurper les biens de ses Eglises. En assurance dequoy il donna au choix du dit Evesque seize Princes & Grands Seigneurs pour Pleiges & Ostages; entre lesquels furent ODON (ou EUDE) *Comte de Vermandois*, qualifié fils du *Prince* HERBERT : ENLEBALDE LE ROUGE *fils du* dit *Comte* ODON; & SEIHER dit LE ROUX, fils aussi du mesme *Comte* ODON. Et tous ces Pleiges attouchoient de parenté au dit Chastelain.

Ce serment fut fait solemnellement, & au pied de l'Autel de la Vierge Marie l'an 1065. en presence de plusieurs Evesques & Chanoines : de RICHILDE *Comtesse de Hainau*, & de ses Princes : & des Chevaliers & Francs Fiefuez de l'Evesque, entre lesquels furent presens AMALRIC DE MARCOENG (qui espousa ADE, sœur *du Chastelain de Cambray* mentionné cy apres) & HUGUES DE LE HERIES qualifié frere D'AMALRIC, & tous deux *fils de* SEIHER, qui est celuy dont nous ferons encore souvent mention cy apres.

Je ne puis pas m'amuser à vous representer toutes les belles particularitez qui sont renfermées dans cette admirable lettre, qui me fourniroit assez de matiere pour bastir un petit volume : mais je renvoye le Curieux aux Histoires de ce temps là, & il y remarquera la verité & fidelité de ce Titre. Si Buzelin, Adam Gelic, Massée, & Balderic dans leurs Chroniques de Cambray s'estoient plus estendus dans le recit des disputes & querelles survenuës entre les Evesques & les Chastelains de ce siecle là, nous aurions passé long-temps esté eslaircy de la source de nostre Famille de SOHIER. Il est bien vray que le dit Balderic dans son livre 3. de ses Chroniques de Cambray & d'Arras és fueillets 374. 375. & ailleurs rapporte que HUGUES *Chastelain de Cambray* demanda pardon à l'Evesque de ses fautes, & forfaits, qu'il luy fit hommage de sa Chastelainie, luy presta le serment de fidelité en presence de la *Comtesse* RICHILDE & de ses Princes, & qu'il luy bailla pour assurance des Ostages; mais il n'en specifie aucuns, non plus qu'aux fueillets 327 & 328. &c. ou il dit que WATIER *Chastelain de Cambray* (Oncle de *nostre* HUGUES) fut aussi obligé de prester serment de fidelité à l'Evesque Gerard, & de luy bailler douze Ostages, les noms desquels sont obmis par l'Autheur.

Laissant donc mille belles particularitez en arriere, apprenons pour nostre subjet qu'EUDE fils de HERBERT *Comte de Vermandois*, avoit (entr' autres) pour fils ELLEBAUD LE ROUGE, & SOHIER dit LE ROUX, lequel eut (entr' autres) pour fils AMALRIC, qui prit icy le surnom de MARCOING, à cause de la Seigneurie de ce nom dont il estoit peut estre dés lors appannagé; & HUGUES surnommé DE LE HERIES, à cause de la Seigneurie de ce nom dont il

estoit

eftoit auffi appanné, ou pluftoft à caufe qu'il en eftoit l'heritier pretendu. Et en effect l'on remarque qn'anciennement, comme aujourd'huy, les Parens qualifioient & titroient ordinairement leurs enfans des noms des Seigneuries, dont ils devoient eftre apportionez, & appannagez apres leur mort.

Titre
A.
1°
1153.
  Le Titre fuivant fait auffi mention de l'avant nommé EUDE, de fa femme AVIDE, & de fes enfans.

In nomine Ste & individue Trinitatis.

  Quoniam Dei difponente clementia ad hoc paftor in Ecclefia fubli-matur. ad hoc judex populo preficitur. ad hoc & princeps patrie prin-cipatur. ut q̄d populi ignorantia delinquitur cura paftoralis emendet. q̄d ftultorum imperitia molitur. judicialis feveritas enervet. q̄d per-verforum contumacia machinatur principalis potentiâ conculcet. & q̄d piorū votis inceptum eft prelatorū pio confenfu & tutamine ad effectum deducatur. Nos Nicholaus p̄ Dei gratiam Cameracenfium Epūs pp̄s pp̄tibus annunciamus & futuris kariffimum nobis Abba-tem & Conventum Sancti Andree in n̄ra & *Baronum n̄rorum* pp̄tia fe-pius querimoniam depofuiffe de potentiffimis nuper Flánd. Comiti-bus Balduino. & Carolo. de HUGONE *Cam. Caftellano.* de Gerar-do dicto Malofiliaftro. de HUGONE SOHIRO. GUAL-TERO. & RAINOLDO dicte Abbatie ADVOCATIS, & eorum, complicibus Comitibus, Baronibus & Militibus publice, & de facto infiftere prefumpferunt & adhuc prefumunt aufu temera-rio & nephando quotidie eorum bona & villas occupare. arreftare. diminuere, & devaftare contra legitimas civiles & canonicas fanctio-nes. & imperialia regiāq decreta & privilegia ipfis collata. eapro-pter piis dictorum Abbatis & Monachorum querimoniis & precibus aufcultantes. bonum judicavimus pontificia n̄ra aūcte univerfa q̄. loco antedicto p̄ predeceffores n̄rōs & alios Milites conceffa funt in perpetuū poffidenda confirmare hoc modo. In primis ergo vobis Kariffime in Xpo Abbas & Monachi confirmamus Eccliās de Fer-rieres cum decimis abs *Potentimo* HERIBERTO VIROU-MANDUORUM COMITE acquifitis. Ecclīam de Orceio. de Stō Beningno. de Iuffeio. de Vendelgeis cambiatam pro alodio de Fontanis. Ecclīam de Stō Martino apud Cameracum cum uno
molen-

molendino. terram & prata in fuburbio Caftelli cum appenditijs &
diftrictu. Eccliam de Furnis cum tribus manfis apud Atrebatum.
Eccliam de Ligneio quam olim poffederat miles Vicardus cum
Alvo filio ejus. Item Bufneium apud Laudunum quondam cambia-
tum cum fororibus de Nivella. Fontanas duobus fratribus Militibus
Hugone, & Waltelino Vicardi filijs acquifitas. Briaftrum cum uno
manfo ab Hefmone, & Fulcuino acquifitum. Eccliam quoque iftius
manfi cum capellis & decima terre & alodiorum ad ipfum manfum
pertinentium quam D. Gerardus Ep. predeceffor ńr a fratribus Ste
Marie commutaverat. item ibidem terram arabilem cum uno mancipio qm̃ dederat pro peccatis GUALTERUS SEIHERUS
cum ADELA CONJUGE. Item Watenias q̄s dedit Miles Bernardus cum Ada matre. Thioderici montem qm̃ dedit. Fulco Vice-
domnus Cãm. pro peccatis cum forore Elickinde, & Bernardus pro
filio fuo |Gilberto monachando. Item petrofum⌐. Hinlicurtem a
filijs magnifici viri Gamaleonis a Foffa Hugone & Rodolpho acquifitũ. Birei-
cum abs ODONE COMITE, & ejus *conjuge* ALVEIDA
propter predas datum, & ex parte venditum. Item Romerias cum
tota terra Sti Humberti. Chimaneioirum tertiam partem. manfos viginti tres inter Eulogiam & Gondrechias a Godecalco de Guigneliu
inluftri Milite acquifitos. Item terram in Sereignio & Elincurte a
quodam *Potenti Barone* SOHIERO ODONIS VIROMAND.
COMITIS, *Filio.* Item pafturam omnem in forefto circa locum
cefpitum & paludis. teiram in Kievi cum Villanis. hofpitem unum
apud Avefnas. Villanos tres apud Bevillarias. Manfum dominicatum
cum caftitijs & cafa & dimidiam carrucam apud Bellomontem a gran-
di Milite Egidio de Stõ Aoberto datam. Item & cetera alia quecum-
que bona vobis data aut etiam jufte acquifita a vobis ea Ecclie vīe
in perpetuum libera & illibata confirmamus. & quia omnes hoc ma-
ligno tempore videmus Advocatos Abbatias & Ecclias affidue per-
turbare, inquietare, & eorum bona violenter ufurpare, & fibi propria facere. ideo decernimus ferio ne RAINOLDUS qui dicitur SOHIERUS aliquã poftea dominationem vel jus in eodem
loco habeat, nec heredes ejus ficut habuerunt *Prepotentes ejus Majores*
antedicti. Si qua vero alia Eccliaca fecularifve perfona contra dictã
Eccliam temere venire tentaverit, fecundo tertio monita fi non
emendaverit, dignitatis honorifque fui fplendore careat. a commu-
nione fidelium aliena fiat atque in extremo ulcifcentis Dei exami-
ne diftricte ultioni fubjaceat. Ut ergo hec rata & inconvulfa permaneant figilli mei, & figni impreffione munire curavimus, & *Ba-*
ronum, Cafatorum, fideliumque m̃orum qui interfuerunt nomina fub-
tus annotari fecimus. S. Theoderici Prepofiti. Walteri Archidiaconi. S. Goffuini de Montibus fratris mei. Walteri de Boufiaco.
Johis Creton, Herberti Coulet. Thome de Canteng. Egidij de Glargeis. Phi-
lippi de Rumegli Militum. Oifardi. Cuiferdi. Valuaini & Widonis
Servientum

Servientum meorum.   Actum Cameraci Anno Xp̄i nati M. C. quin-
quaſimo tertio. menſe Maio.

Ego Gildaerdus Cancellarius & Decanus recognovi.

Avec la ſignature de l'Eveſque Nicolas , & ſon
ſeel repreſentez en cette forme,

CE ſeel ſain & entier repreſente un Eveſque tenant une croche en la
main, mais debout, & non aſſis dans une chaire Pontificale, comme
aucuns ſe ſont fait repreſenter.
Ce Titre ne comprend qu'une Confirmation generale des aulmoſnes
& des donations faites à l'Abbaye de Saint André par divers Seigneurs en

H

divers

divers temps, depuis fa fondation (qui fut l'an 1021.) jufques au temps
de l'Evefque Nicolas.   Et entre les Bienfaiĉteurs d'icelle Abbaye eft
mentionné HERBERT *Comte de Vermandois.* Puis *le Comte* ODON ou
E U D E avec fa femme A L V E I D E, qui eft la mefme qu'A V I D E:
de laquelle vint S O H I E R qualifié *Puiffant Baron* tant à caufe de la
Nobleffe, & antiquité de fon fang, que de fa Valeur, de fa Fidelité, de
l'honneur de fes Dignitez, de fes Seigneuries, de fon Ordre de Chevalerie
de l'Eftoille, & d'autres prerogatives de gloire, dont il eftoit orné. Du
Chefne dit en fon Hiftoire de Montmorency és fueillets 37. & fuivans,
que le mot de *Baron* egaloit jadis & comprenoit mefme en foy la dignité
de *Prince, & de Pair de France.* Car les anciens Autheurs François tefmoignent, que de tout temps on l'a attribué aux principaux & plus grands
Seigneurs de la Monarchie. Ce qui eft fi veritable que les Roys mefmes
erigeans des nouvelles Seigneuries en Duchez, ou Comtez, pour marque
de l'origine & fource de ce beau Titre de *Baron*, ils adjouftoient ordinairement, *à condition de les tenir d'eux en Baronnie.* Ainfi Jean d'Avefnes Comte
de Hainaut reccut du Roy Philippes le Bel le Comté d'Oftrevant pour le
tenir de luy *en Baronnie, &c.* De forte que le mot de *Baron* n'eftoit pas feulement pour lors tres excellent & tres honnorable parmi les François,
mais a efté longuement indifferent avec les qualitez de *Prince* & de
Pair, &c. Ainfi pourrions nous dire que le fufnommé S O H I E R eft icy
qualifié *Puiffant Baron*, c'eft à dire *un des douze premiers Seigneurs, ou Pairs du Comté
de Cambrefis, & comme tenant en Baronnie ou Pairie du Comte la Seigneurie de Marcoing,*
mentionné par le Titre A. qui eft reconnuë par tous nos Anciens, & modernes pour une des premieres Pairies de ce païs.

    W A U T I E R   S O H I E R fit auffi du bien à cette Abbaye, apres
luy avoir fait du mal, en s'appropriant fes biens en qualité d'Advoüé. La
femme de W A T I E R y eft nommée A D E L E qui eft le mefme
qu'A D E, dont nous parlerons plus amplement fous le Titre Cotté D.

    H U G U E S   S O H I E R, pere de W A T I E R, y eft mentionné non
en qualité de Bienfaiĉteur, mais d'Ufurpateur des biens d'icelle Abbaye,
fous pretexte qu'il en eftoit Advoüé & Defenfeur.

    R A I N O L D (qui eft le mefme que *Reginald*, ou *Rainier*) ne fit pas
mieux que fon Ayeul H U G U E S, puis que ce Titre nous enfeigne,
que Nicolas Evefque de Cambray fut obligé de le priver de cette Advoüerie, laquelle neantmoins fut tousjours reclamée par fa pofterité,
jufques à ce que M A T T H I E U en ceda toutes fes pretenfions à la dite Abbaye, comme nous remarquons par le Titre de l'an 1328. Cotté S.
& dont nous avons parlé au Chapitre V.

    Apprenons en fomme des trois rares Titres avant nommez les Ayeux
de noftre E U D E, dernier C O M T E D E V E R M A N D O I S, comme auffi fes enfans, dont le cadet fut nommé S O H I E R *Tige de la Famille
de ce nom.*

Le Tefta-

N.º22

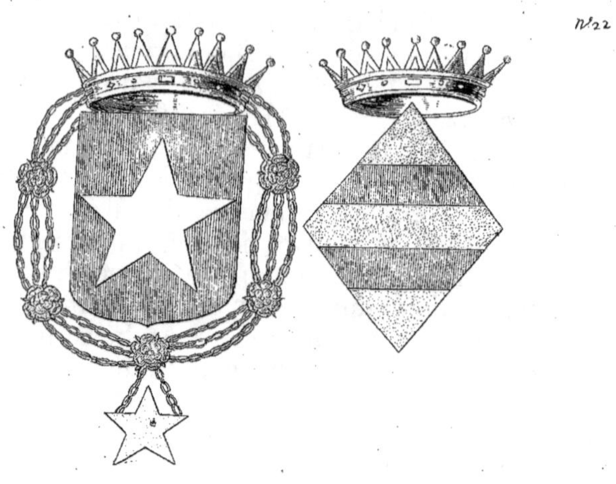

SOHIER dit LE ROVX.   ADELVIE MAVVOISIN.

LE Teſtament avant nommé Cotté **A**. fait par SOHIER, nous enſeigne qu'il eſtoit fils du COMTE EVDE, & d'AVIDE ſurnommez; comme auſſi les Titres Cottez **A***. ***A***. **B**. &c.

SOHIER fut ſurnommé LE ROVX peut eſtre à cauſe de ſes cheveux, ou par forme de Sobriquet, donné au lieu de ſurnom fort peu en uſage de ce temps là. Semblables Sobriquets ont eſté meſme retenus par les Deſcendans, & conſervez comme des veritables ſurnoms. Du Cheſne en ſon Hiſtoire de Bethune au fueillet 31. (& ailleurs) dit que les Sobriquets donnez en forme de ſurnoms, teſmoignent bien plus expreſſement la Grandeur, & la Hauteſſe de ceux qui les ont porté & receus. Car (dit-il) quand on lit dans les Hiſtoires de *Martel*, de *Grand*, de *Debonnaire*, de *Chauve*, de *Pieux*, de *Juſte*, de *Hardy*, de *Bel*, de *Hutin*, & ſemblables attribuez à nos Rois, conformement aux qualitez de leurs corps, & de leurs eſprits, cela fait concevoir d'eux en meſme temps quelque choſe de plus extraordinaire, de plus remarquable, & de plus eminent que des autres. D'ou vient qu'à leurs exemples les Ducs, Comtes, & autres Puiſſans Seigneurs, ont pris auſſi frequemment divers Sobriquets, tirez hors de leurs vertus, ou defauts, tantoſt de leurs actions, ou façons de vivre, & tantoſt de quelques autres accidens. Ainſi dans la Maiſon des Ducs de Guyennes, les uns ont eſté ſurnommez, le *Devot*, le *Piteux*, *Teſte-d'eſtoupe*, *Fierabras*, les autres *Aigret*, le *Grand*, le *Hardy*. Entre les Comtes d'Anjou, les uns ont porté le Sobriquet de *Bon*, de *Roux*, de *Griſegounelle*, d'autres ceux de

H 2

Rechin,

Rechin, de *Martel*, de *Nerre*, de *Barbu*. L'on a donné aux Comtes de Flandres les surnoms de *Bras de fer*, de *Chauve*, de *Grand*, de *Barbu*, de *Pieux*, de *Frison*, de *Hierosolimitain*, de *Hache*. Les Sobriquets de *File-estouppe*, de *Roux* & de *Troussel*, ont appartenu à divers Seigneurs de Montlehery. Les Seigneurs d'Aloſt en Flandres, ont eſté remarqué par les ſurnoms de *Grand*, de *Gros*, de *Louche*, de *Chauve*, &c. La Maiſon de Bethune par les Sobriquets de *Faiſſeux*, de *Chauve*, de *Gros*, de *Roux*. La Maiſon de Roeux ſortie des Comtes de Hainau, par les Sobriquets de le *Vieil*, de *Valet*, de *Canivet*, de *l'Empoulé*, &c. La Maiſon de Hennin Lietard par les Sobriquets de *Brochet*, de la *Vache*, du *Vacher*, de *Sauvage*, de *Courte-teſte*, &c. & ainſi mille autres puiſſantes, & ſignalées Familles, entre leſquelles les C O M T E S D E V E R M A N D O I S ſe ſont auſſi fait ſignaler : car l'on apprend des vieilles Chartes & Manuſcrits, que les uns ont porté les Sobriquets de *Hardy*, de *Fier*, d'*Infidel*, de *Grand*, de *Chaſſeur*, & leurs Deſcendans de *Sec*, de S O H I E R, de *Farin*, de *Rouge*, de *Roux*, &c. Ce qui rend (dit le meſme Du Cheſne aut fueillet 3 2.) une preuve d'autant plus evident de leur Grandeur, que cela eſtoit ſeulement uſité dedans les hautes, & illuſtres Maiſons.

Les Seigneuries, & qualitez du dit S O H I E R ſont ſuffiſamment connuës, & exprimées par les Titres Cottez A. A*. *A*. B. C. D. &c. Ses Ayeux, ſes enfans, ſes freres, ſes neveux, avec ſes nieces y ſont auſſi ſpecifiez; auſquels je renvoye le Lecteur, ne deſirant de m'embarquer dans une ſi vaſte & ſi ample mer: le priant de remarquer en paſſant que le ſuſdit S O H I E R *avoit pris avant l'an* 1080. *par commandement du Roy, une eſtoille pour ſes Armes*, que ſa poſterité a retenu juſques à nos jours, comme nous avons declaré cy devant.

Il eſpouſa A D E L V I E (que Du Cheſne, & P. Labbe diſent eſtre le meſme qu'*Adelide*, *Adelwide*, *Adelucie*, *Alicie*, *Adele*, *Adile*, & par correption *Ale*, & *Alix*) laquelle eſtoit fille de H U G U E S D E M A U V O I S I N, ſorty d'une des plus anciennes, & plus illuſtres Maiſons de Picardie. Du Cheſne dans ſon Hiſtoire de la Maiſon de Bethune fol. 415. 416. 417. &c. parle hautement de cette Famille, & dit qu'elle eſtoit alliée aux plus renommées, & plus Illuſtres Maiſons du Royaume, & portoit pour Armoiries un Eſcu d'or à deux faſces de gueulle. *Raoul de Mauvoiſin* dit le *Barbu* Seigneur de Roſny ſous le Roy Philippes I. eſpouſa *Alix de Porrhoet* fille d'E U D E Comte de Porrhoet. De luy ſont deſcendus des *Hugues*, & des *Guys*, qui prirent alliances avec les Familles des Bouteilliers-Chantilly, des Vidames d'Amiens, de Mello, de Tancarville, de Sancerre, de Ponthieu, Comtes d'Aumale, d'Eſpernon, de Dreux, de Heilly, de Chambly, de Harcourt, de Beaumez, &c.

Le meſme Autheur dans ſon Hiſtoire de la Maiſon de Guines fait mention l'an 1097. de *Hugues de Mauvoiſin*, comme preſent avec pluſieurs Chevaliers, à la confirmation de la fondation de l'Abbaye d'Ardres faite par Manaſſes dit Robert Comte de Guines. Ce pourroit eſtre cet *Hugues* qui fut pere, (ou pour le moins frere) d'A D E L V I E ſuſnommée.

Nous

Nous pourrions icy alleguer mille autres preuves de la Grandeur de la Maison de MAUVOISIN, rapportées par Du Chefne, la Morliere & autres, mais cecy femble devoir eftre fuffifant, pour vous faire voir que SOHIER, quoy que defpoüillé d'une grande fucceffion, n'a pas laiffé d'eftre confideré, & que l'on a eu plus d'efgard à la hauteur de fon extraction, & de fon fang, qu'au nombre de fes Terres, & Seigneuries.

Ce SOHIER eut pour frere aifné EUDE furnommé FARIN, qui fut Seigneur de *Ham*, *& de Saint Simon*, & Tige de ces deux Maifons. Il fut contraint de ceder au Roy Philippes les juftes pretenfions qu'il avoit fur les Eftats de fon pere, & fut obligé en mefme temps de quitter le nom & les *Armes de Vermandois*, comme fes autres freres. L'autre frere de SOHIER, fut nommé ELLEBAUD furnommé LE ROUGE, que Grammaye dans fon Cameracum foliis 8. 26. & 31. appelle *Homme Illuftre*, & dit qu'environ l'an 1060. il avoit edifié à Cambray une Maifon fi fuperbe & fi magnifique, qu'elle merita le nom de *petit Palais*, pour eftre diftingué du Palais Comtal & Epifcopal. Ce fut ce Palais qu'il donna à l'Eglife de Sainte Croix, en laquelle il fonda douze Chanoinies l'an 1071. comme remarquent le dit Grammaye, Ferreolus Locrius, Maffæus, A. Gelic & autres. Cette belle Fondation fe fit du confentement de fes freres, & neveux, comme nous enfeigne le Titre de la fondation gravée fur l'erain d'un caractere antique & admirable, en la forme icy reprefentée.

H 3

Ces

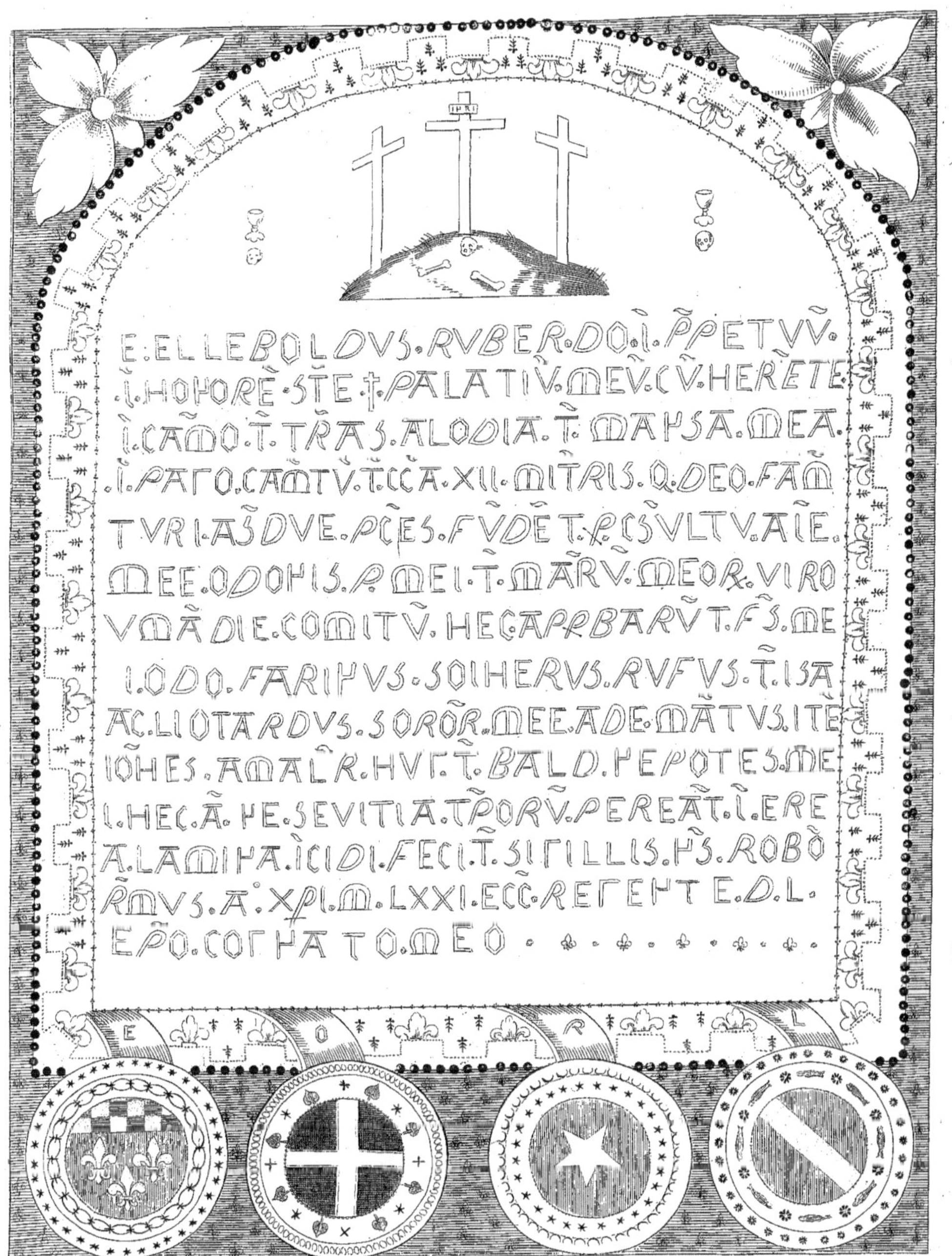
E. ELLEBOLDVS. RVBER. DO. I. PPETVV.
I. HOHORE. STE. PALATIV. MEV. CV. HERETE.
I. CAMO. T. TRAS. ALODIA. T. MAHSA. MEA.
I. PATO. CAMTV. TCCA. XII. MITRIS. Q. DEO. FAM
TVRIAS DVE. PCES. FVDET. PCSVLTV. AIE.
MEE. ODOHIS. P. MEI. T. MARV. MEOR. VIRO
VMADIE. COMITV. HECAPRBARVT. FS. ME
I. ODO. FARIHVS. SOIHERVS. RVFVS. T. ISA
AC. LIOTARDVS. SORÕR. MEE. ADE. MÃTVS. ITE
IOHES. AMALR. HVT. BALD. HEPOTES. ME
I. HEC. A. HE. SEVITIA. TPORV. PEREÃT. I. ERE
A. LAMIHA. ICIDI. FECIT. SITILLIS. HS. ROBÒ
RMVS. A. XPI. M. LXXI. ECC. REGEHT. E. D. L.
EPO. COGHATO. MEO.

Ces lignes gravées fur une Table ou Lame de cuivre à l'antique, ne fignifient autre chofe qu' ELLEBOLD LE ROUGE donna à tous-jours en l'honneur de la Sainte Croix, fon Palais, fitué dans la ville de Cambray, avec toutes fes dependances & auffi toutes les terres, Allœuds, & cenffes, qu'il avoit au païs de Cambrefis, & aux environs à douze Preftres, & Chanoines, les chargeant de prier journellement Dieu pour le falut de fon ame, pour fon pere ODON (ou EUDE) & pour les COMTES DE VERMANDOIS *fes Anceftres.* Cette donation fut approuvée & confirmée par fes freres, ODO FARIN, SOHIER LE ROUX, & ISAAC LIETARD marry de fa fœur ADE, & auffi par fes Neveux JEAN, AMALRIC, HUGUES (fils de SOHIER) & BAUDUIN. Et afin que la malice du temps, ne des-roberoit à la pofterité la connoiffance de ce bienfait, il l'a fait graver fur une table de cuivre, & l'a fait munir de fon feel, & de ceux de fes dits freres l'an de CHRIST 1071. *lors que l'Evefque Liebert fon coufin* gouvernoit les Eglifes de Cambray & d'Arras.

Au bas de cette Table font gravées quatre Armoiries émaillées fur l'or à l'antique, de couleurs extremement tranfparentes, & qui ne font en ufage en noftre fiecle. Ces Armoiries (que je pourrois pluftoft nommer des Rondaches que des Efcus) ont la forme ronde, telle qu'avoient *les* Boucliers des Anciens, felon le recit qu'en font Polybe, Attius, Virgile, & autres, ce qui a donné fujet aux Grecs de les appeller ἀσπίδα, qui fignifie rotondité. Homere a tres bien exprimé cette forme, quand il dit, ἀσπίδα πάντοσε ἴσην, c'eft à dire que le Bouclier doit eftre égal de tous coftez. Ces quatre Rondaches donc, ou Efcus, ont chacun quelques marques particulieres gravées à l'entour felon la pratique de nos Anciens. Tacite dit que de voir dans des Efcus, ou Boucliers quelque chofe de peint, ou de gravé à l'entour, c'eftoit un tefmoignage d'honneur, & comme un fouvenir de quelque genereufe & illuftre action. Et Niger dit que ceux qui ne s'eftoient encore pas fait connêtre par quelque bel exploit, ne pou-voient porter aucune marque à l'entour de leurs Boucliers, qui eftoient blancs, & comme des tables d'attente; d'ou vient que Virgile en parlant des armes d'un nouveau foldat a dit

Parmaque inglorius alba.

Tant y a que foit à nos Gaulois, foit aux Allemans, & autres peuples, la devife, le blafon, & les marques à l'entour du Bouclier, eftoient des finguliers tefmoignages de la gloire, de l'honneur, & du refpect que l'on devoit aux guerriers qui les portoient, & à ceux qui defcendoient de leur fang.

La premiere donc de ces Rondaches, eft entourée dans fon premier cercle d'un grand nombre d'eftoilles de fix pointes (parce, peut eftre, qu'ELLEBAUD eftoit auffi Chevalier de l'Ordre de l'Eftoille) & dans la deuziefme d'une couronne d'efpines, pour tefmoigner fans doute le zele, qu'il avoit pour la conquefte de la Terre Sainte, ou il s'eftoit peu devant tranfporté à la fuite, & Compagnie de *fon coufin* LIEBERT

Evefque

Evesque & Comte de Cambray, issu des tres illustres, & tres puissans Seigneurs de Florines; lequel (selon aucuns) estoit fils de *Geofroy de Florines & d'Avoye de Roucy*, (fille d'*Ebles* I. Comte de *Roucy*, & de *Beatrix de Hainaut*) la Maison duquel est fonduë en celle de *Rumigny*, & de *Lorraine*.

C'estoit, sans doute, par *Avoye de Roucy* (niepce des *Comtes de Vermandois*) que l'Evesque *Liebert* attouchoit de parenté au dit ELBAUD frere de SOHIER. Le Blason de cette Rondache est de gueulle à trois fleurs de lys d'or au chef............., d'azur.....

La deuziesme de ces Rondaches est entourée dans son deuziesme Cercle de Croix, & de fers de lances à l'antique, & a pour blason de sable à une croix d'argent, qui est SAINT SIMON l'ancien.

La troisiesme est environnée dans son deuziesme Cercle d'estoilles de cinq pointes, & a pour son blason, de gueulle à une estoille de cinq pointes d'argent, qui est celuy de nostre Famille de SOHIER, conservé sans interruption jusques à nos jours, & particulierement en la personne de CONSTANTIN SOHIER, *Seigneur de VVarmenhuisen, resté & reconnu Chef de cette Illustre Maison.*

La quatriesme Rondache est entourée dans son premier Cercle de Roses, & dans son deuziesme de huict Roses, & de huict Poissons, que je croirois estre des Brochets, puis que le pere d'ISAAC LIETARD, & ses Ayeux, furent surnommez *Brochets*, sans que Du Chesne, Locrius, & autres nous en donnent la raison. Le Blason de cette Rondache est de gueulle à une bande d'or, qui est *Hennin-Lietard*, (d'ou sont les Comtes de Bossut, & les Barons de Cuvillers, de Bliquy, & de Dyon d'à present) quoy qu'aucuns disent, mais sans fondement, que les anciennes Armes de Bossut, estoient d'or au double tressoir de sinople, &c.

J'ay voulu m'estendre un peu sur cette donation, pour vous confirmer d'autant plus dans la certitude de la haute extraction de la Maison de SOHIER, & de l'ancienneté de ses Armes.

Quant aux enfans du dit SOHIER, l'Aisné fut AMALRIC, surnommé LE ROUX comme son pere, dont est fait mention par l'avant nommé Titre Cotté B. & par ceux cottez A. A*. &c. Il est souvent mentionné avec son fils BAUDUIN LE ROUX, par Du Chesne dans son Histoire de Montmorency, & aussi dans son Histoire de Bethune follo 100. 107. 109. &c. lors qu'il dit que la totalité de la terre de *Choques* (dont le Titre Cotté A. fait mention) appartenoit à trois Seigneurs differens, sçavoir à HUGUES d'OISY *Chastelain de Cambray*, à BAUDOUIN surnommé LE ROUX, & à ANSELME DE HOUDAING, tous trois apparentez, & specialement le dit BAUDOUIN LE ROUX, qui eut pour pere AMALRIC & pour mere ADE d'OISY, fille du Chastelain de Cambray descendu de ce grand EUDE Sire d'OISY, qui dans les riches donations qu'il fit à l'Abbaye de Honnecourt l'an 911. se reclame d'estre forty des anciens Ducs d'Aquitaine, & Comtes de Bourgogne. Selon le recit d'A. Butquens Seigneur d'Anoy, un des plus solides, des plus curieux, & des plus fidels rechercheurs de

l'Antiquité,

l'Antiquité, & des Maiſons illuſtres. Le Sr Du Cheſne dans ſon Hiſtoire de Bethune folio 106. parle hautement de cette Maiſon d'OISY : puis dans ſon Hiſtoire de Chaſtillon, fol. 89. 94. &c. Et dans ſon Hiſtoire de Gand & de Guines fol. 224. 225. &c. ou il rapporte entr'autres, que HU-GUES I. du nom *Chaſtelain de Cambray*, joüiſſoit auſſi des Seigneuries d'OISY, & de CREVECOEUR, & qu'il contracta mariage avec ADE, niepce de RICHILDE COMTESSE DE HAINAUT. D'ou vint entr'autres enfans HUGUES d'OISY, qui continua la lignée, & une fille (qu'il appelle dans ſon Hiſtoire de Bethune ADE) mariée avec le Seigneur de MARCOING. Et ce Seigneur (dont le nom ne fut connu par Du Cheſne) eſt noſtre AMALRIC, qui poſſedoit lors la Seigneurie de MARCOING en Cambreſis, ſpecifiée par les Titres Cottéz A. & A*. dans le premier par le mot de *Markonvilla*, & dans le deuzieſme, par les mots d'AMALRICUS DE MARCOENG *cum* HUGONE AB HERIJS *fratre ejus* SEIHERI *filijs*.

Le ſuſnommé AMALRIC eut encor un frere nommé THIE-BOLD mentionné par le Titre Cotté A ; & par les Sieurs de Sainte Marthe, dans le 1. volume de leur Gallia Chriſtiana, eſt ſpecifié & nombré entre les Doyens de l'Egliſe de Cambray. En quoy le Lecteur pourra remarquer & conſiderer en paſſant la fidelité des Titres ſuſmentionnés, qui ſe trouvent en tous leurs points conformes aux Hiſtoires, que je pourrois luy faire voir par le menu, ſi j'avois entrepris de faire un gros volume de cette Illuſtre Maiſon.

Le troiſieſme fils de SOHIER fut nommé HUGUE qui ſuit.

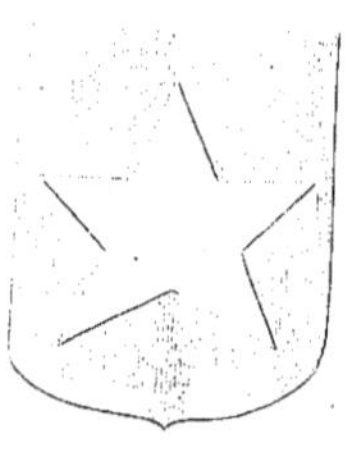 

HUGUES ſurnommé SOHIER.   ADELVIE DE TOROTE.

IE me perſuade qu'il fut nomme HUGUES en memoire de HUGUES DE MAUVOISIN ſon Ayeul du coſté maternel.

Et il fut furnommé SOHIER en memoire de fon pere , felon l'ufage des fiecles plus reculez , duquel nous avons parlé cy devant au Chapitre I.

Le Titre Cotté A. fait mention des Seigneuries dont il fut appannagé, comme auffi de fa femme ADELUCIE, ou ADELVIE, & par contraction LUCIE, fille de WASCON ou WASCE DE TOROTE forty d'une des Illuftres Maifons de France,& duquel Du Chefne fait mention dans fon Hiftoire de la Maifon de Montmorency és fueillets 80. 98. &c. & le confidere comme un des plus grands Seigneurs du Païs.

Le mefme Du Chefne dans fon Traité de l'Ifle de France , & de l'Evefché de Noyon , dit que *Torote* eft un lieu voifin de la Foreft de Cuife, dont la Prevofté reffortit aux affifes du Prevoft,& du Chaftelain deCompiegne, confiftant en un beau Bourg & Chafteau, defquels les Chaftelains fe rendirent maiftres fur les Comtes de Senlis, du temps de Hugues le Grand , & eftablirent une Famille Illuftre portante le furnom de *Thorote*, qui a perfeveré long-temps en fplendeur. Les plus anciens que l'on trouve furent *Soltan, Yves* & *Roger*, tous trois Seigneurs de *Torote*. *Roger* II. du nom efpoufa *Hadewide*, autrement *Alix*, niepce de *Matthieu* I. du nom Sire de *Montmorency*, laquelle luy procrea entr'autres *Jean Sire de Torote* Chaftelain de Coucy , & de Noyon, allié avec *Alix de Dreux* Princeffe du Sang Royal. Ceux-cy eurent pour fils *Jean* II. du nom Chaftelain , & Sire de *Torote* conioint avec *Odette de Dampierre* fœur de *Guy* Seigneur de *Bourbon*, dont fortit une tres belle & glorieufe pofterité affez mentionnée par nos plus fameux Hiftoriens, & Genealogiftes, aux œuvres defquels nous renvoyons le Lecteur , s'il defire d'avoir un plus ample efclairciffement de la Grandeur de cette Famille de TOROTE.

Titre
cotté
C. a
1097. Le fufnommé HUGUES eft qualifié par le Titre fuivant Seigneur puiffant en Cambrefis & ailleurs , qui eft tel :

Ego *Galterus* folo nomine Epūs notificare volumus pofteritati quod *Miles* quidam HUGO dictus SOHIERUS *Dūs potens in patria noftra & alibi*, recognovit libere & approbavit, fuper altare Sancte Marie omnes elemofinas & donationes factas Ecclie n̄r̄e a SOICHIERO dicto RUFO DE VIROMANDIA *patre ejus*, & ab aliis *Potentiffimis ejus Majoribus*, idque de affenfu LUCIE DE TOROTA *uſſoris ejus, & filiorum* WALTERI & THIOBALDI. Teftes dicte recognitionis funt hi.

Signum Mafcelini Prepofiti.　S. Adalberonis Decani.　Radulphi, Elleboldi Canonicorum.

S. *Helluini*

S. Helluini de Bellomanſo. S. H. Caſtellani Camerã. S. Tavardi Caſtellani Atrebatenſis. S. H. de Incy. S. Liotardi Brochet Cognatorum H. S. Soicheri d'Ableng. Guidonis Turpini. Reineri a Fonte Wicardi. Amalrici Caſatorum. Actum Cameraci menſe Martio anni Domini M. nonageſimi ſeptimi. Adalbero Decanus recenſuit. Avec ce parafe

Le ſeel qui y pend eſt tel.

Ous remarquerez en paſſant que cet H U G U E S attouchoit de parenté aux premieres Maiſons de Picardie, de Cambreſis & d'Artois, puis que le ſuſnommé Titre le qualifie Couſin de *Hellin de Beaumez* (dont les Deſcendans furent alliez aux Maiſons de Dreux, de Lorraine, de Sancerre, de Coucy, &c.) de H U G U E S (Sire d'O I S Y) Chaſtelain de Cambray, mentionné cy devant ; de *Tavard* Chaſtelain *d'Arras* iſſu des Comtes, (mentionné par Meyer, Balderic, Maſſée, Locrius, Gazet, Buzelin, Du Cheſne & autres ſur la fin de l'an 1000.); de H U G U E S d'I N C Y (dont la poſterité fut alliée avec la Maiſon de Guiſe, de Roucy, de Torote, de Saint Aubert, de Mauvoiſin, &c.) & de L I O T A R D B R O C H E T Sire de H E N N I N, dont les Deſcendans s'allierent avec les Maiſons de Bethune, d'Oiſy, d'Alſace, de Hainaut, &c.

I 2

Les Ti-

Les Titres Cottez A∗. ∗A∗. B. & D. font aussi mention de cet HUGUES. Ce dernier Titre luy donne pour femme HAVIDE, (que Du Chesne & P. Labbe ont remarqué estre le mesme qu'ALIX, ADELWIDE, ADELVIE, &c.) & pour enfans WATIER, qui continua la lignée ; THIOBALD, allié avec IDE d'AU-BIGNY, (fille de *Hugues Advoué de Marchiennes*) mentionné par les Ti-tres Cottez A. B. C. D ; & EUE, dont le nom nous est connu par le dit Titre Cotté A.

A propos du mot de *Miles* (c'est a dire *Chevalier*) mentionné dans ce dernier Titre, j'ay jugé qu'il ne seroit hors de raison de vous en descrire icy l'origine, afin que vous sachiez en quelle estime estoit jadis la dignité de *Chevalier*, au prix de celle de nos jours.

Les Roys qui sur leur premiere arrivée & establissement dans leurs Mo-narchies, avoient recompensé leurs Capitaines, & braves soldats de fiefs nobles, voyans apres une grande revolution d'années, que le fonds de leurs liberalitez, estoit pour ce regard mis au sec (d'autant que toutes les terres de leurs Estats estoient partagées & remplies) s'adviserent de se servir d'une autre maniere de reconnoissance & de recompense, non ve-ritablement si riche & opulente, mais de plus grande honneur que les fiefs. Pourquoy ils mirent en vogue *l'Ordre de Chevalerie*, & au lieu de re-compenser leurs bons Sujets en terres & belles Seigneuries, à mesure qu'ils gagnoient des Provinces, ils commencerent de les reconnêtre par des grandes & amiables caresses, & ceremonies, en leur donnant des accollades pleines d'amour & de tendresse, & leur ceignant l'espée solen-nellement, & ce en recompense de leurs prealables & glorieux faits d'ar-mes. Et apres ces ceremonies les Herauds faisoient sonner les trompet-tes, & clairons, & cryoient trois fois, *Vive un tel N... créé Chevalier, &c.* Et alors ils estoient reconnus de toute la Milice & du peuple pour tels, & jouyssoient des prerogatives, & avantages par dessus le reste de la No-blesse. C'est ce que veut dire ce mot de *Miles*, qui est bien different de celuy *d'Armiger*, ou de *Scutifer*, qui veut dire *Escuyer*. Car le Titre de *Cheva-lier*, estoit tellement attaché à la personne, à ses merites, & à ses prouesses precedentes, que les fils mesmes des Roys & des Princes Souverains ne pouvoient porter ce Titre avant avoir fait parêtre quelques exploits signalez de leur courage. Ainsi nous lisons que Jean, fils aisné du Roy Philippes de Valois portoit avec les qualitez de Duc de Normandie, & de Comte d'Anjou, le simple titre d'Escuyer, auparavant qu'il fut crée solemnellement Chevalier par son pere. Grammaye en ses remarques de Vilvorde au fueillet 23. dit que Guillaume Comte de Hollande, avant que d'estre crée Chevalier, portoit la qualité de *Damoiseau* ou *d'Escuyer* : *Guillelmus* (inquit) *Hollandiæ Comes antequam Equestri Baltheo solenniter ornatus esset, Domicellus & Armiger titulabatur.*

Du Chesne en son Histoire de Guines au fueillet 66. dit que Bauduin Comte de Guines estant parvenu à l'aage requis pour recevoir l'Ordre de Chevalerie, Thomas Archevesque de Cantorbery, luy ceignit so-

lennelle-

lennellement l'efpée, luy mit les efperons dorez aux pieds, & luy bailla un coup de la main fur le col (dit pour cela vulgairement la *Collée*) qui eftoient les ceremonies plus ordinaires obfervées lors, en la creation des nouveaux Chevaliers.

D'Outreman en fa Chronique de Valencienes au fueillet 158. dit que Guillaume Comte de Hainau convoqua l'an 1336. tous fes Seigneurs & Pairs, pour creer fon fils Guillaume Comte d'Oftrevant, Chevalier. Les ceremonies de femblable creation font amplement defcrites par le dit D'Outreman, Du Chefne, Pafquier & autres.

Je rapporte (dis-je) cecy en paffant, afin que l'on connoiffe que les Chevaliers des fiecles reculez eftoient bien plus confiderez que ceux d'aujourd'huy, qui le plus fouvent prennent le titre de Chevalier, octroyé par la feule grace de quelque Souverain, qui d'ordinaire n'a plus prefque d'efgard à la valeur, & aux merites de la perfonne, ains s'eftudie à groffir fes finances par des femblables graces, & octroys.

HUGUES donc furnommé SOHIER eft icy nommé *Miles*, c'eft à dire *Chevalier de haute marque*, felon la couftume de ce temps là. Il y eft qualifié par l'Evefque Guautier fils de SOHIER dit LE ROUX DE VERMANDIE, & petit fils *des tres puiffans Comtes de Vermandois*; ce qui fuffit pour eftre affuré de fon extraction & de la puiffance de fes Anceftres, qui s'eftoient mefmes rendus redoutables aux Roys de France: Et en effect leur trop grande puiffance caufa leur malheur, car les Roys fomenterent contr'eux une continuelle envie, & ne la quitterent jufques à ce qu'ils trouverent une occafion pour les ruiner & fupplanter, en raviffant fous un foible pretexte au vray & legitime heritier fes Eftats, comme nous avons remarqué cy devant.

I 3

Ce Sei-

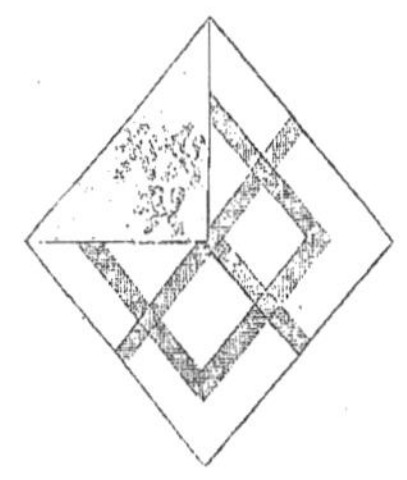

WATIER SOHIER.   ADE DE CAMBRAY.

E Seigneur, qui prefera la renommée au repos, & l'honneur qui
s'acquiert avec la vertu , à l'honneur d'eftre iffu d'une des plus
grandes Maifons de France, expofa plufieurs annees fes biens, & fa vie
pour la defence de la Foy Chreftienne , & s'y comporta avec tant de cœur
& de valeur, qu'il merita de *Godefroy de Boüillon*, (le plus Grand Conquerant
de la Terre Sainte) une reconnoiffance toute particuliere, comme nous
enfeignent les Titres Cottez, G. R. cy apres exhibéz, & auffi le Titre
fuivant qui eft tel:

Titre
Cotté
D. a°
IIII.

go GUALTERUS a SOHIERIIS nuper reverfus ab
expeditione Hierofolimitana , ubi *pro Crucis defenfione militem me
preftare ftudui.* Volens Deo Opt. Maximo gratias impendere pro
univerfis que evafi periculis, ftudenfque peccata mea eleemo-
finis redimere , do in perpetuum eleemofinam Ecclefie Santi
Andree de Caftello, pro falute anime mee, A D E *conjugis mee* kariffime,
H U G O N I S *patris mei*, H A V I D I S *matris mee*, S I G E R I dicti R U F I
avi mei, aliorumque parentum meorum in dicta Ecclefia , & alibi corpore
quiefcentium, manfum unum apud Briaftrum, cum uno mancipio, &
terra arabili , prope curtile Hervei , idque facio de fcientia *fratris mee*
T H E O B A L D I , *fororis mee* E U E , & affenfu primogeniti mei R E-
G I N A L D I needum Militis. Huic donationi interfuerunt M A R-
D U S D E C A M E R A C O *focer meus*, *Huardus de Foreflo*, *Alelmus de Mane-
rijs*, *Fulco de Ablinio*, *& Hugo de Foffa*, *Milites*, *& Cognati mei*, qui pariter fuper
predicta

predicta confensum dederunt. In cujus rei firmitatem perpetuam, has sigillo meo militari corroborari feci. Actum in *Curia mea de Herijs*, Anno
Incarnati Verbi Mº Cº XIº menfe Septembri.

Data per manum Algrini Armigeri.

Eftoit figné.

Algrinus Dñi WALT. *Armiger.*

Ce Titre fain & entier, eft garni d'un feel avec un contrefeel de cire jau-
ne fur double queüe de parchemin, repréfentant un Cavalier armé de toutes pieces, & fon cheval bardé, & caparaffoné à là mode de ce temps là,
qui doit eftre un tefmoignage indubitable, que la Maifon de SOHIER
tenoit rang entre les Illuftres; Le Seel & le Contrefeel font tels:

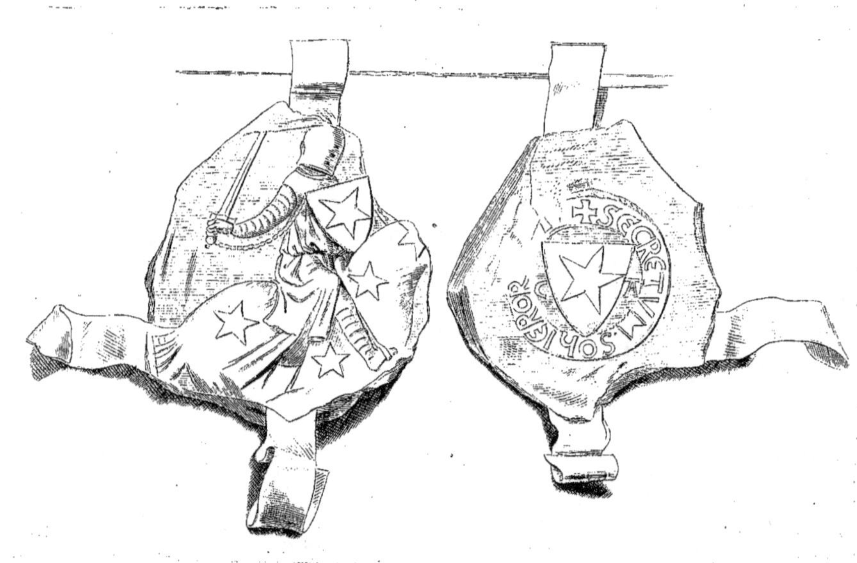

Ette mefme donation que fit WATIER à l'Abbaye de Saint André de laquelle il eftoit *Advoüé*, eft auffi mentionnée par le Titre
Cotté *A*. Ses Anceftres, avec fa pofterité font affez connus par les
fufnommez Titres cottez A, B, C, D. & par ceux que nous exhiberons
fous les Cottes E, F, G, R. &c.

Son Al-

Son Alliance s'y void par les dits Titres Cottez A. * A *. & fpeciale-
ment par celuy cotté D. ou WATIER SOHIER appelle fa femme
ADE, & le *Pere de fa femme* MARDE DE CAMBRAY: Alliance
à la verité une des plus illuftres qu'il pouvoit faire pour lors, puis que la
Famille de CAMBRAY, fortoit d'un puifné des anciens Comtes de
Cambrefis, comme nous pouvons apprendre du fufnommé Titre Cotté A *. ou MARDE DE CAMBRAY eft nommé *nepueu du* COM-
TE ARNOUL, tres-paffé (felon d'Outreman) COMTE DE
CAMBRAY ET DE VALENCIENES l'an 1007. apres la
mort duquel l'Empereur Henry, fçachant qu'il n'avoit laiffé aucuns enfans pour fucceder à fes Eftats, trouva bon, à la requefte d'Heribert Archevefque de Cologne, de donner le Comté de Cambray à l'Evefque
Erluin & à fes fucceffeurs à tousjours, & obligea quelques Seigneurs
iffus de la Maifon d'ARNOUL, de renoncer à toutes les pretenfions
qu'ils pouvoient avoir fur ce Comté. Entre lefquels eftoit, fans doute,
MARDE DE CAMBRAY, puis qu'il eftoit nepueu du *Comte* AR-
NOUL, qui eftoit fils d'ISAAC COMTE DE CAMBRAY,
iffu des Comtes de Hainaut. Comme remarque d'Outreman dans fa
Chronique és Chapitres 12.13.14.15.&c.

Ce mefme MARDE DE CAMBRAY ou pluftoft fon fils de mefme
nom, eft auffi mentionné par le dit d'Outreman dans les preuves de fon
Hiftoire, ou il dit que HUGUES fils de MARDE DE CAMBRAY
(& peut-eftre frere de noftre ADE) fut prefent avec plufieurs autres Chevaliers en une donation de certaines Difmes, faites par Guy, ou Gou-
fier de Douay, au profit de l'Abbaye de l'Anchin l'an 1101. indiction
XI. &c.

Cette tres illuftre Famille de CAMBRAY, quoy que privée de fes
Eftats, & de fes juftes pretenfions par le bon plaifir du dit Empereur, s'ef-
força neantmoins de fe maintenir dans fon ancienne fplendeur quelques
fiecles aprés: mais à la fin elle efprouva, comme mille autres, les incon-
ftans effects de la Fortune. Et ceux qui en fortent aujourd'huy, dont aucuns vivent en roturiers, font forcez d'advoüer, que tout ce qui dans le
monde a acquis des hauts degrez de perfection & de gloire, fe relache, &
tombe par la viciffitude des temps dans le defaut, & que les Grands de la
terre fouffrent prefque autant de cheutes, qu'ils font de pas: que le jour &
la nuict, que les corruptions & les naiffances, que le repos, & le mouve-
ment, que la grandeur & la baffeffe, font toutes les faces que prend ce
Prothée, je veux dire le Monde; & que tous fes aggrandiffemens, & de-
faillances arrivent non fans l'ordonnance expreffe du premier & fouve-
rain Principe, qui eft Dieu, qui luy préfcrivant le terme de fa durée, per-
met fes dechets, & fes rehauffemens.

 La mort de WATIER SOHIER nous eft connüe par l'Extraict
fuivant, qui comprend une fuite de fes Defcendans au de là de 350. l'Extraict eft tel:

                                                    WATIERS

WATIERS SOHIER Chievalier *Seignor de li Heries* en Kambrefis mourut li an M. C. XXXV. Apres fi moert REGINALD fen fielx relieva fe fief de li Heries li an M. C. XXXVI.

Or fut a fen fielx HUGUES LI SOHIERS Chlrs. fi tries-paffa lan M. CC. III. en Janvier.

Si le relieva le fief komme bail & mere le fille de ROSEL Prevoft del Cité, & avoéc fen filx HELLIN LI SOHIER fire d'Euvilers par fe mere.

Or eft a PIEROTIN SOHIER qui le relieva li an M. CC. XXXV. avoec fe mere GILLOTE d'ESTRUMEL. fi mourut il li an M. CC. LVIII.

Or eft a BAUDUIN dit BODINOT LE SOHIER, fi le relieva li an M. CC. LIX. li mois doctembre. fi tries-paffa fans hoirs de N... ASPIERS.

Or fen frere JEHANS LE SOHIER le reliva li an M. CC. LXIII. & fut priefent avoec fe femme N..... fille de *Monfeignor* ROBIERT d'AISNE, GODEFROY LI SOHIER fen frere.

Or eft a GILLEBERT filx du dit JEHANS, fi mourut li an M. CC. IIII^XX. XIX.

Si le relieva fe femme ..... LOUVET avec fen fielx MATTHYS dit LE HERIES Sire de Bertries.

Se eut de fe femme MICHELLE ABLINS un fielx aifnet nommet PIEROTIN, qui le relieva li an M. CCC. LVI.

Cil eut de fe premiere efpeuze que lon dit *Demifele* LEURIOTE, PIEROTIN LI SOHIERS, alias ROBERTIN, Seignor offi de Saint Vaaft, il mort a Mons.

Cil PIEROTIN eut de fe efpeuze N....... DE HAINAUT DEMISIELE un fielx.

PIERARTIN, que lon dit ROBINET.

Or eft a JEHANS LI SOHIERS fen puifné fielx, & relieva cil fief li an M. CCCC. XXXXVII.

Il vendit comme fen pere moult de fes Seignories. Il eut de fe femme N...... MOULINE un fielx JEHANS, &c.

Ce prefent Extraict eft tiré hors des Archives de Saint Aubert, & de Wallincourt, defquels le *Fief de le Heries* relevoit & mouvoit à hommage noble & lige; Et dont le livre fut monftré, & l'Extraict mefme colla-

K

tionné,

tionné, avec dix autres Titres & Extraits (cottez dans cet Imprimé
F. H. K. N. V. W. BB. &c.) par les Deputez du Magistrat de la Ville de
Leide, comme il se void par l'Act qui s'ensuit.

Nos Prætor, Consules, & Scabini Leydensis Comitatus Hollandiæ,
certum & notum facimus omnibus & singulis hasce visuris & lecturis,
quod hodie Dominis Gerardo à Swaenswijck, & Henrico Brouwer, Juris
U. D. Scabinis prædictæ nostræ Civitatis exhibitæ, & demonstratæ fuerunt, originales litteræ, aliaque originalia documenta, quorum copiæ &
extracta undecim numero, per Franciscum Doude Notarium in nostra
Civitate publicum, & omni fide dignum, solemni Notariorum more au-
thentisata, hisce comitantur, quæ copiæ & extracta per prædictos Do-
minos Scabinos visa, examinata, atque cum originalibus suis bene collata, cum iisdem secundum collationem prædicti Notarii, inventa sunt
convenire.   In fidem veritatis prædicti Domini Scabini Copias & Extracta sigillis suis appendentibus muniverunt, Nosque Sigillum Civitatis
nostræ quo ad causas utimur hisce apprimi, & affigi, & subscriptione
Graphiarij nostri confirmari jussimus, ultimo die Mensis Maij Anni Mil-
lesimi Sexcentesimi, & Quinquagesimi Noni.

G. v. Alphen   avec parafe.

Et sur le mesme fueillet est imprimé en cire verde le seel aux causes de
la Ville de Leyde, en la forme icy representée :

Le sus-

Le furnommé Extraict Cotté E (collationné auparavant fous la cotta
A) eft lié, & attaché avec les dix Copies des Titres & Extraits avant
nommez; & le tout eft garny d'un ruban de foye Orangée à double queüe,
fur lequel font inprimez les Seaux des fus-dits Seigneurs Gerard de
Swaenfwijck, & Henry Brouwer en qualité d'Efchevins de la ville de
Leyde. Les Seaux font tels:

A chafque fueille des dits Extraits, & Copies, fe void mis en tefte un
efcu rond, reprefentant un lion avec ces mots allentour *Clein Segel*, &
à cofté eft figné *F. Meerman*, 1659. l'Efcu eft tel.

Nous apprenons donc des Titres Cottez ✱A✱. C. D. & E. que
ce WATIER eut pour fils aifné RENAUD, qui continuâ la
lignée.

K 2

Le nom

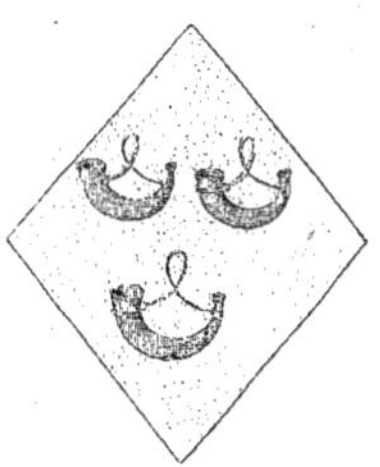

RENAUD SOHIER.　　　　ADE DE LA FOSSE.

LE nom de RENAUD, eſt pris indifferemment pour les noms de REGINALD, RAINOLD, REINIER, RAIGNIER, RENON, &c. De ſorte que RAINOLD mentionné par le ſuſnommé Titre Cotté ＊ A ＊, eſt le meſme que REGINALD, dont fait mention le Titre ſuivant, qui eſt tel,

Titre Cotté F. a° 1199. Moniti a ſacris ſcriptis Deo famulantibus benefacere, nos E. de Landas Par Cameracenſis, Dominus de Aiſna, confirmamus & approbamus tanquam Domini donationem factam Eccleſie Montis Sancti Martini in Pago villaque noſtra antedicta ab H. DE SOHIERIJS *Milite*, quam fecit pro ſalute anime ſue. M. ROSELLE. *Patris ſui* REGINALDI. *Matris ſue* A. DE FOSSA. *Avi ſui* W. omniumque aliorum Parentum ſuorum, pro ut nobis viva voce retulit, & ſcriptis mandavit ſanctam intentionem ſuam, quod & fecit de conſenſu & ſcientia H. filii Primogeniti, aliorúmque filiorum, filiarumque ſuarum, idemque hoc in preſentia hominum meorum, quorum nomina hic ſubnotari fecimus, qui ſubſcripſerunt. S. W. Gaſkiere. W. de Lonſars. P. de Rumilly. H. Infantis. E. de Caulery. E. LOUET. H. de Pomerio. W. de Senleces. H. de Montigny, & M. du Frainoit Militum, aliorumque plurimorum fide dignorum. Et voluit idem HUGO coram nobis, quod ſi contingat aliquem e poſteris ſuis E. antedictam moleſtare, iſtos refractarios poſteros ſuos per juſtitiam debitam ad id omne ſupradictum compellere obſervandum. Et in hujus rei munimen, &
testi-

teſtimonium ſolemne & perpetuum , preſentes litteras eidem Eccleſie
dedimus ſigilli noſtri impreſſione munitas.   Datum Anno Domini noſtri,
M° C° Nonageſimo Nono.   Menſe Decembri.

   Au bas de cette Lettre pend un ſeel de cire preſque tout rompu , &
ſouſtenu d'un cordon verd à double queuë , ainſi qu'il eſt icy repre-
ſenté

Ntre les plus conſiderables particularitez que nous enſeigne ce Titre , eſt celle de l'alliance que fit noſtre RENAUD avec A. DE
LA FOSSE.

   Laquelle Alliance ne luy fut desavantageuſe , puis que les vieilles
Chartes nous enſeignent que la Maiſon DE LA FOSSE eſtoit dés le
ſiecle 1000. en tres grande reputation.

   L'avant nommé Titre Cotté ✶ A ✶. fait mention d'une donation, que
firent *Hugues* , & *Rodulphe* , *de la Foſſe* à l'Abbaye de Saint André , & les
qualiſie fils du *Magnifique homme Gameleon,* c'eſt à dire homme de grand ap-
pareil, & qui eſtoit capable de projetter, & adminiſtrer des choſes grandes , & relevées.

K 3

Le meſme

Le mesme *Hugues de la Fosse* semble aussi estre mentionné par la Titre Cotté D. ou il est qualifié Chevalier, & *Cousin* de WATIER SOHIER.

Les Archives des Abbayes de Vaucelles, de Honnecourt, & des Eglises de Cambray & d'Arras, font une tres honnorable mention des munificences, & de la pieté des Seigneurs de cette Maison.

Les Archives de Vaucelles (en la donation que Gerard de Saint Aubert, surnommé Maufilastre fit l'an 1139. à icelle Abbaye de la terre de Pezieres du consentement de *Simon d'Inchy*, & de *Buchard de Guise ses Cousins*) recitent entre les Chevaliers qui furent presens à la dite donation. HUNON DE LA FOSSE, Henry d'Alenes, Aldo de Vinchy, Aldod de Perone, &c. Les mesmes Archives font encor mention des vaillans Chevaliers WATIER DE LA FOSSE & de GERARD son fils és années 1167.& 1173. De *Simon* l'an 1237. de *Guy*,& de *Hunon* l'an 1245.&c.

Du Chesne en ses Histoires Genealogiques parle aussi hautement de cette Maison, à la lecture desquelles je renvoye le Lecteur.

Cette Maison fit aussi des tres belles Alliances dans les siecles moins reculez, & entr'autres avec les Illustres Maisons de Hennin-Lietard, de Sebourg, de Fontaines, d'Avesnes, d'Antoing, de Moriamez, d'Ailly, du Hem, de la Trameric, de Gand, de Roisin, d'Hibert, de Hertaing, &c.

Nous apprenons en outre du susnommé Titre Cotté F. & de l'Extrait Cotté E. que RENAUD eut de sa dite femme pour fils aisné HUGUES II. du nom, ainsi sans doute nommé en memoire de son Bisayeul.

Cet HU-

 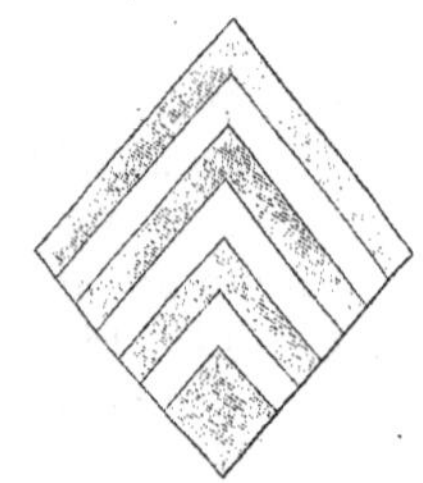

HVGVES SOHIER II. du nom.   N.... ROSEL.

Et HUGUES releva (felon l'Extrait cotté E) la Seigneurie de *Heries* apres la mort de fon pere, arrivée l'an 1136. Et ne degenera point de la valeur de fes Ayeux, & fe trouva en diverfes expeditions militaires pendant les Croifades qui fe firent en la Terre Sainte en ce fiecle là, comme nous l'enfeigne le Titre Suivant.

Titre Cotté G. 2° 1204. Ego HELLINUS SOHIER *Miles, Dominus Herie, & Euvillarie,* ad Terram Sanctam profecturus, cogitans magis in celis thefaurizare quam in terris. dedi in eleemofinàm perpetuam fratribus de Vallicurte unum modium terre arabilis quod habebam apud Lingniacum. contiguum terris Domini Ernoldi de Alti-curte. Eapropter tenebuntur dicti fratres, & fe obligaverunt capitulatim & in fcriptis bis in menfe miffam de requiem celebrare pro falute animarum *Patris mei* HUGONIS. WALTERI. AMULRICI. GILLEBERTI. OSTHONIS. ALELMI. ALULPHI. *& aliorum parentum & confanguineorum meorum qui Crucem induti pro ejus defenfione fanguinem effuderunt.* Quod fi contingat mihi ibidem tam gloriofe vitam finire, tenebuntur & dicti fratres pro requie anime mee preces fuas augere. Hanc autem donationem feci cum fpontaneo libitu uxoris mee GILLOTE DE STRUMELLA. PETRI *Primogeniti mei.* aliorumque. filiarumque mearum,

rum. In cujus veritatem eviternam has prefentes teſſera, figilloque meo
roborari feci.　　Actum in *Curia mea de Herijs* Anno Dominici Adventus,
M. CC. IIII. Menſe Aprili.

Avec parafe, & Deviſe ſuivante.

A cette lettre eſcrite d'un ancien caractere, eſt pendu un ſeel jaunaſ-
tre , ou pluſtoſt rougeaſtre , repreſentant parfaitement une Eſtoille de
cinq pointes , comme il ſe peut veoir par cette figure :

HUGUES donc mentionné par le ſuſdit Titre , quoy que fort aagé
ſe tranſporta en la Terre Sainte , ou vrayſemblablement il mourut
l'an 1203. au mois de Janvier ; & encore que l'evenement de ſa mort ne
ſoit particularizé par les Hiſtoriens , ſi eſt-ce qu'il eſt à preſumer qu'il
mourut dans la grande eſmotion qu'il s'eſleva entre les Italiens , & les
noſtres pour les quartiers d'hyver , apres qu'ils ſe furent rendus maiſtres
de la

de la ville de Zara fur les coftes d'Iftrie. d'Outreman dit que plufieurs Cavaliers de merites furent tuez dans cette efmotion, & entr'autres un haut homme appellé *Gilles de Landas* (Pair de Cambrefis, & Compatriote de noftre HUGUES) y receut un coup de flefche dans l'œil, dont il mourut, &c.

Quant à l'Alliance que fit cet HUGUES, nous l'apprenons, de l'Extrait Cotté E. & du Titre Cotté F. ou fa femme eft nommée M.... ROSEL, *fille du Prevoft de Cambray*, qui, felon les Regiftres du Païs, s'appelloit *Renaud*, & exerçoit cette charge dés l'an 1140. En laquelle il a eu pour fucceffeur THOMAS d'OISY, qui efpoufa Gertrude d'Elface, fille de Thierry Comte de Flandres. Tefmoignage infallible que cette Charge eftoit de tres grande eftime, & authorité, puis qu'elle eftoit briguée, & poffedée par des Perfonnes de fi haute extraction.

HUGUES ROSEL exercea cette mefme charge l'an 1282. comme fit GUY l'an 1372. &c. laquelle ils n'auroient pû exercer, s'ils n'auroient tenus rang entre la premiere Nobleffe du Païs.

Et fi l'Antiquité de cette Maifon, eft ulterieurement defirée du Curieux, qu'il confidere l'avant nommé Titre Cotté A *. & il y remarquera que HERIMBERT DE ROSEL (tefmoing au ferment folemnel que fit le furnommé HUGUES d'OISY l'an 1065.) eft qualifié fils de E. (qui pourroit eftre ELGOTE) DE MANCICOURT.

Cet HERIMBERT eft icy appellé ROSEL, à caufe de la Seigneurie de ce nom, dont il eftoit appanné, lequel fut retenu de fa pofterité, qui en memoire de fon eftoc crya MANCICOURT, & en retint les Armes differentes feulement en l'email, au rapport des plus fameux Genealogiftes de noftre fiecle.

Or puis que cette Maifon reconnoit pour fon eftoc celle de MANCICOURT : il ne fera hors de propos de vous en faire icy quelque petit recit, afin que vous fuffiez mieux affuré de la bonne extraction de noftre Famille de ROSEL.

Du Chefne en fon Hiftoire de Bethune és fueillets 113.114.&c. dit que *Guillaume* I. du nom Sire de *Bethune*, & Advoüé d'Arras, eut de fa femme *Clemence d'Oify*, une fille qui efpoufa le SEIGNEUR DE MANCICOURT, duquel mariage fortit ROBERT DE MANCICOURT, qui vers l'an 1171. efpoufa *Sufanne*, qu'aucuns furnomment *de Bourbourg*. De luy defcend GERARD DE MANCICOURT, lequel Jacques de Guife dit avoir efté l'un des plus vaillans, nobles, forts, hardys, & puiffans Chevaliers, qui vivoient l'an 1182. Il eft nommé par Villehardoüin entre les hauts Seigneurs, qui accompagnerent Baudouin Comte de Flandres, & de Hainau à la conquefte de Conftantinople, &c.

L'avant nommé ELGOTE DE MANCICOURT eft mentionné (& fon pere JEAN) par d'Outreman en fon Hiftoire, avec plufieurs grands Chevaliers, & fpecialement en une lettre des Chaftelains de Valencienes en datte de l'an 1096.

L

Pierre

Pierre le Boucq dans ſon Hiſtoire de la Vicomté de Sebourg dit, au fueillet 110. que Meſſire ROBERT DE MANCICOURT fut crée
Grand & Souverain Bailly de Hainaut l'an 1323. auquel ſucceda *Gerard
d'Aiſne* l'an 1333. *Bauduin Baſtos* 1341. *Baudry de Roiſin* 1344. *Charles de Harchies* 1347. *Jean Sire de Buvraige* 1348. *Jean de Barbençon* Seigneur de Sol-
re 1352. *Nicolas* Sire *de Lalaing* 1352. *Gerard* Seigneur *de Ville* 1354. Le *Seigneur de Ligne* 1355. *Simon de Lalain* 1358. *Guillaume de Sart* 1360. Le *Seigneur de
Ville* 1362. *Jean de Lannay* 1364. *Jean Deſclaibes* 1365. *Jean de le Poville* 1360.
Nicolas de Rumont 1369. &c.

Ce qui doit ſuffire pour eſtre perſuadé de la grandeur de la Maiſon de
MANCICOURT, d'ou deſcend celle de ROSEL, dont les merites & bonnes qualitez ſe trouvent deſcrites dans mille Regiſtres & Titres du Païs de Cambreſis & dont aucuns ſont aujourd'huy en la poſſeſſion du Seigneur de Warmenhuyſen, que j'avois eu deſſein de vous exhiber avec cinquante autres, ſi l'on ne m'auroit conſeillé d'eſuiter un
diſcours trop prolixe & eſtendu.

Noſtre HUGUES donc laiſſa de ſa femme M. ROSEL, HEL-
LIN, qui ſuit.

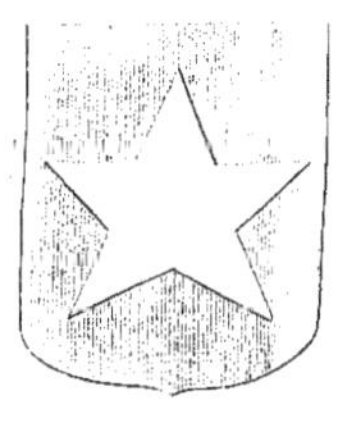 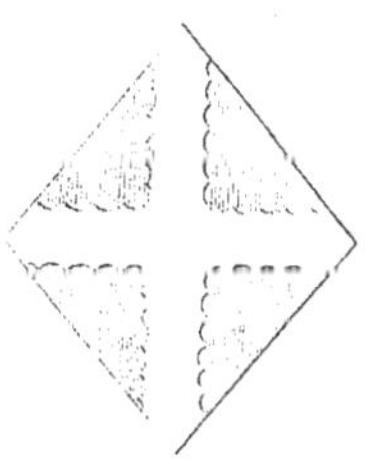

HELLIN SOHIER.   GILLOTE CRETON dite D'ESTOURMEL.

IL appert aſſez par les dits Titres Cottés E. F. & G. que HELLIN
fut fils de HUGUES. Ses belles qualitez & merites ſont recon-
nus par le dit Titre Cotté G : ſa richeſſe & ſa pieté s'y void, puis qu'il donne des biens aux Egliſes : ſa valeur y eſt remarquée, veu qu'il abandonne
tout pour la defenſe de la Foy, ſuivant l'exemple de tant de braves Cavaliers de

liers de fa Maifon, qui avoient refpandu leur fang, en combattans gene-
reufement contre les ennemis du nom Chreftien : fa haute Alliance y eft
connuë, puis qu'il avoit pris pour femme GILLOTE D'ESTOUR-
MEL, iffuë d'une des premieres Maifons de Cambrefis, celebrée par
tous nos fameux Hiftoriens, à caufe des grands Heros qu'elle a produit.

De Varennes en fon Roy d'Armes au fueillet 392. dit que tres digne
eft l'origine des Armes de la Maifon D'ESTOURMEL, qu'elle tient
des le premier voyage que firent les Chreftiens, pour le recouvrement
de la Terre Sainte l'année 1096. de la main propre de *Godefroy de Boüillon*
Roy de Jerufalem, qui pour honnorer la memoire de GILLES dit
RAIMBAUT CRETON (Sire D'ESTOURMEL en Cam-
brefis) duquel il avoit veu la generofité à la prife d'affaut de cette ville,
luy fit prefent d'une Croix d'argent, dentelée ou certelée pour allufion
au nom de CRETON, dans laquelle eftoit enchaffée un efclat de la
Saincte, & vraye Croix. Ce precieux reliquaire a paffé de pere en fils
en la poffeffion de Meffieurs les Barons de Surville, qui font les aifnez de
la Maifon, & ont pour puifnez les Barons de Plainville, Fovilloy, Fre-
toy, Manencourt, & autres tous perfonnages fignalez pour leurs merites, & illuftres Alliances.

La Morliere Hiftorien de Picardie a dreffé une bonne partie de la
Genealogie de cette Illuftre Maifon, qui fit des tres hautes Alliances en
France, & auffi en nos dix-fept Provinces, & fpecialement avec les Illu-
ftres Maifons de Crovy, de Vander-gracht, d'Ongnies, de Lannoy, de
Roifin, de Noyelles, de Longuéval, de Couriere, de Bethencourt, de
Zuilen, de Bazincourt, de Hardecourt, de Templeux, de Scouteete dite
d'Erpe, &c. De cette Maifon forte auffi celle de Venduille, qui retient
encore le mefme nom, de laquelle eft iffu *Monfieur de Vendeville* n'aguerres
Gouverneur de Gravelines, qui a efpoufé *Anne de Bailleul*, fille de *Charles*,
& de *Jenne de Cleves* de la Brache de Raveftein.

Bref, je n'aurois jamais fait, fi je voulois rapporter tous les Hiftoriens,
& toutes les Eglifes de Picardie, de Cambrefis, de Hainaut, & d'Artois,
qui confervent dans leurs efcrits, & dans leurs Archives des fignalées memoires de cette Maifon D'ESTOURMEL, avec laquelle celle de
SOHIER a efté alliée par deux fois, comme vous pouvez remarquer
dans la Genealogie cy devant exhibée.

Noftre HELLIN mourut felon toute apparence l'an 1234, ou 1235,
à caufe que le fufnommé Extrait Cotté E. nous enfeigne que PIERRE
fon fils releva la Seigneurie *de le Heries* le dit an 1235.

L 2

Nous

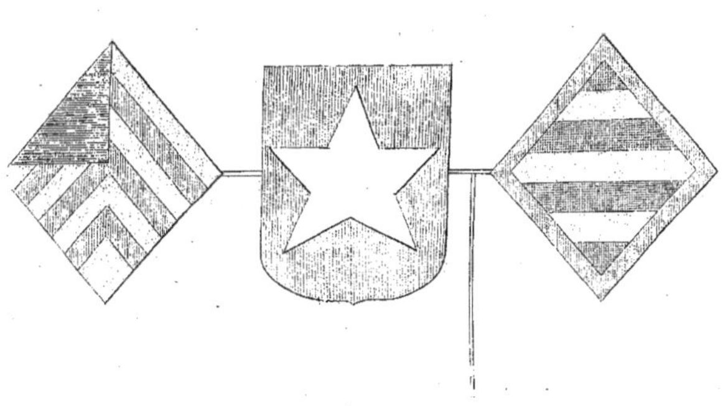

AMELINE de BEAUMONT.   PIERRE SOHIER I.   MARGUERITE d'INCHY.

NOus remarquons par l'Extrait Cotté E, & par le Titre Cotté G. que ce PIERRE SOHIER eſtoit fils aiſné de HELLIN: la qualité duquel eſt aſſez monſtrée par un Titre de Marguerite Comteſſe de Flandres, & de Hainau, qui eſt tel:

Titre Cotté H. a° 1245.

M. *Flandriæ & Hannonio Comitiſſa* univerſis preſentes litteras viſuris ſalutem in Domino. Noverit univerſitas veſtra quod cum PETRUS dictus DE SOHIER *Miles*, & MARGARETA uxor ſua vendidiſſent benè & legitimè, & pro mille & ducentis libris albis, de quibus ſibi ſatisfactum erat in pecunia numerata, ut dicebant Eccleſie Sancti Auberti Cameracenſis, omnem terram arabilem, managium, pomerium, terragium, hoſpites, redditus, & omnia alia que habuerant, & ad ipſos pertinebant jure hereditario vel alia de cauſa in villa de Aveſnis ſiccis, & in territorio ejuſdem, que etiam ab Abbate ejuſdem Eccleſie idem P. tenuerat & tenere debuerat in feudum ligie ut dicebat vendidiſſent inquam perpetuo hereditarie ſine onere & ſervitio ab ipſa Eccleſia poſſidenda, dicti P. & uxor ejus predicta, coram nobis comparentes, nobis humiliter ſupplicarunt, ut ad eorum petitionem & inſtantiam multimodam, predicte Eccleſie noſtras daremus litteras patentes de ipſis eorum heredibus & ſucceſſoribus in futurum, per nos & heredes & ſucceſſores noſtros & noſtram potentiam ſecularem cogendis ad dictam venditionem firmiter obſervandam, & ea omnia & ſingula que circa illam, & ob

illam

illam venditionem in ipforum & ejus uxoris litteris funt infcripta. Quorum juftis poftulationibus annuentes predicte Ecclefie prefentes litteras
dedimus figilli noftri munimine roboratas, promittentes eidem Ecclefie
tenore prefentium fi neceffe fuerit. & fuper hoc ex parte dicte Ecclefie
fuerimus vel noftri heredes vel fucceffores requifiti. quod dictum P. *Mi-*
litem. ejus uxorem. heredes. & fucceffores eorum. per noftram potentiam fecularem compellemus bona fide. ad dictam venditionem firmiter
obfervandam. modis & conditionibus fuper hoc appofitis. in inftrumento fuper iis confecto figillato figillo ipfius PETRI. & figillo MAR-
GARETE. ob hoc fpecialiter facto. ficut coram nobis dicti P. & M.
viva voce recognoverunt. In cujus rei teftimonium & munimen prefentes litteras eidem Ecclefie dedimus figilli noftri impreffione munitas. Datum Anno Domini. Mº. CCº. quadragefimo. quinto. Menfe Junio.

A cette lettre pend le Seel avec le Contrefeel, de la COMTESSE
MARGUERITE, fouftenu d'une trouffe de foye d'efcarlate, devenuë pafle, & prefque Orangée à caufe de fon antiquité, en la forme icy
reprefentée.

Sur le dos de cette lettre eſt eſcrit d'un caractere fort ancien, Confirmatio Comitiſſe Hanoniæ ſuper venditione eorum que tenuerat PETRUS DE SOYEYR apud Aveſnas ſiccas, &c.

Ce PIERRE qualifié, & reconnu Chevalier par la dite Comteſſe Marguerite, avoit eſpouſé (ſelon quelques anciens Regiſtres) en premieres nopces, AMELINE DE BEAUMONT, ſortie d'un puiſné de la Tres-illuſtre Maiſon de S. AUBERT, alliée à celles de VERMANDOIS, d'Oſtrevant, de Barbençon, de Chin, de Barlaymont, &c. Elle ne luy procrea d'enfans que je ſçache. Il eſpouſa en ſecondes nopces MARGUERITE que le Titre ſuivant nomme fille de RAOUL d'INCHY.

Titre
Cotté
I. a°
1260.

Le Titre eſt tel:

Ego M. RADULPHI DE INCEIO *filia*, PETRIque A SOHIERIIS etiam *Militis* relicta do Reverendo in Chriſto P. Abbati & fratribus de Cantimprato, ubi filius meus dilectus nomine RAD. Monachum induit, quotannis quatuor lota vini recipienda ſuper domum meam jacentem in ruella de Inceio in Cameraco. eaque expendenda in refectorio die feſto D. Margarete Patrone mee. quo die ad martyrologium prime tenebuntur dicti fratres pro me parentibuſque meis omnibus preces devotas fundere. In hujus donationis robur has ſigillo meo communivi. Anno Chriſti nati M° CC° LX° ſexto. Menſe Auguſto.

A cette lettre ſaine & entiere pend un ſeel preſque tout rompu ſouſtenu d'une trouſſe de ſoye verde, en la forme icy repreſentée.

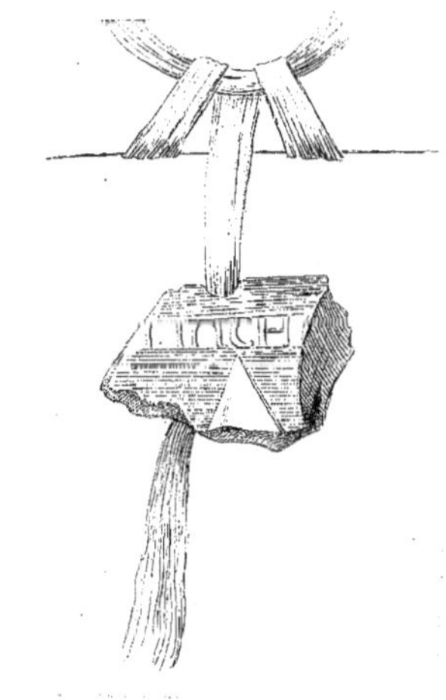

Si ce

Si ce feel, qui ne represente qu'une pointe d'Estoille avec le mot d'IN-
CHY vous femble d'abord un peu eftrange , je vous prie de confulter
l'ufage des fiecles reculez , & vous y remarquerez , comme icy, que les
femmes portoient aucunesfois les Armes de leurs marys, entourées d'in-
fcriptions de leurs propres noms , comme l'ont tres bien obfervé Du
Chefne , Butkens & autres dans leurs Oeuvres.

Ce Titre donc nous affure plainement que PIERRE SOHIER
efpoufa MARGUERITE d'INCHY , laquelle eftoit defia vefue
l'an 1260. Et en effect l'Extrait Cotté E. nous enfeigne que fon marry
mourut l'an 1258.

Quant à la Maifon d'INCHY , elle fut depuis le commencement du
fiecle 1000. jufques à nos jours, toufiours fort celebrée par les Hiftoriens.
Les Chroniques de Cambray font mention l'an 1007. d'un certain
HUGUES d'INCHY, qualifié *Primas*, c'eft à dire , un des premiers
Seigneurs du Païs.

Du Chefne dans les preuves de fon Hiftoire de Bethune fol. 363. rap-
porte un Charte de l'Abbaye du Mont Saint Eloy , qui contient une do-
nation faite à icelle Abbaye l'an 1109. par *VVarin de Dourges* , laquelle fut
fignée par plufieurs Grands Seigneurs, dont le premier eftoit HUGUES
DE INCHY, & le deuziefme HUGUES fon fils ; & les autres furent
HUGUES d'AUBIGNY, aliàs HAVET *Advoüé de Marciennes* :
Bauduin Chaftelain de Lens : LIETARD BROCHET, aliàs de
HENNIN : Jean de Waencourt : Lainulfs de Foffels, aliàs Foffeux :
Milon de Houdain : Hugues de Huchin : Elbert de Bethune Sire de
Carency , puifné de l'Illuftre Maifon de Bethune : Hugues de Not,
&c.

Le mefme Du Chefne dit, (apres les Chroniques des Abbayes de Saint
André, & de Femy) que HUGUES d'INCHY quatriefme du nom
prit alliance avec HAVOISE DE GUISE , fille de *Geofroy* Sire de
Guife & d'ADE DE ROUCY (defcenduë des anciens *Comtes de Ver-
mandois*) dont la fœur FELICE DE ROUCY avoit efté mariée à
SANCE ROY d'ARAGON pere d'ALFONSE , &c.

Le mefme Autheur en fon Hiftoire de Montmorency au fueillet 468.
dit qu'ANTHOINETE d'INCHY Dame de S. Leu , fille de
BAUGEOIS Sire d'INCHY, Chaftelain de Douay, & d'AGNES
Dame de HEILLY , & de Pas en Artois , fut troifiefme femme de
PHILIPPES DE MONTMORENCY, Seigneur de Croifilles,
Courieres , Waencourt , &c. dont le contract de mariage fut paffé
le 21. de Decembre 1467. en prefence de PHILIPPES Sire d'INCHY,
& de Pas , frere d'ANTHOINETE, &c.

Le fufnommé Autheur fait encore ailleurs une honnorable mention de
cette Maifon , comme font auffi d'Outreman, Buzelin, Locrius, & autres dans leurs œuvres. Elle s'allia en outre avec les illuftres Maifons de
Crevecœur, de Thorote, de Wallincourt, de Saint Aubert, de Houdain, de Mauvoifin, de Lens, de Saint Omer ; & és fiecles moins reculez

avec

avec celles de Queant, de Crequy, de Rouveroy, de Saint Simon, de Luxembourg, de Rivery, de Saveuze, de Gaure dite Fresin, &c. Elle donna des Grands Baillifs à l'Artois, des Chastelains à Douay, & des Gouverneurs à la Ville de Cambray, ou il y a une rüe, qui depuis six siecles encà est nommée vulgairement *la Rue d'Inchy*, à cause que les Seigneurs de ce nom y avoient leur Palais. Ce qui doit suffire pour estre assuré de l'ancienne splendeur de cette Maison.

PIERRE SOHIER decedé, (comme nous avons dit) l'an 1258, laissa de sa femme MARGUERITE d'INCHY plusieurs enfans, dont l'Aisné nommé BAUDUIN mourut sans enfans : de sorte que la succession des principaux biens eschût à JEAN SOHIER, son frere, qui continua la lignée.

JEAN SOHIER I.   N.... d'ENNE.

CE JEAN (qu'aucuns Titres & Registres nomment HANNO-TIN, qui est le mesme que JEHAN) releva sa Seigneurie *de le Heries* l'an 1263. apres la mort de son frere BAUDUIN, comme nous enseigne l'Extrait Cotté E. Il posseda en outre la Seigneurie de *Bertries*, comme nous apprend le Titre suivant :

Iou JEHANS DE SOHERRES *Chevaliers Sires de Biertries* faich sçavoir a tous chiaus ki ces lettres verront & oront. Ke Gilles li Prouvos de Biertcrics mes hom, par men gre, & par men assens, & par devant men majeur, & les eskievins de Bierteries a vendu bien & loiaument iretaument a tousiours a labbé & a leglise de Saint Obiert de Cambray nuef
                                                                    boistelées

boiſtelées de tiere ki eſtoient celi Gillon , ki ſe manient par mi & par men
majeur & les eskievins devant dis, ki ſieent en men tieroir de Bierteries.
tenant as tieres de leglife devant dite au camp kon dit en cardonval. Et
celi tiere devant dite cius Gilles li Prouvos a werpie bien & loiaument, &
ſen eſt deſiretés pour lui & pour ſes hoirs a touſiours bien & a loi, & la
quittie a labbé & a leglife devant dite a touſiours. Et celi tiere devant dite
je ai en convent comme Sires a conduire & a Warandir a labbé, & a legliſe devant dis a touſiours bien & loiaument contre tout gent ki a le tiere
devant dite, ne a fruis de celi tiere par droit ne par loi poroient u deveroient riens dire, demander, u reclamer dore en avant en me court. Et
bien ſachent tous ke jou comme Sires quitte & ai quittié dore en avant
le tiere devant dite a touſiours de toutes tailles de le vile, de toutes cou-
ſtumes, de tous ſiervices, de toutes coroees, de toutes droitures, & de
toutes otres coſes ke jou i ai ne ke avoir i puis dore en avant ne jou ne mi
hoir, fors ke tant ſeulement la haut juſtice ke je retieng comme Sires en
le tiere devant dite a mi, & a mes hoirs a touſiours. Et a toutes ces coſes
devant dites tenir & warder fermement jou oblige, & ai obligiet, & aloiet
mi & mes hoirs, & mes ſucceſſeurs entirement. Et pour cou ke ce ſoit
ferme coſe & eſtaule, & bien tenue jou JEHANS *Chevaliers* devant dis
ai ces preſentes lettres donnees a leglife devant dites ſaelees de men propre ſaiel en tiefmongnage & en ſeurté des coſes devant dites. Et lan del
incarnation JHU CRIST M. CC. LX. nuef ans el mois davril.

Sur le dos de cette lettre ſaine & entiere ſe void eſcrit d'une meſme main,
Confirmation de JEHAN LI SOHIERRE Sire de *Bertries*, &c.

Au bas de cette meſme lettre pend un ſeel de cire jaunatre, où l'on ne
voit plus qu'une pointe de l'Eſtoille avec quelques lettres de l'Inſcription,
en la forme icy repreſentée :

Nous apprenons par ce Titre, que JEHAN SOHIER Sire de
Bertries, portoit la qualité de *Chevalier* avant l'an 1269. son Alliance se remarque par l'Extraict Cotté E. & par le Titre suivant, qui est tel:

Titre
Cotté
L. a°
1269.

Jou JEHANS d'ENNE *Chievalier* Sires de Vaurechins, fac savoir
ki jou voulant ensuivre le volentet de *Poiffant Signor* ROBERT *Monsignor & Pere* ki Dius pardonist, & offi por lamor ke jou porte a me chiere
sereur, espouse a MESSIRE JEHANS SOHIERS *Chrs men bel
frere.* jou aï bien & a loi baillet, cedet & transportet tout li droit ke jou pou-
roi pretendre en fiffant chuinc mencandées de tieres ahenables giefant
a Houcourt, por laugeance del dote & porture de mariage de me dite
bien amet sereur. Si prie & kerke mon dit *Signor bel freres* & apris li mes ne-
puiaus de faire toufiours celi tieres suivre liretance & parcon de laifnel de
leur maison. car est & fut celi volentet de fufdis *Monsignor & Pere.* Kom
il a commandet & kerkiet a nous tous par sen testament & deraine volentet. En Tiefmongn & veritet de chou jou ai faielet chetes de men faiel li
an de grafce M. CC. & LXIX.

A cette lettre Saine & entiere pend un Seel de cire jaunatre, en la
forme suivante:

Cette lettre nous prouve clairement l'alliance que fit JEHAN
SOHIER avec la fille de ROBERT d'ENNE, Pair de Cambre-
sis, dont les glorieux Ancestres sont connus dans toutes les Archives du
Païs dés l'an 1007. sous l'Evesque Erluin, lequel estant crée premier Comte de Cambresis, pour mieux authorizer son Estat, & donner plus d'esclat
à son nouveau domaine, establit douze Pairs & Barons, choisis d'entre
                                                              la pre-

la premiere Nobleſſe du Païs, dont l'un fut le Seigneur d'ENNE nommé ALARD, duquel ſont deſcendus les EUSTACHES, les RO-
BERTS, les ARNOULS, les SIMONS, les GERARDS, les
JEANS, les GAUCHERS, les MICHELS, &c. tant celebrez
par Balderic, Du Cheſne, Locrius, Vincent, Ruteau, de Guiſe, Buzelin, Carpentier & autres.

Pluſieurs Epitaphes & Monumens de ces Illuſtres Seigneurs ſe voyent
encore dans l'Egliſe du village d'Enne (ſitué à une lieuë de la ville de Crevecœur en Cambreſis) comme auſſi dans l'Egliſe du dit Crevecœur, dans
celles des Abbayes de S. Sepulchre & de Saint Aubert de Cambray, & autres. On y remarque leurs alliances avec les tres-illuſtres Maiſons de
Croy, de Lannoy, de Mancicourt, de Wallincourt, de Barbençon, de
Berlaimont, de Hennin, de Montigny, de Biſche, &c. On y reconnoit
les Seigneuries qu'ils ont poſſedées, comme celles d'Enne, de Sarton, de
l'Eſcaille, de Betencourt, de Beauvoir, de Sainte Aldegonde, de Serainuil-
lers, de Cauroit, de Clery, de Saint Creſpin, de Marques, &c.

Le Cambreſis a receu de cette Maiſon des Grands Bailliſs l'an 1280.
1454. &c. Arras en a eu des Gouverneurs l'an 1321. & 1386. Le Hainaut & Amiens des Grands Bailliſs és années 1333. & 1412. &c. Les
Comtes de Flandres, & de Hainaut des Grands Capitaines, & la ville de
Tournay un Eveſque en la perſonne de MICHEL DENNE Seigneur de Betencourt, fils d'ADAM, & de BONNE DE LA-
LAING, crée Eveſque Tournay l'an 1596. au rapport des Sieurs de
Sainte Marthe dans leur Gallia Chriſtiana. Ce qui vous doit ſuffire, (comme je croy) pour vous perſuader que JEHAN SOHIER s'allia tres
noblement, quand il prit pour femme la fille du Seigneur D'ENNE,
dont le nom nous eſt encore inconnu.

Or pour monſtrer que noſtre JEHAN avoit rendu ſon merite recommendable par ſa valeur, & dans les armes, l'on exhibe le Titre ſuivant,
par laquelle il porte la qualité de Gouverneur & de Capitaine du Chaſteau en Cambreſis; Charge qu'il n'auroit obtenu, s'il ne s'en eſtoit rendu
digne par ſes belles actions, & valeureux exploits. Le Titre eſt tel :

Titre
Cotté
M. a° les.
1272. Ego JOHANNES SOHIER, *Dn̄us du Tronkoi, de Biertries, &c. Mi-*
les. Caſtelli Cameraceſij Capitaneus & Prefectus, Univerſis ſalutem. Sciant poſteri
ſicut preſentes, quod nos formam & compoſitionem pro taillijs & impo-
ſtibus inter Reverendiſſimum in Xp̄o Patrem & Dominum Cameracen-
ſem Epūm & Comitem, & Communitatem noſtri Oppidi conceptam, &
in magno enarratam, ſigilloque noſtre Communitatis roboratam, tene-
mur eidem Domino, & ſucceſſoribus ejus inviolabiliter obſervare, ſub
interpoſitione fidei noſtre & Communitatis. Si autem quod abſit contin-
geret, hanc compoſitionem non recte ſervari; ego fidei juſſores & ple-
geios ſuper hoc ad Dominum Epūm conduxi, & tradidi eidem, ſcilicet
VVuillelmum de Vieſis, Gerardum de Foreſt, Egidium de Fontaine, Pithonem de Clermont,

M 2
Johannem

Johannem de Lignier, & *Adamum Goedin Milites*, qui omnes predicto Domino
juramento se obligarunt, quod nisi hec omnia in dicta comp. contenta
punctualiter observaverimus in perpetuum, ipsi & heredes eorum apud
Cameracum venient, ibidem moraturi, donec dicto Domino satisfactum
plenarie fuerit de premissis. In cujus rei veritatem & firmitatem has sigillo
meo roborari feci. Anno Xp͞i nati M. CC. LXXII. Mense Octobri. dum
Ecclesiam Patriamque nostram regebat gloriose D. Nicolaus Episcopus.

Plus bas se void un parafe representant une Estoille avec un Seel en la
forme suivante.

Nous apprenons de plus par ce Titre, que nostre JEHAN, outre les
Seigneuries de le Heries & de Bertries, possedoit celle du Troncquoy,
voires mesme encore quelques autres signifiées par les lettres, E, T, C:
n'estant jadis en usage parmi les Grands de se glorifier d'un pompeux ap-
pareil de leurs Titres, & Dignitez, comme sont aujourd'huy les Nobles
de nostre siecle.

La posterité de JEAN est connuë par l'Extraict Cotté E. & par le Titre
Cotté R. dont l'aisné fut nommé GILLEBERT qui continua la lignée.
Ce Sei-

GILLEBERT SOHIER.   N.... DE VAAST, dite LOUVET.

CE Seigneur doüé d'une ame prudente, genereuse, & martiale, parvint à une grande puiſſance, ſe veid comble d'honneurs, & dignitez, & a joüy des privileges, & prerogatives non communes aux Gentilshommes, comme nous remarquerons par les Titres ſuivans.

Il eſt qualifié par l'Extraict Cotté E. fils de JEAN; & l'eſtime que l'on faiſoit de ſa perſonne eſt connuë par le Titre ſuivant qui commence :

Titre Cotté N. a° 1273. Jou JEHANS Sires de WAULAINCOURT & jou MARGERITE Demiſiele de WAULAINCOURT femme au devant dit JEHAN, faiſons ſçavoir a tous chiaus ki ces preſentes lettres verront & oront, ke nous avons vendut bien & loiaument a touſiours iretaulement par juſte pris & loial duquel nous nous tenons bien & plainement aſols, & bien a pajet en boine mounoie bien comtee a labbe & au Convent de legliſe de Saint Obiert de Cambrai, tel hommage tout entierement ke *Meſire* GILEBIERS DE SOHERRES Chrs tenoit de mi JEHAN devant dit en fief, & dont il eſtoit mes hom, lequel hommage enſi ke cius *Meſire* GILEBIERS en eſtoit mes hom de tout le fief kil tenoit de mi, je tenoie de tres noble homme *Monſegneur* GUION COMTE DE FLANDRES, & *Marchis de Namur*, & en eſtoie ſes hom de celui hommage avuec men autre fief ke je tieng de lui. Et muet cius hommages des fief kontient dou tenement de Crievecuer. Et jou

JEHANS devant dis Sires de WAULAINCOURT ki celi cofe
entendoie a faire feurement, & li devant dite Marguerite me femme fuf-
mes a Waulaincourt par devant Jakemon dou Croket Prouvoft de Crievecuer, & fi i eut de mes pers les hommes *Monfegneur le Comte* devant dit,
fouffifamment tant com a loi ki la furent apielé com homme, fe loift a
favoir Meffires Adans Sires de Caudry, Ricouvars de Mannieres, Gilles
Turpins, & Adans Wafteles.   Et monftra cil Jakemes dou Croket as
hommes devant nommés lettres faelées dou faiel de *Monfeigneur le Comte*
devant dit, ke *Mefires li Quens* avoit mis & mettoit celui Jakemon en
fen liu pour rechevoir le defiretance, & le werp ke nous deviemes, &
voliemes faire de cel hommage, & pour aireter labbe & le Couvent devant dis.   Et difent li homme devant nommet & tiefmongnerent ke parmi le teneur des lettres *Monfegneur le Comte* kil avoient oües, & veues, cil
Jakemes dou Croket eftoit bien & fouffiffamment ou liu de *Monfegneur
le Comte* en tant comme pour cefti befongne faire, ainfi com il eft devant
dir.   Et quand li hom devant nommet eurent cou dit & tiefmongnié jou
JEHANS devant dits Sires de WAULAINCOURT, & jou
MARGUERITE femme au devant dit JEHAN reportafmes, &
werpefifmes tout l'hommage MONSEGNEUR GILEBIERT
Chlr devant dit enfi comme nous le teniemes de *Monfegneur le Comte*, & nous
en defiretafmes, defvieftifmes, & iffimes hors a toufiours bien & a loy en
le main Jakemes dou Croket devant dit, tant com en le main de *Monfegneur le Comte* pour aireter de tout celui hommage labbe & le Couvent de
Saint Obiers devant dis.   Et defifmes, & recouneufmes de no bonne volentet une fie & autre & tierce ke droit naviemes ne deviemes, ne pooiemes avoir dore en avant ne nous ne no hoir en celui hommage devant dit,
& fi le recouniffons encore.   Et cius Jakemes dou Croket ou liu de *Monfegneur le Comte* remit tout celui hommage entirement en le main Monfegneur Bauduin Canonne & Prouvoft de leglife devant dite, & len ai-
reta ou nom de labbe & du Couvent devant dis pour jaus & pour leur
eglife devant dite a toufiours.   Et cil Jakemes dou Croket en conjura
Ricouvart de Manieres devant homme *Monfegneur le Comte* devant nommet kil defift & jugaft par le confel de fes pers devant dis, fe nous eftief-
mes bien & a loi defiretes, & iffu hors a toufiours de celui hommage devant dit, & fe li abbes & li Quens devant dit en eftoient aireté bien & a
loi fouffifamment.   Et cil Ricouvars devant nommet four cou conjuré
dift & jugaft par le confel de fes pers les hommes *Monfegneur le Comte* devant
dis, ki de cou lenfuivirent, ke nous eftiemes bien & fouffiffamment, & a
loi defiretes & iffu hors a toufiours de celui hommage.   Et ke bien &
fouffifamment en eftoient li abbes & li Couvent devant dis airetet.   Et
difent ke il a tant fen tenroient & bien leur fouffiroit fe ceftoit fait pour
jaus.   Et jou JEHANS devant dis Sire de WAULAINCOURT
& jou MARGUERITE femme au devant dit JEHANS avons en
couvent & proumettons par nos fois fianchies corporelment ke en lhom-
mage devant dit dore en avant nient ne reclamerons, ne demanderons,
ne ferons

ne ferons reclamer, ne demander en nulle maniere. Et quittons boine-
ment a toufiours a labbé & au Convent devant dis, tout le droit, le proprieté, & laction ke nous i avons, u avoir poons dore en avant ne nous ne
no hoir en quel maniere, ne par quel droit ke ce foit. Et proumetons par
nos fois fianchies ke encontre le werp, les defiretance, le quitance, & les
cofes devant dites dore en avant nous ne venrons, ne ferons venir en nule
maniere, ne pourcacherons a faire ne par nous ne par autrui, ains le ten-
rons & warderons bien & fermement a toufiours. Et renonchons ex-
preffement a toutes les cofes ki a nous u a nos hoirs poroient aidier encontre les cofes devant dites. Et pour chou ke toutes les cofes devant dites
foient fermes & eftaules & bien tenues a toufiours, ne ke dore en avant
on ne puift aller encontre, jou JEHANS devant dis Sires de WAU-
LAINCOURT, & jou MARGUERITE femme a celui JE-
HAN avons ces prefentes lettres donnees a labbe & au Couvent devant
dis faelees de no propres faiaus en conniffance & en forche de veritet.
Ce fu fait en lan del incarnation JHU CRIST. M. CC. & fiffante
treze ans, le femmedi apries le fiefte Saint Pierre & Saint Pol el mois de
Jule.

Au bas d'icelle lettre en parchemin faine & entiere pendent deux
grands feaux, imprimez en cire grifatre, mais au dedans verde en apparence, dont le premier reprefente un lion dans un efcu, & l'autre un femme tenant fur le poing un oifeau, à la mode des grandes Dames des fiecles
reculez, comme l'on peut remarquer par les figures fuivantes:

Sur le dos de la lettre l'on void efcrit d'un ancien caractere ce qui s'enfuit . . . . *VVaulaincourt & M. uxoris ejus , quomodo werpiverunt & vendiderunt feodum* D. G. DE SOHIERRES , *& Ecclefiam noftram bene & legitime inveftiverunt.* Mᵒ CCᵒ LXXIII.

Avec le parafe G. I. P.

Je veux croire, Cher Lecteur, que vous advoüerez que ce Titre fait grandement à la gloire de la Famille de SOHIER , puis que noftre GILLEBERT y eft qualifié non feulement MESSIRE (Titre commun à tous les Chevaliers) mais MONSEIGNEUR , & cela par un tres-Illuftre & tres-puiffant Chevalier JEAN SIRE DE WALLAINCOURT, duquel le dit GILLEBERT eftoit Vaffal , & homme Feodal : eftant auffi tres confiderable , que comme GUY COMTE DE FLANDRES y eft nommé MONSEI-GNEUR , de mefme le dit GILLEBERT y eft nommé MON-SEIGNEUR par fon Seigneur mefme. Tefmoignage, à la verité, tres evident de fa haute extraction, & du grand credit qu'il avoit lors parmi les plus puiffans Princes , & fpecialement aupres de GUY COMTE DE FLANDRES, comme nous enfeigne clairement le Titre fuivant.

Titre Cotté O. aᵒ 1274. Nous GUIS *Cuens de Flandres & Marchis de Namur* , & jou ISA-BIAUS fe femme , faifons favoir a tous ke nous pour lamitiet & boene volontet & amor ke nous avons enviers noftre *Amet, preux, & fidel Chievaliers Mefires* GILEBIERS SOHIER *Sire de le Heries,* , *& do Bertries* , & offi en partie por li recongniffance ke li debuons a lockiefon de molt boens offices & debuoirs ke il nous a rendu en envoie & embaffades par deviers noftre tres redoubtet Sire & Prince *l'Empereur Henry* , & otres poiffans Princes , com offi en confiderance ke nous favons le dit GILEBIERT *eftre venu de le Sang , & char jadis des hauts & poiffans* CUENS DE VERMANDOIS *no coufins* , li avons a fe re-requefte accordet , otroyet , donnet & permis , com par ces prefen-tes accordons , otryons , donnons , & permettons a li & a fi hoir a tofiours le chaffe libre & franc de groffe menue , & petiote befte, a chieval , chien , falcons & otres befte & oifelles en tous nos bois, fo-refts , & tieres mefme pour nous referves en Flandres , Namur , Ar-tois , Cambrefis , & ailleurs foubs leftendues de no poiffance & eftats en quelconque province ke ce puift eftre. En tiefmongnage , & en confermance de lequel chofe nous avons donnet & otryet a dit MESSIRE G. Ches prefentes lettres faielées de no fayaulx. Si vo-lons , & entendons no hoir cete donation voelloir greer , confremer, & approuver apries nous por valoir as dis MESSIRE G. & a fi hoirs a tofiours. Ce fut donnet & otryet en no Caftel & Ville de Crievecuer

lan del

lan del Incarnaffion noftre Seigneur JHŪ CHRIST M. CC. &
feiffante & quatorze ans ou mois davril.

A cette lettre pendent deux feaux à demy rompus, avec leurs con-
trefeaux, en la forme icy reprefentée:

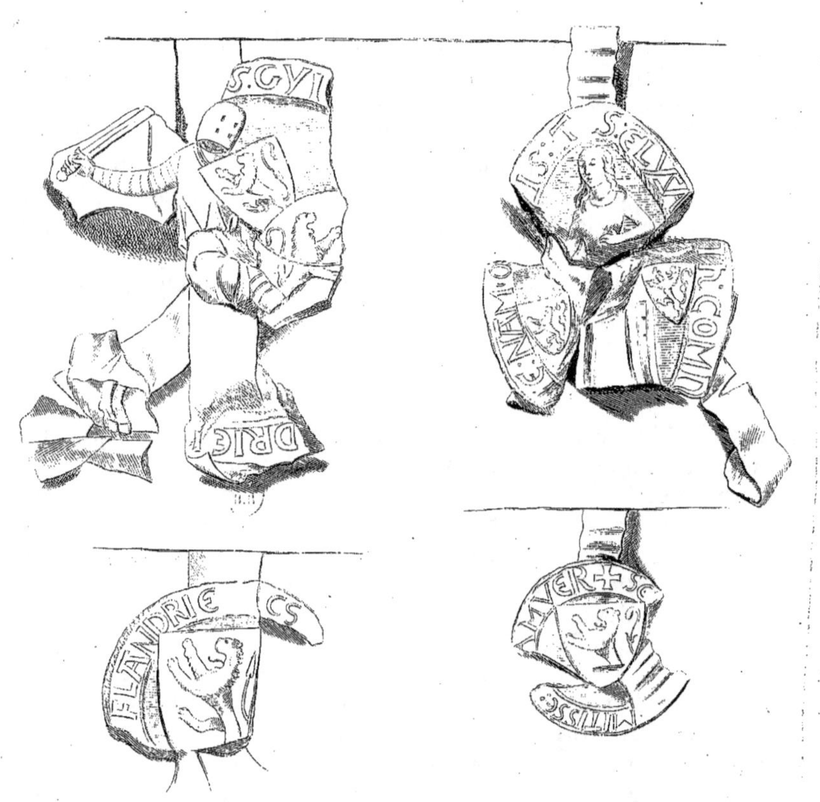

Si l'on defire une preuve authentique, & un tefmoignage fidel & infallible de la haute extraction de la Famille de SOHIER, que l'on paffe
attentivement la veuë fur l'avant nommé Titre, & que l'on remarque
l'affurance qu'en donne ce tres puiffant Prince *Guy Comte de Flandres* lors
qu'il affirme que noftre GILEBERT defcend legitimement des
COMTES DE VERMANDOIS fes Coufins. Et outre cette certitude, nous remarquons encore par ce Titre les beaux emplois, & le
grand credit qui'l a eu aupres des Monarques & Souverains, & particulierement lors que le fufnommé *Guy Comte de Flandres* le jugea digne (quoy
qu' encore jeune) d'une tres importante Ambaffade vers *l'Empereur Henry*,
qui fut fans doute *Henry Lantgrave de Thuringe*, Comte Palatin de Saxe, &
Sire de Heffe, lequel fut au commencement de l'an 1246. eleu, & crée
Empereur, & couronné à Aix à la faveur de fon beau pere Henry Duc
de Brabant, nonobftant tous les efforts que fit Frederic II. pour fe maintenir dans l'Empire.

Inferons donc de ce Titre, comme de tous les autres cy devant exhibez, que la Maifon de SOHIER eftoit jadis reconnuë entre les plus illuftres en fon extraction, entre les plus genereufes en fa valeur, entre les
plus grandes en credit, quoy que petite en fes biens & poffeffions, par
l'ufurpation qu'en firent les Roys de France fur EUDE COMTE DE
VERMANDOIS, dont nous avons amplement parlé cy devant.

Un autre Titre fain & entier, fait encore mention du fufdit GILE-
BERT SOHIER, & quoy qu'il ne comprenne rien qui rehauffe fa
gloire, fi eft-ce que nous avons trouvé bon de l'exhiber icy pour fortifier
nos preuves. Le Titre eft tel:

Titre   Nous *VVilliaumes* fius au *Comte de Flandres* Sires de Crievecuer, & de Alloes,
Cotté faifcons affavoir a tous ciaus ki ces prefentes lettres verront & orront ke
P. a° nous avons frankit & donné le tierce garbe iretaulement a toufiours a An-
1282. fiel de Lyevin, & a fen hoir, & wit menkaus & trois boiftiaus de terre
ahanaule ki gifent ou camp G. SOHIER *Cevalier* a le voie de Crievecuer
& de Liefdaing. Et le tierage, & le tierce garbe en menkaut & demi de
tiere ahanaule ki gift en quinze menkaus de revelon deles le crois de Mai-
nieres, ki va a Vaucieles. Et neuf boiftiaus & trois lances de pres ki tie-
nent au pré de Revelon d'un part, & au pré Monfigneur d'autre part. Lesquelles difc menkauldees & un boiftiel des tieres devant dites, & les neuf
boiftiaus, & les trois lances de pré defeure dis Anffiaus de Lyevin & fi
hoir doivent tenir de nous, & de nos hoirs en fief yretaulement a tousjours fans fin faulvé no juftice, parmi fiet faus & fifc deniers de relief. En
tiefmongnage de laquelle cofe nous avons ces prefentes lettres fait faieler
de noftre feiel. Ki furent données en l'an del Incarnafion Jhefu Chrift,
mil deux cens quatrevins & deus, el mois de auouft.

Au bas

Au bas de cette lettre pend le Seel du dit *VVillaume* fils du *Comte de Flandres*, imprimé en cire jaunatre, muni d'un contrefeel, en la forme & grandeur icy reprefentée :

Il nous faut encore remarquer dans cette lettre, que *VVillaume* fils du dit Comte qualifié GILLEBERT SOHIER du Titre de Chevalier, & non *Anfelme* ou *Anfel de Lievin*, quoy qu'effectivement le dit *Lievin* (iffu de *Foulque Vidame de Cambray*) fuft lors Chevalier, auffi bien que noftre GILLEBERT. Qui eft pour nous confirmer tant plus, & nous affurer plainement de la grande & fureminente reputation du dit GILLEBERT, laquelle eft encore clairement reconnuë par le Titre fuivant :

N 2

Nous

Nous Simons de Mauresgard, & nous GILEBERT SOHIE-RES *Chevalier, Garde, Maiftre & Gouverneur de toute la terre de tres-noble Contel d'Artois ou Royaume de France & ailleurs,* faifons favoir a tous chiaus qui ces prefentes lettres verront u orront que comme nobles hom Robers Chevaliers Sire de *Baraftre,* & noble Dame Madame Aelis fa femme euffent donné, ottroyet, laiffiet & quitiet pour Dieu purement & en au mofne & pour le falut de leur ames, & de leurs anciffeurs a toufiours yretablement & perpetuelment en reftor & en recompenfation dauchuns biens & plufeurs a labbe & au Couvent del Eglife de Saint Obert de Cambray de leur propre volenté fans nulle fraude, un manoir que il avoient feant a Baraftre, qui eftoit leur avoec toutes les appendances diceluy manoir, & le ruele qui eft devant le dit manoir, deffi a le porte dou manoir anchien del Eglife devant dite, liquele porte eft a l'entree de cele riele, & li ruele eft des appendances dou dit manoir, u quel manoir li devant dis Robers Chevaliers manoit avant que li tiere de Baraftre li efchaift, fi comme il appert par fes lettres des devant dit *Robert* Che-valier, Seigneur de *Baraftre,* & de Medame Aelis fa femme feelées de leurs propres feiaus four le don, lotroi, & le quitance devant dis, li-quels dons, otrois, & quitance furent fait par le gré & par lotroi, & de le bonne volenté, de noble Dame & fage *Jehanain Dame de Biauvoir* par rai-fon de Douaire, & par le gré, lotroi, & le volenté de noble homme & fage ROBERT *Chaftelain de Bapaumes, Signeur* DE BIAUMES, Signeur au devant dit *Robert* Signeur de *Baraftre* Chevalier, fi comme il appert par les lettres que li dis Abbés, & li Couvens de Saint Obert de Cambrai, en ont de le dite Dame de Biauvoir dotroi par raifon de douaire, & par les lettres du Chaftelain de Bapaumes, & Signeur de Biaumez devant dit, comme figneur feelées de leur propres fciaus, lefquelcs nous avons veues faines & entires, avoec les lettres des devant dis Signeurs de Baraftre & de Madame Aelis fe femme. Et nous pour Dieu, pour grafce, & pité que avons & volons le pourfit del Abbe & dou Couvent del Eglife de Saint Obert devant dite, & ou nom del Eglife. Et pour couque li dons, li otrois, & li aulmofe deffus dit, leur foient yretablement a toufiours fermement garde & tenu en fourme & en le maniere que li dis Sires de Baraftre, & fe femme fi font obligiet, & que il eft contenu en leur lettres, & ens autres lettres que li dite Eglife en a fi comme devant eft dit a le requefte del abbé & dou Couvent de-vant dis, tout le don, lotroi dou manoir & de toutes les appendances du dit manoir, & toutes les chofes & les obligations, que es lettres devant dites font contenues, volons, loons, greons, otroions, approu-vons, & confermons, & nous affentons, & fommes affenti de par M' d'Ar-tois, retenuë les juftices & les figneries, en toutes les chofes pour Mon Signeur dArtois. Et pour cou que che foit ferme chofe & eftaule, nous avons ces prefentes lettres feelees dou feel Mon Signeur dArtois, lequel il laiffa a nous, pour ufer de fes befognes, en fa terre en lab-fence de lui, fauf le droit Mon Signeur dArtois, & lautrui en toutes
chofes.

chofes. Ce fut fait en lan de grafce mil deux cens quatrevins & douze,
& mois de Juing.

A cette lettre pend un feel tout entier imprimé en cire verde devenuë a demy noiratre pour fon antiquité, garni d'un contrefeel, comme il eft icy reprefenté.

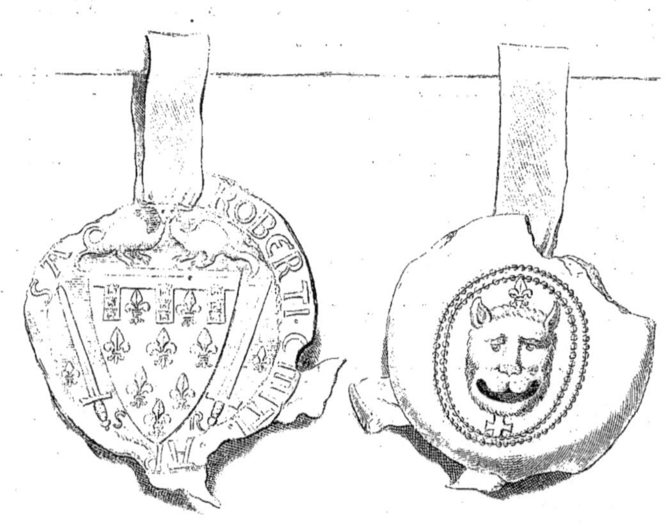

Sur le dos de la lettre eft efcrit. *C'eft li lettre Monfegneur Robert Comte d'Artoi,
en lamortiffiment de le maifon de Baraftre*, avec les parafes fuivans. P. 8. O. 92.
M° CC° XCII.

J'ofe efperer, qu'apres la lecture des quatre Titres precedens, fidels &
irrefragables en tous leurs points, vous demeurerez plainement fatis-
faict, & affuré de l'ancienne fplendeur de noftre Maifon de SOHIER,
& fpecialement reconnuë en la perfonne du dit GILLEBERT, qui
pour fa prudence, fa valeur, & fes rares qualitez, fut cheri des Monarques, & Souverains, & par eux honnoré des tres belles Charges, & dignitez, comme nous le remarquons en partie par ce dernier Titre, ou il
eft qualifié Gouverneur, & Maiftre de toute la Province d'Artois, pour
le fervice, & au nom de *Robert* II. du nom *Comte d'Artois*, Regent du Royaume de Napels.

N 3

Mais

Mais paſſons à ſon Alliance, pour veoir s'il en a fait une ſortable à ſes merites, & à ſon extraction.

Le ſuſnommé Extraict Cotté E. luy donne pour femme une fille de la Maiſon de LOUVET, (qu'aucuns chartes anciennes diſent LOU-VEL, LOVET, &c.) laquelle poſſeda pluſieurs ſiecles la Seigneurie *de Saint Vaaſt*, dont elle prit indifferemment le nom.

Cette Maiſon de LOUVET fut auſſi fort conſiderée és ſiecles reculez, & fit des tres bonnes alliances, & entr'autres avec les Maiſons d'Eſcaillon, d'Juvy, de Caudry, de Gonnelieu, & autres mentionnées dans les Archives des Egliſes de Cambray.

Le ſuſnommé Titre Cotté F. fait mention d'un E. LOVET, & le qualifie *Chevalier*.

Du Cheſne dans ſes Hiſtoires Genealogiques fait ſouvent mention de ceux de cette Maiſon. Locrius dans ſa Chronique Belgique nombre LEONEL DE SAINT VAAST aliàs LOVET entre les Grands Prevoſts de la ville d'Arras vers l'an 1400. Buzelin parle auſſi hautement de cette Famille, de laquelle ſont les Seigneurs de Bugnies, & de Revelon d'a preſent.

Noſtre ſuſnommé GILLEBERT SOHIER mourut fort vieil l'an 1299. & laiſſa pour fils aiſné MATTHIEU qui continua la lignée.

Ce Sei-

 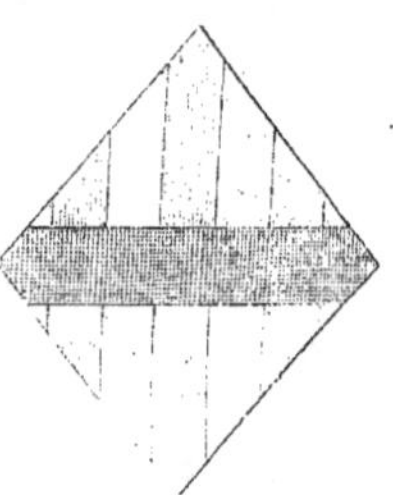

MATTHIEU SOHIER.   MICHELLE des ABLAINS.

CE Seigneur plein d'efprit, de vertu & de courage, fe rendit dés fa
premiere jeuneffe vray heritier des fingulieres perfections de fon
pere & s'infinua dans les bonnes graces des Grands, defquels il fut jugé digne de mettre à execution des hautes, & glorieufes entreprifes,
comme vous remarquerez en partie par les Titres fuivans, dont le premier eft tel:

Titre   Nous *VValleraus de Luffenbourc* Sires de Ligny & Caftelaine de Lille, &
Cotté *Guiote* Damoifiele & Caftelaine de ches mefmes lius feme au dit *VValerand*,
Q*.a° foifons favoir ke por le falut de no armes, & de le armes de no tres poif-
1310. fans, & honnerables anciffeurs de no diaux, nous donnons en pur don &
almofne perpetuelment & a tofiors & quitons a leglife Medame Sainte
Marie de Cambray, & as Canones qui y feront & font, chuinkante neuf
mencauldées de tiere pau plus pau moins feantes a cauldery teñ as tieres
de leglife avandite, & as tieres de Saint Andrieu, & por chou ke les dis tieres avions donné & engagies a *Tres noble & preux homme* MAHIUS SO-
HIERS *Sire de le Heries* n̄r̄e tres amet *Coufins & confeillier*, por chou ke il avoit
fait moult de conftanges pour nous *en fen embaffade a Aix* par deviers noftre
tres haut & tres redoubtet Prince & Coufin *l'Imperateur Henry*, nous les
avons retireet des mains de n̄r̄e *dit honneret Coufin*, & li avons donnet en efcan-
ge & remunerance *le Gouvernance & Capitanerie de n̄r̄e Ville & Caftiel de Bialrevoir*
avoec le paifiuble goiffance de tous les porfits de lenclos de no dis Caftiel
                                         & tiere

& tiere ki y chuquent , & de chou li dis MAHIUS SOHIERE *no Coufin* fe eft il tienut por content par devant hommes. Et adonque nous libres defloies & frans & ravans en no main & pooir les dite chuin-quante & nuef mencauldees de tiere cilles les avons donnet com dit eft a li Eglife & as canones devant dis a tofiors , & a lor porfit, nous en avons nous deshiretet & yffy hor par devant hommes , & a loy & as us del pays del Cambrifis , por ayreter li eglife devant dite ; Et por chou ke che foit ferme cofe & eftaule , nous avons ches letres faich faieleer de no faiaulx en lan de grafce mil trois cens & dix le ior Saint Phelippe & Saint Jakeme ki eft le premier ior dou mois de may.

Ce Titre eft feellé de deux feaux de cire verde , devenuë noiratre, fur double queuë de parchemin, reprefentez par la figure fuivante :

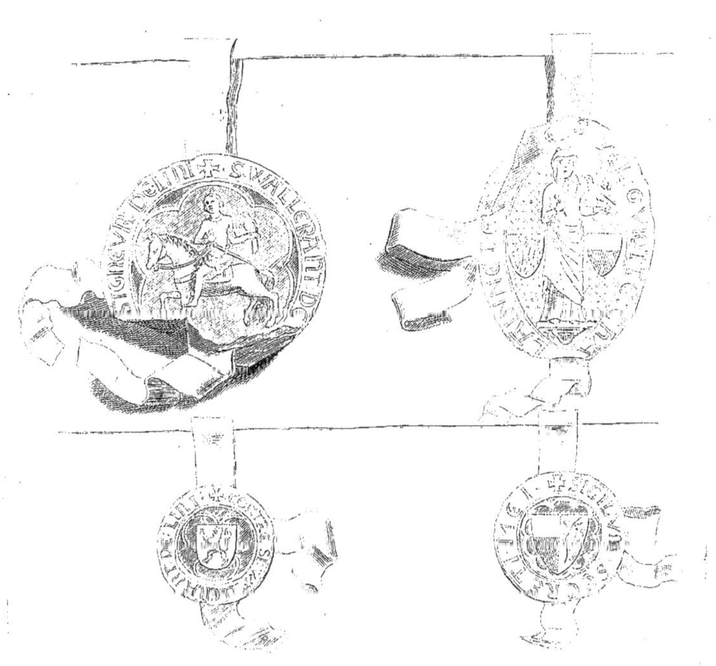

Noftre

Noſtre MATTHIEU SOHIER eſt qualifié par ce Titre *Tres noble & tres preux*, qui eſt un teſmoignage evident de ſa bonne extraction, &
de ſa generoſité. *VValerand de Luxembourg* le reconnoit pour *ſon couſin & Conſeillier*, & comme il le voyoit doüé d'une grande prudence, & d'un tres
bon jugement, luy communiqua ſes plus ſecretes penſées, & ne trouva
perſonne plus capable que luy pour entrependre, meſnager & faire reüſſir
ſes plus genereux deſſeins ; ce pourquoy il le chargea d'une Ambaſſade
vers *Henry* IV. du nom *Comte de Luxembourg ſon Couſin*, declaré *Empereur*
l'an 1308. & couronné à Aix l'an ſuivant. Et en reconnoiſſance des
bons offices qu'il luy avoit rendu dans cét employ, le fit Gouverneur de
ſa ville, & de ſon Chaſteau de Beauvoir, ou Beaurevoir, qu'il avoit herité
de ſa mere *Jenne de Coucy* Dame heritiere de ce lieu.

Le 2°. Titre que fait mention de noſtre MATTHIEU eſt tel :

Titre
Cotté
R. a°
1324.
Nous Sire *Jehans de Flandre Sires de Tenremonde & de Neelle*. faiſons ſavoir
a tous que *Noble homme* MAHIU SOHIERS *Eſcuyers Gouverneur d'Oiſys*,
vint en noſtre preſence en ſen bon ſens avoec ſe epeuze *Demiſiele* MIKE-
LETTE DES ABLENS pour faire ſe deraine volenté en le maniere
qui ſenſuit. Premierement il veut & ordone, que tout ces dets ſoient
pajet, par ſes hoirs apres ſe mort. Item il veut & ordena pour le ſalut des
ames de *ſen pere* GILLEBERT *Chevalier*, & de JEHANS *ſen tayon*, &
autres *Nobles Anciſſeurs*, xx. livres de rente, pour trois meſſes le ſemaine
dite en leglise de Creviecuer.Item pour ſen obit faire chaſcun an a touſiour
en leglise ou il gerroit il donna x. livres por rente achater por faire ſen dit
obit. Item por faire ſen obit à Crievecuer chaſcun an perpetuelement il
donna. iiij. ff. de pãr. de rente chaſcun an au preſtre de Crievecuer. Item
xij. pãr au Clerc. Item il donna as poures de Crievecuer ſoiſſante ß. de
rente tous les ans por achater ſauliers pour aus, & vaut que il ſoient donné
tous les ans a le Touſſainct perpetueliement. Item il donna as malades de
Cambray, ceſt a ſavoir a tous les ſeans a chaſcune poue pour chaſcune
poure. x. ß. Item a chaſcun hoſpital de Cambray. x. ß. Item a celui de
Crievecuer. x. ß. Item a le maladerie de Crievecuer. x. ß. Item por faire
un annuel la u ſi teſtamenteurs verront, que bon ſera por lames diaux.
x. ℔. pãr. Item il donne a le Chapellenie de noſtre Hoſtel la u ſi teſtamen-
teur verront, que mieux ſera emploié a departir. viij. ℔. pãr. Item a chaſcun ſes filieulx. vj. ℔. Item au ſien Lieutenant qui lors ſera ſeize ℔. Item
a Meſſire ſien Capelain qui lors ſera. xx. ℔. Item a ſien pages. x. ℔. a ſies
otres varlets & poelfreniers a chacun. viij. ℔. Quant a PIEROTIN
ſen fil aiſnel, il donne li Croix d'or de ſen *Anciſſeur* WATIER, quil eubt
del *Grand Prince Geofroy de Buillon*, & a ſies autres enfans, chaſcun un de ſes
autres jouiaus a partir. Si vaut & ordena que toutes les choſes deſſus dites, fuſſent paiſſés & eſploities ſeurement. Et pour ce reporta & miſt entre no mains li dit MAHIUS SOHIER avec ſe eſpeuze, tout li fief

O

quon

quon apiele le grand camp quil tenoit de nous par devant nos hommes, a
fcavoir *Pierart d'Ablaing*, *Pithon de Clermont*, *Gerard d'Efcaillon*, *Luis de Sint Simon*,
Baudart de Ligny, *Simon de Morenchies*, *Gilles de Fontaine-les Obert* Chevaliers, pour
a emplir les chofes devant dites & non plus, car fauf tous fes autres biens,
Signories, & hiretages fizes a Bierteries, le Heries, Eflincourt, Oifys,
Lachy, Efne, & ailleurs, quil a ordenet & partaget a tous fes enfans du
confeil de *Demifiele M. fe femme*, liquel ne pourront eftre chargiez pour les
cofes avant dites.

Et nous Jehans de Flandres fufnommet en tiefmoignage de veritet
avons fayelé cetes aveoque mes homs avant nommet, ce iiij. de Octembre
M.CCC.XXIIIJ. Et nous Executeurs de le deraine volentet de *Sire* MA-
HIU SOHIERS & *Demifiele fe compagne*, kuefis par eulx *comme plus pro-
chain parens*, avons felon le loy du pays fingnet cetes aveuc le dit MESSI-
RE MAHIUS.   Eftoit figné.

M. SOHIER. *Stella duce.*

GILLES SOHIER. *P. de Crievecuer.*

Gerars defcaillon Sire diuvy.   Avec parafes.

A cette Lettre pendent huict Seaux, dont les quatre font entiers, & les
autres rompus, en la forme & maniere cy deffous reprefentée.

Cette

Cette lettre comprend un Teſtament que fit MATTHIEU SO-
HIER trente & un ans avant ſon trespas , ſuivant l'exemple du prudent pere de Famille , qui diſpoſa de bonne heure de ſes biens , de peur
d'eſtre ſurpris de la mort , qui heurte à nos portes pour nous emporter
lors que nous y penſons le moins.

Ce Teſtament contient tous les avantages de gloire que l'on pourroit
deſirer d'une Maiſon vrayement Illuſtre. 1. l'Antiquité s'y void puis que
WATIER SOHIER Anceſtre du dit MATTHIEU vivoit du
temps de ce Grand Heros Godefroy de Boüillon ſur la fin du ſiecle 1000.
2. L'eſtime & la Valeur s'y remarque , puis que ce meſme WATIER
fut honnoré d'une reconnoiſſance particuliere de ſon Prince , pour ſes
genereux & heroïques exploits. 3. On y reconnoit l'Eclat , la Puiſſance,
& l'Authorité , puis que MATTHIEU y eſt qualifié Gouverneur de la
Ville d'Oiſy , qu'il avoit un Lieutenant , un Chappelain , des Pages , La-
quais & Palfreniers , (perſonnes qui ne ſont ordinairement entretenuës &
retenuës que dans les Hoſtels des puiſſans Seigneurs) & puis qu'il poſſedoit tant de belles terres & Seigneuries. 4. La Pieté & la Liberalité s'y reconnoit , puis qu'à l'imitation de ſes Anceſtres , il donna de ſes biens aux
Egliſes & Hoſpitaux , meſme à ceux , qu'il avoit tenu ſur les fonds de
Bapteſme , qu'il appelle Filieuls. 5. La Verité y eſt reconnuë , puis que ce
Titre nous donne aſſurance de la fidelité de pluſieurs autres , que nous
avons exhibé par cy devant , y reconnoiſſant que PIERRE SOHIER
(duquel nous parlerons cy apres) eſtoit fils de MATTHIEU ; que ce
MATTHIEU eſtoit fils de GILLEBERT ; que ce meſme GILLEBERT
eſtoit fils de JEAN , & que ce JEAN deſcendoit en droite ligne du ſuſnommé WATIER.

L'on y remarque encore les deux Executeurs Teſtamentaires du dit
MATTHIEU , dont l'un , nommé GILLES SOHIER , eſtoit ſon frere,
& l'autre nommé *Gerard Deſcaillon* eſtoit ſon Couſin & beau frere a WA-
TIER SOHIER , frere de noſtre MATTHIEU. Ce GERARD poſſe-
doit lors , outre la Seigneurie d'Eſcaillon , la Seigneurie d'Juvy ſitué a deux
lieuës de Cambray , avec les Seigneuries de Vré , de Dechy , de l'Eſcaille , de
Cantin , &c. & deſcendoit d'une des premieres Maiſons du Comté d'Oſtrevant , qui depuis le ſiecle 1000. juſques a ce temps là , avoit touſiours eſté
fort conſiderée , tant pour ſes richeſſes que pour ſes belles Alliances , qu'elle avoit fait avec les Illuſtres Familles de Wallincourt , *d'Enne*, de Cantaing,
de *Cholet* , de *Marcoing* , de Saint Venant , de Rieux , &c. Le Seigneur de Warmenhuiſen a en ſa poſſeſſion deux tres beaux Titres de cette Maiſon , dont
l'un eſt datté de l'an M. CC. XI. par lequel *Gerard Deſcaillon* confirma
quelque donation de diſmes faite à l'Abbaye de Saint Aubert par Amulric
d'Juvyr , en preſence de Gilles Glarges , d'Eſtienne le Monnier & autres
Chevaliers : Et l'autre en datte de l'an 1273. par lequel *Gerard* (ſans doute
fils du precedent) Sire d'Juvy , ceda & quitta à Jean d'Aveſnes (qu'il appelle
Demiſiel & hoir de Hainau) ſon Seigneur , l'hommage que luy devoit
Jean du Bruille Eſcuier à cauſe de ſon fief d'Aveſnes-leſſecques , dont il s'en

O 2

deſſai-

deſſaiſit en preſence de Jean Verdiel, (ou Vredeau) Bailly de Marguerite Comteſſe de Flandres & de Hainau, & des hommes de fiefs de la dite Comteſſe, entre leſquels eſtoient *Bauduin Sire d'Aubigny*, Grebert de Glarge Seigneur de Noyelle, Jean Advoüé de Thun, Gerard de Thun ſon frere, *Aliaumes* Sire *de Vilers*, Gilles du Chaſteler Chevaliers, &c. Et ces deux Lettres ſont garnies des tres beaux ſeaux de ces Seigneurs, qui repreſentent une croix lozangée, à un lambel de cinq pendans en chef avec une inſcription à l'entour du premier *Sigillum Gerardi Deſcaillon*, & à l'entour du ſecond *Girart Dywir Chevalier*.

Je me ſuis un peu eſtendu ſur les eloges de cette Maiſon *Deſcaillon* ou *D'Iwy*, par ce que noſtre Famille de SOHIER, a recherché deux fois ſon Alliance, comme j'apprens par pluſieurs Titres, que je ſuis obligé de reſerver pour une plus grande Oeuvre, que j'ay deſſein de faire veoir bientoſt le jour.

Les biens de cette Maiſon *Deſcaillon* tomberent dans l'Illuſtre Maiſon de *Molembaix*, dont *Marie* fut Dame heritiere d'Iwy avant l'an 1400. & le porta en mariage à *Gerard de Ville* Sire d'Eſtrepy, d'Audregnies, &c. d'ou vint *Quentin* Sire d'Audregnies, d'Juvy, de Riulay, &c. lequel eut de ſa femme *Jenne de Senzelles* Dame d'Erquelines, une fille unique nommée *Jenne*, comme ſa meré, laquelle porta en mariage toutes ces belles terres à *Anthoin* de *Lannoy* Sire de Mingoüal, &c.

Le troiſieſme Titre qui ſuit, fait encor grandement à la gloire de noſtre MATTHIEU, & de ſes Anceſtres y qualifiez Illuſtres, Puiſſans, & Magnanimes: Le Titre eſt tel:

Titre Cotté S. a° 1328.

Univerſis preſentes litteras inſpecturis. Guillũs de Creki Decanus, Henricus de Geldonia, & Arnaldus Leguti de Mota, Canonici Eccleſie Cameracenſis, amicabiles Compoſitores & Arbitri a partibus infraſcriptis aſſumpti & electi ſalutem in Domino ſempiternam, cum alias per noſtram ſententiam arbitralem, ſive amicabilem compoſitionem, pronuntiaremus & ſententiaremus inter Religioſos & Venerabiles Viros, Abbatem & Conventum Eccleſie Sancti Andree in Caſtello Cameracenſij, agentes ex una parte, & *Nobilem Generoſumque Virum* MATTHEUM LE SOHIER *Dñum de le Heries, &c.* defendentem ex altera, quod heritagia & terre de quibus in petitione dictorum Religioſorum alias nobis ex parte ipſorum contra dictum MATTHEUM edita mentio habetur, quas a retroactis duobus plus minuſve ſeculis, *Illuſtres & potentes dicti* M. *Majores* dederunt predicte Eccleſie pro animarum ſalute, pro ut per litteras ſuper hec confectas plenius continetur, remanerent perpetuo & hereditarie dicte Sancti Andree Eccleſie, & quod dictus M. nichil habebat, nec habere debebat in terris & donationibus predictis, eidem M. quoad hoc ſilentium imponentes perpetuum. Nonobſtante tamen noſtra tali ſententia ac decreto, factum eſt, ut neſcimus quo motus ſpiritu dictus MATTHEUS, valde a pia *Magnanimorum Avorum ſuorum* liberalitate remotus, dictos Venerabiles Religioſos diuturnis ſuper hec querelis & litibus inquietaret, allegans inſuper & ſuſtinens ad

nens ad

nens ad se suosque heredes perpetuam dicte Ecclesie *Advocatiam* pleno &
hereditario jure pertinere, qua per longissima tempora potiti sunt dicti M.
Majores. At nos qui nisi pacem que exuperat omnem sensum ex animo ex-
optamus, Deoque famulantes tranquillitatem procurare satagimus, con-
gruum nobis visum est dicte Ecclesie Abbatem, & dictum M. in Dei nomine coram nobis advocare, qui a nobis serio ad pacem exhortati, promi-
serunt bona fide nostre Arbitrali, decretoque nostro fideli obtemperatu-
ros tanquam in jure. Eapropter nos ad consensum & supplicationem partium predictarum, tanquam arbitri electi, & requisiti super omnia antedicta sententiam & decretum diximus, & protulimus in hunc modum, videlicet quod Ecclesie Sancti Andree remanebunt in perpetuum antedicte
terre & heritagia, eademque Ecclesia erit omnino & in perpetuum libera
ab *Advocatia* & protectione dicti M. ejusque posterorum, mediante summa
quadraginta librarum a dicta Ecclesia infra octo dies dicto M. solven-
darum in bona pecunia & legali, quam sententiam & decretum nostrum
dicte partes, & earum quelibet in solidum a nobis super hoc requisite emo-
logarunt, & etiam approbarunt. In cujus rei testimonium presentes litteras per Michaelem de Pavia Tabellionem publicum infrascriptum scri-
bi & publicari mandavimus, & sigillorum nostrorum appensione muniri
Acta sunt hec Cameraci Anno gratie M° CCC° XXVIII°. Indictione
duodecima Mense Novembri die quinta, Pontificatus S. in Xpo Patris
Johannis Divina providentia Pap. XXII. Anno XIII°. pntibus Nobilibus
Viris *Domino de Aisna*, & *Petro d'Ablainio* dicti M. *cognatis*, Vuillo de Haussi,
& Egidio Turpin, *Militibus*, aliisque pluribus ad premissa vocatis.

Et ego Michael de Pavia Clericus Parisiensis, Auctoritate Imperiali
Tabellio, promissionibus & singulis supradictis & actis pns inter-
fui, & huic instrumento a me scripto signum meum publicum ap-
posui, cum signis consuetis partium antedictarum, ut moris est in
talibus in testimonium veritatis premissorum: Avec ces parafes.

F. Abbas Scti Andree.

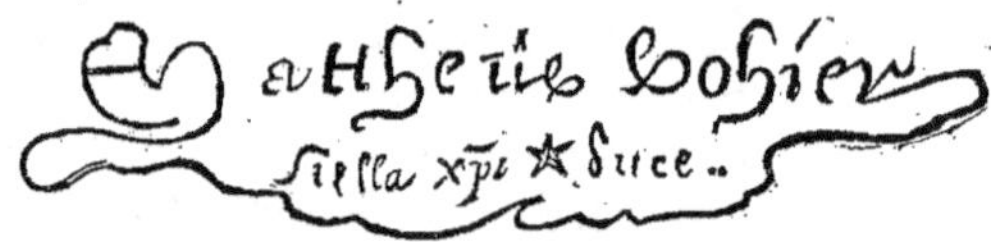

Au bas

Au bas de ce titre pendent les feaux des dits Chanoines & Arbitres
fouftenus d'un ruban de filet bleu, en la forme icy figurée :

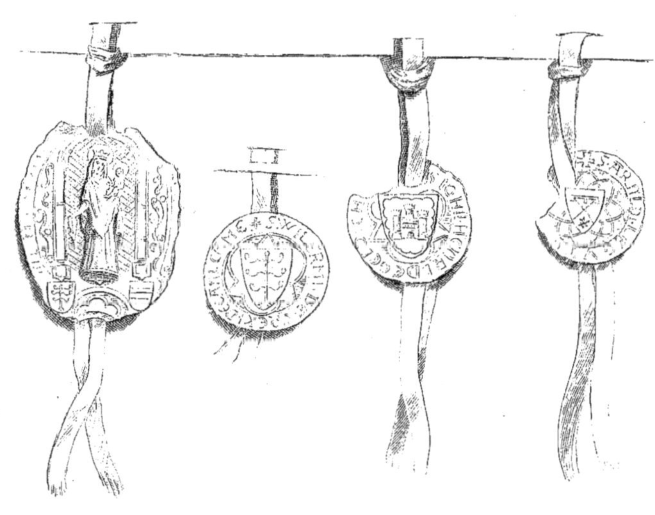

Nous remarquons par ce Titre que la Famille de SOHIER a poffedé long-temps l'Advoüerie de l'Abbaye de S. André, dont nous avons
parlé au Chapitre V. & fous le Titre Cotté *A*. Nous y voyons encore que le Seigneur *d'Enne* attouchoit de parenté à noftre MATTHIEU,
comme auffi la Maifon *d'Ablaing*, qui eft reconnuë pour une des fondatri-
ces de l'Abbaye de S. Eloy lez Arras, & qui a vefcu és premiers fiecles
avec grand éclat & reputation.

Les Chartes du Cambrefis, d'Artois, & d'aux environs font fouvent
mention de cette Illuftre Famille avant l'an 1060. comme ayant poffedé
la Seigneurie D'ABLAIN (que les Titres anciens appellent *Ablag, Ableng,
Ablang, Ablins,* en latin de *Ablanis*) confiftante en un beau village entre Douay
& Arras, dont les difmes & plufieurs autres belles terres furent données,
par des Seigneurs de cette Maifon, aux Abbayes du Mont Saint Eloy, de
Saint Vaaft, du Verger, &c.

Du Chefne dans fes preuves de fon Hiftoire de Bethune lib. 9. fol. 364.
rapporte un Extraict des Chartes de l'Abbaye du Mont Saint Eloy, & dit
que

que *Robert*, furnommé le Gras, *Seigneur d'Arimines*, eut de fa femme *Hadewide*
une fille nommée Frefcende (laquelle fut alliée avec *Pierre de Surque*) &
une autre nommée *Ode* femme de *Ricard dit le Brun*: Tous ceux-cy firent
une donation à l'Abbaye du Mont Saint Eloy l'an 1109. à laquelle furent prefens plufieurs Chevaliers de marque, fçavoir *Robert Rival* fils
d'*Engelade de Lens*, *Hugues de Lefquaine*, THIERRY D'ABLAING,
SICHER D'ABLAIN fon frere, &c.

Le mefme au fueillet 368. fait mention D'ACHARD D'ABLEIN,
de *Hugues de Gouy*, de *Hugues de Bailly*, de *Philippes de Carency*, d'*Amchric*
fon frere tous deux fortis de la Maifon de Bethune. Au fueillet fuivant eft encor parlé, fous l'an M. C. XCV. D'ACHARD D'AB-
LAING & de SOYER fon fils. Au fueillet 370. Du Chefne dit
qu'ACHARD D'ABLAING engagea l'an 1200. à l'Abbaye de
Saint Vaaft d'Arras la troifiefme partie des difmes D'ABLAIN pour
cent marcs d'argent. Auquel engagement furent prefens & appellez
plufieurs perfonnes de marque, entre lefquelles furent *Eubert de Beuvry*,
ou *Beuvriere*, ou bien *Beuvraige*, PIERRE DE SOHI, (fans doute
SOHIER) *Bartholomée Bochaus*, ou *Bouchaut*, *Bauduin Caperon*, *Simon de Ha-
vrain*, *Hugue de Bailly*, *Landry de Carency* (iffu des Sires de Bethune) *Roger
Boteau*, *Lietard Brochet* (alias *Hennin*) DAVID ABLAIN, *Robert Cava-
ges*, *Gerard de Carieul*, &c.

La Famille de Pellicorne, originaire du Païs d'Artois, a en fa poffeffion un Titre, qui fait encore grandement à la gloire de la Maifon
D'ABLAIN. Le contenu d'iceluy eft, que *Pierre* Evefque d'Arras,
à la perfuafion de *Robert de Bethune* Advoüé de fa ville, donna un fief au
village de Vitry à *Martin Pellicorne* Chevalier (un des favorys du Comte d'Artois) à le tenir perpetuellement de fon Eglife, & Evefché à hommage demy-lige. Laquelle donation fût faite en la ville d'Arras l'an
1192. en prefence de plufieurs perfonnes de remarque tant Ecclefiafti-
ques que feculieres ; entre lefquelles furent *Robert Advoüé*, *VVillaume* fon
frere, *Hugues de Saint Paul*, *Erbert de Carency*, *Euftache de Neuville*, GUAL-
TIER DE TOROTE, PIERRE D'ABLAING, &
ACHARD fon frere, *Hugues de Malanoy*, *Henry de Caffel*, tous Chevaliers : *Erard de Mannecourt*, *Reimbald de Proify*, *Ricelin Caffenaffe*, *Pierre du
Mont Saint Eloy*, & *Hugues* (fils du dit *Martin*, homme & Cambrier de
l'Evefque) Efcuyers, &c.

Bref, fans vouloir abufer de voftre loifir, lifez les Hiftoires de Locrius, de Gazet, de Buzelin, de Grammaye, & d'autres, vous y verrez affez les eloges de cette Maifon D'ABLAIN, laquelle fut appa-
rentée avec noftre Famille de SOHIER, comme nous pouvons reconnêtre par les Titres Cottez R. S. &c.

Le Titre

Le Titre fuivant rehauſſe encor de beaucoup la gloire de noſtre
MATTHIEU, & de ſes Anceſtres:

Titre
Cotté
T. a°
1347.

JOu MATTHIUS SOHIER *Sires de Heries, Bertries, &c. Maiſtre
de loſtel de Monſeigneur Jehans fils aiſné du Roy noſtre Sire, & ſen Gouverneur
& Capitaine, en ſe ville & caſtel de Crevecuer,* ſavoir fais jou a tous qui
touquier puet ou puerra, que comme querelle & debat fut muet
entre mi & aucuns bourgeois de la Ville & Communautet du dit
Crievecuer, qui tailles refuſoient de payer au Roy nr̄e Sire &
Maiſtre, pour quoy jou fus obligiet de les traitter comme delinquans, dont ils firent groſſes complaintes a le Court, jou me ſentant
nient culpable, aincois net & entier, de tout chou que il me querquoient,
ays preſentet au conſeil & Court du Roy nr̄e Sire me lettre de commiſſion, & eſtabliſſement, dont le teneur ſenſuit...... *Jean aiſnel filz du Roy de
France Duc de Normandie, Comte d'Anjou & du Maine, Sire de Crievecuer & d'Arleux,*
& Lieutenant de nr̄e dit Signor de Pere en ſes guerres, ſavoir faiſons que
comme nos amez les Bourgeois de nr̄e Ville & Chaſtel de Crievecuer,
diſans que quant nr̄e amé & feal MATTHIUS SOHIER, *Maiſtre de*
nr̄e *Oſtel,* leur fut envoyé *Capitaine & Gouverneur,* il convenoit que tout chou
que par li leur ſeroit commandet ottroiet, & accordet, nous lavons ferme
& agreable, nous aient ſuppliet que nous leur confirmons cette dite con-
venance, Nous oy ſur chou le dit *Capitaine* en conſideration des bons ſervices que ſes *Nobles Anciſſeurs,* & li ont fait a mes Auguſtes Ayeulx, & à
nr̄e dit Signor & Pere & a nous *en guerres & Conſeil,* nous confians a ſen bon
ſens & courage, & vueillans favoriſer auſſi les dits Bourgois ſuplians,
avons ottroiet par ches lettres, & ottroyons aus dis ſupplians, pour eulx &
pour leur ſucceſſeurs, que tout chou que par le dit Capitaine, tout le
temps qu'il a eſtet & ſerat gouvernant en ce liu, leur at eſtet commandet,
ottroiet, & accordet de par nous & en nr̄e nom ſoit & demeure en ſe plaine force & vertu, & vaille autant, comme ſi nous l'avions fais en perſonne, ſauf en tout nr̄e bon plaiſir & volentet. En tiemoingnage de
chous nous avons donnet chetes ſayelees de noſtre ſayel en no tentes, devant le Chaſtel d'Eſcaudeuvre pres Cambray lan de graſce M. CCC. &
quarante ou mois de May....... Jou MATTHIUS ays encore preſentet au dit Conſeil li timoingnage de moult notables Chievaliers &
gens de biens de le dite Ville, proteſtant de me boene juſtice & leautet
au dit Gouvernement, dont le Roy nr̄e Sire bien informet & apaiſet
avecque ſen Conſeil punit des groſſes amendes les dis delinquans, & ordena aux Bourgeois & Communauté de le ditte Ville dobeir punctuellement a tous mes commandemens & ordenanches, comme aux ſiennes
propres & perſonneles. Et pour chou jou MATTHIUS purgiet des
calompnies de ches gens de malice, comme il appert par expres ſentence,
& ample placart du Roy, afin que men honneur & fame ſoit conſervée &
celui de mes hoirs a lavenir, jou ai chete lettre ſayelet de men grand ſayel,
fais clore & fermer dans le huge du Chaſtel de Crievecuer en connoiſ-

ſance

fance de tout chou que paffet eft, fait au dit Crievecuer li an M. CCC.
& XLVII. ou mois de Juillet.

Au bas fe void efcrit en la forme icy figurée ce parafe

    A cette lettre pend un feel à double queuë de parchemin , repre-
fentant un Cavalier armé de toutes pieces , veftu d'une cotte d'émail
à l'antique, tenant une efpée d'une main, & fon Efcu Armorial de l'autre : fon cheval eft caparaffonné & bardé d'eftoilles , conformement à
la figure fuivante :

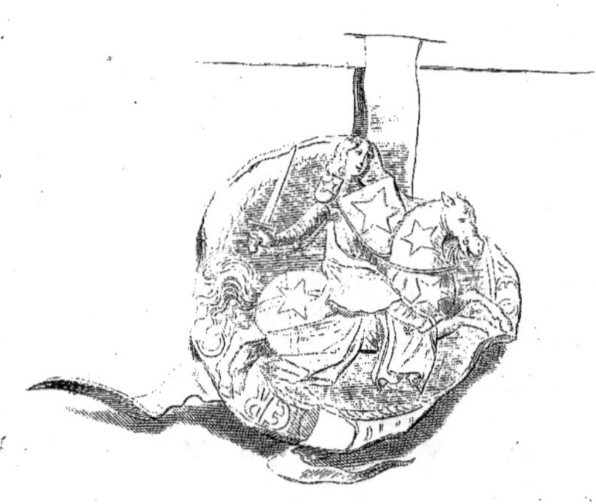

P

Ce feel

Ce ſeel ne marque rien que la hauteſſe & reputation de MAT-THIEU. Car il n'eſtoit jadis licite qu'aux perſonnes tres-Illuſtres de ſe faire repreſenter de la ſorte. MATTHIEU donc auparavant *Gouverneur d'Oiſy*, fut avancé, pour les bons ſervices qu'il rendit au Roy de France, au *Gouvernement* de la Ville *de Crevecœur*, eſtant des lors *Maiſtre d'Hoſtel de Jean, premier fils du Roy*, lequel ſucceda à la Couronne apres la mort de ſon pere. Cette Dignité de Maiſtre d'Hoſtel d'un fils de Roy, n'eſt pas peu conſiderable, veu qu'elle n'eſtoit, & qu'elle n'eſt encore donnée à preſent, qu'aux plus Illuſtres d'un Royaume. D'ailleurs les ſeuls merites du dit MATTHIEU ne ſont pas exprimez par ce Titre, mais auſſi ceux de ſes Anceſtres, comme nous pouvons remarquer par ces mots : *En conſideration dés bons ſervices que ſes Nobles Anciſſeurs & li ont fais a mes Auguſtes Ayeulx, & a nre dit Signor & pere, & a nous en guerres & conſeil, &c.* Leſquels mots doivent eſtre mieux receus qu'aucuns autres, puis qu'ils ſont emanez de la bouche d'une perſonne ſi Auguſte que Jean, couronné depuis Roy de France. De ſorte, que quant bien nous n'aurions aucun autre teſmoignage pour prouver la ſplendeur, le luſtre & les merites de la Maiſon de SOHIER que celuy-cy, il nous deveroit ſuffir, puis qu'il procede d'une Teſte Couronnee, qui ne donne à ſes Sujets que ce qui leur eſt deu ; & il doit eſtre receu pour plus valide que le teſmoignage de mille autres perſonnes de condition.

Quant à l'alliance que fit noſtre MATTHIEU, nous l'apprenons de l'Extraict Cotté E, & dés Titres Cottéz R. & W. qui luy donnent pour femmes MICHELLE DES ABLAINS ou ABLENS, ſœur de GUY *des Ablains Chevalier* mentionné par le Titre Cotté TT, cy apres exhibé. Ce GUY deſcendoit, ſans doute, de GUY *des Ablens* ſurnommé le *Duffle* qui l'an 1196. donna quelques terres ſituées à Somaing à l'Abbaye d'Anchin. Ce ſurnom de *Duffle* me fait croire que GUY ſortoit de cette Illuſtre Maiſon de *Duffle*, iſſuë des anciens *Bertouls Sires de Malines, & de Grimbergues*, eu eſgard à la conformité des Armes de ceux-cy avec celles des Seigneurs des ABLENS deſquels ſemble faire mention Du Cheſne ſur la fin de ſon Hiſtoire de Bethune, par les mots de *Hablen*, de *Ablen*, &c. és années 1109. 1189. 1200. &c. Un autre GUY *des Ablens* Chevalier fit donation à l'Abbaye de Marchienes de deux bonnieres de terres ſituées au village d'Aire en Oſtrevant, l'an 1303.

D'Outreman en ſon Hiſtoire de Vallencienes, au fueillet 337. fait mention de pluſieurs Chevaliers & Gentilshommes, qui s'aſſemblerent à Vallencienes à l'arrivée du bon Duc Philippe de Bourgogne, entre leſquels ſont nombrez MICHEL, GUY, & JACQUES *des Ablens*.

Le meſme Autheur au fueillet 369. fait mention de GUY *des Ablens* Prevoſt de Vallencienes l'an 1456. Charge touſiours exercée par la meilleure Nobleſſe du païs. Il dit en outre que les ABLENS, ou ZABELENS eſtoient Seigneurs de Pipaix, & qu'ils avoient pour Armes d'or a 3. pals de gueulle (qui eſt Bertout-Malines) à la faſce de ſable, &c.

Ce qui

Ce qui vous doit fuffire, pour vous affurer que noftre MATTHIEU s'allia noblement, quand il prit pour femme, une fille de la Maifon DES ABLENS, qui le fit pere de plufieurs enfans, dont l'aifné fut PIER-RE, qui continua la lignée.

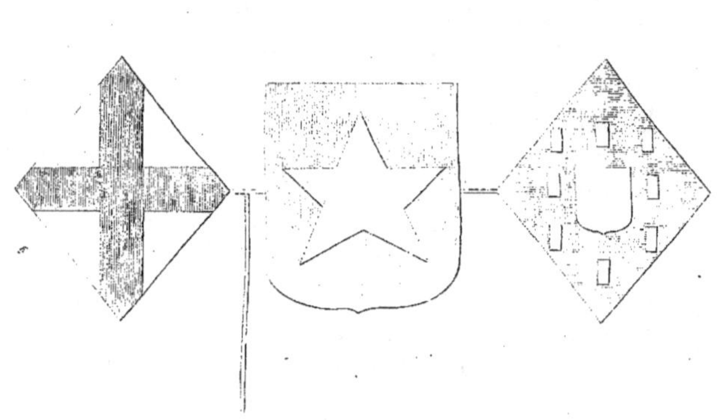

MARIE LEURIOT,   PIERRE SOHIER II. du nom.   MATHILDE DE VILLERS.
aliàs COULET.

APres la mort de MATTHIEU SOHIER, arrivée l'an 1355. ou 1356. fon fils aifné PIERRE releva la Seigneurie de le *Heries*, comme il appert par l'Extrait Cotté E.

Les anciennes Chartes, & vieux Regiftres le qualifient feulement Efcuyer, & il femble qu'il ne fe porta à la guerre, comme fes Glorieux Anceftres, ains aymant mieux une vie paifible & tranquille prit plaifir dans l'exercice de quelques Bailliages, qui fut caufe de la decadence de fa Maifon, laquelle n'ayant des grands biens patrimoniaux, ne pouvoit bien fubfifter fans des Charges & Offices Militaires. Le premier Titre faifant mention de PIERRE eft le fuivant.

Titre Cotté V. 2° 1378. NOS PETRUS DE SOHIER *Scutifer Dominus de le Heries in Came-racefio, & Baillivus pro Capitulo Cameracenfi in Onengio & quarubio*, Omni-bus Deo famulantibus notum effe volumus, quod propter beneficia plu-rima accepta a predicto Capitulo, do eidem in eleemofinam perpetuam, pro falute anime mee, animarumque M. LEURIOTE *uxoris* nuper *mee* cariffime, MATTHEI *patris mei*, GILEBERTI *avi mei*, omnium-que parentum meorum requie fempiterna, duos manfos cum appendicibus

quos

quos emeram a *Gerardo d'Efcaillon confanguineo meo* apud Quarubium. Item
dono in elemofinam puram & eviternam Ecclefie, quoniam ibidem M.
pater meus dilectus elegit fepulturam cum uxore fua M. DES ABLAINS
matre mea dilectiffima, & multi alij parentes mei ibidem corpore quiefcunt,
illud manfum quod mihi reftat in pago quondam noftro de *Biertries*, quas
duas donationes feci de pleno fcitu & confenfu MATHILDIS DE
VILLARIBUS *uxoris* modo *mee*, filiorumque, filiarumque mearum,
PETRI nempe *primogeniti mei* cognomine ROBINS, NICOLAI,
ROBERTI dicti JUNIORIS, JOHANNE, & MATHIL-
DIS, eafdemque in prefentia Guillelmi Domini d'Audregnies, E. de la
Haye, E. du Sart, I. de Beaulieu Militum, aliorumque Armigerorum
multorum.   Ut autem hec magis rata & firma permaneant in perpetuum,
prefentes litteras figilli mei ordinarij quo utor munimine roborari feci.
Actum Montibus in Hannonia in Hofpitio dicti Domini d'Audregnies.
Anno Chrifti nati millefimo trecentefimo feptuagefimo octavo Menfe
Julio.

A ce Titre pend un Seel conforme à la figure fuivante:

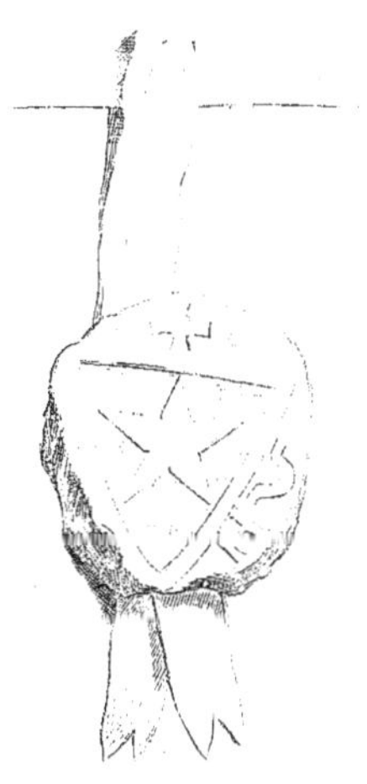

Ce PIERRE

Ce PIERRE femble avoir efté auparavant, ou en mefme temps Bailly du Sires de Mauny, comme nous l'enfeigne le Titre fuivant :

Titre
Cotté
W. 2°
1370.

Nous WATIERS *Sires de Mauny*, fafons favoir a tous que no chier, & boin amy, PIERET SOHIER no Bailliu & Recheveur quitons & avons quitet dou tout entirement de tout chou que li dit PIERRE u fen fil P. dit ROBIN en fen nom puet avoir rechut dou notant de raenchons, mifes en threfor, u ailleurs, comme des revenuës de no, terres de Haynau, u dautres quelconques cofes, & en quelconcques que ce foit, & puift y eftre jufques au jour de datte de ces prefentes lettres parmi le boin conte que li dis PIERRES nous en a fait, & dont nous nous tenon a fols, & a bien payet. Si en quittons & avons quittet murement & abfo-luement li dit PIERRE, fes hoirs, & fes fucceffeurs & tous chiaus, qui a ladvenir puet, & doit appartenir. Si le dit PIERRE ESCUYER nous quite & a quitet de tous fes Wages pour le tamps paffet, favoir puis le années mil trois cent cinquante jufques a lan fieptante. En tiefmoing de toutes les cofes deffus dites, nous avons ces prefentes lettres feaelees de no propre fayel, faites & donnees lan de grafce. mil. CCC. & fieptan-te, le diemence vintime jour dou mais de Maech.

Au pied de cette lettre pend un feel en cire rouge, en la forme icy re-prefentée :

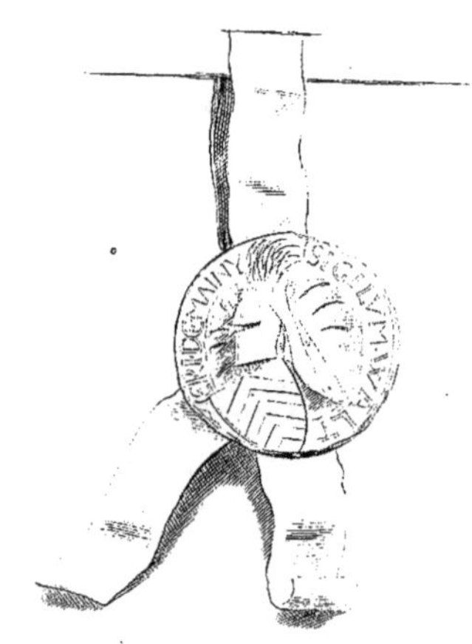

Sur le

Sur le dos de cette mesme lettre saine & entiere est escrit : *Quittance pour* PIERET SOHIER *Escuyer* a° M. CCC. LXX.

Nostre avant nommé PIERRE espousa l'an 1351. en premieres nopces MARIE LEURIOT surnommée COULET, comme nous l'enseigne le Titre Cotté V. & celuy qui suit :

Titre Cotté W*.a° 1351. Jou ROBERT COULET dit de ROUCY Chievalier, Gouverneur & Lietenant del pais & Bailliage de Bapalme en Artoy, sach savoir a tous qui chetes letres veront u oront, que jou ay otryet, cedet, & transportet & donnet en pur & leal don & par boen armor a *Demisiele me niepce* MARION LEURIOTE, *fille* PIERART CHOLET quon dit LEURIOTE *Chevalier, fius Messire* GILLART dit le *Hideux Sire de Marcoing, Villersplouy, &c. men frere Germain,* en convence & en advance del mariage quicele MAROIE va faire avoec *Noble Demisiau* PIERON SOHIERS *Demisiau de le Heries,* xxiiij mencaudées de tieres pau plu pau moin, que jou ay a Hordaing tenant as deux lets as tieres de lAbaie de Marchienes, & de l'otre let a le piessente le long de l'Escaut, desquiele tiere cile MARIETE gouira & si hoir a tosiours. Et si portant il advinch que hoir ne vinch de le char des dis deux conioins, le dit *Demisiau* PIERON nara que le profit des dites tieres, tant que se arme en sen corps ara, & apries sen trespas, dielles tieres gouiront mes hiretiers plus porchaines. A cil don & a cille convenence & accort furent de le costé de my *Messire* GILLART LE HIDEUX men frere avant nommet, & EBLES men otre frere, & *Messire* LOYS *Sire de Caulery* frere a l'espeuse GILLART, qui triespasset est de ce siecle, & de li costet de cil *Demisiau* PIERON furent pnt *moult Noble & Brave Chlr. Monsignor* MAHIUS *Sires de le Heries sen pere, Messire* GUION *de Houcourt* dit le Tiestu, Sires de Lesdaing, & *Messire* GUIOT DES ABLAINGS *tous biels freres as dis Monsignor* MAHIUS. En tiesinongnage de chete veritet, jou ROBERS avant nommet comme donneur ai a ches presentes fait appendre men grandt sayel, dont juse en guerres. Fait & donnet le xxiij Maeck. M. CCC. LI.   Avec les parafes suivans

in trass Pol.118.

Ar mandement *Monsigneur* ROBIERT.

A cette

A cette lettre pend un Seel garny d'un Contrefeel, en la forme icy reprefentée:

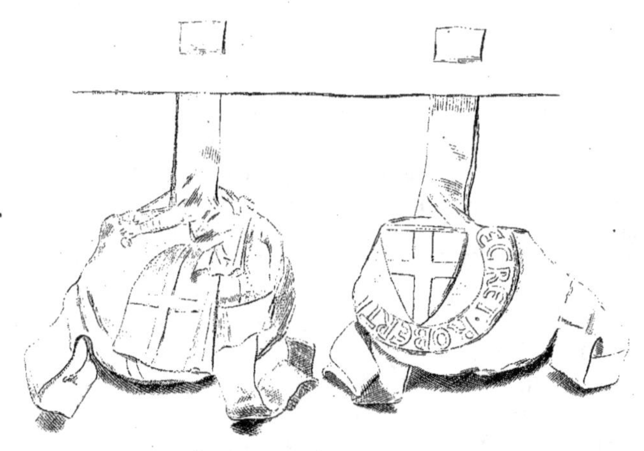

Il eft neceffaire, Cher Lecteur, que vous confideriez meurement ce
Titre, afin de prendre meilleure connoiffance de l'origine de la Maifon de LEURIOT, dont les Armes ont fervy d'efcarteleure paffez
plus de trois fiecles à noftre Maifon de SOHIER, & ce fut fans doute en confideration de la haute extraction de celle de LEURIOT,
fortie originairement (comme celle de SOHIER) des *Anciens Comtes
de Vermandois*, comme vous vous pouvez remarquer dans les Hiftoires
de Du Chefne, des Sieurs de Sainte Marthe, de Labbe, &c. Et afin de
vous en donner quelque lumiere en paffant, j'ay recüeilly quelque petit fragment de l'Origine de cette Maifon, que je vous prie de confiderer
avec attention.

Renaud fils dernier né D'HERBERT II. *Comte de Vermandois*, (mentionné dans noftre Genealogie cy devant exhibée) fut Comte de
Reims, & *Sire de Roucy*; Lequel eut de fa femme *Albrade de France* (fille
du Roy *Louis* IV. dit *d'Outremer*, & de *Gerberge de Saxe*) entr'autres enfans, *Gilebert Comte de Roucy*, duquel vint *Ebles* I. du nom *Comte de Roucy*:
Lietard de Roucy Sire de Marle, pere *d'Ade* femme *d'Enguerrand de Boves Sires
de Coucy*, Comte d'Amiens, &c. Le dit *Ebles* I. n'eut que deux filles, fçavoir *Avoye* femme de *Geofroy* Sire de *Florines* en Brabant, & *Alix* Comteffe heritiere de *Roucy*, laquelle prit alliance avec *Hilduin* Comte *d'Arcies*
fur Aube & de Rameru, qui avec fa pofterité prit le furnom de *Roucy*.

De leur

De leur conionction est issu *Hilduin* II. du nom *Comte de Roucy*, qui d'*Alix de Chastillon* eut entr'autres enfans *Ebles* II. du nom *Comte de Roucy*, lequel se maria avec *Sibille* fille de *Robert Guiscard*, ou *VVisckart* Duc de l'Apoüille, qui luy procrea une belle posterité; L'aisné nommé *VVischard de Roucy* mourut sans lignée : *Hugues Comte de Roucy* surnommé C O U L E T, ou C H O L E T, espousa *Ricane*, sœur de *l'Empereur Conrade*, ou, selon les Sieurs de Sainte Marthe, fille de *Frederic Duc de Suaube*, &c.

Le 3. fils du dit *Ebles* II. du nom fut W A T I E R D E R O U C Y, qui prit le surnom de C O U L E T, comme son frere, & fut crée Comte en la Terre Sainte l'an 1099. C'est de ce W A T I E R que, descend nostre Famille de C O U L E T - L E U R I O T. Car de luy vint R O B E R T surnommé C O U L E T, Seigneur de Villersploüy, Paluisel, Pronville, & de plusieurs terres en Cambresis, qui l'an 1154. bastit une porte en la Ville de Cambray, au sortir de son Palais, qui retient encore son nom. Ce R O B E R T eut un fils de mesme nom, qui fut pere, d'un autre R O B E R T, lequel d'*Anne de Bousies* eut deux fils, dont l'aisné nommé aussi R O B E R T, fut Seigneur des mesmes Terres que son Bisayeul, lequel eut de sa femme *N* .... *de Cantaing* un fils de son nom, qui fut pere de nostre R O B E R T C O U L E T D I T D E R O U C Y, (sans doute en memoire de son Estoc) Gouverneur & Lieutenant du Bailliage de Bapaumes, l'an 1351. Le dit R O-B E R T eut pour frere aisné G I L L E S C O U L E T dit *le Hideux Sire de Marcoing, Villersploüy, Paluisel, &c.* qui de N..... D E C A U L E R Y, eut G I L L E S C O U L E T surnommé le *Hideux* Seigneur de Villersploüy, Paluisel, &c. & P I E R R E C O U L E T, surnommé L E U-R I O T, qui fut pere de nostre M A R I E surnommée L E U R I O T E, femme de nostre P I E R R E S O H I E R.

Si vous desirez des autres Autheurs, qui font mention de cette Famille de C O U L E T, prenez en mains Aubert Le Mire, & vous trouverez que dans ses Donations pieuses, au fueillet 214. il parle de W A T I E R C O L E T, comme present avec plusieurs Grands Chevaliers, sçavoir Anselme de Ribemont, Foulque Vidame de Cambray, Watier Tonnerre, &c. en une donation que fit l'Evesque Gerard à son Eglise l'an 1089.

L'avant nommé Du Chesne dans ses preuves Genealogiques de la Maison de Bethune és fueillets 25. 29. 30. &c. fait mention d'*Arnould*, de *Raoul*, de *Herbert Coulet*, &c.

Locrius dans son Chronicum Belgicum au fueillet 274. sous l'année 1181. fait mention d'*Eustache Coulet* Chevalier, principal Bienfacteur du Monastere de S. Josse.

Les Archives de Cambray sont pleines des munificences & actions des Seigneurs de cette Maison, à cause de la residence qu'ils y ont tenu plusieurs siecles.

Paris mesme conserve en son sein les munificences des Seigneurs de cette Maison, qui vers l'an 1289. fonderent un College, (encor en nos jours qualifié

qualifié *Des Colets*) pour l'entretien des pauvres Escoliers de Picardie, d'ou cette Maison puisoit son Origine.

Il y a un titre en l'Abbaye d'Anchin (dont fait mention d'Outreman au fueillet 317. de son Histoire) lequel contient une solemnelle donation que luy fit Noble homme *Bauduin Cauderon* de tout ce qu'il possedoit à Incy, l'an 1096. lors que le susdit *Anselme Comte de Ribemont*, aliàs *de Valentienes* s'y trouva en un Tournois, accompagné de plus de cent cinquante Chevaliers, entre lesquels estoit WATIER COLET, (qui est sans doute celuy mentionné cy devant) Godefroy fils du dit Anselme, Renier nommé Dapifer, Amolric de Landas, Heroard De le Rohée, Fulques du Chastel, Watier d'Aubrecicourt, Walnier de Hamelincourt, Payen de Cerizy, *Jean de Mancicourt* fils de *Helgot*, *Rumold de Incy*, Hugues de Bernemicourt, Pierre de Beaupré, Simon du Val, Pompon de la Vigne, *Hugues de la Fosse*, Gerard de Quaroube, Jacques Quieret, Simon de la Porte, Pierre de Noyelle, Oprime de Montigny, Fulques de la Motte, Anselme de Montigny, Philippes de Marque, Amand du Hem, Jean Hamez, Huard Douvrin, Wagon de la Plancque, Hubert des Champs, Rumald de Bullemont, Herbert de Forest, Willaume d'Ansaing, Amand Bournel, Godin Du Bois, Hubert d'Estrees, Nicolas de Neuville, Gilles de Grebert, Huon Le Merchier, Wagon de Courcelles, Hugues de Wasnes, Helbert de Belain, Pierre de Marquette, Fulque de Pronville, Anselme de Saint Leger, Jean de Corbehem, Fremin de Tortequem, Estienne du Hamel, Wilphrande de Bugnicourt, Paul de Brebiers, Ambroise de Mareville, Amand de Lagnicourt, Wasnulphe de Saint Amand, Hugues de Humbercourt, Walbert de Fampoux, Matthieu d'Ath, ou d'Athies, Gilles d'Arras, Gilles de Hertaing, Willaume de Longastre, Amand de Burlon, Rainier du Sart, Vitel de Remy, Odon du Bois, Manfrede de Saint Martin, Boson le Brasseurs, Guatier de Wagnonville, *Alexandre d'Ablain*, Brixe de Saint Pierre, Wallulphe Blondel, Jean de le Saulx, Anthoine le Brochons, Martin Pellicorne, Guy de Cagnicourt, Hue de l'Escluse, Alard de Bullecourt, Simon de Sains, Terric de Mœuvres, Wedric de Graincourt, Winemare de Saudemont, Siger de Ribestiel, Adam de Senleces, Gervais de Hermies, Alman de Dongnies, Payen Boullant, Rainier de Fontaine & autres Seigneurs voisins, que je suis obligé de retenir dans la plume, parce que ce recit ne fait que bien peu à nostre subjet.

Qu'il nous suffise donc de sçavoir, que c'est de cette Maison de COULET, que descend nostre MARIE, surnommée LEURIOT, laquelle fit nostre susdit PIERRE SOHIER pere de deux fils, dont l'aisné fut nommé PIERRE, qui continua la lignée, duquel nous ferons mention cy aprés.

Nous remarquons par le Titre Cotté V. que la dite MARIE estoit morte dés l'an 1378. qui fut cause que PIERRE espousa en

Q

secon-

secondes nopces MATHILDE de VILLERS, iſſuë d'un puiſ-
né de l'Illuſtre Maiſon de *VVavrin*, tant celebrée par nos Hiſtoriens,
& Genealogiſtes, de laquelle eſtoit ſorty *Philippes de VVavrin* Seneſchal
& Baron de Flandres, Seigneur de Lilers, Malanoy, Saint Venant, &c.
qui donna toutes ſes riches terres par teſtament à *Charles de Croy*, Prince
de Chimay, frere d'Iſabeau de Croy, femme du ſuſnommé *Philippes*
Seigneur de *VVavrin*, *&c.*

Quant à noſtre Famille de VILERS, elle a puiſé ſon nom de ſon
ancien appannage, conſiſtant en un tres beau village lez Douay, &
a retenu ſeulement en memoire de ſon Eſtoc, le cry de *VVavrin*. Elle
fit és ſiecles reculez des Alliances avec les Maiſons de Doucy, de
Bondues, d'Alennes, *d'Ivy*, *&c.* Et és nouveaux ſiecles, avec les Familles de Danneux, de Hertaing, d'Eſpinoy, de Sauchoit, d'Aubercicourt, de la Clite, de Cambrin, du Freſnoy, de Carlier, de Loyau-
court, &c. La dite MATHILDE donna à ſon marry pluſieurs enfans, que nous paſſerons ſous le ſilence, pour continuer la Branche
qui nous touche.

Nous

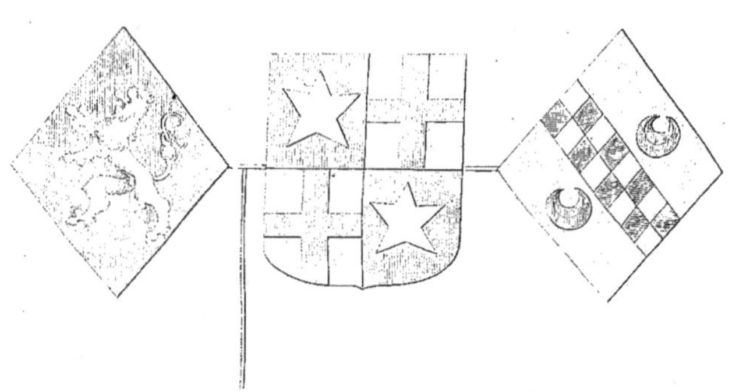

JENNE DE HAVERON.   PIERRE SOHIER III.   FRANCOISE DU SARTRAY.

Nous venons de dire que le fils aifné de PIERRE SOHIER & de MARIE LEURIOTE, fut nommé PIERRE comme fon pere, lequel femble auffi avoir efté bien efloigné de l'humeur, & du courage de fes premiers Anceftres, car au lieu de fe pouffer dans les armes, de s'acquerir de l'employ, de la reputation, & du credit auprés des Princes par les degrez du merite & par la valeur de l'efpée, & de fe relever des difgraces de la Fortune, qui commençoit à fe joüer de fa condition, il fe perfectionna dans les belles Lettres & paffa fes plus beaux jours dans l'adminiftration de quelques Balliages, comme nous l'apprendrons des Titres fuivans, dont le premier eft tel:

A tous cheulx qui ces prefentes lettres verront u orront *Robert d'Aifne* Chevaliers Sire de Beauvoir, & de Bethencourt: Salut en noftre Seigneur. Comme queftion & matere de prochés ayent efté ia piecha entre Venerables & Religieufes perfonnes Monfigneur labbet de Saint Aubert de Cambray, & fen Convent deffendeurs d'une part, & my tant en men nom, comme en main de *Jehan* mon fils dit *le Baudrain*, & comme tuteur & mambour de li demandeur d'autre part, a caufe des biens meubles qui demeuroient apries le triefpas de feu *Thumas Braffart* tayon de mon dit fil, & qui au dit feu *Thumas* appartenoient quand il vivoit. Et apres chou que de ycelles queftions & matere de prochés avoient eu le examen comme arbitre *Pierre d'Aifne* mes freres, & *Meffire* PIERRE

Q 2

SOHIERE

SOHIERE *Baillieux d'Arloues*, Reverends peres en Dieu Monſieur An-
dreu de Luxembourg Eveſques de Cambray du conſentement de nous
parties deſſus dites a ſur chou ordenet & ſententijet, comme il appert par
lettres patentes ſur chou faites ſeelées de ſen ſeel ; & des ſeaulx de nous
parties, aveuc le ſubſcription d'un de ſes Notaires. Et il ſoit enſi que
hors de le teneur de le dite ordenanche & ſentence, il me fut dit a part,
& promis que moiſnant ycelle ordenanche & ſentence, & adfin que
my & mon dit fil, & li noſtres ſuffieſmes doremais en avant plus affet-
tet, & tenus aus dis Seigneurs Religieux, & a leur Egliſe, que de leur
partie me ſeroit gratieuſement aſſignee & delivree la ſomme ou valeur
de cent & chinquante florins francs franchoys, & pour chou que enſi
en a eſté fait, Eſt il que je *Robers* deſſus dis pour verité dire, confieſſe,
& cognoys de certains propos & noms comme deſſus dis avoir eu &
recheu au jour de huy des deſſus dis Signeurs Religieux en deniers bien
comptes la dite ſomme de cent chinquante florins francs ou leur valeur.
De lequelle ſomme de florins, je es noms deſſus dis ay quitté & quitte
les dits Signeurs Religieux, leurs ſucceſſeurs, & leur Egliſe & tous autres as quels quitanche en peult ou doit appartenir, &c. En Tieſmoing
deſquelles choſes, & de chaſcune d'elles jay conſentit livret & paſſet
ches preſentes lettres, & les ſeellet de men propre ſeel, dont je uſe communement. Donné a Aiſne lan de grafce mil. CCC. iiij^{XX.} & douze
le xiiij. jour de Janvier.

A cette lettre ſaine & entiere pend un ſeel imprimé en cire rouge,
conforme à la figure ſuivante :

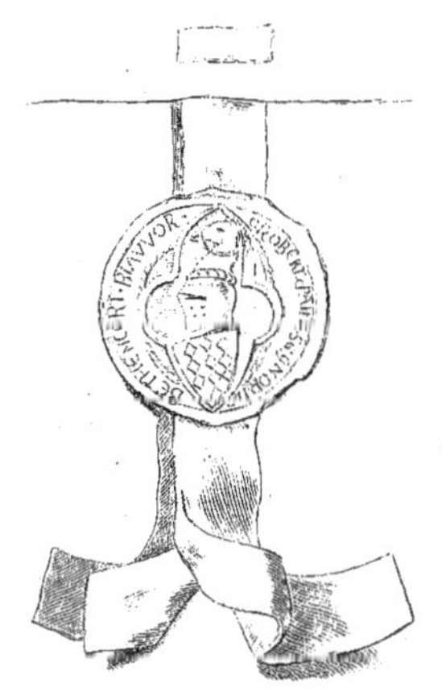

Noſtre

Noſtre PIERRE qualifié Bailly de la Ville d'Arleux en Cambreſis , fut choiſy Arbitre pour terminer & appaiſer le different & debat
que l'Abbé de Saint Aubert en Cambray avoit contre ceux de la Maiſon D'ENNE, ſans doute en conſideration de la conſanguinité qu'il y
avoit entre cette Maiſon, & celle de SOHIER , dont nous avons parlé
cy devant.

Le Titre ſuivant fait encore mention de noſtre PIERRE, & commence de la ſorte :

Titre
Cotté
Y. 2°
1397.

Jou *Jehans de Iauche Sires de Maſtaing & de Saſigny* aiaiant reſolu por le ſalut de mi arme , faire prelinnage en tieres lointaines & ſaintes , jou ai
eſté adviſet & conſeillet , d'ordener & mettre en me place , une perſonne moult fidelle & leal , por li maniement & gouvernement de tous
mes biens , por li plus grand repos de *Medame* me chere eſpeuſe *Iſabeau,*
porquoy jou ai apries meur advis de gens de biens, donnet & tranſportet,
& par chete preſente donne & tranſporte a *tres preux & tres noble homme*
PIERART SOHIER , *Sire de Erries* en Cambreſis , toute le plaine
maniance de mes biens ſituet en Hainaut , Flandres , Artois , & Cambreſis , por iceux manier , regir , & adminiſtrer comme vray maiſtre & Signor,
tant & ſi longuement que ors del pais ſeray , & ſi jou ors del pais ſeroi plus
dun an , le dis PIERART ſera obliget den rendre buen & fidelle compte tous les ans, a ma dite chiere epeuze u a ſes remanans u commis, juſques a men rappiel & premiere ordenanche. Si jou commande a tous mes
ſubjets , Officiers , & manans de mes Villes dobeir aux ordenanches &
volentet du dit PIERARS comme a mien propre, car *moult Sage, prudent,*
& Noble-eſt il. En Tieſmongnage de chou tout ce que dit eſt , jou ay ces
preſentes lettres ſeaylées de men propre ſayel. Fait a men Caſtel de Maſtaing le xj. de Jenvier, mil trois cens iiij XX. xvij.

. Le ſeel pendu à ce Titre eſt conforme à la figure ſuivante ;

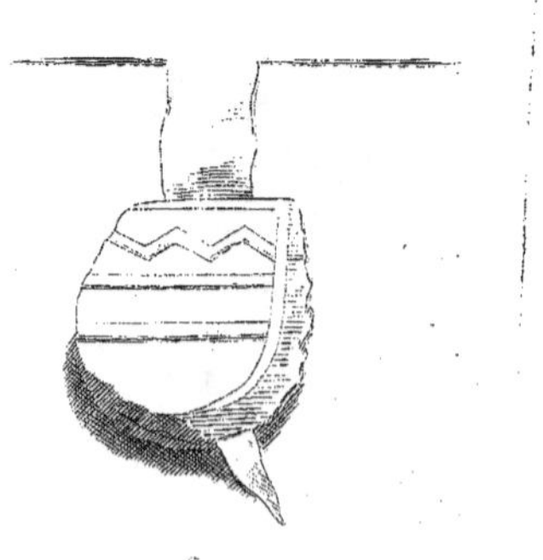

Les qualitez de *moult Sage & de Prudent* attribuées à noſtre P I E R R E, nous aſſurent qu'il avoit profeſſé les belles Lettres, & qu'il s'eſtoit rendu plus recommendable dans la Juriſprudence que dans l'Art militaire. La qualité de *Tres-Noble* luy eſt icy donnée, par ce que ſa bonne Extraction eſtoit aſſez connuë, & que la grandeur de ſes Valeureux Anceſtres eſtoit encore fraiſche dans la memoire du Vulgaire.

Il eſpouſa deux femmes, iſſuës du païs de Hainau, à cauſe, peut eſtre, que ſes Charges l'avoient obligé d'y eſtablir ſa demeure. Il ſemble qu'il y mourut remply d'années & de merites, vers l'an 1410. L'Extraict Cotté E, dit qu'il deceda en la Ville de Mons ſans toutesfois en ſpecifiér l'année.

Il qualifie une de ſes femmes N . . . . *Demiſiele de Hainaut* (ſans exprimer ſon nom) ce qu'il ſuffit pour nous aſſurer, qu'il s'allia noblement; car ce Titre de *Demiſiele* n'eſtoit jadis donné qu'aux femmes bien nées, & de bonne & noble extraction, ſelon les remarques de Du Cheſne, de Grammaye & d'autres.

P I E R R E donc eſpouſa en premieres nopces J E N N E D E H A- V E R O N laquelle luy procrea trois fils mentionnez dans la Genealogie, &c. En ſecondes nopces il eſpouſa F R A N C O I S E D u S A R- T R A Y, de laquelle il n'eut d'enfant.

Pour preuves que noſtre avant nommé P I E R R E s'allia auſſi noblement, en prenant pour femmes les dites J E N N E & F R A N C O I S E, l'on exhibe le teſmoignage & atteſtation ſpeciale des Roys d'Armes & Herauds ordinaires de ſa Majeſté Catholique reſidens à Bruxelles, dont la teneur eſt telle :

Nous ſoubſignez Roys d'Armes, & Herauds ordinaires de ſa Majeſté reſpectivement des Titres de Brabant, & d'Artois, certifions & atteſtons a tous qu'il appartiendra que nous trouvons dans les Notices, & mémoires Genealogiques de noſtre noble Office d'Armes que P I E R R E S O H I E R, jadis Bailly des Ville & Prevoſté de Soignies en la Comté de Hainau, avoit eſpouſé en premieres nopces *Damoiſelle* J E N N E D E H A V E R O N, & en ſecondes *Damoiſelle* F R A N- C O I S E D u S A R T R A Y, & que P I E R R E S O H I E R leur fils avoit eſpouſé *Damoiſelle* M A R I E D E L A I R E, &c. mcſme que ces trois femmes ont eſté de bonne & noble extraction, ſelon qu'il nous eſt d'ailleurs apparu par nos recueils des Familles, & Maiſons anciennes, & nobles de la Marche du dit Hainau, & païs circomvoiſin. En teſmoin dequoy nous avons fait la preſente ſous nos ſignatures & ſeels à Bruxelles, ce 17. de Juillet 1659.

Au bas eſtoit ſigné avec parafes

> *De Launay, & J. Prevoſt de*
> *le Val.*

Leurs

Leurs feaux font conformes aux figures fuivantes :

Cette Atteftation donnée par Mr de Launay (crée depuis peu pour fes merites , & belles qualitez Sur-Intendant des Armes & Blafons) & par le Sieur Prevoft de le Val , tous deux reconnus de la Nobleffe pour les plus judicieux , plus folides , plus curieux, & plus fidelles Herauds de fa dite Majefté , doit eftre receuë en jugement pour auffi va- lide , & irrefragable que plufieurs bons Titres tirez des meilleures Ar- chives de noftre païs : quoy qu'aucuns ignorans , ou paffionnez , & malveillans ofent publier , mais a tort , que femblables Atteftations s'obtiennent legerement par argent ; comme fi tels perfonnages , choi- fis , deputez , & affermentez par le Roy , pour regler & donner la de- cifion des blafons de la Nobleffe , eftoient fans Dieu , fans loy , fans Roy , & fans confcience.

Quant à la Maifon de H A V E R O N, qui nous touche, nous n'en avons pû jufques à prefent recouvrer aucun titre particulier , par le- quel nous puiffions eftre mieux informé de l'ancienneté de fon Extra- ction : nous apprenons feulement d'Antoine Ruteau dans fes Annales de Hainau fol. 153. qu'un certain *Anthoine Haveron* fut Prevoft des Egli- fes de Sainte Waudru , & de Saint Germain de Mons l'an 1438. la- quelle Dignité ne fe conferoit qu'aux perfonnes de bonne & noble race , comme nous pouvons remarquer par la lifte des dits Prevofts rapportée par le dit Ruteau. Et entr'autres un *Theodore* , fils de *Philippe Seigneur de VVaffenaer Burgrave de Leide* poffedoit cette Charge l'an 1405.

Baudouin

Baudouin Froigmont l'an 1418. *André Brunain* l'an 1453. *Anthoine de Lannoy* l'an 1488. *Guillaume de Proiffy* l'an 1497. *Baudouin Doignies* l'an 1532. *Philippe de Lannoy* l'an 1547. *Louis de Berlaimont* l'an 1557. *Jean de Forvie* l'an 1571. *Charles de Rodoan* l'an 1581. *Jean de Forvie* l'an 1600. *Charles d'Aremberg* l'an 1604. *Eugene d'Aremberg* fon frere l'an 1613. *Francois de Gand* dit *Vilain*, Baron de Raffengien l'an 1619. *Ambroife de Spinola*, &c.

D'ailleurs les Annales de Louvain nous enfeignent (& Grammaye dans fon Lovanium fol. 91.) qu'un certain *Antoine de Haveron* (peut eftre neveu du precedent) Prevoft de Saint Donat à Bruges, Protonotaire Apoftolique, & Confeiller des Empereurs Charles V. & Maximilian, fonda à Louvain le College de Saint Donat l'an 1488. Cette Dignité de Prevoft de Saint Donat de Bruges, nous affure de la bonne extraction du dit *Anthoine Haveron*, puis que pour eftre avancé à cette Dignité, il falloit eftre veritablement noble, en fuitte des conftitutions de l'Eglife de Bruges. Et en effect fi nous voulons confiderer la lifte des dits Prevofts rapportée par les Sieurs de Sainte Marthe dans leurs volumes *de Epifcopis Galliæ*, nous y verrons un *Gerard d'Alface* (fils de *Thierry & de Sibille d'Anjou*) avoir exercé cette Charge l'an 1205. un *Franc de Maldeghem* l'an 1240. *Philippe de Savoye* l'an 12.... *Jean de Dampierre* dit de *Flandre* l'an 1291. *Malin de Nieppe* l'an 13.... *VVillaume Vernaeten* l'an 1390. *Bauduin de Nieppe* l'an 1400. *Jean de Bourgogne* l'an 1412. *Roland le Meyer* l'an 1422. *David de Bourgogne* fils naturel du bon *Duc Philippes* l'an 1450. *Gillebert de Brederode* l'an 1459. *Louis de Bourbon* l'an 1460. depuis Evefque de Liege, auquel fucceda noftre *Anthoine Haveron*, (nommé mal par les Sieurs de Sainte Marthe *Hanneron*) lequel eut pour fucceffeur *Francois de Bufleyden* depuis Archevefque de Befançon, *George de Baviere* l'an 14.... *Jean de Heufden* l'an 15.... *Jean de Carondelet* Archevefque de Parme l'an 1544. *Claude de Carondelet* fon neveu l'an 1557. &c.

Ce qui doit fuffire pour eftre perfuadé de la bonne extraction de la Maifon de HAVERON, alliée à noftre Famille de SOHIER.

Et ce fut de cette alliance que vint PIERRE, qui continua la lignée.

Vous

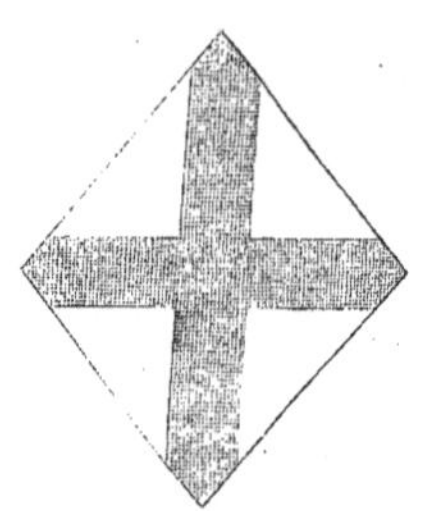

PIERRE SOHIER.   MARIE LAIRE.

Ous venez de veoir par l'Attestation precedente que PIERRE SOHIER, surnommé *Robinet* eut pour fils aisné PIERRE dit aussi *Robinet*, lequel espousa MARIE DE LAIRE issuë de Maison Noble.

Ce PIERRE (que nous pouvons dire estre le IV. de ce nom) n'ayant aussi des grands biens patrimoniaux pour maintenir le rang convenable à sa haute extraction, fut contraint de rechercher quelques Bailliages, comme nous remarquons par le Titre suivant :

Titre Cotté Z*.a° 1436.   Nous WISTACHE D'INCHY Chevaliers Bailliu de Cambresis, faisons savoir a tous chiaus qui ches lettres verront & orront que par le volentet & boin plaisir de Monseigneur Jeans de Gaure Comtes & Evesque de Cambray a che induit par boene considerasion, & ossi respect de nous & des nostres avons quitiet & absolt, ou nom de Monseigneur dessus dit nostre amet & chier Cousin PIERRE SOHIER *Escuyer* Baillyu de Or & de Chastillon pour Monseigneur devant dit de tout chou que il porroit avoir maniet, traitet, & expletet pour cause de Justice, & comme Baillius de Monseigneur l'evesque.

Et si promettons ou nom de Mon dit Seigneur l'evesque de nen pourcassier, ne grever à lavenir en aucune maniere le dit PIERART, ne *Noble Demisiele* DE LAIRE me Cousine, espeuze a dit PIERART, ne CHRISTOFES & JEHANS fieulx as dis Conioins, ne a

R

tous

tous leurs hoirs prefens & avenir a toufiours. En tiemoing dequoy nous Bailliu de Cambrefis avons chetes feailées de noftre propre faiel le xxij de Jenviers M. CCCC. & XXXVI.

Sur le de dos cette lettre eft efcrit. *Acquit de Noble homme* PIERRE SOHIER *Bailliu dor & Caftillon* a° M. CCCC. & XXXVI.

A cette dite lettre faine & entiere pend le Seel du Bailly de Cambrefis, conforme à la figure fuivante :

Nous remarquons par ce Titre que WISTACHE D'INCHY fe nomme Coufin de PIERRE SOHIER, parce qu'il fçavoit tres bien que le dit PIERRE fortoit du cofté maternel de fa Famille, comme nous l'avons appris par les fufnommcz Titres Cottez II. & I.

D'ailleurs le dit Titre nous enfeigne la qualité & Nobleffe de la femme du dit PIERRE, puis qu'elle y eft qualifiée NOBLE DEMISIELE DE LAIRE, fans que fon nom y foit autrement fpecifié.

Si vous

Si vous defirez des preuves ulterieures de la Nobleffe de la Famille de
LAIRE, prenez en mains le tres-celebre Butkens, qui dans fes Tro-
phées de Brabant fait mention en plufieurs endroits de cette Famille,
& nommement au fueillet 97. lors que l'an 1107. Rudolphe de Dongel-
bergerefigna és mains du Duc de Brabant tout ce qu'il poffedoit à Selleke,
au profit du Monaftere d'Afflegem, & ce de l'adveu de Henry, & de Willaume fes fils, & fous le tefmoignage d'Arnoul Comte de Los, de Wautier
Sire de Grimbergues, de Wautier Rodeftoc, de Henry de Bierbais, d'Anthoine fils de Steppon de Bruxelles, de Ricald de Wankets, de Gerard de
Landin, de Franco Chaftelain de Bruxelles, d'Arnoul Senefchal, de
Reinre de Tildunch, de Franco de L'Efcule, de Willaume & Franco de
Grimme, de Wautier de Geift, de *Franco & Renier de Laire* freres Chevaliers, &c.

Du Chefne en fes preuves de la Maifon de Bethune au fueillet 26. (en
une convention que fit *Clemence d'Oify* Dame de Chokes avec Jean Abbé de
Choques l'an 1136.) fait mention de *Hugue de Lerre*, ou *Laire*, de Watier
de Baillol, aliàs Bailleul, de Jean de Cupeni, à prefent Coupigny,
d'Eftienne del Bovere, aujourd'huy de Beuvries, & autres Chevaliers, &c.

C'eft, fans doute, d'un de ces Seigneurs de *Laire*, que noftre MARIE
tire fon extraction, attenduë la conformité du furnom, & des Armes,
nam identitas cognominis & infignium eft infallibile identitatis Familiæ argumentum.

L'avant dite MARIE eut de PIERRE SOHIER fon marry,
deux fils fpecifiez par le fufdit Titre Cotté Z *; ce qui nous affure plainement de la fidelité, equité, & circomfpection qu'a apporté paffées quelques années le *Sieur de Launay* Seigneur d'Asfelt, en la premiere compo-
fition de la Genealogie de la Famille de SOHIER, laquelle à la veuë
de plufieurs rares Titres & Inftrumens fut depuis quelques mois augmen-
tée & rehauffée de beaucoup par les foins de *Monfieur de Launay* fon frere, Seigneur d'Oifel, ce grand Genie de la Genealogie, dont nous avons
parlé cy devant.

L'Aifné donc des fils de ces deux Conioins fut nommé CHRISTO-
PHE SOHIER, lequel eut pour fon appanage les Seigneuries de
Mamigny, & de Magry, venuës fans doute du cofté maternel. Il profeffa
les belles Lettres, & fut Confeiller au Souverain Confeil de Mons, ou il
efpoufa JENNE DE BOUCQ fille de PIERRE Seigneur de
Saint Vaaft, & de le Val, & de COLLETTE DE SART, iffuë d'une
Maifon tres-ancienne & tres-Noble du Comté de Hainaut. De ce maria-
ge vint ANTOINE SOHIER qui ne laiffa de pofterité de MAG-
DELAINE DE BEAUSSART fa femme, fortie d'une tres-noble
Maifon de ce nom. De forte que JENNE SOHIER fœur unique
d'ANTOINE fut heritiere des terres & Seigneuries de Mamigny &
de Magrie, & les porta en mariage à NICOLAS DE LA BOU-
REILLIERE Chevalier Baron de Hefdigneul, Gouverneur de
la ville de Peronne, &c. De leur conionction vinrent deux filles, fçavoir

CATHERINE DE LA BOUREILLIERE, qui fut femme de CHARLES *Baron de* SILERS, duquel elle n'eut d'enfant; & ANNE DE LA BOUREILLIERE (reſtée Dame heritiere de tous les biens de CHRISTOPHE SOHIER ſon Ayeul) qui fut alliée à FRANCOIS fils du *Comte de* MAULEURIER, du ſurnom de MONTBERON, dont les Seigneurs ſont fort ſouvent mentionnez dans les Hiſtoires de du Cheſne, & particulierement en celles de Montmorency & de Chaſtillon. Dans cette premiere fol. 297. verſo. il dit que CHRISTOPHLE DE MONTBERON, Vicomte d'Aunay & Baron de MAULEURIER eſpouſa vers l'an 1528. *Leonor de Ferrieres* Dame de Montfort, fille de *Jean Baron de Ferrieres & de Preaux*, *&c.* Dans ſon Hiſtoire de Chaſtillon au fueillet 418. il rapporte que *Marguerite Comteſſe de Sancerre* (fille de *Jean* III. du nom *Comte de Sancerre*, eſpouſa en premieres nopces *Beraud* II. du nom *Comte de Clermont* Dauphin d'Auvergne & Baron de Mercœur: Et en ſecondes nopces JACQUES *Sire* de MAULEURIER, & de MONTBERON vers l'an 1380. Teſmoignage evident de la grandeur de la Maiſon de MAULEURIER, puis qu'elle fut digne de s'allier, avec celle de SANCERRE, laquelle eſtoit ſortie d'un fils puiſné de l'Illuſtre Maiſon des Comtes Palatins de Champagne & de Brie, dont l'aiſné *Thibaud* avoit ſuccedé à la Couronne de Navarre.

Inferons de cecy que la Maiſon de SOHIER eſtoit encore au ſiecle 1400. en grande eſtime, & reputation, puis que des Seigneurs ſortis des Illuſtres Maiſons de France n'ont deſdaigné ſon Alliance. Eſtant à plaindre que la Branche aiſnée de cette Maiſon, perdit, faute d'enfans maſles, ſon nom, qui fut enſevely avec ſes biens dans l'Illuſtre Famille de MAULEURIER par le moyen de l'Alliance, dont nous avons parlé cy devant.

Tellement que ſuivant la loy des Armoiries, quand les Lignes des aiſnez viennent à prendre fin, celles des cadets relevent les Armes plaines de leurs Maiſons, & en quittent les briſeures.

Je veux dire que la Branche de CHRISTOPHLE SOHIER ne fut pas pluſtoſt finie, que JEAN ſon frere puiſné prit les plaines Armes de ſa Maiſon, & en continua la poſterité en nos Païs-Bas.

Ce Jean

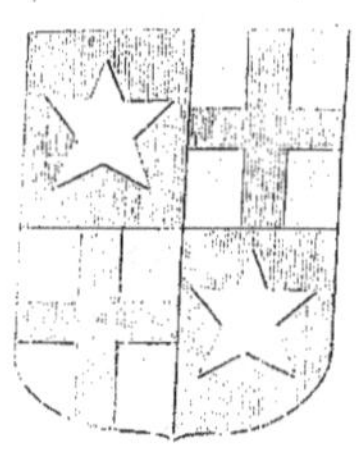 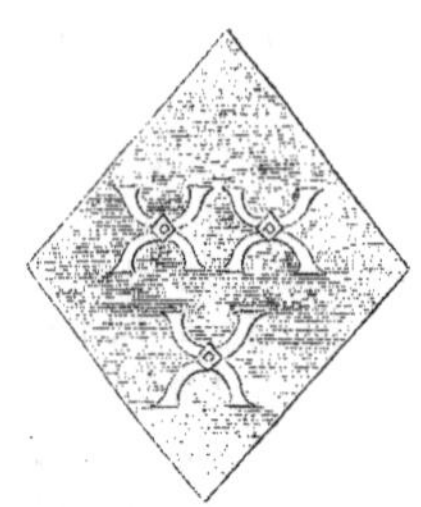

JEAN SOHIER II. du nom.   JENNE de MOULIN.

C E *Jean* donc frere du fufnomme *Chriftophre*, & fils de *Pierre* efpoufa *Jenne de Moulin*, comme nous apprenons par le Titre fuivant, qui commence.

Titre Cotté AA.a° 1477. De mes tres-honnorez Seigneurs Meffieurs les Abbé Religieux & Convent del Eglife, Abbaye, & Monaftere del Saint Andrieu au Ca- ftel de Cambrefis, je *Antoine Creton* Efcuyer tient & adveue à tenir a caufe de la jurifdiction & Seigneurie de le dite Eglife un certain fief a fimple hommage a vij. fauls vj. deniers Cambrefiens de relief, & au- tant de cambrelaige, iceluy fief contenant feize mencaulds de terre ahennables ou environ feantes en deux pieches au tieror de Briaftres au lieu quon dit le vieille bonne tenant de deux lez aux terres de le dite Eglife, d'autre part aux terres de *Jean Rofel* Efcuyer, & del voyette de Quievy, ainfin qu'il fe comporte & eftend, & que cy deffus eft de- claré a moi appart. porce que lai puis naguieres acquis & achapté de JEHANS SOHIERS Efcuyer, & de *Demifielle* JEHENNE DE MOULIN fe femme conioins demeurans en Mons en Hainaut, a celi JEHAN efqueuës, ainfi quil ma fait apparoir par boenes & fai- nes lettres en leale hiretance & fucciffion de PIERON *fen pere*, ja- dis fiuls de PIERART SOHIER quon apieloit *Robinet*, & a celi PIERART venue de MARION LEURIOTE *fe mere*, & gran- de Taye a celi JEHANS SOHIER deffus nommé men vendeur, &

R 3

livreur

livreur, en le maniere que dit eſt & narré par ches lettres avant dites. Et
pourquoy je *Anthoine* en ſuite de chetes, & de men achapt je fai & baille
men rapport & denombrement, par devers Mes dits Seigneurs a le cauſe
dite, ſauf le plus ou le moins, dont quant a ce je men rapporte, & veul je
faire, & le dit fief deſervir de court & de plaix toutes & quantesfois que
requis en ſerai, & juſques au dit & jugement de mes peres, & compagnons au dit hommage. Par le tieſmoing de cettui mien preſent denombrement Seellé de men propre Seel, & par ce que les hoirs de *Jehans Sobier*,
qui fut Prevoſt del Cité de Cambray, couſins au devant nommé JE-
HANS avient a pretendre en quatre mencaulds de celi fief a cauſe de
Roberts leurs Tayon frere a li deſſus ROBINET, le dit JEHANS &
ſen hoir mont promis me guarantir, & warder a touſiours, & mes remanans, contre les dits hoirs, & contre tous. Chile promeſſe fut faite
par devant les hommes de fief de le dite Egliſe le xij. de March
M. CCCC. LXXVII. & men dit Denombrement ai donné le xix.
d'Octobre du meſme An.

Du parchemin de cette lettre ſort & pend une queuë, ſur laquelle ſont
imprimées en cire rouge les Armoiries du ſuſnommé *Anthoine Creton*, en la
forme repreſentée par la figure ſuivante :

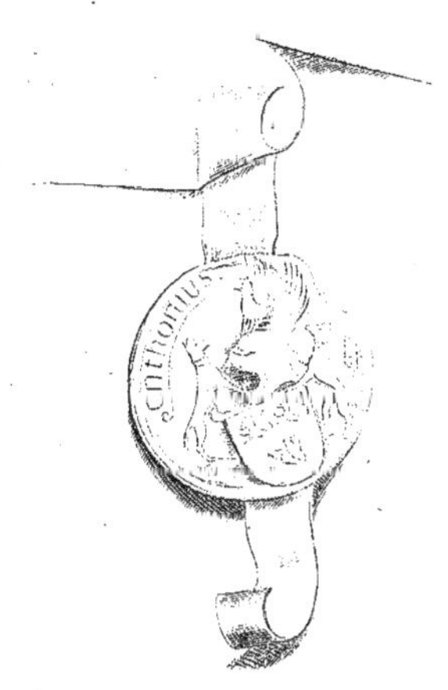

Cette lettre saine & entiere doit estre bien consideréé, puis qu'elle nous assure que JEAN SOHIER y qualifié *Escuyer*, avoit pris pour femme JENNE DE MOULIN, y qualifiée *Demiselle*, aussi bien que les femmes mieux nées de son siecle.

D'ailleurs nous y remarquons les Pere, & Ayeul, voires la Bisayeule du dit JEAN, nommée MARIE LEURIOTE, comme aussi ses cousins, enfans de *Jean Sohier*, qui fut grand Prevost de la ville de Cambray l'an 1419. selon la Table Genealogique de la Noblesse du Païs de Cambresis, à laquelle nous renvoyons le Lecteur, pour y remarquer plusieurs particularitez rapportées en cette Oeuvre.

Nous apprenons aussi par la dite lettre, que jusques environ l'an 1477. nostre Famille de SOHIER s'est maintenuë dans le lustre & le rang de son ancienne Noblesse, mais que sur la fin du siecle 1400. elle tendit à son declin, peut estre par le mauvais mesnage d'un de cette Famille, ou par les disgraces de la fortune ou de la guerre, lors fort commune aux Païs de Cambresis, & de Hainaut.

L'Extrait Cotté E. exhibé cy devant nous l'enseigne clairement, quand il dit, parlant de nostre JEAN: *Il vendit comme sen pere moult de ses Seigneries.*

La cause de la vente de leurs Seigneuries nous est inconnuë: Si est-ce qu'il est certain que tout nostre bonheur depend de la volonté du Grand Justicier du Ciel, & que nous ne pouvons rien posseder, sans son bon plaisir. Ce n'est pas sans raison que Pausanias parle dans Philostrate d'une Fortune qui tenoit Pluton, le Dieu des richesses, entre ses bras, pour nous monstrer, que ceux qui les possedent, luy sont subjets, & pour nous faire ressouvenir, qu'il n'en faut pas user autrement que ce Rabirius Posthumus, que Ciceron loüe si dignement, de ne les avoir pas cherché comme une proye à l'avarice, mais comme instrument à la bonté. Les Anciens nous apprennent assez par leurs Histoires, que

> *Le malheur suit le bien par une mesme voye,*
> *La tristesse est, souvent l'ouvrage de la joye;*
> *Et le mesme degré qui nous sert à monter,*
> *Sert aussi bien souvent à nous precipiter.*

Un grand Personnage de nostre siecle parle fort bien de cette necessité fatalle à tous les hommes, quant il dit: *Quanto mayor es la Fortuna tanto es menos segura. El mal y el bien, la prosperidad y adversidad, la gloria y pena, todo pierde con el tiempo la fuerça de su accelerado principio.* En effet nous voyons que la Fortune traitte les Grands, & les Roys mesmes si diversement, que celuy-là n'eut pas mauvaise grace de s'escrier en treuvant un Diademe: ô beaucoup plus illustre que tu n'es heureux! si l'on sçavoit à quels malheurs tu peux assujettir ceux dont ton éclat excite l'ambition & le courage; il n'y en a point sans doute, qui daignat te lever de terre. Qui eut jamais crû, voyant Euagoras & Thesée, l'un Roy de Cypre, & l'autre d'Egypte, que le malheur les eut reduit au triste estat de souffrir leur ennemy commun sur leurs thrones? Qui eut crû de voir un riche Severin dans la captivité, un

Didier

Didier Roy de Lombardie dans la fervitude, un David Roy d'Efcoffe dans les fers, & un Charles (qu'on doit furnommer le Jufte, ou l'Innocent) Roy d'Angleterre defcapité fur un efchaffaut? D'ailleurs qui eut crû de voir ce Jardinier du temps d'Alexandre eftre couronné Roy de Sidon; un Berger devenir Roy & fondateur de Rome; un Cyrus Pafteur eftre reconnu Prince des Perfes; un C. Marius (dans la maifon duquel le Confulat fembloit vouloir toufiours demeurer, de laboureur devenir Conful, & mendiant à la fin? Tout cela nous fait parêtre, que la grandeur ameine le plus fouvent la mifere, & que tout roule en cet univers au gré & au branfle de la Divine Providence, qui nous donne des honneurs & des biens qu'à loüage & par emprunt, & qui les retire tout à coup, lors que nous penfons les avoir tout pris, & fubjugué à noftre dovotion.

Difons donc que noftre JEAN fut obligé de vendre de fes biens, peut eftre par les ravages de la guerre, ou pour les avoir mal mefnagé. Si eft-ce que pour cela, fes enfans s'eftudierent à ne point fe mes-allier, comme vous verrez en la fuite.

Pour preuves que le dit JEAN s'allia noblement en prenant pour femme JENNE DE MOULIN, nous n'avons qu'à confulter les Hiftoires, Chroniques, & Archives de Cambray, de Valencienes, de Mons, &c. & nous y remarquerons que la Famille de DE MOULIN (alias DU MOULIN, en latin A MOLENDINO, &c.) a efté en fort grande reputation & credit és fiecles plus reculez.

De cette Maifon eftoit defcendu *Louis de Moulin* Seigneur de Rochefort en France, qui fut Maiftre d'Hoftel de la Reyne, lequel y prit à femme *Françoife Vaillant* dite *Guelis*, d'ou fortit *Florimond de Moulin*, qui efpoufa *Jacquelline de Montmorency* fille *d'Anne de Montmorency*, Marquis de Thury, Baron de Foffeux, &c. & de *Marie de Boaune*. Ce *Florimond* eftoit Seigneur de Rochefort, & de Ville-Loüet prés de Blois, Gentilhomme fervant de feuë Loïfe de Lorraine Reine de France, & Lieutenant de la Compagnie de gens d'armes de Monfieur le Comte de Chiverny. Il portoit d'argent à trois fers de moulin de fable, pour eftre diftingué d'une Branche de fa Maifon reftée aux Païs-Bas (qui eft la noftre) qui porte d'azur à trois fers de moulin, ou anylles d'argent, &c. Je vous pourrois produire plufieurs belles alliances qu'a fait noftre Famille DE MOULIN avec célles *de la Foffé* l'an 1200. de *Laubert*, de *Ruaucourt*, de *Noyers*, de *Quaroube*, de *Croix*, &c. mais de peur d'abufer de voftre loifir, & de ne pas arriver à mon but, fi toft que je me fuis propofé, je vous prie, de grace, de vous contenter de ce qu'en rapportent nos plus celebres Chroniqueurs, & Genealogiftes, lefquels en divers endroits de leurs Oeuvres avancent auffi plufieurs belles particularitez de toutes les Familles, dont nous avons fait mention en noftre prefent Traité.

L'avant nommé Extrait Cotté E. donne à noftre JEAN SOHIER un fils qui porta fon nom.

Ce JEAN

JEAN SOHIER III.   MAGDELAINE du FAY.

CE JEAN fut amateur des belles lettres, & quoy qu'il se vit des-poüillé de plusieurs belles successions, dont ses Ayeux avoient joüy, il ne perdit pas le cœur; & s'est, sans doute, souvenu du dire de Theophraste, aussi veritable que serieux, qui dit, qu'un homme docte est le seul de qui l'on peut dire sans flatterie, & sans mensonge, qu'il n'est jamais Estranger hors de son païs, qu'il est encore riche ayant perdu tous ses moyens, & tous ses amis, qu'il a droit de Bourgeoisie en toutes les Villes du monde, qu'il voit sans crainte les revers de la Fortune, & se mocque de ce que les autres adorent. Au contraire que celuy qui se munit plustost des avantages d'une trompeuse felicité, que d'une soli-de Doctrine, comme il prend un mauvais chemin, ne fait jamais un bon voyage. Qu'il choppe autant de fois qu'il fait de pas, & se trouve foi-ble dans sa force, & malheureux dans son bonheur imaginaire. C'est ce qu'a tres bien appris nostre JEAN, non pas pour le sçavoir seule-ment, mais pour le mettre en pratique. Il a donc embrassé les bonnes lettres, les croyant un chemin aussi asseuré que l'espée, pour se relever des disgraces de la Fortune; & par icelles aussi bien que par sa vertu s'insinua dans les bonnes graces de Philippes Archiduc d'Austriche, qui l'estima beaucoup, & le choisit pour un de ses Conseillers, comme nous l'apprendrons par le Titre Cotté CC.

S   JEAN

JEAN donc né vray femblablement dans la Ville de Mons, Capitale de la Province de Haynaut, y continua fon fejour comme fon pere, & y efpoufa MAGDELAINE du FAY, qui pourroit avoir apporté en mariage à noftre JEAN fon mary les Seigneuries de la Buiffiere, & du Troncquoy ; Quoy qu'il en foit, la dite MAGDELAINE du FAY fortoit d'une tres bonne & tres ancienne Famille du Cambrefis, qui a produit plufieurs celebres Chevaliers mentionnez par les Chartes du dit Païs, & connus fous les noms *del Fay*, *de Fays*, en latin *de Fageto*, *&c.* entre lefquels furent ODON dés l'an 1100. ESTIENNE l'an 1225. JEAN l'an 1340. &c. Il y à une lettre dans les Archives de l'Abbaye de Saint Aubert de Cambray, qui fait mention de *Jean de Cantaing* Sire de ce lieu, d'ADAM du FAY, de fa femme ODA y qualifiée *Domicella*, de *Hugues* leur fils, de *Gilles* dit *Morel de Saint Vaaft*, *&c.* Chevaliers, en datte de l'an 1267. Dans les mefmes Archives un Titre de l'an 1241. fait mention de THOMAS du FAY (nommé par un Titre de l'an 1240. de *Fayel*) de *Matthieu Creton*, de Gilles Majeur de Mannieres dit *Laubert*, de *Robert de Venduile*, de *Godefroy le Doyen*, de *VVilard d'Efwars*, de *Jean Seborch*, de *Jean Richoars*, de *Gantos de Lefdaing*, de *Gerard de Honnecourt*, de *Gerard li Enfes de Venduille* Chevaliers, &c. Un autre Lettre repofante és mefmes Archives en datte de l'an 1460. fait mention de JEAN du FAYT Efcuyer Bailly de Wallincourt, de *Matthieu du Fait* dit *Gallehaut*, *&c.* à laquelle pend le Seel du dit JEAN reprefentant dans l'efcu trois eftoilles.

Ce fut fans doute ce JEAN, qui fut pere, ou bien frere de noftre MAGDELAINE du FAY, dont le Titre fuivant fait mention.

A tous ceulx qui ches prefentes lettres verront u orront favoir faich que je JEHANS du FAY, Efcuier, Baillyu de Monfigneur *Jehans de Barbencon*, Sire de Jeumont, Cifoing, Wuerchin, Wallincourt, &c. ait cedet, & tranfportet por toufiours a *Demifieles* JEHENNETTE & MAGDELON du FAY, mes fœurs toute le proprieté & le droit, que je avoy u puet avoir en xxi. mencaudeet & xii. verges de tieres, feantes en le Signorie de Cantigneulx tenant le let de le riviere, allant a Cambray, a mi venues & fuccedees de *Medame Jehenne de Lonfart* me chere mere, a qui Dieu faffe pitiet, & chou tranfport, je faich por eftre quitiet, & abfols a tofiours, enviers mes dites feurs, de deux cens xxvi. lib. que je leur debuioy de reftant por le payement que je eftois obligiet de leur faire por leur part d'iretance, fuivant le Tietament & daraine volentet de men chier, & amé pere, offi JEHANS nommet, & Bailliu de Wallincourt & de Seluigny en fen temps. En tiefmongnage de chete veritet, ait feellet chetes de men propre fcael, & fignet offi chete de me propre main che xxiij. de Jenvier, Mil iiijc. & lxxij.

Eftoit

Eſtoit ſigné JEHAN du FAY, Eſcuyer Parafe, & avec ces mots
au deſſous *Stellatus gradere.*

A cette lettre pend un Seel à demy rompu, en la forme icy repreſentée.

Le Titre ſuivant nous aſſure encore de cette Alliance, comme auſſi
de pluſieurs belles particularitez qui regardent noſtre Famille de SO-
HIER.   Le Titre eſt tel:

Titre
Cotté
C.a°
495.

Tous ceulx qui ces preſentes lettres verront ou orront ſalut. Je JEHANS SOHIER *Eſcuier Seigneur de le Buiſſiere,*
& du Troncquoy, &c. Conſeillier a Monſeigneur Phillippe d'Auſtri-
che, &c: confeſſe dis & recognois que je de me boene volentet pour men prouſit aparant, & pour meilleur eskiever
& pour pieur, moiennant la ſomme de quatre cens livres
une fois, ay vendu, quité, cedé, & werpi par devant loi &
hommes, & du tout mis & delaiſſé a touſiours a noble
homme JEHANS du FAY *Seigneur de Couvry men amé freres*
tous mes tieres & hiretages que je avois a Barly tenues de
Monſeigneur de Melun a cauſe de ſa tiere de Sauthy, a mi venues de le hiretance de *Noble Demiſiele* JEHENNE du MOULINS *me chiere mere,*
a qui Dieu faſſe pardon. Item ſix mencaudées de tiere a Neuville pries
Cambray, que je tenois de Monſeigneur d'Anchin en fief a ſimple hommage, a mi venues de le ſucciſion de *men tres aimable pere* JEHANS, & par
devant li de *mes Nobles Ayeulx Seigneurs de le* HERIES en Cambreſis, que
S 2   Dieu

Dieu a en gloire. Et a chele fin que cheli vendage foit plus ferme & eftable a toufiours, JEHANS *men fils aifnel* a me requefte y a donné fon confentement, & a promis comme my de dorenavant ne rien reclamer, ne faire reclamer es dites tieres ; En tiefmongnage dequoy je ay feaielée chetes de men feaiel, requerant a men dit frere d'y appendre auffi le fien. Et je JEHANS du FAY, Efcuyer Seigneur de Couvrin-Marliere, &c. a le requefte fus dite & pour affeurance de cheli vente ay auffi appendu men feaiel a chetes faites a Mons en Henault che xxiij. d'Aouft Mil quatre cens quatrevingt & quinze.

A cette Lettre pendent deux feaux imprimez en cire rouge, fouftenus d'une double queuë de parchemin, l'un defquels reprefente parfaitement les Armes de noftre Famille de SOHIER, ayant pour Supports de l'Efcu deux lyons, pour cimier deux ramures de cerf iffans du Heaulme, ramparans une Croix, qui reprefente les Armes de LEURIOT, mentionnées cy deffus, les ayant là placé pluftoft que d'en efcarteler fes Armes, fuivant en ce fes propres fentimens, ou la couftume de fon temps, auquel l'on fe fervoit fort peu d'efcarteleure, comme l'on fait depuis un fiecle ou environ. L'autre Seel pour eftre a demy rompu ne nous reprefente que fes Supports, comme il fe void cy deffous.

Ce Titre

Ce Titre contient en outre une des Devifes de noftre Famille de SOHIER, conforme à la figure fuivante :

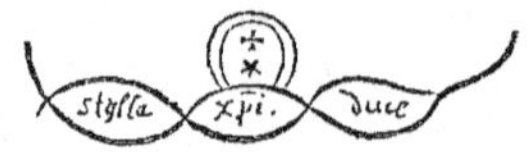

Nous apprenons encore de ce Titre qu'elle avoit peu perdu de fon éclat, (quoy que beaucoup de biens) jufques à la fus dite année 1495. puis que JEAN SOHIER fe qualifie *Confeiller de Philippe d'Auftriche, Duc de Bourgogne, & Prince des Païs-Bas*, un an apres qu'il fit fon entrée en ces Provinces.

Le dit JEAN nous confirme d'ou il forte, puis qu'il fe reclame fils de JEAN, defcendu des *Nobles* & *Anciens Seigneurs de le* HERIES en Cambrefis.

Son Alliance y eft confirmée, puis qu'il appelle JEAN du FAY fon frere, c'eft à dire beau frere par fa femme, nommée cy deffous MAG-DELAINE du FAY, qui luy procrea un fils nommé auffi JEAN, duquel fait pareillement mention l'avant nommé Titre.

S 3   Ce JEAN

JEAN SOHIER IV. du nom.   ANTHOINETTE MALAPERT.

CE JEAN ne s'eſt, ce me ſemble, fort travaillé à acquerir des Charges, & des Titres fameux & éclattans; ſachant bien que la Vertu ſe contentant d'un ſeul titre, ou pluſtoſt ne ſe ſouciant d'aucun, ſe ſert de titre & de dignité à elle-meſme. Il prefera la tranquillité & le repos à toutes les conditions du monde, s'eſtant perſuadé que la vanité des dignitez, & des honneurs ne porte pas de fruit, quoy qu'elle porte beaucoup de fueilles. Il s'eſtoit imaginé que s'il venoit à avoir beaucoup de credit, quil auroit beaucoup de dangers, & des ſoins infinis, dont il croyoit ne pouvoir ſe débaraſſer. Il avoit appris que la Fortune n'exerçoit que mollement ſa force ſur des petits ſujets, & que c'eſtoit dans les Grands qu'elle cherchoit une ample matiere, comme un incendie agit le plus vivement ou il y a le plus de bois. C'eſt pourquoy il choiſit une vie douce es deſembaraſſée, & de peur de faire une cheute ſur la terre, bannit les inquietudes de ce ſiecle, pour mieux s'eſlever dans le Ciel. Il fit ſa fortune pour le temps, & pour l'Eternité, ſans ſe ſoucier de la fortune & du bonheur de ſa poſterité. Telle fut ſon opinion, qui a fort peu de ſectateurs.

Au reſte il s'eſtudia de meſler ſon ſang parmy la bonne Nobleſſe, & eſpouſa une fille de tres-noble & tres-ancienne extraction que le Titre ſuivant nomme ANTHOINETTE MALAPERT. Le Titre eſt tel;

Nous

Titre **Nous** Jehans Abbé de Cambron de l'Ordre des Cisteaux, & tout le
Cotté Convent de ce mesme lieu, salut savoir faisons a tous ceulx qui ces pre-
DD.a° sentes lettres orront, ou verront, qu'apres longues questions, & procés
1543.
menés contre *Noble homme* JEHAN SOHIER *Escuier*, & *Demisiele*
ANTHOINETTE MALAPERT se compagne, pour chou que
nous voliemes avoir le tierage sur un bonnier siept vierges de tieres
voisine de no tieres du petit Cambron a celi JEHANS esqueves &
venues de par *se Noble Compagne* avant nommée. Nous sur chou bien
conseillé & advifet, & aussi pour les bons services & aides que nous a
fait *tres honnorable Escuyer* JEHANS SOHIER *perè* au devant nommé
IEHANS avons tenu quitté & desquerquiés a tousiours de celi tierage le dit *Monsieur* JEHANS, li, se espeuze, & ses hoirs a l'avenir.
En tiesmoingnage dequoy nous avons seailet chetes du Seel de nostre
Abbaye ce vingtiesme de Janvier de lan de grasce Mil cinq cens quarante & trois.

Par moy *Jacques Carron.* A. Notaire
avec parafe.

À cette lettre pend un Seel à double queuë de parchemin representant quelque Abbé, ou Prelat, conformiement à la figure suivante:

Sur le

Sur le replis de la lettre font ces mots : *La contre efcriture eft donnet a Noble homme* JEHANS SOHIER.......

Nous apprenons par ce Titre, que ce JEAN SOHIER (y qualifié *Efcuyer*, & *Monfieur*) eftoit fils de JEAN, & qu'il avoit pris à femme ANTHOINETTE MALAPERT, dont la bonne extraction nous eft connuë par les mots de *Demifiele*, & *fe Noble compagne*, contenus dans le dit Titre.

D'ailleurs, fi vous defirez d'apprendre l'origine de l'Illuftre Maifon de MALAPERT, & d'eftre affuré que celle de SOHIER y fut veritablement alliée; confiderez attentivement le Fragment avec la Copie fuivante, extrait hors de la Genealogie originalle de la tres-Illuftre Maifon de *Bazentin*, ou *Bouzantin*, originaire de Picardie, dreffée par C. Scohier Genealogifte & Enlumineur ordinaire du Roy, & verifiée & approuvée par le Sieur d'Hofier, Seigneur de la Garde, &c. Juge General des Armes de France, comme l'on peut veoir chez le Seigneur de Jutphaes lez Utrecht, qui a en fa poffeffion les originaux, & dont les copies utiles à noftre fujet vont icy jointes.

Le Fragment authentique eft tel :

E X T R A I C T

De la Genealogie de l'ancienne & illuftre Maifon des Seigneurs de Bazentin, de Hervilly, & de MALAPERT, tirée des Regiftres de la Chambre des Comptes, Chartulaire Royal de Peronne, Arrets de la Court, Hiftoires, & Chartres anciennes, & titres domeftiques.

En tefte de la Genealogie font reprefentées avec leurs couleurs les veritables Armoiries de la Maifon de MALAPERT, comme auffi toutes celles de fes Alliez, que nous n'avons icy fait reprefenter pour les difficultez que nous y avons rencontré. Il nous fuffit pour noftre fujet que JEAN SOHIER, marry D'ANTHOINETTE MALAPERT, y porte pour Blafon & Armes, au 1. & 4. de gueulles à une eftoille de cinq pointes d'argent (qui eft SOHIER) & au 2. & 3. d'or à une croix de gueulle, qui eft COULET-LEURIOT.

Les Armes de la Maifon de MALAPERT y font conformes à la figure fuivante.

Jean

Jean Sire de Bazentin , & Montauban Chevalier , espousa N. . d'Averdoin fille de Gilbert l'an 1200.

Jean Sire de Bazentin & Montauban Chevalier, espousa Agnes de Soissons.

Renaud de Montauban , Sire de Bazentin Chevalier , l'an 1250. espousa Jeanne de Longueval.

Jean Sire de Bazentin , & d'Averdoin Chevalier , Bar. de Leaune l'an 1321. espousa Jeanne Ravens-de Fonsomme.

Jean de Bazentin Baron de Leaune , espousa Magdelaine de Hames.	Jean Sire de Bazentin , & Montauban Chevalier , l'an 1354. espousa Jenne de Merlo.	Jeanne de Bazentin espousa Messire Pierre de Guines.	N . . Sire de Hervilly, Chevalier, l'an 1354. espousa N . . Dame de Fromentel.

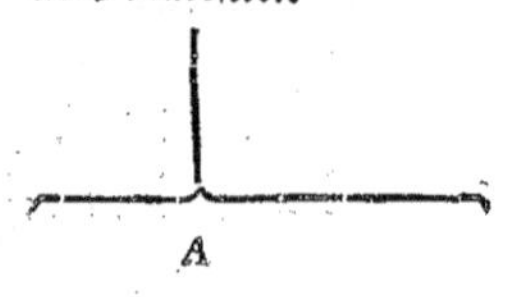

A

T

Jean

A

Jean Sieur d'Hervilly &
Misery, Chevalier
l'an 1367. espousa
Jeanne d'Arcy.

Jacques d'Hervilly,
dit Posieres,
Escuyer S^r de
Fromentel l'an
1367. espousa...

Robert Sr de Hervilly, Chevalier, Chambellan du Roy
l'an 1400. donna les Ar-
mes,& le Cry à son neveu
JAN l'an 1403. il espou-
sa......

Jean de Hervilly
Sr de MALA-
PERT espou-
sa N... Dame
de MALA-
PERT.

N.. d'Hervilly,
espousa *Alard*
Baron de Hou-
court.

JEAN D'HERVILLY
dict MALAPERT, espou-
sa *Jeanne de Manneville* , l'an
1397.

JEAN DE MALAPERT
espousa *Jeanne d'Esclories.*

MICHEL MALAPERT
espousa *Catherine Hoston.*

MICHEL MALAPERT
espousa *Gregorine de Behault.*

LOUIS MALAPERT
espousa en 1. nopces *Marie*
de la Faille : en 2. n. *Susanne van*
Tessen. De la 2. est sorty
LOUIS MALAPERT
pere de LOUIS à present
Sr de Jutphaes , entre les
mains duquel est l'Original.

ANTHOINETTE
MALAPERT espou-
sa JEAN SOHIER
Escuyer.

Au bas

Au bas d'icelle Genealogie eſtoit eſcrit : *Faiſt par C. Sohier Genealogiſte, & enlumineur ordinaire du Roy, ſuivant les memoires & certificat donné par le Sieur d'Ho-ſier Seigneur de la Guarde, Chevalier de Sainſt Michel, Gentilhomme ordinaire de la Chambre du Roy, ſon Genealogiſte & Juge General des Armes de France, daté 21ᵐᵉ May 1642. ſigné de ſa main, & ſcellé de ſes Armes en cire, le tout ſur parchemin;* comme on peut veoir par la copie ſuivante.

Nous Pierre d'Hoſier Seigneur de la Garde, Chevalier de l'Ordre du Roy, Gentilhomme ordinaire de ſa Chambre, & Genealogiſte de ſa Majeſté, & Juge General des Armes de France, certifions à tous qu'il appertiendra, que les Maiſons de *Bazentin, Montauban, Hervilly, Ma-lapert,* ſont Maiſons Nobles de nom, & d'Armes, & d'ancienne Che-valerie dans les pays de Vermendois, Beauvoiſins, Boulonois, Ar-thois, & Provinces Voiſines, & alliées aux meilleures Maiſons des di-tes Provinces, par teſmoignage, & titres authentiques, chartres an-ciennes, Vieux Heraults, & Blaſons d'Armes; en foy dequoy avons delivré ce preſant certificat ſoubs noſtre ſigne manuel, & le Seellé de nos Armes, faiſt a Paris ce vingt-unieſme jour de May mil ſix cent quarante deux. Et eſtoit ſubſigné, *Pierre d'Hoſier.*

Et au bas d'icelle eſt attaché un ſeau du dit Sieur d'Hoſier en cire rouge, repreſentant dans l'eſcu une bande accompagnée de ſix eſtoil-les, ayant pour Supports deux lions, & pour inſcription allentour du Seau les mots ſuivants, *Pierre d'Hoſier, Sʳ de la Garde Chlr de l'Ordre du Roy.*

Ce preſent Extraiſt, avec la Copie du dit Sʳ de Hoſier eſt tiré de la Genealogie originale des Illuſtres & anciennes Maiſons de *Bazantin,* de *Montaubau,* de *Hervilly,* & de MALAPERT, laquelle fut dreſſée par le Sieur Scohier, & miſe entre les mains du Sʳ de Jutphaes, comme dit eſt cy deſſus; & le dit Extraiſt, avec la dite Copie, ſe trouve concorder en tous ſes mots aux Originaux par moy Jean de Snelderwert Notaire publicq admis par l'authorité de la Court & les Bourgemaiſtres de la Ville d'Utrecht, le cincquieſme jour du mois de Novembre mil ſix cent ſoiſſante.

J. Snelderweert avec parafe.

A la teſte du dit Extraiſt eſt imprimé le petit Seel de la ville d'Utrecht.

T 2

En ou-

En outre pour preuves que la dite Famille de MALAPERT eſt vrayement reputée & reconnuë pour Noble en ces Provinces, prenez en main d'Outreman, & liſez ſon Hiſtoire de Valenciennes au fueillet 373. ou il dit qu'ADRIEN MALAPERT Seigneur de Berkelette fut crée Prevoſt de la Ville·de Vallenciennes & portoit d'azur ſemé de lys d'argent, &c. Laquelle Dignité n'a jamais eſté conferée depuis ſon eſtabliſſement juſques à nos jours qu'aux Familles vrayement Nobles, & tenuës pour telles, comme eſtoient lors celles de *Muſtel*, *de Bulletel*, *de Bouré*, *de Solemmes*, *de Coucy*, *de Mulebert*, *de la Pierre*, *de Bourgeois*, *de Rouſſel*, *de Ruin*, *de Cambier*, *de la Rive*, *de le Vilain*, *d'Arras*, *de Quentis*, *de le Prouvos*, *de la Cauchie*, *de Gouchez*, *d'Eſcaupont*, *de Famars*, *de Noghet*, *de la Saulx*, *de le Pere*, *de Faumin*, *de Heſque*, *de Brochon*, *de Baiſſy*, *de Marlis*, *de Landas*, *du Gardin*, *de la Vigne*, *de Quaroube*, *de Treſbelles*, *de le Poivre*, *de Pollé*, *de Blancars*, *de Mortagne*, *de Lamelin*, *de Partit*, *de Moyſet*, *de Senwart*, *de Roland*, *de Beaulieu*, *de Deſpierres*, *de Creſte*, *de Vredeau*, *de Du Bois*, *de Fraſne*, *de Grebert*, *de Gorſain*, *de Raſoir*, *de le Bon*, *ou Bonet*, DES ABLENS, *de VVargny*, *de Mons*, *de le Kien*, *de Henne*, *de Bruneau*, *d'Ailly dite de Sains*, *de Maulde*, *de Belleforiere*, *de Sains*, *de Lille*, *de Hennin dite Cuvillers*, *de Bauduin*, *de Chamart*, *d'Aſſignies*, *de Vendegies*, *de Rozimbos*, *de Deſmaiſieres*, *de Thiant*, *du Puich*, *de Rolin*, *de le Lievre*, *de Hertaing*, *des Cordes*, *de Godin*, *de Morchipont*, *de Bouzanton*, *de Lattre*, *de Villers*, *de Goignies*, *de D'Outreman*, *de du Vivien*, *de Baſſecourt*, *de Hove*, *de Zomberghe*, *de Croix*, *de Buiſſe*, *de Pitpan* & autres mentionnées par le dit d'Outreman au fueillet ſuſdit, & és precedents.

D'ailleurs nous ne devons douter de la Nobleſſe de cette Maiſon de MALAPERT, puis qu'elle a eſté receuë dans les Colleges des Chanoineſſes Nobles & Illuſtres, comme nous pourrions vous monſtrer clairement, ſi nous avions propoſé de nous eſtendre d'avantage ſur tels & ſemblables ſujets.

Contentez vous donc de grace, d'apprendre que noſtre ANTHOINETTE MALAPERT, eut de ſon marry JEAN SOHIER un fils aiſné nommé HUGUES, avec un autre nommé *David*, & deux filles, ſçavoir *Catherine*, & *Marie*.

Cet

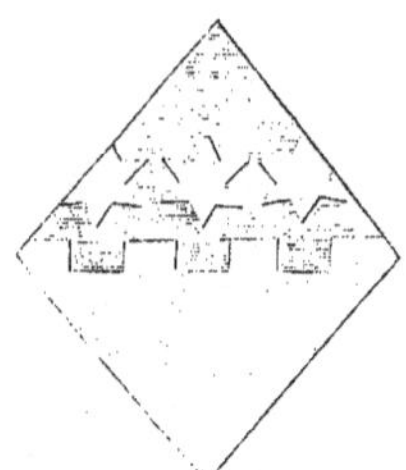

HUGUES SOHIER.   ANNE SAYE.

CEt HUGUES né l'an 1550. pouffé d'un bon Genie , & ne pouvant porter une confcience forcée, embraffa la Religion, & le party des Proteftans , & comme il vit que l'an 1572. le Duc d'Alve s'eftoit emparé de la Ville de Mons, (fon lieu natal) & qu'il y vouloit introduire par force la Religion Romaine à l'exclufion de tou-tes autres, trouva bon d'abandonner fa propre patrie , & fe tranfpor-ta avec mille autres , à Anvers, pour y goufter les doux fruits de la Liberté , qui y eftoit encore en fa vigueur.   Cette fubite retraite n'a pû eftre que tres dommageable à noftre HUGUES, & je veux croi-re, qu'il n'a pû fans fouffrir du mal, voir la confifcation, & perte de fes plus beaux biens, mais à la fin fachant bien que les ornemens de l'ame, font plus à eftimer que l'or & l'écarlate , marcha fur toutes les confi-derations, qui pouvoient l'empefcher de dire à Dieu à fa patrie, & fe confia en la Divine Providence , laquelle n'abandonne jamais les fiens, n'y ayant point de mal qu'elle ne gueriffe , ny d'extremité dont elle ne nous puiffe relever : Elle ne nous rebutte point, encore qu'elle nous éprouve : Elle abbaiffe par fois ce qui eftoit élevé, & rehauffe ce qui tou-choit contre terre. HUGUES donc fe retira à Anvers, & encore qu'il fe vit dépoüillé de la plufpart des biens qu'il poffedoit; & privé de toutes charges, & du rang qu'il tenoit entre les Nobles de fa Patrie, ne perdit pas le cœur, parce qu'il avoit du fçavoir & de la vertu , qui font les deux plus beaux heritages qu'un pere puiffe laiffer à fon fils, parce qu'ils ne font du reffort & du domaine de la Fortune.   Ce furent, fans doute, les deux prin-

T 3   cipaux

cipaux meubles de noſtre HUGUES, dont la poſſeſſion ne pouvoit
eſtre oſtée ou troublée par la force ny par le temps. Ce fut par ces deux
boucliers qu'il regarda ſans crainte le revers de la Fortune, & ſe mocqua
de ce que les autres adoroient. Il enviſagea à pied ferme toutes ſes diſ-
graces, & voyant qu'il ne pouvoit dans ces extremitez maintenir le rang
de ſa Nobleſſe, attacha ſes ſoins & ſes penſées au commerce, & y reüſſit
ſi heureuſement, qu'il ſe vid en peu de temps reſtably dans le chemin
de l'abondance : à quoy n'a pas peu contribué le mariage qu'il fit avec
ANNE SAYE, (native de la Ville de Tournay) qui luy apporta des
grands biens, à elle venuës de la ſucceſſion de JEAN SAYE ſon pere,
& de JENNE DE BERLOT ſa mere, auparavant veuve de *Robert
Sanglier*.

Laquelle Maiſon de SAYE a eſté jadis reputée entre les bonnes, & nobles Familles de Tournay, y a fait pluſieurs hautes alliances, comme nous
pouvons veoir dans le Recueil des Maiſons Nobles du Païs de Tourneſis,
& par les Regiſtres du dit Païs, & y a poſſedé des belles charges dans le
Magiſtrat, & entre autres celle de Juré, & d'Eſchevin de la Ville.

Cette Charge de Juré eſt auſſi ancienne qu'honnorable, & de tres grande authorité, qui eſtoit du paſſé exercée par la premiere Nobleſſe de la Ville, & prenoit ſon rang devant les Eſchevins. Le Juré (auſſi bien qu'à Valenciennes) eſtoit obligé d'entretenir un cheval de ſelle, & un valet, pour
eſtre plus prompte & habile à l'execution de la Juſtice, & pour tant mieux
faire les viſites, enqueſtes, & autres fonctions de ſa charge, auquel effect
il eſtoit bien ſeant, voires neceſſaire qu'un chacun tiendroit un valet, &
un cheval en l'eſtable, comme rapporte d'Outreman dans ſon Hiſtoire de
Valenciennes folio 355. & Jean Couſin dans celle de Tournay.

Tellement que l'on n'appelloit à la charge de Juré, ou homme de paix,
que les mieux nez, & les plus puiſſans de la ville ; d'ou nous pouvons infe-
rer que ſi ceux de la Maiſon de SAYE ont eſté ſouvent appellez à cette
charge, ce n'a eſté qu'en conſideration de leur bonne extraction, de leurs
merites, & de leurs richeſſes.

Et pour preuve que le ſuſnommé JEAN SAYE pere D'ANNE
avoit, à l'exemple de pluſieurs de ſes Anceſtres, exercé cette charge de Juré,
l'on exhibe un fragment Genealogique de cette Maiſon de SAYE, verifié par les Herauds d'Armes ſouſnommez, Cotté FF.

> JEAN SAYE, Juré (ce que veult dire Eſchevin)
> de la Ville de Tournay, eſpouſa en premieres nopces
> Damoiſelle ..... DU MONT, & en 2. nopces
> JEANNE BERLOT.

APOLLOINE SAYE eſpouſa	ANNE SAYE eſpouſa
MICHEL BACHELER frere	HUGUES SOHIER.
de Pierre Lieutenant du Roy és Bail-	
liages de Tournay Tourneſis, Mor-	
tagne, & St Amand.	

Au bas

Au bas de ce Fragment se void l'attestation des Herauds d'Armes en ces mots :

Nous soubsignez Herauds, & Roys d'Armes de sa Magesté attestons que le fragment de la Genealogie icy dessus depeinte, est fidellement extraict des notices qu'avons de la Famille de S A Y E, estant noble & ancienne originaire de la ville de Tournay, comme aussi appert par les quatres quartiers que porte le Seigneur de Prée en Anvers, a sçavoir Bacheler, S A Y E, le Cambier, & Eems, & sa Genealogie attestée par les Herauts d'Armes, laquelle a esté envoyée en Espagne l'an 1650. afin d'obtenir de sa Magesté certaine mercede de confirmation de Tenans, ce que a esté accordé au dit Sr de Prée, & a son frere, en tesmoignage dequoy. E. Flacchio. J. B. Maurice avec paraphe.   Et plus bas estoit escript :

Nous Bourgm̄res, Eschevins & Conseil de la Ville de Bruxelles certifions, & attestons que les Sieurs Engelbert Flacchio, & Jean Bap^{te} Maurissens sont Herauds, & Rois d'Armes de sa Ma^{té} & qu'a tous leurs actes ainsy par eulx signez on donne plaine foy, & entiere credence, tant en jugement que dehors. En Tesmoing dequoy avons la presente fait munir du cachet de cette ville, & signer par n̄re Greffier ce 15. de May 1660.

P. van Ranst.

A ce fragment sont imprimez les seaux des deux Herauds d'Armes susnommez, & de la ville de Bruxelles, en la forme icy representée :

De plus

De plus pour monſtrer que la Famille de S A Y E eſt effectivement noble, & qu'elle en a porté la qualité, l'on exhibe le titre ſuivant jadis mis
en garde dans l'Abbaye de Sᵗ Martin, par les Seigneurs de Sorel, & de
Rouveroy.

Titre
Cotté
GG. A tous ceulx qui ces preſentes lettres verront ou orront, Jacques le
Vain Licentié en loix, Garde de par le Roy Meſſire du Seel Royal de la
Baillie de Vermandois eſtably de par iceluy Seigneur de Saint Quentin
ſalut, ſcavoir faiſons que par devant Anthoine Vailly, & Jean Leurier
Tabellions Royaulx demeurans en la Ville de Saint Quentin Jurez &
commis en ce cas, Comparut perſonnellement Meſſire Gaucher de
Rouveroy Chevalier Seigneur de Saint Simon, Et recognut que comme des le treizieſme jour du mois d'Octobre l'an mil quatre cens &
vingt. il euſt vendu bien & lealment a deffunct Monſeigneur Jean
Bracque a ſon vivant Chevalier la ſomme de deux cens eſcus en blans
de rente annuelle, & perpetuelle par lettres paſſées par devant Jehan
Deſqueſnes Tabellion Royal lors eſtabli en la Ville & Cité de Tournay, Seellées du Seel Royal au dit lieu, dont & du vidimus deſquelles
lettres, & des explois ſur ce fais la teneur ſenſuit. A tous ceulx qui ces
pñtes lettres, &c.

Item ſenſuit le teneur des lettres ſeellées du dit contreſeel Royal.
Jehans Seigneur de Bains de Houſſoy, & de Boulogne le craſſe en partie Chevalier, Chambellan du Roy n̄r̄e Sire, & ſon Bailly de Tournay, Tourneſis, Mortagne, Saint Amand & des appartenances, au
premier ſergent du Roy n̄r̄e dit Sire des dis Bailliages qui ſur ce ſeia
requis ſalut, veu avons unes lettres obligatoires Seellées du Seel Royal
eſtabli en Tournay, par leſquelles puet apparoii noble & puiſſant Seigneur Monſieur Gaucher de Rouveroy Chevalier Seigneur de Saint
Simon & de Raiſſe avoir vendu a noble homme Monſieur Jehan Bracque Chevalier, deux cens eſcus en blans de rente annuelle & perpetuelle de telle monnoye, & de tel prix, & valeur, &c.

Item ſenſuit la teneur des lettres Seellées du Seel de Jean Carpentier
deſſuſnommé. A haut & noble mon chier, & doubté Seigneur, Monſieur le Bailly de Tournay, Tourneſis, Mortagne, Sᵗ Amand, & des
appartenances, ou a ſon Lieutenant Jean Carpentier Sergent du Roy
noſtre Sire es dits Bailliages, & le voſtre en tout honneur, & ſervice
& reverence avecq toute obeiſſance. Chiers plaiſe vous ſcavoir que
par vertu de la commiſſion de vous donnée, parmy laquelle ceſte
moye reſcription eſt annexée, & pour icelle enteriner a la requeſte de
noble homme Monſieur Jean Bracque Chevalier impetrant d'icelle le
ſeptieſme jour de fevrier lan mil quatre cens & vingt trois, me trans-
portay a le fortereſſe d'Ere, ſur laquelle fortereſſe Juſtice, Seigneurie,

terres,

terres, cens, rentes, prez, bos, paſtures, appendances, & appartenances d'icelle, appartenants a noble & puiſſant Seigneur Monſieur Gauchier de Rouveroy Chevalier Seigneur de Saint Simon , & de Raiſſe,
je mis & aſſis la main du Roy nr̄e Sire , comme ſouveraine a le conſervation & ſeureté de la rente de deux cens eſcus en blans , dont la
dite commiſſion fait mention. Et ce fait me tranſportay par devers
vous mon dit Seigneur Bailly , & vous leu la dite commiſſion, & apres
icelle a vous leu vous ſignifiay mon dit exploit & main aſſiſe, & fit
tous les commandemens, inhibitions, & deffenſes, que par vertu de la
dite commiſſion appartenoit a faire , & que je feiſſe enregiſtrer és pa-
piers, & regiſtres de la Cour du Roy nr̄e Sire a maire. A quoy vous
me reſpondeſiſtes que volentiers le feriez enregiſtrer , & vous garde-
riez de mesfaire. Et ce fait apres obeiſſance par moy priſe de faire &
parfaire mon dit exploit a JEHAN SAYE ESCUYERS Bailly
de la Ville & terre de Rume qui le me accorda, me tranſportay en la
dite Ville de Rume au lieu qu'on dit a Hurtebiſe appartenant au......
Monſieur Gauchier de Rouveroy Chevalier , ſur lequel lieu manoir,
terres, bos, pres, & paſtures, appendances, & appartenances , je mis
& aſſis la dite main du Roy noſtre Sire , & generalement ſur tous ſes
autres biens, & heritages , a le conſervation, & ſeureté de la dite rente .... es dites lettres. Et ce faict me tranſportay par devers le dit
SAYE, auquel apres la dite commiſſion à luy leue, je ſigniffiay mon
dit exploit, & main aſſiſe, &c.

Et il ſoit ainſi que a cas de la monnoye, &c.

Pour leſquelles choſes appaiſenter , & pour entretenement de bonne
amour & union , &c.

Et en plus grande ſceureté du parfait & accompliſſement des choſes
deſſus dites, &c.

En Teſmoing de ce nous Garde deſſusnommé a la relation des dis
commis Jurez avons mis a ces preſentes lettres le dit ſeel Royal de
Baillie, Qui furent paſſées & faites triples & pareilles par le dit Monſieur de Saint Simon, & de conſentement, pour en avoir c'eſt aſſavoir
unes au dit Meſſire Aubert de Sorel & ſa femme, unes au dit Meſſire
Jacques de Montigny pour luy & les dites Demoiſelles Anthoine , &
Guigone ſes filles, Et les autres a icelluy Seigneur de Saint Simon chacune des dites lettres pour le ſceureté & conſervation du droit des dites parties. Et ſans pour ce en riens deurognier ne prejudicier les unes
aux autres. En l'an de grace , nr̄e Sire mil quatre cens cinquante &
huit ou mois de Juillet le penultieme jour. A. Vailly. J. Levrier avec
paraphe.

V

Au bas

Au bas de cette lettre, qui contient une aulne en quarrure, pend le Seel du Bailliage de Vermandois, repreſentant dans un eſcu ſix fleurs de lys d'un coſté, & de l'autre des fleurs de lys ſans nombre, en la forme icy repreſenteͣ :

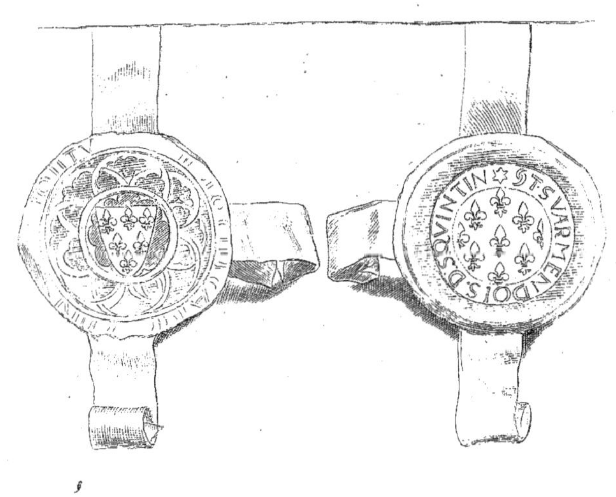

Sur le dos eſt eſcrit, *Lettre de Traitié & accord pour Nobles perſonnes Meſſire Aubert de Sorel Chlͬ, & Madame Yſabel de Rouveroy ſa femme & eſpeuze.* Ces letres furent données en garde a n̄re Abbaye de Sᵗ Martin l'an m. iiijᶜ lviij. en Aouſt.

Ce Titré donc ne nous ſert que pour nous aſſurer de la Nobleſſe & bonne extraction de la Maiſon de SAYE, dont JEAN (nom fort commun à cette Famille) vivoit au commencement du ſiecle quatrieſme, & portoit la qualité d'Eſcuyer, & de Bailly du village de Rume, ou ſa poſterité poſſedoit encor des beaux biens l'an 1515. 1559. & apres, comme l'on peut veoir dans les regiſtres de ce lieu, & plus abondamment parmy les Chartes & Monumens de la Ville de Tournay, ou ceux de cette Maiſon ont poſſedé des grands biens avant les troubles ſuſcitées par les Eſpagnols contre ceux de la Religion Reformée, du nombre deſquels fut noſtre ſuſnommé JEAN SAYE, qui fut obligé d'abandonner ſes biens & ſa patrie, avec mille autres.

HUGUES

HUGUES SOHIER donc fit fon teftament l'an 1584. avec fa
dite femme ANNE SAYE, comme nous pouvons remarquer de
l'Extrait fuivant:

Au nom de Dieu, Amen.

Sachent tous ceux qui ce prefent inftrument verront ou lire orront, que
cejourd'huy le quatorziefme de Novembre l'an mil cinq cens quatre-
vingtz & quatre, par devant moy Notaire & Tabellion publicq, & les
Tefmoings deffoubs nommez font comparus en perfonnes les honnora-
bles HUGUES SOHIER refident en cette Ville, fils legitime de feu
JEHAN, & Damoifelle ANNE SAYS fa femme fille Legitime de
feu JEAN SAIS, ambedeux en bonne difpofition de corps, joyffants
de leurs fens, entendement, & bonne memoire, ainfi que clairement ap-
paruft, ont confeffé que confiderant la fragilité de la nature humaine, &
pour en temps pourveoir a leurs affaires, afin que nul defordre advienne
apres la mort de l'ung d'eulx, ils ont de leur certaine fcience, bonne deli-
beration, & franche volonté fans induction aucune ordonné (comme ils
ordonnent par ceftes) leur Teftament & difpofition de dernier volonté
en la forme que s'enfuit, revoquant & annichilant tous autres Tefta-
ments, codicilles, & donations, qu'auparavant date de ceftes par eulx, ou
chafcun d'eulx a part ont efté faits paffez & recogneuz foit verbalement
ou par efcript, &c. Et tout ce que deffus declaroient les dits Teftateurs
eftre leur difpofition Teftamentaire, & ordonnance de derniere volonté,
laquelle ils veuillent qu'en tout & par tout felon fa forme & teneur foit
enfuivie & accomplie. Ce que fut ainfi fait a la Maifon des Teftateurs
nommé l'Ange blancq en la Keifers-ftraete en cette ville d'Anvers, en
pńce de Michel Becquer, & Jacques van Eygenen comme Tefmoings.
Apres les Teftateurs ont voulu y eftre adjouftez les legats enfuivans, &c.
Et la minute és mains de moy Notaire, eftoit foubfigné HUGO SO-
HIER, ANNE SAY. En bas eftoit auffi foubfigné. Quod atteftor
P. VVefenbeke, Notaire admiff.

Ce prefent extrait eft tiré du Teftament Original, & eft trouvé s'accor-
der avec iceluy par F. Doude Notaire Refident en la Ville de Leide, le 24.
d'Avril 1660. & eft muny du petit Seel du Magiftrat de Leyde. Signé
M. Alphen, en la forme icy reprefentée:

Noſtre HUGUES apres avoir demeuré quelques années dans la Ville d'Anvers, fut obligé de l'abandonner, parce que l'an 1585. elle fut priſe par le Prince de Parme, & ſubmiſe aux Loix de l'Eſpagnol, auſquelles HUGUES, amateur de liberté, ne pouvoit ſe ſoûmettre ny compatir, ce pourquoy il ſe vint domicilier à Cologne au commencement de l'an 1586. ou il mourut le 12. de May 1592. Apres la mort duquel ANNE SAYE ſa femme, voyant la Liberté & le repos bien affermy à Amſterdam, s'y vint rendre, & y deceda l'an ...... ayant laiſſé trois fils, & trois filles, mentionnez dans la Table Genealogique. Le cadet des fils fut nommé NICOLAS, qui continua la Lignée des SOHIERS en ces Pays-Bays.

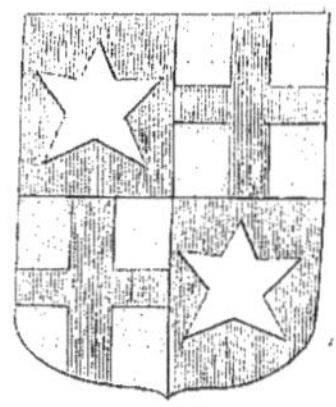 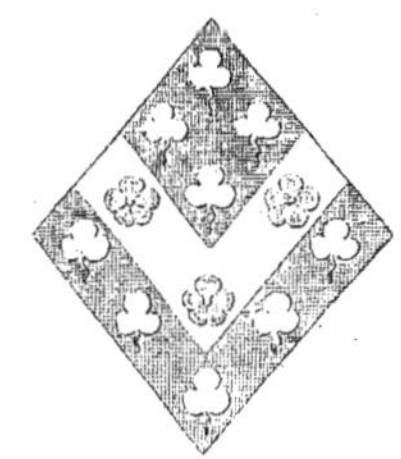

NICOLAS SOHIER.   SUSANNE HELLEMANS.

CE NICOLAS fut né à Cologne, ou ſes parens s'eſtoient refugiez, & vint, avec ſa mere reſtée veuve, ſe domicilier à Amſterdam, ou il s'engagea dans le commerce, comme ſon feu pere, prit courage parmy les plus grandes difficultez, pourſuivit ſa pointe ſans ſe rebutter pour les obſtacles qui ſe preſenterent, & par ſes ſoins & veilles aſſiduës ſe vit en peu de temps remply de richeſſes, qui ne furent pas peu accreuës par l'alliance qu'il fit avec SUSANNE HELLEMANS, fille aiſnée D'ARNOULD & de SUSANNE van SURQUES, comme il appert par l'Extrait de leur Traité de mariage, qui ſuit en cette maniere :

EXTRACT.

EXTRACT.

In den name des Heeren, Amen.

Traicté de Mariage Cotté II. aº 1621. In den Jare van der geboorten deſſelfs ons Heeren ende Salichmaec-kers Jeſu Chriſti, duyſent ſes hondert een ende twintigh, op den elfden Mertij, Compareerden voor my *Jan Franſz. Bruynningh*, Openbaer Nota-ris, tot Amſterdamme reſiderende, by den Hove van Hollandt geadmit-mitteert, ter preſentie vanden ondergeſchreven Ghetuygen, d'Eerſame Sʳ NICOLAES SOHIER, Jonghman, toekomende Bruydegom, geaccompagneert met de Eerſame Sʳ *Daniel Colpijn*, ende *Gonſalvo Romiti*, ſijn goede bekende Vrienden, ter eenre; ende d'Eerbare ende Deucht-ſame Juffrouwe SUSANNA HELLEMANS, ARNOULTS dochter, Weduwe wijlen *Eduart van Surck* zal: ged: toekomende Bruyt, geaſſiſteert met de Eerbare Juffrouwe SUSANNA ᴠᴀɴ SURCK, Weduwe wijlen Sʳ ARNOUT HELLEMANS, haer Moeder, Sʳˢ *Jan Babtiſta Bertelotti*, ende *Emanuel van Surck*, hare Schoon-broeders, mitſgaders Sʳ *Franchoys van Hove*, hare Couſijn, ter andere zijde : Verkla-rende die voornoemde Comparanten, &c. Gedaen binnen der vooríz. Stede van Amſterdamme, ten Huyſe van de voornoemde Juffrouwe *Suſanna van Surck*, ter preſentie van de Aſſiſtenten, boven genoemt, mede in plaetſe van Ghetuygen hier toe verſocht, ende was met verſchey-de handen in den Prothocolle mijns Notaris onderteyckent aldus: NICOLO SOHIER, SUSANNA HELLEMANS, *Daniel Colpijn, Conſalvo Romiti, Suſanna van Surck, Jan Babⁱᵗᵃ Bartolotti, Emanuel van Surck, Franchois van Hove, J: Bruynningh*, Not: Pub: Lager ſtont, *In fidem Veritatis, ego Notarius antedictus, hæc manu mea propria ac Signo Conſueto ſubſignavi rogatus & requiſitus*, ende was onderteeckent

J. Bruynningh, U.D. Not.Pub. ſᵗ·

Nevens ſtont opgedruckt een Zegel in rooden waſſche, overdeckt met een papiere ruyte.

Dat deſen voor ſoo veel het geextraheerde aengaet, met ſijnen principalen bevonden is te accorderen,

Getuyge ende Verklare ick

C. van Berendrecht, Not. Pub. aº 1660.

V 3

Pour

Pour prouver maintenant que le dit NICOLAS SOHIER (touſiours jaloux de reprendre le chemin de ſes nobles Anceſtres) s'allia noblement lors qu'il prit pour femme SUSANNE HELLEMANS, l'on exhibé atteſtation qu'ont fait quatre Herauds de ſa Majeſté Catholique touchant l'extraction de cette Maiſon, dont la copie eſt telle:

Nous ſoubſignez Roys & Herults d'Armes ordinaires de ſa Majeſté dans ces Païs-bas, & la Bourgogne, atteſtons que la famille de HELLEMANS, (portant pour Arme ſable au chevron renverſé d'argent, chargé de trois roſes de gueulle, boutonnées d'or & accompagnées de neuf treffles d'or quatre en chef & cinq en pointe tymbré, une treffle d'or au milieu d'un vol party de ſable & d'or bourlet & lambrequin d'or & de ſable) *eſt famille fort honnorab'e & ancienne, laquelle s'a comportée fort nob'ement & richement, & fait alliances entre familles Nobles & principales tant en ce Païs-bas qu'aultres eſtrangeres*; de laquelle Famille eſt deſcendu *Pierre* fils D'ARNOULD HELLEMANS mary de Damoiſelle *Catherine de Santvoort*, enterrez fort honorablement a Anvers a l'Egliſe de Saint Jacques au cheur du Sainct Sacrement, vrays pere & mere de *Guillaume*, *Pierre*, *Franchois*, *Charles*, & ARNOULD HELLEMANS, leur filz, dont *Guillaume* l'aiſné eſt enterré a Venize a Sᵗᵃ Maria Formoſa avecq ſes Armes Tymbrées, dans un monument ayant couſté plus de deux mille ducats. *Pierre* ſecond fils apres avoir fondé deux Majorats, chaſcun de neuf mille florins par an, mouruſt a Seville, la ou il eſt auſſi fort honorablement enterré avec ſes Armes tymbrées a la Chapelle des Flammens: *Franchois* troiſieſme fils procrea autre *Franchois Hellemans*, Chevalier del habito de St Jacques de la Spada, & Capitaine de deux Compagnies de Chevaux au ſervice de ſa Majeſté, leſquelles Compagnies il a fait a ſes propres fraiz & deſpens, mourant ſur le champ, avecq ſon fils unicque ſa Cornette au ſervice de ſon Roy, ayant auſſi fondé aultre Majorat de neuf mille florins par an: *Charles* quatrieſme fils a laiſſé *Pierre Hellemans* Seigneur d'Artſelaer, Cleydael, Stoevers, &c. ARNOULD *le dernier fils a deſervy la Charge de Colonel*; ſon fils *Charles* a auſſi ſervy ſa Majeſté avec vingt cinq chevaux a ſes fraiz & propres deſpens; Damoiſelle *Conſtantia Hellemans* propre ſœur des ſuſdits cincq freres fonda le Monaſtere des RR. MM. Carmelines a Lovain avecq conſentement de leurs Altezes Serᵐᵉˢ les Archiducqs Albert, & Iſabella, ayant la dite fondation couſtée environ de deux cens mille florins. Tous leſquels Seigneurs ſuſdits, & autres d'icelle Famille ont en tout temps publiquement & en privé uſez les Armoiriez cy deſſus mentionnées, ſans contradiction quelconque, ce que nous eſt apparu par pluſieurs fidels enſeignemens, & preuves authentiques, en teſmoignage dequoy avons ſigné cette pñte acte, & ſeellé avec les ſeaulx dont nous ſommes accouſtumez d'uſer en

l'exercice

l'exercice de nos refpectives Offices , fait a Bruxelles le dixiefme jour
de May de l'an mil fix cens cinquante. Was onderteeckent *P. de Lau-*
nay. Engelbert. Flacchio. C. Bouhelier. op de plyche ftont gefchreven aldus :
Brabant, daer onder uythangende een groen Zegel aen een root ende
wit zijde lint: *Luxembourg*, daer onder uythangende een groen Zegel aen
een root ende wit zijde lint : *Bourgoigne*, daer onder uythangende een
groen Zegel aen een blaeuw ende fillemort zijde lint : *Hainaut*, daer
onder uythangende een groen Zegel aen een root ende fillemort zijde
lint. Plus bas eftoit efcript. Collata concordat fuo originali , quod atteftor. *H. Fighe* Notaire avec parafe.

De cette Atteftation faite , fignée , & feelée des Herauds d'Armes de
fa Majefté nous apprenons l'ancienneté de la Famille de HELLE-
MANS, fa Noblefle (par les mots, *fort Noblement*) fes puiffances (par
les mots , *fort richement*) fes belles Alliances (*par les mots & a fait allian-*
ces entre Familles Nobles & Principales tant en ces Pays-bas , &c.) fa pieté (par les belles & riches fondations qu'elle a fait) fon courage &
fon zele qu'elle a fait parêtre dans les plus importantes occafions
pour le fervice de fon Roy, & de fa patrie ; & particulierement en la
perfonne D'ARNOULD HELLEMANS, qui pour fa valeur &
prudence merita la charge de Colonnel, qui non content de fe donner
tout entier au fervice de fon Prince & de fa Patrie , y confacra auffi
fon fils *Charles*. Ce fut donc de ce Valeureux Chevalier ARNOULD
que la fufdite SUSANNE HELLEMANS fut procrée , ainfi,
fans doute , nommée en memoire de fa mere SUSANNE VAN
SURCK, ou de SURQUE , dont les Anceftres ont jadis poffedé
une des douze Pairies du Comté de Guienes , felon le rapport de Du
Chefne , qui dit en ces mots: Ce qui relevé d'autant plus la grandeur
du Comté de Guines , c'eft qu'elle a fous elle douze Baronnies , &
douze Pairies. Les Baronnies font Andres , Bavelinghem , Fiennes,
Licques , *Val en Surques* , Crefecques , Courtebourne , Hammes , Her-
melinghem , Zueveland , la Motte d'Ardres , & Allembon. Les Pairies, Bouvelinghem, Arquingond , SURQUES, Efclemy, Fouque-
folles, le Prievré d'Ardres, Recques , Lotbarnes , Auvainghes , Niel-
les lés Ardres , Campaignes, & Ouderbroeck. Et cette Pairie portoit
anciennement en fa banniere un boucq pour fes Armes , (felon les remarques de nos plus curieux Genealogiftes) important fort peu fi
les Seigneurs d'à prefent , qui ont acheté cette Pairie depuis deux fiecles ou environ , en portent d'autres. Qu'il nous fuffife pour noftre
fujet de reconnêtre , que les Devanciers de la dite SUSANNE DE
SURQUE, quoy que privez de cette Pairie , par vente , ou par alliance , en ont pourtant toufiours retenu le nom , & le blafon, afin de
laiffer à leurs hoirs, & neveux une connoiffance, une memoire , & un
caractere eternel de leur haute & ancienne extraction. Si nous euf-
fions eu le bien de fureter les Archives de l'Abbaye *d'Andres* , vulgairement

rement nommée *Andernes* lez la Ville d'Ardres au Comté de Guines, nous aurions eu dequoy vous satisfaire touchant les grands merites, des premiers Seigneurs de SURQUES, puis qu'ils y ont fait des belles fondations, & qu'ils y ont donné, entr'autres, les dismes de leur propre Seigneurie de *Surques*, comme a remarqué Raphael de Beauchamps en son Histoire de l'Abbaye de Marciennes, és fueillets 810. 813. 852. &c. Nous en aurions pû tirer la connoissance de leurs primitives Armes, par le moyen de leurs seaux pendus aux lettres des donations, & vous faire advoüer que ceux qui portent encor en nos jours le nom, & les Armes de SURQUES, sont sans contredit issus de ces premiers Seigneurs; Car, comme dit Guillielmus Benedicti in Repetitione C. Ranutius n. 44. de Testamentis, sicut Identitas cognominis inducit præsumptionem agnationis, ita etiam identitas armorum inducit præsumptionem agnationis: un autre dit plus; identitas cognominis & insignium, est infallibile identitatis Familiæ argumentum, &c.

Disons donc, sans nous esgarer d'avantage, que nostre SUSANNE HELLEMANS femme de NICOLAS SOHIER estoit sortie de pere & mere vrayement Nobles, & qu'elle donna à son mary un fils, & deux filles mentionnées dans la Table Genealogique.

Ces deux Conioins sachans bien que nous n'avons pas icy bas une demeure permanente, & qu'il falloit tost ou tard rendre le tribut à nostre Nature, s'adviserent de bonne heure de disposer de leurs biens, que Dieu leur avoit presté avec abondance, par le moyen d'un Testament, dont l'Extrait sensuit.

EXTRACT.

EXTRACT.

*Inden Name ons Heeren Salichmakers Jesu Christi,*Amen.

Testa-
ment
Cotté
.L.
°1624.
Wy ondergeſz. NICOLAES SOHIER ende SUSANNA HELLEMANS, Echte-luyden, Godt lof, beyde noch wel te paſſe zijnde, onſe memorie ende verſtant volkomentlijck hebbende, ende gebruyckende, overdenckende de brooſheyt des levens, ſeeckerheyt des doodts, ende onſeeckere uyre van dien, hebben geraden gevonden te maecken, ſoo wy maecken mitſdeſen onſe Teſtamente, ende uyterſte-wille, &c. Alle 'tgeene voorſz. is verklaren wy te weſen onſer beyde mutuel Teſtamente, &c. Ten oirconde hebben wy dit doen ſchrijven, ende met onſe gewoonlijcke onderteeckeningen beveſtight, in Amſterdam deſen 23. September a° xvjᶜ vier-ende-twintigh, ende was onderteeckent NICLAES SOHIER. Op de rugge ſtont:

Op huyden den xxiijᵉⁿ Septembris a° xvjᶜ vier-en-twintigh, naemiddaechs de klocke ontrent drie uyren, compareerde voor my Jeronimus van de Ketel, openbaer Notaris, tot Amſterdam reſiderende, by den Hove van Hollandt geadmitteert, ter preſentie van de ondergeſz. Getuygen, den E: NICOLAES SOHIER ende d'Eerbare Juffᵉ SUSANNA HELLEMANS, Echte-luyden, woonende binnen der Stede voorſz., mijn ſeer goede bekende, beyde gaende, ſtaende, geſont van Lichamen, mitſgaders 't gebruyck van haer verſtant ende uytſpraecke wel hebbende alſt uyterlijck bleeck, dewelcke my Notario overleverende dit beſlooten pampier, verklaerden daerinne geſz., ende by haer-luyden handt reſpective onderteeckent te weſen, haerlieden Teſtament, uyterſte, ende laetſte wille, &c. Aldus gedaen ende gepaſſeert binnen Amſterdamme voorſz., ten huyſe van de voorń: Teſtateuren, geſtaen op de Keyſers-gracht, ter preſentie van Daniel Bredan, ende Willem Willemſz. mijne Klercquen, Getuygen hier toe verſocht, ende was onderteeckent NICOLAS SOHIER, SUSANNA HELLEMANS, Daniel Bredan, Willem Willemſz. ¡Quod atteſtor rogatus. *J. vande Ketel.* Not: Pub:

Naer collatie gedaen jegens den principalen Teſtamente, ende ſuperſcriptie, is deſen daer mede voor ſoo veel het geextraheerde aengaet accorderende bevonden,

By my binnen de Stadt Leyden reſiderende

C. van Berendrecht. Not: Pub: a° 1660.

X Le ſuſ-

Le fufdit NICOLAS SOHIER eftant demeuré vefue fit encor
un autre Teftament, dont l'Extraict vous eft icy exhibé.

EXTRACT.

Tefta-
ment
Notté
1M.
1641.

In den Name des Heeren. **Amen.**

Kennelijck fy by defen, dat ick ondergefz. NICOLAS SOHIER,
Godt Lof, redelijcken wel te paffe zijnde, mijne memorie, uyt-fpraecke
ende verftant volkomentlijck hebbende, ende gebruyckende, overdenckende de broofheyt des levens, feeckerheyt des doots, ende d'onfeecke-
re uyre van dien, naer Chriftelijcke recommandatie van Ziele ende Li-
chaem, mitfdefen ben maeckende mijn Teftament, laetfte, ende Uyt-
terfte-wille: alvooren cafferende, ende te niet doende alle voorgaende
Teftamenten, maeckingen, ende Codicillen, willende ende begeeren-
de dat alle d'felve in't minfte geen kracht noch vigeur fullen forteren,
ende van alles op nieuws difponerende, foo legatere ende befpreecke ick
als volght;

Aen de arme Weefen van't Walfche Weefhuys defer Stede, &c.

Ende in alle mijne refterende goederen, foo roerende, als onroerende,
die ick metter doodt fal komen te ontruymen, ende naer te laten, daerinne inftituere ick tot mijn eenige Erfgenaem mijnen Soone CON-
STANTIN SOHIER, geprocreert by wijlen Juffᵉ SUSANNA
HELLEMANS, mijne Huyfvrouwe, za: ged: ende by fijn voor-
overlijden, fine wettige Kindt, ofte Kinderen; ende dat, &c.

Ende foo mijnen Soone quame te fterven fonder wettige Kindt, ofte
Kinderen na-te-laten, ende dat d'felve minderjarigh, ofte wel fonder
wettige Kinderen quamen te fterven, foo hebbe ick op d'alderbefte
maniere tot mijne, ende mijns Soons, ende der felver Kindt, ofte Kinderen, refpective Erfgenaem gefubftitueert, foo als ick fubftituere mits-
defen, foo wel vulgariter, ende puppillariter, als fideicommiffaire, ge-
lijck als fulcx naer gelegentheyt, ende op het befte fal konnen wefen,
mijnen Broeder WILHELM SOHIER, fijne wettige Kinderen,
ende vordere Defcendenten by reprefentatie, ende by gebreck der felver, ofte by faulte van naer te komen de volgende conditien, de
Defcendenten van wijlen mijnen Oom DAVID SOHIER, mijne
Moeye CATHARINA SOHIER, ende mijne Moeye MA-
RIA SOHIER, zijnde Vrienden van s'Vaders zijde, mitfgaders de
Defcendenten van MAGDALENA SAIS, zijnde Vrienden van
s'Moeders zijde, zijnde de conditien, &c.

Alle

Alle 't welck ick verklare te wefen mijn Teftament, ende Uyterfte-
wille, &c. t'Oirconde hebbe ick dit doen fchrijven, ende wel over-
lefen, ende verftaen hebbende, met mijne onderteeckeninge beveftight
in Amfterdamme den xxx^{en} Julij xvj^c een-en-veertigh, ende was onderteeckent NICOLAS SOHIER.

Uytgegeven voor Extract authentijcq, 't welck voor foo
veel het geextraheerde belanght, met den principalen
Teftamente bevonden is te accorderen,

By my binnen de Stadt Leyden refiderende,

C. van Berendrecht, Not: Pub: a° 1660.

Ce NICOLAS ayant confideré que le commerce qu'il avoit entrepris, à l'exemple de fon feu pere HUGUES, pourroit faire perdre à fa pofterité la connoiffance de fa bonne & illuftre extraction, il
fe propofa, avant mourir, d'en donner des lumieres à CONSTAN-
TIN fon fils unique, luy mit entre les mains des tres belles remarques, (dont nous nous fervons) & apres l'avoir exhorté de conformer
fes actions à la pieté, à la charité, & autres vertus Chreftiennes, luy
commanda d'abandonner le commerce, & de reprendre le fentier de
fes Illuftres Anceftres.

X 2

Ce CON-

CONSTANTIN SOHIER.   CATHERINE COYMANS DE MERESTEIN.

CE CONSTANTIN prit fa naiſſance à Amſterdam le 4. de Juin 1624. & dix-neuf ans apres eſpouſa CATHERINE COYMANS DE MERESTEIN fille unique de HIEROSME Seigneur de Mereſtein, & de MARIE RAYE, comme vous pouvez voir par un Extraict du Traité de Mariage, qui commence par ces mots:

EXTRACT.

EXTRACT.

Traité
de Ma-
riage
Cotté
NN.
a° 1643. *In den Name ende ter eeren Godes,* Amen.

Soo is beflooten een wettigh Houwelijck te fullen gefchieden tuffchen den Heere CONSTANTINUS SOHIERE, by hem hebbende de Heeren DANIEL SOHIERE, *Pieter Becker*, ende *Everardt Scott*, fijne Vrienden, Momboirs, ende Vooghden-teftamentair, toekomende Bruydegom, ter eenre; ende de Deughtrijcke Dochter, Juffrouwe CATERINA COYMANS, JERONIMI, geadfifteert met den Heere JERONIMO COYMANS, ende Juffrouwe MARIA RAYE, haren Vader ende Moeder, mitfgaders met de Heeren *Balthafer, Jofephus*, ende *Joan Coymans*, hare Oomen, noch met Juffrouwe *Elifabeth Coymans*, de naergelaten Weduwe van Zal: ged: den Heere *Joan Duyts*, hare Moye, eyndelijcken met de Heeren *Joan Huydecooper*, Ridder, Heere van Maerfche-veen, Raedt ende Schepen der Stadt Amfterdamme, &c. Jonckh^r *Juftus Bor van Amerongen*, Maerfchalck des Neder-quartiers 'sLants van Utrecht, ende *Samuel Timmerman*, hare Behout-Oomen, toekomende Bruyt, ter andere zijde: ende omme te voorkomen, &c. Aldus gedaen, beflooten, ende geaccordeert, oock verleden ende gepaffeert binnen der Stede Beverwijck, ten huyfe vanden gemelden Heer JERONIMO COYMANS, alwaer defen by de voornoemde toekomende Conthoralen, beneffens yeders voorfz. Vrienden ende Affiftenten, geteyckent ende beveftight is, op den vijf-en-twintighften dagh der maent Martij, in den Jare ons Heeren, eenigen Heylants, ende Salighmaeckers Jefu Chrifti, duyfent fes hondert drie-ende-veertigh, ende was onderteeckent CONSTANTIN SOHIER, *Daniel Sohier, Pr Becker, Everardt Scott*, CATARINA COYMANS, JERONIMO COYMANS, MARIA RAYE, *Balt^r Coymans, J. Coymans, Jan Coymans, Elifabeth Coymans, Joan Huydecooper*: onderftont, ende want fulcx byde voornoemde toekomende Conthoralen, ten overftaen, ende in't bywefen van elcx voorfz. Vrienden, ende Affiftenten, alfoo beflooten, onderlinge geaccordeert, ende voor mijn Notario verklaert, gepaffeert, ende verleden is: Soo hebbe ick mijne gewoonlijcke Signature hier beneden geftelt, *J. Schout*, Not: Pub: ſ². Lager ftont, uytgegeven voor Extract, ofte Copie, ende accordeert metten Prothocolle, nae collatie daer tegens gedaen, den xvj^en Octobris, anno xvj^c. een-en-vijftigh, By my *J. Schoudt*. Not. Pub. ſ².

Accordeert voor foo veel het geextraheerde
belanght met fijnen principalen,

't Welck ick Getuyge

C. van Berendrecht. Not: Pub: a° 1660.

X 3

Ce ma-

Ce mariage auroit eſté plus heureux, s'il auroit eſté de plus longue durée, mais la mort aveugle & ſans pitié; a bientoſt moiſſonné ces amours naiſſantes, & y a porté le divorce, avec le deüil qui eſt reſté dans l'ame de CONSTANTIN, pour avoir fait, la perte d'une perſonne qui luy eſtoit plus chere que toutes les chevances du monde : CATHERINE donc, qui avoit prit ſa naiſſance à Amſterdam le 17. d'Avril 1624. finit ſes jours à Harlem le 12. de Janvier 1653. ayant procrée à ſon mary quatre enfans, dont les trois, mentionnez dans la Table Genealogique, ſont encore en vie.

Conſtantin reſté vefue & voyant ſa moitié dans le tombeau, auroit eu de la peine à ſe conſoler, s'il n'avoit conſideré que c'eſtoit un coup de ce grand Dieu, qui eſt l'arbitre de la vie & de la mort. Que c'eſt jeune Creature ſoit morte, c'eſt l'ordre de la nature, & la loy de l'Vnivers. Elle a fait le chemin que tous ſes Devanciers ont fait, & que tous ſes ſucceſſeurs feront. C'eſt folie de ſe plaindre de la vie, & de ſe faſcher de ſa fin. Qui ſe faſche de mourir, ſe faſche de ce qu'il eſt mortel, & ſa faſcherie vient trop tard, car il ſe falloit faſcher en la naiſſance qui produit l'homme mortel, & non en la mort qui le rend immortel.

Conſtantin donc oblige de ſe conſoler de ſa perte, porta ſes penſées à ſuivre les conſeils de ſon feu pere, & ſe voyant tres avantageuſement gratifié des biens de la Fortune, chercha les moyens de ſe reſtablir dans l'eſtat & le rang de Nobleſſe, acquiſe par le ſang & la vertu de ſes Illuſtres Devanciers; & embraſſa avec ardeur la recherche de leurs merites, dont il informa en General Louis XIV. Roy de France, qui le fit Chevalier de l'Ordre de Saint Michel, comme il ſe void par les lettres ſuivantes :

Lettres du Roy de France, Cottées OO.   Monſr de Warmenhuiſen deſirant vous donner quelque marque de l'eſtime que je fais de v̄re perſonne, & combien vos ſervices me ſont agreables, j'ay reſolu de vous honnorer de mon Ordre de St Michel, & pour cet effect, j'eſcris preſentement au Sr Courtin, eſtant pour mon ſervice en Hollande, de vous en bailler le Collier, de ma part, vous vous rendrez donc prez de luy au jour & lieu qu'il vous indiquera pour recevoir cet honneur avec les ceremonies accouſtumées, & la preſante n'eſtant à autre fin, je prie Dieu qu'il vous ayt Monſieur de Warmenhuiſen en ſa Ste garde. Eſcrit a Paris le xxvi. Jour de May 1656.   Eſtoit ſigne

L O U I S.

Et plus bas

De Lomenie
Avec parafe.

Lettre

De par le Roy Chef & Souverain
de l'Ordre de St Michel.

A nre amé & feal le Sr *Courtin*, eſtant pour n̅r̅e ſervice en Hollande, ayant pour de bonnes conſiderations choiſy & eſleu en l'aſ-ſemblée des Chevaliers de l'Ordre de St Michel, le Sr CONSTAN-TIN SOHIER Seigneur de Warmenhuyſen, Crabbendam, Out-Poelgeeſt, &c. pour eſtre admis & aſſocié au dit Ordre, & ne pouvant faire un meilleur ny plus digne choix que de vous pour luy en bailler le Collier, *A ces cauſes*, nous vous avons commis, ordonné, & depu-té, commettons, ordonnons & deputons par ces preſentes, ſignées de n̅r̅e main, pour de par nous preſenter & bailler au dit Sr de Warmenhuyſen le Collier de n̅r̅e Ordre, & de prendre de luy le ſerment avec les ceremonies accouſtumées, & aux conditions plus à plain declarées en l'Inſtruction que nous vous envoyons ; Et generalement faire en cela ce que nous fairions nous meſme, ou pourrions faire ſi nous y eſtions preſens en perſonne. De ce faire vous donnons pouvoir, commiſſion & mandement ſpecial par ces dites preſentes. *Car tel eſt n̅r̅e Plaiſir.* Donné a Paris ſoubs le Seel de n̅r̅e Secret. le 26. Jour de May, mille ſix cens cinquante ſix. Signé, Seellé, & contreſigné comme s'enſuit.

LOUIS.

Par le Roy Chef & Souverain
de l'Ordre St Michel.

De Lomenie
Avec parafe.

Icy

Icy suit l'accomplissement de la dite Commission.

Nous George Courtin Consᵉʳ du Roy en ses Conseils, estant
pour le service de sa Majesté prez de Meſſʳˢ les Estats Generaux des Provinces unies des Païs-Bas, *Certiſſions* qu'en vertu de la presente Commiſſion
du Roy, nous avons baillé l'Ordre de Sᵗ Michel a Monsieur CON-
STANTIN SOHIER Seigneur de Warmenhuyſen, & Crabben-
dam, Out-Poelgeeſt, &c. selon les formes, & en la maniere accouſtu-
mée pour luy servir ainſy que de raison. FaiᏨ a la Hay le 7. de Novembre
mil six cens cinquante-six.   Eſtoit signé :

Courtin.

Le meſme CONSTANTIN ayant, depuis cette grace octroyée
par le Roy de France, receu des plus grandes lumieres de son extraction,
& du rang & de la gloire de ſes Illuſtres Anceſtres, fut conseillé d'en
informer ſa Majeſté Imperiale, & de luy faire connêtre par une ample
Genealogie, appuyée sur pluſieurs rares Inſtrumens Chartes & Preuves tres-fidelles, & tres authentiques, qu'il sortoit veritablement d'un
sang tres-ancien, tres-noble, & tres-pur, afin qu'en eſtant bien infor-
mée Elle auroit la bonté de le recevoir & de le reſtablir dans le rang,
dans les honneurs, & prerogatives, dont avoient jadis joüys ſes Nobles Progeniteurs, Pairs & Barons du Cambreſis, Païs vrayement Im-
perial. Ce qu'Elle fit, & voulant faire mieux reſſentir les effeᏨs de ſon
Authorité Imperiale, & de ſa grace envers la Poſterité de ceux qui
avoient rendu des grands services à ſes Eſtats, reconnut le caractere
de la haute Nobleſſe du dit CONSTANTIN; & pour monſtrer
que le commerce exercé, durant les troubles de la Religion, par ſes
deux derniers peres ne pouvoit en rien obſcurcir la ſplendeur de ſa
bonne extraction, mais au contraire que c'eſtoient des marques de
grands courages de trouver des moyens de ſe relever de ſes pertes parmy des semblables bouleverſemens, & cryſes d'Eſtat, le crea, & le
rangea entre les BARONS LIBRES du SAINT EMPIRE,
luy donna la qualité de GENEREUX, & de MAGNIFIQUE
CHEVALIER, avec commandement que tous ſes Enfans (maſles
& femelles) & leurs Deſcendans à touſiours seroient honnorez des
meſmes Titres, qualitez & prerogatives, comme vous pouvez veoir
plus au large par la Bulle de ſa dite Majeſté Imperiale, eſcrite sur le
parchemin, & qui commence par ces mots :

LEOPOL-

Lettre de l'Empereur Cottée PP.

LEOPOLDUS

DIVINA FAVENTE CLEMENTIA
ELECTUS ROMANORUM IMPERATOR
SEMPER AUGUSTUS, GERMANIÆ, HUNGARIÆ,
BOHEMIÆ, DALMATIÆ, CROATIÆ, SCLA-
VONIÆ, &c. REX, ARCHIDUX AUSTRIÆ,
BURGUNDIÆ, STYRIÆ, CARINTHIÆ,
CARNIOLÆ, &c. MARCHIO MORA-
VIÆ, &c. DUX LUCENBURGI, AC SU-
PERIORIS ET INFERIORIS SILE-
SIÆ, WIRTEMBERGÆ, ET TECKÆ,
PRINCEPS SUEVIÆ, COMES
HABSBURGI, TYROLIS, FER-
RETIS, KIBURGI, ET GORI-
TIÆ, LANDGRAVIUS ALSA-
TIÆ, MARCHIO SACRI RO-
MANI IMPERIJ, AC SUPE-
RIORIS ET INFERIORIS
LUSATIÆ, DOMINUS
MARCHIÆ, SCLAVO-
NICÆ, PORTUS NAO-
NIS, ET SALI-
NARUM.

Y

GENE-

GENEROSO ET MAGNIFICO NOSTRO, ET SACRI ROMANI IMPERII FIDELI DILECTO,

CONSTANTINO SOHIER,

Equiti, Toparchæ in VVarmenhuyfen , Crabbendam, Out-Poelgeeft , &c. Gratiam noftram Cæfaream atque omne bonum.

FUIT à multis jam inde ufque fæculis laudatiffima Divorum Majorum noftrorum Romanorum Imperatorum, ac Regum gloriofiffimorum confuetudo, ut quos vel clarâ generis origine celebres, vel eximiis in Rempublicam meritis probatos , vel alio quovis virtutis genere præditos animadverterent, eofdem munificentiâ fuâ præ cæteris ornandos extollendofque fufciperent. Quem in finem diverfa præmiorum & ornamentorum genera pro diverfis diverforum meritis rectè prudenterque conftituerunt. Alios enim ftatuis, alios civicis & muralibus, alijs alios monumentis, honorumque titulis ac prærogativis, pro eo ac in fua quifque conditione, ftatu graduque cum laude fefe geffiffet, luculenter infigniverunt; Non eam tantum ob caufam, ut illi ipfi virtutis fuæ beneficio condignos ab Imperiali Culmine honores fefe adeptos gloriari poffent; verum etiam Pofteri ipforum, vel inde majori fplendoris domeftici tuendi propagandique defiderio accenfi ad paria virtutis & veræ gloriæ ftudia capeffenda totis viribus , plenoque curfu alacriter contenderent; Inde & Nos fupremæ Divinitatis propitiæ voluntatis nutu ac providentia in fublimi Imperialis Throni faftigio collocati, nihil umquam prius, nihil potius, nihil antiquius ducimus, quam laudatiffimis Antecefforum Noftrorum veftigijs, cùm aliàs, tum vero hac ipsâ in parte firmiter infiftere, & præftantes quoque viros, & præfertim eos, quod præter infigne natalium decus, ac præclara Progenitorum merita, fingularis vitæ, morumque integritas, & conftans erga Nos, Sacrum Imperium, & Auguftam Domum Noftram Auftriacam finceræ fidei & obfervantiæ devotio commendatos, gratofque reddit, favoris Noftri jugi propenfione complecti, eorumque honoribus & ornamentis augendis & amplificandis quavis occafione animum benigne intendere. Quippe qui plenè perfpectum habemus hac ratione non minus Rempublicam promoveri, quam Imperatoriæ Majeftatis fplendorem magis magifque illuftrari, fi honeftæ ambitionis igniculis, mortalium animis à naturâ infitis, quibus aliàs accenfi ad pulcherrima quævis virtutum , difciplinarumque ftudia & exercitia fponte feruntur fuâ. Nos quoque fomitem addiderimus, virtutifque decus perpetuo Cæfareæ munificentiæ pignore pofteritatis memoriæ commendatum immortalitatis beneficio fufceperimus adornandum.

CON-

CONSIDERANTES itaque benigne te CONSTAN-
TINE SOHIER (quemadmodum ex Genealogicâ delineati Majorum tuorum ftemmatis deductione, ab Heroaldis five Infigniorum
Infpectoribus ac Præfectis Sereniffimi Hifpaniarum Regis Cátholici Fratris & Affinis noftri Chariffimi, in Provintiâ, feu Ducatû Brabantiæ locu-
pleti authoritate confignatâ & approbatâ, nóbifque fubmiffè exhibitâ li-
quidò fatis perfpeximus) eam *Antiquæ* olim SOHIERORUM *Fami-*
liæ fuiffe celebritatem ac fplendorem, & nonnulli Majorum tuorùm dignitate ac titulò
Liberorum Baronum ac Comitum fuerint infignes, eumque fummâ cum laude ac
decore gefferint ; ideoque apud Sereniffimos Domus Burgundicæ Principes non vulgarem gratiæ & æftimationis locum obtinere meruerint :
Quam quidem *aviti generis tui claritudinèm tempórum injuriâ aliquantum* (ut funt
rerum humanarum vices) *interlapfam, & Belgicorum tumultuum incurfibus inter-*
polatam, quo minus perpetuâ & per continuós velut traduces ac vivi ra-
dices ductâ ferie potuerit vigere ac fplendere, tu CONSTANTINE
SOHIER laudandarum actionum, nobiliumque & heroicorum exer-
citiorum ftudio ad priftinam lucem, vigorem, ac fplendorem revocare
omni enixiori ope atque operâ contenderis & adlaboraris : in quo quidem fufcepto laudabili conamine te perfeveraturum, reftauratumque
priftinum Familiæ tuæ lumen, ac decus, benè de Republicâ Chriftianâ
merendo, ad pofteros tranfmiffurum, iifque velut lampádâ ad idem ca-
peffendum ftudium, eundem concipiendum, alendum, inflammandum
magis magifque ac propagandum ardorem traditurum benignè confifi,
infigni aliquo Cæfareæ Noftræ munificentiæ monumento quod tibi po-
fterifque tuis perpetuò & nunquam intermorituro decori fit, & ornamen-
to, te clementer cenfuimus condecorandum.

Atque idcirco ex certâ Noftrâ fcientiâ, animo benè deliberato, ma-
turo ac fano accedente confilio, & adfiftentibus Nobis Noftris & Sacri
Romani Imperij Proceribus Electoribus in Comitijs Electoralibus eli-
gendo & creando Supremo Imperij Capiti congregatis tam Ecclefiafticis quam Sæcularibus, ac de Cæfareæ Noftræ poteftatis plenitudine te
CONSTANTINUM SOHIER, *tuofque liberos hæredes, pofteros ac*
defcendentes ex legitimo thoro ortos, & perpetuâ feriê orituros in infinitum, tam mafculi quam
fequam fequiorum fexus, Noftros ac Sacri Romani Imperij Liberos Barones ac Baroniffas
creavimus, fecimus, nominavimus, tituloque & honore Liberorum Baronum & Baronif-
farum auximus, atque infignivimus te, tuofque omnes & fingulos liberos
hæredes, pofteros ac defcendentes ex legitimo, ut paulò ante dictum
eft, thoro ortos, atque orituros, in infinitum tam mares quam fæminas
in numerum, cætum, confortium, ftatum, gradum, ordinem, & dignitatem Noftrorum & Sacri Romani Imperij Baronum ac Baroniffarum affumpfimus, eveximus, adfcripfimus, & aggregavimus, pro ut
tenore præfentium creamus, facimus, nominamus, augemus, infigni-

Y 2

mus,

mus, affumimus, evehimus, adfcribimus, & aggregamus. Decernentes & hoc Edicto Noftro Imperiali fancientes ac firmiter ftatuentes quod tu fupradicte CONSTANTINE SOHIER, omnefque liberi hæredes, pofteri ac defcendentes tui legitimi, utriufque fexus procreati, & procreandi ab omnibus ac fingulis hominibus cujufcumque gradus, ftatus, ordinis, dignitatis, præeminentiæ, conditionis, ac fortunæ, pro veris Liberis Baronibus ac Baroniffis haberi, cenferi, reputari, dici, nominari, atque honorari, titulum, nomenclaturam ac dignitatem Liberorum Baronum ac Baroniffarum perpetuis in futurum temporibus habere, obtinere, & deferre, iifque tam in litteris, quam nuncupatione verbali, in rebus omnibus quà Ecclefiafticis, quà profanis, quà Spiritualibus, quà temporalibus, ubivis locorum, terrarum, ac gentium in judiciis, & extra judicia; nec non in omnibus ac fingulis actibus, & exercitiis, adeoque omnibus prorfus honoribus, officijs, juribus, libertatibus, privilegijs, prærogativis, indultis beneficijs, ac gratijs uti, frui, potiri, & gaudere debeatis, poffitis ac valeatis, quibus alij noftri & Sacri Romani Imperij Liberi Barones, & Baroniffæ utuntur, fruuntur, potiuntur, & gaudent, quomodolibet de confuetudine vel de jure.

Quo verò luculenta hæc Cæfareæ Noftræ gratiæ demonftratio il-
luftriori aliquo innotefcat documento , & pleniori expreffa beneficio,
ac perennanti quodam infignita mnemofyno in oculos hominum
clariùs incurrat; non modo *Antiqua Majorum tuorum infignia laudavimus*, ap-
probavimus, ratificavimus, & confirmavimus, SCUTUM videlicet
rectum duabus perpendiculari ac tranfverfariâ lineis in areolas quadri-
fariam partitum , binas fuperiorem dextram , & finiftram inferiorem
rubras ftellâ candidâ five argenteâ quinque flammulis radiatâ illuftran-
te: alteras binas, fuperiorem finiftram, & dextram inferiorem croceas
five aureas trabibus five fafciis rubris crucis in formam directis, inter-
fecantibus confpiciendum; binis ab uno & altero latere Leonibus cro-
ceis five aureis erectis , faucibus vel rictibus diductis , linguis exfertis,
jubarum ftrijs per colla fluentibus, caudâ furfum reflexâ , dextrorfum,
finiftro fummum & dextro medium ; finiftrorfum fummum dextro &
medium Scutum finiftro pede tenentibus: Verum etiam ex gratiâ qua-
dam fingulari *Coronam Marchionalem* fupernè globulis candidis five argen-
teis, vel gemmis decoram , tum in medio & ab utroque latere alio fu-
peraddito globulo exaggeratam fcuto majori fuperimponendam : & ad
hæc Scutum minus feu pectorale croceum, five aureum, Aquilam Im-
perialem, bicipitem nigram alis expanfis, ceu volaturientem, pedibus
diu aricatis , caudâ deorfum pennis quafi annulatim defluentibus pro-
tensâ depictam exhibens , medio majori Scuto inferendum clementer
conceffimus , indulfimus , elargiti fumus , adeoque *antiqua gentis tuæ Infignia auximus* , amplificavimus , locupletavimus , prout eadem vigore
præfentium laudamus, approbamus, ratificamus, confirmamus, concedimus, indulgemus , elargimur, augemus; amplificamus , & locupleta-
mus ; adeoque ea in eum plane modum quo heic in Diplomate Noftro
Imperiali ingeniofius delineata, & coloribus fuis eruditâ artificis manu
expreffa , depictaque , ac vifui objecta cernere licet, pofthac habenda,
geftanda ac deferenda gratiosè attribuimus atque impertimur. Volentes & expreſsè decernentes quod tu jam fæpius nominate CON-
STANTINE SOHIER LIBER BARO , omnefque liberi,
hæredes , pofteri , ac defcendentes tui legitimi utriufque fexus , nati
jam & qui in pofterum nafcentur ab illis æternâ fucceffionis ferie , tam
nomenclationem ac titulum *Liberorum Baronum* , *& Baroniffarum* , quam
Infignia fupra fcripto modo perpetuis pofthac temporibus, in omnibus
ac fingulis honeftis ac decentibus actibus, exercitijs , atque expeditio-
nibus , tam feriò quam joco in haftiludijs, dimicationibus pedeftribus,
& Equeftribus , bellis , duellis , fingularibus certaminibus , & quibus-
cumque pugnis eminùs cominùs , in fcutis & bannerijs , vexillis , ten-
torijs, cænotaphijs , fepulchris , monumentis, clenodijs, annulis, mo-
nilibus, figillis, ædificijs, parietibus, feneftris, hoftijs, lacunaribus, ta-
petibus, fupellectilibus quibufcumque, tam in rebus fpiritualibus, quam
temporalibus ac mixtis ; adeoque in locis omnibus pro rei neceffitate
atque animi tui illorumque lubitu & arbitratu liberè & abfque ullo

Y 3

impedi-

impedimento aut contradictione habere, geftare ac deferre, iifdemque
ut quovis modo poffis, ac valeas, poffint ac valeant; prout alij Noftri
& Sacri Romani Imperij Liberi Barones fua habent, geftant, ac defe-
runt Infignia, iifque uti confueverunt de jure vel confuetudine.

AD HÆC ut cumulatiori Cæfareæ Noftræ beneficentiæ & gratiæ
gaudeas fructu, hoc velut corollarium adjecimus, tibique CON-
STANTINE SOHIER, tuifque liberis, hæredibus, pofteris, ac
defcendentibus legitimis natis, vel qui in futurum ab illis nafcentur,
utriufque fexus, LIBERIS BARONIBUS, ET BARONISSIS
DE SOHIER benigni volentes, concedimus, indulgemus, atque
elargimur, ut deinceps à Nobis noftrifque in Sacro Romano Imperio
fucceſſoribus Romanorum Imperatoribus ac Regibus GENEROSI
& MAGNIFICI vernaculo idiomate 𝕎𝕆𝕳𝕷𝕲𝕰𝕭𝕆𝕽𝕹 perpetuò
prædicemini, appellemini, nominemini, vobifque ex omnibus Noftris
Noftrorumque in Sacro Romano Imperio Succefforum, Nobifque &
Auguftæ Domui Noftræ Auftriacæ fubjectorum Regnorum, Provincia-
rum ac Ditionum Cancellarijs quotiefcumque vivâ voce, vel fcripto
compellandi, aut alias aliqua veftri mentio facienda erit, vobis titulis
prædicatum & dignationis vocabulum GENEROSI, & MAGNI-
FICI, Germanicè 𝕎𝕆𝕳𝕷𝕲𝕰𝕭𝕆𝕽𝕹 futuris deinceps temporibus
detur, tribuatur, infcribatur, prout in hunc ipfum benignæ mentis ac
voluntatis Noftræ effectum dictis Noftris Cancellarijs ad fubmiffam
veftram petitionem per Cæfarea Noftra Decreta ftrictè ordinabimus,
mandabimus, & injungemus.

MANDAMUS igitur univerfis & fingulis Electoribus,
alijfque Sacri Imperij Principibus tam Ecclefiafticis quam Sæcularibus,
Archiepifcopis, Epifcopis, Ducibus, Marchionibus, Comitibus, Baronibus, Militibus, Nobilibus, Clientibus, Capitaneis, Vicedominis,
Præfectis, Caftellanis, Procuratoribus, Officialibus, Civium Magi-
ftris, Judicibus, Confulibus, Heroaldis, Caduceatoribus, Civibus,
Communitatibus, & denique omnibus Noftris Sacri Romani Imperij
fubditis, & fidelibus dilectis, & alijs ad quofcumque fpectat, cujufcumque ftatus, gradus, ordinis, dignitatis, præeminentiæ, ac conditionis fuerint ut te fæpenominatum CONSTANTINUM SO-
HIER unà cum conjuge filijs, ac filiabus, omnibufque hæredibus,
pofteris & defcendentibus in infinitum, perpetuis confequentibus æta-
tibus *tales Noftros & Sacri Imperij Barones & Baroniffas nominent, nuncupent, &*
pro talibus habeant, reputent, honorent, vofque dictis privilegijs, juribus, honoribus, dignitatibus, libertatibus, gratijs, & indultis liberè uti, frui,
potiri, & gaudere permittant, nec genere aliquo aut modo in ijs im-
pediant, turbent aut moleftent. Si quis autem contrafaciundo privilegium

gium hoc Noſtrum Imperiale pro temeritate ac libidine ſuâ vilipendere,
contemnere, violare aut infringere auſus fuerit, is præter quam quod gra-
viſſimam Noſtram incurret indignationem, quinquaginta inſuper mar-
carum auri puri puti probi ſui ex ſemiſſe ærario Noſtro Imperiali ſive
Fiſco pendendarum omni veniæ ac remiſſionis ſpe penitùs præciſâ, mul-
ctam dare jam nunc damnas eſto. Harum teſtimonio litterarum manus
Noſtræ ſubſcriptione & appenſo Bullæ Noſtræ aureæ bifario munitarum,
Francofurti ad Mœnum ex ante diem 111. Nonas Auguſti, Anno Domi-
nicæ Incarnationis ſupra Mille ſexcentos & octavo quinquageſimo,
Regnorum Noſtrorum Romani primo, Hungarici quarto, Bohemici
ſecundo.

Signatum & Sigillatum erat modo & formâ ſequentibus

LEOPOLDUS.

Johan. Philip. Lealmo, avec parafe.

Ferdinandus Comes   Ad Mandatum Sac. Cæſ.
    urti⁹.   Majeſtatis proprium.

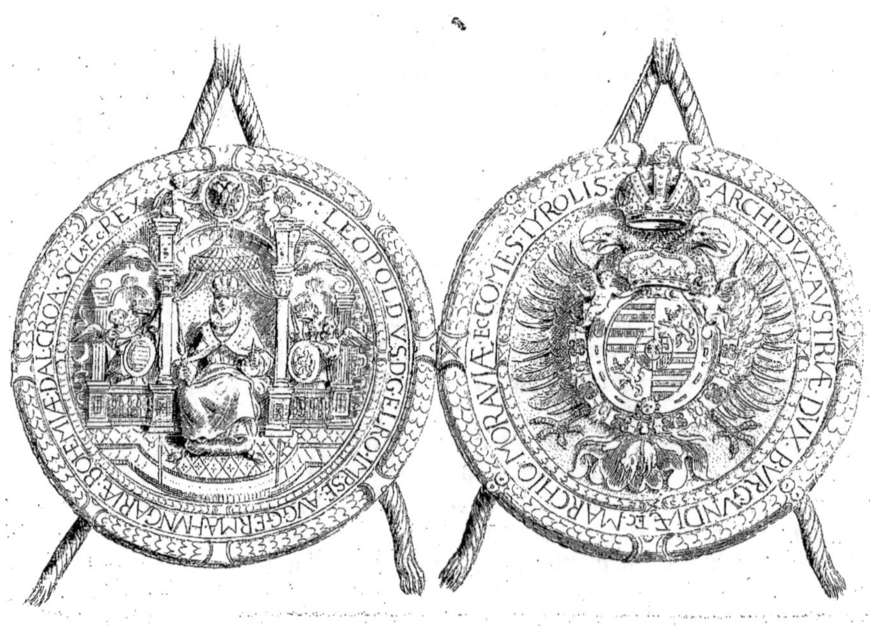

Lecteurs, fi vos ames ne font pas trop ulcerées, ou fi elles ne font femblables à celles qui ne regardent que de travers les belles actions, & les loüables entreprifes, j'ofe efperer que vous aurez la bonté de confiderer à pas comptez cette Lettre de fa Majefté Imperialle, qui ne contient rien que de grand & de glorieux pour la Maifon de SO-HIER.

Ces mots : *Confiderantes eam antiquæ olim* SOHIERORUM *Familiæ fuif-fe celebritatem ac fplendorem, & nonnulli Majorum tuorum dignitate ac titulo* LIBE-RORUM BARONUM AC COMITUM *fuerint infignes, &c.* nous donnent des affurances infallibles de l'ancienneté & de la haute extraction de ceux de cette Maifon, dont aucuns furent jadis honnorez des Titres de Baron & de Comte, dequoy on fut obligé d'informer fuffiffamment fa Majefté, par l'exhibition d'une Genealogie authenti-que, dreffée par les premiers Herauds de fa Majefté Catholique, & accompagnée de plufieurs beaux Titres, & rares Chartes, & docu-mens, dont nous vous avons fait mention cy devant.

Les mots : *Quam quidem Aviti generis tui claritudinem temporum injuriâ aliquan-tum interlapfam, & Belgicorum tumultuum incurfibus interpolatam, &c.* nous don-nent à connêtre, que cette Maifon eftoit encore dans la reputation & dans l'eftime parmy les Nobles au commencement des Troubles de ces Provinces excitées pour la Religion, lefquelles pour avoir efté de trop longue durée, & par trop dommageables & contraires aux fenti-mens de l'Ayeul de CONSTANTIN, fut obligé d'embraffer pour un temps le Trafic, pour tant mieux fe relever de fes pertes, lequel n'a pû prejudicier à fa Nobleffe, parce que *Neceffitatis magnitudo excufatio-nis in fe plurimum habet, & quod vi factum eft tanquam infectum reputandum eft.* Auffi fa dite Majefté n'a pas feulement voulu s'arrefter fur la confideration de ce Trafic forcé, ains comme fi Elle ût voulu faire reffentir à CONSTANTIN qu'il avoit efté pour les moins auffi glorieux à fes deux derniers peres de fe roidir & de fe bander à pieds fermes con-tre les faillies & rudeffes de la Fortune, que de l'avoir eu toufiours riante ; ou comme fi Elle ût voulu nous monftrer qu'il n'y a que les hommes d'honneur, & de courage qui demeurent conftants & entiers fous les coups de l'affliction, & qui ne blefmiffent devant l'adverfité, & qu'Elle eftimoit beaucoup les gens de cette trempe ; Elle honnora le dit CONSTANTIN avec toute fa prefente & future Pofterité du Titre de LIBRE BARON DE L'EMPIRE, le qualifia en outre des beaux Titres de GENEREUX & de MAGNIFIQUE CHEVALIER : Ce qu'Elle n'ût fait ny devoit faire, fi CON-STANTIN n'ût efté reconnu vrayement Noble, & iffu d'ancienne & Illuftre extraction ; car le mot de GENEROSUS fignifie une Nobleffe de race & de fang, ce qu'a tres bien remarqué Tiraquellus in tractatu de Nobilitate qui dit, *quod* GENEROSUS *&* GENE-ROSITAS *propriè dicitur, qui, quæve eft ex genere, id enim nomen ipfum declarat;* Nobilis *autem &* Nobilitas *latius patet ut quæ & ad eam quæ ex genere eft, & ad*

reliquas

reliquas pertineat. Fronto in lib. de nominum verborumque differentiâ, & Loyseau au traité des ordres chap. 4. nu. 24. parlent en ces termes: *Nobilem dicimus nobilitate propriâ,* GENEROSUM *autem eum qui græcè* εὐγενής, *appellatur; itaque alter ex ipsa re, alter ex genere est;* ou bien comme dit encor Tiraquellus cap. 2. Nobilis est ex re, GENEROSUS verò ex cognatione. D'ou vient que les Grecs voulans distinguer ces deux mots appellerent le *Noble* γνώριμος, *id est Clarum, vel hominum sermone celebratum,* & le GENEREUX γενναῖον, *id est, qui non degeneravit à suâ naturâ, sed Majorum suorum gloriam propriâ virtute fovet, promovet, & amplificat.* Les GENEREUX, selon les Hebrieux, furent nommez *Bené-chorim, id est, Heroum filij,* c'est à dire, enfans sortis des personnes nobles & Illustres. Arist. lib. 1. de Anim. dit *quod Nobile est id, quod ex bono prodijt genere,* GENEROSUM *verò quod non à naturâ suâ degeneravit.* Le mesme Rhet. 2. dit *quod* GENEROSITAS *sita est in generis virtute, ne à naturâ desciscat.* Les Espagnols expliquent ce mot de GENEREUX par celuy *d'Hidalgo, quasi hyo d'algo, filius Nobilis aut Atavis nobilibus in lucem editus.* Les Anglois ne qualifient du Titre de GENEREUX que celuy qui est Noble de race, & l'appellent *Gentelman,* ou *Gentilman-borne,* c'est à dire non annobly par la grace d'un Roy, mais Gentilhomme bien né, & de race ancienne, comme s'expriment aussi les François & les Italiens. Les Allemans se servent du mot de WOHLGEBORN/ quand ils veuillent parler d'une personne d'ancienne & d'illustre extraction. Ce qu'a bien remarqué M. Pharetratus dans son traité de la Noblesse, en ces mots. *Nobilis* (inquit) *recenter factus nobilitatem quidem habet; sed non itidem genus; Liberi ejus crescens genus habent,* SED NULLAM GENEROSITATEM SEU GENTILITATEM, *quæ tandem in nepotibus incipit, & in pronepotibus naturam & perfectam ætatem consequitur eorum qui nostrâ vernaculâ vocantur linguâ* WOHLGEBORN/ *&c.* Loyseau atteste qu'il observe en tous les païs de la Chrestienté, que la Noblesse est plus communement appellée GENEROSITE, & que quand on veut parler des vrays Nobles en latin, on les qualifie mieux GENEROSOS *quam Nobiles.*

Aussi void on sur mille vitres & Epitaphes dans les Eglises, & Chapitres des Chanoines, & Chanoinesses Illustres de Liege, de Cologne, de Mons, de Maubeuge, de Nivelle, &c. que l'on ne se sert que des mots de GENEROSUS, & de GENEROSA, (sans dire *Nobilis*) pour donner à entendre qu'un tel, ou une telle sortoit d'une ancienne, noble, & illustre extraction. C'est en cette signification que CONSTANTIN SOHIER est icy qualifié de l'Empereur GENEROSUS, c'est à dire *Noble de race & de sang.* C'est aussi par ces mots que l'Envieux remarquera en passant que le dit CONSTANTIN n'a pas mandié de l'Empereur des Lettres d'Annoblissement (car s'il peut faire un Noble, il ne peut faire un GENEREUX, ou *Gentilhomme*) mais qu'il a seulement recherché de ses graces une qualité plus relevée que celle qui est commune à tous les Gentils-hommes, pour tant plustost relever des tenebres sa bonne naissance, obscurcie parles

nuages des dernieres troubles, & pour tant mieux faire éclater, & authorizer la gloire & la splendeur de ses Illustres Ancestres, qui ont porté en
leurs jours les beaux Titres de Comtes, de Barons, de Pairs, de Puissans,
d'Advouez, &c.

D'avantage, oultre les sus-dites graces que le dit CONSTANTIN
a receu de sa Majesté Imperiale, celle-cy n'est pas des moindres; qu'Elle
a aussi eu la bonté d'honnorer l'Escu de ses Armes d'une Couronne de
Marquis, enrichie de plus perles que la Comtale, pour tesmoigner qu'Elle avoit encore en consideration & en estime les marques des actions heroïques de ses Devanciers, qui avoient tousiours porté dans leurs seins
la candeur, la foy, & la loyauté pour l'Empire.

Bref, lisez attentivement cette lettre, & vous y remarquerez que les
vertus des Ayeulx de CONSTANTIN y sont couchées avec verité, & en leur bon poinct, & que leur honneur y est remis en banque,
& à l'avance du temps, pour estendre & alonger leur reputation à l'avenir. Nous en devons des obligations infinies aux Eglises & aux Cloistres,
qui dans leurs Chartes ont conservé leurs belles actions, lesquelles ont
fourny des materiaux plus que suffisans aux Herauds d'Armes de sa Majesté Catholique pour en bastir une ample & glorieuse Genealogie, telle
que nous vous l'avons representée. Et afin de satisfaire aux Incredules,
nous avons trouvé bon de joindre icy la verification des dits Herauds
d'Armes, extraite hors de la dite Genealogie, qui est telle :

NOUS PIERRE ALBERT DE LAUNAY Chevalier,
Sr d'Oissel, Fontaine, &c. Conseiller du Roy Cathe Contrerolleur Gene-
ral de son Artillerie, Gentilhomme Orde de son Hostel, & Roy d'Armes
des ses Pays, & Duchez de Lothier, Brabant, Limbourg, & Marquisat du
St Empire, & HENRY PREVOST DE LE VAL Escuyer Sr de
Tenans, Roy d'Armes des Pays & Comté d'Arthois, Lille, Douay &
Orchies, pour sa Maté Certiffions & attestons à tous qu'il appartiendra, que
nous avons dressée cette Genealogie de l'ancienne & Noble Famille de
SOHIER (originaire du Pays de Cambresis en la Province de Haynau)
sur plusieurs belles & rares Chartes & titres tant publiques que Domesti-
ques, qui nous ont esté communiquées, & que nous avons dans nos respe-
ctives offices. En foy dequoy nous avons fait la presente sous nos seaux
& signatures à la requisition du Seigneur CONSTANTIN SO-
HIER Baron du St Empire Chevalier Seigneur de Warmenhuysen,
Crabbendam, Out-Poelgeest, &c. directement issu de la dite Famille,
pour luy servir & valoir ce que de raison. Faict à Bruxelles ce 17. jour du
mois de Juing de l'an de grace mille six cens cinquante & nœuf, & du Regne de sa Majesté le trente-nœufiesme.

Estoit signé avec parafes

    A. de Launay.   *J. Prevost de le Val.*

Plus

Plus bas eſtoit eſcrit:

Le SOUBSIGNE GREFFIER du ROY NRE SIRE au Conſeil de ſa Ma^té ordonné en ſes Pays & Duché de Brabant, Limbourg, &c. Certifie & atteſte à tous qu'il appartiendra, que Meſſire PIERRE ALBERT de LAUNAY, Chevalier, S^r d'Oiſſel, &c. & HENRY PREVOST de LE VAL Eſcuyer Sr de Tenans, (qui ont dreſſée, ſignée, & ſeellée ceſte Genealogie de l'ancienne & Chevaleureuſe Famille de SOHIER) ſont Roys d'Armes Ord^res de ſa Ma^té des Tiltres de Brabant, Artois, &c. & qu'on a touſiours donné, comme l'on donne à tous leurs actes, inſtrumens & beſongnes entiere foy, & creance en jugement & hors. En teſmoin dé quoy il a ſignée la preſente de ſa ſignature, & muny du ſeel de ſa Ma^té, Fait a Bruxelles ce 18. jour du mois de Juing 1659.

Eſtoit ſigné avec parafe

G. V. Ghindertaelen.

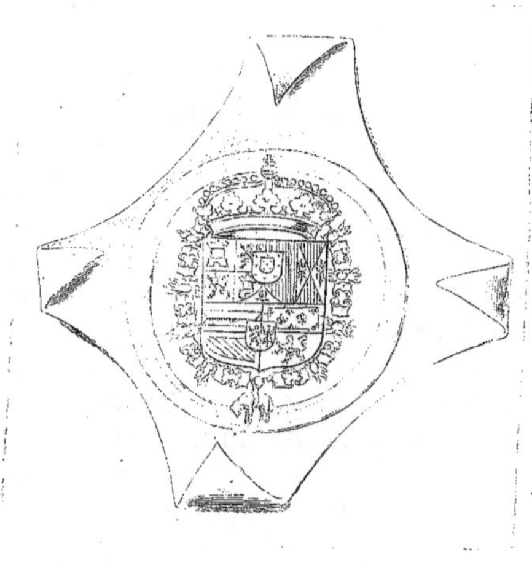

Et encor

Et encor plus bas eſtoit eſcrit ;

NOUS BOURGUEMRES, ESCHEVINS ET CON-
SEIL DE CETTE VILLE DE BRUXELLES,
Certiſſions & atteſtons à tous ceux qui ces preſentes verront , que les
Seigneurs DE LAUNAY, Chevalier, HENRY PREVOST
DE LE VAL , & GUILLAUME VAN GHINDER-
TAELEN Eſcuyers (qui ont ſignez & ſeellées ceſtes) ſont Roys
d'Armes, Heraulds, & Greffiers des Pays , Duchez & Conſeil, dont
ils ſe donnent les qualitez , & qu'on a touſiours donné entiere foy &
creance à leurs actes, inſtrumens, & beſongnes, tant en jugement que
hors. En teſmoing dequoy nous avons faict ſigner la preſente d'un
de nos Secretaires Ord^{res} & ſeeller du Seel ſecret de la dite Ville.
Faict en icelle le 18. Jour du Mois de Juing de l'an mille ſix cens cinquante nœuf.

Eſtoit ſigné avec parafe

Jac. Zerians.

ABBREGÉ,

D'Aucunes Branches collaterales

DE LA

TRES-ANCIENNE,

ET

TRES-NOBLE

MAISON DE SOHIER.

V N des plus beaux avantages, qui rehauffe le luftre & la gloire d'un Maifon, eft lors que les Puifnez d'icellé, ordinairement peu partagez des biens de la Fortune, s'eftudient par leurs belles actions, par leur valeur, & leur addreffe de meriter des Alliances fortables à leur extraction. Cette marque d'honneur fe void evidamment fans les Alliances qu'ont fait les Puifnez de la Famille de SOHIER, dont aucunes, à la verité, furent fi avantageufes, qu'elles femblent égaler & marcher de pair avec celles de leurs Aifnez. J'avois projetté de vous eftaller au large toutes ces Alliances, mais de peur d'abufer de voftre patience par un trop fufe, & trop long recit, j'ay efté perfuadé de vous en reprefenter feulement quelques-unes, que j'ay tirées hors de la Genealogie de cette Maifon, dreffée par Meffire Pierre Albert de Launay Chlr, Seigneur d'Oifel, Fontaine, & par le Sr Henry Prevoft de le Val Efcuyer, Seigneur de Tenans, Premiers Roys d'Armes de fa Majefté, Catholique, & par iceux verifiée le 17. Mois de Juin 1659. & dont j'ay parlé fuffifamment cy devant.

Pour commencer par ordre, vous remarquerez que WATIER SOHIER (fils de HUGUES I. du nom) eut de fa femme ADE DE CAMBRAY, cinq fils, dont l'Aifné fut RENAUD, & le Cadet PIERRE. Ce dernier efpoufa une fille de la Maifon de COULET, fortie de celle des Comtes de ROUCY, neveux des anciens COMTES DE VERMANDOIS, dont nous avons amplement parlé dans les Preuves de la Table Genealogique. Ce PIERRE eut un fils de mefme nom, qui fut pere d'un autre PIERRE, lequel prit

A a

à femme

Pagination incorrecte — date incorrecte

NF Z 43-120-12

à femme N... DE PRONVILLE, fortie d'une Maifon des plus celebres du Pays d'Artois, & qui eft fort connuë dans les Archives des Abbayes de S. Vaaft, de S. Aubert, d'Anchin, & autres, pour les belles donations qu'elle y a fait avant l'an 1100. & depuis.

Les Archives de l'Abbaye du Mont Saint Eloy lez Arras nous apprendent par un Titre de l'an 1098. que Lambert Evefque d'Arras fit des belles donations à icelle Abbaye en prefence *d'Alold* Abbé de Saint Vaaft, de *Robert* Advoué d'Arras, de HUGUES HAVET DIT D'AUBIGNY, de *Rengot de Molembecque*, *d'Alard* fon frere, de *VVarnier de Hamelincourt*, de *Guautier de Gonnelieu*, de *VVillaume de Vailly* fon frere, de *Baudry de Colbem*, de PIERRE DE PRONVILLE, *d'Odon de Camblain*, de *Fulbert dit le Veau* fon frere, de HUGUES d'INCY, de *Jean de Goffencourt*, de *Soyer de Montel*, de *Bernier d'Emericourt*, de *Renier le Cornu*, de *Jean du Foffé* (de *Foffato*) de *Raimbaut le Denis*, & autres Chevaliers de remarque.

Il y a un Titre dans l'Abbaye de Saint Aubert à Cambray de l'an 1230. qui fait mention *d'Euftache de Martinfart* Sire de Queant (non loin du Village de *Pronville*) de PIERRE DE PRONVILLE aliàs PRONVILLERS, de *Rogers Groignet*, de *Hugues Pellicorne*, de *Jean Fauveau*, de *Hugues Savary*, de *Jean d'Efcornaix*, & autres Chevaliers.

Cette mefme Famille de PRONVILLE donna des Grands Prevofts à la Ville de Cambray és années 1328. 1428. &c. Tefmoignage affuré de fa haute extraction.

Le fufnommé PIERRE SOHIER eut de fa femme N... DE PRONVILLE un fils de fon nom, qui fe maria avec ALIX DE BULLECOURT, fille du Seigneur de BULLECOURT au païs d'Artois, non loin de *Pronville*.

Cette Maifon de BULLECOURT eft connuë dans les Archives des Eglifes du Païs d'Artois avant l'an 1090. par THOMAS SIRE DE BULLECOURT Chevalier.

Il y a plufieurs lettres dans les Archives de Saint Aubert, qui font mention de ces Seigneurs; & entr'autres une de l'an 1272. qui parle de *Gilles de Hellefmes*, de *Jan de Mauville*, de *Bauduin Papelart*, *d'Adam Fleaus*, de *Jean Baras de Douchy*, de MIKIUS DE BULLECOURT, de *Mahius de Marke* Chevaliers, &c.

Un autre de l'an 1315. fait mention de *Pierre de Herin*, de *Gillot Failly*, de *Jean de Hertaing*, de *Triftran de Vilers*, de *Jacquemon d'Aubencheul*, de *Robert de Caudry*, & de *Jean* fon fils, de *Gillot de Cambray*, de DOREZ DE BULLECOURT, de *Cornu de Buiffy*, & autres tous Chevaliers.

Dans les Archives de l'Archevefché de Cambray fe trouve une lettre de l'Evefque *Enguerrand* de l'an 1280. par laquelle il excommunie tous les plus puiffans Seigneurs & habitans de fa ville, à caufe qu'ils detenoient les clefs de fes portes, nonobftantes toutes fes prieres & menaces : J'en rapporteray quelques-uns des principaux pour la curiofité du Lecteur : Le premier qui fe trouve fut *Jean de la Pierre* (*a Lapide*) JEAN CRETON, *VVautier Lievin*, *Jean Marchiaus*, *Simon Caufourier*,

Thomas

Thomas Akiau, *Gobert Dauſſut*, lors Eſchevins de la Ville : puis *VVillaume de Selles*, GUIDON SOHIER, *Adam de Senzelles*, *Martin le Fuzelier*, *Jacques Danneux*, JEAN d'ENNE, *Simon de Lonſart*, *Hugues le Kien*, *Pierre Hardy*, *VVautier Raſoir*, HUGUES ROSEL, *Jacques Blondel*, *Michel VVancquetin*, *Simon du Crock*, *Eſtienne de Sailly*, *VVatier d'Arras*, *Eſtienne de Carnieres*, *Jacques de Carnieres*, *Jan Surieus*, *Jean Beghin*, *Pierre Tabary*, *Hugues de Saint Hilaire*, *Hugues de Bethune*, *Jean de la Place* (a *Platea*) *Jean du Cange* (de *Cambio*) *Taſſard de Londres*, ENGUERRAND DE BULLECOURT, *Pierre Baſchoés*, *Jean Doucés*, *Jean de la Cappelle*, *Gillon du Caſtel*, *Pierre Poiſenne*, *VVatier du Caſtel*, *Robert de la Porte*, *Godefroy le Carpentier* (*Faber*) *Jean le Maireſſe*, *Jean Petit*, *Robert de l'Eſpée*, *Ingenulphe de la Motte*, *VVatier de Flavines*, *Adam de Beaumont*, *Hugues Goulart*, *Jean de Saveuze*, *Baltazar de Cuvillers*, *Mahieu Lievin*, *Jean Manquet*, *Gillon Turpin*, *Mahieu Heugot*, *Jacques Buridan*, *Jean de la Fontaine*, *Eſtienne de Quievy*, WATIER DE BULLECOURT, *Robert l'Enfant de Crevecœur*, *VVillaume le Heraut*, *Jean de St Vaaſt*, *&c.* tous qualifiez Chevaliers, ou Eſcuyers.

Bref, cette Maiſon de BULLECOURT fut alliée tres noblement avec les Maiſons de Sains, de Bourlon, de Mancicourt, de Foreſt, d'Ablaing, de Bauduin, &c. Elle a pluſieurs tombeaux en l'Egliſe de Saint George à Cambray, &c.

De plus, vous remarquerez dans la Table Genealogique, que HANNOTIN SOHIER, (aliàs *Jean de le Heries*) I. du nom eut de ſa femme N... d'ENNE, trois fils, & une fille. L'Aiſné des fils fut nommé GILLEBERT, dont nous avons aſſez parlé cy devant. Le 2. fut nommé PIERRE qui eſpouſa la fille du Sire de SOLEMMES : Alliance, à la verité, tres-noble & tres-avantageuſe pour le dit PIERRE, puis qu'il avoit pour beau pere un des plus riches, & des plus puiſſans Seigneurs du Cambreſis. Cette Famille donna un Grand Prevoſt à la Ville de Cambray l'an 1354. & un Grand Bailly au Cambreſis l'an 1367. d'ou vient que la pluſpart des Archives conſervent des memoires des Seigneurs qui en ſortent.

Leur renommée fut auſſi entenduë parmy le Hainaut, puis que la Ville de Vallencienes en avoit un Prevoſt dés l'an 1161. que d'Outreman nommé GODEFROY DE SOLEMMES.

Le meſme d'Outreman au fueillet 440. dans ſes preuves latines fait mention de THOMAS & GODEFROY DE SOLEMMES frères, de *VVatier Bulletel*, *d'Odon de Bermeraing*, d'ODON DE MOULIN, de *Renier de Buvreige*, de *Bauduin de Curgies*, de *Gillard du Chaſtel*, *d'Eſtienne de la Pierre*, &c.

Le meſme aux fueillets 410. & 411. rapporte que le Monaſtere de Saint Jean acquit l'an 1239. une Seigneurie bien notable nommée la Taſnerie, qui leur fut donnée par un Gentilhomme nommé *Jean de l'Eſpaix* (de *ſpatio*) laquelle il avoit acquis de MATTHIEU DE SOLEMMES, &c.

Cette Famille prit, és ſiecles moins reculez, alliance avec celles d'ENNE, de *Deſclaibes* (illuſtré Famille de Hainaut) de *Creton*,

                    de *Beau-*

de *Beaulaincourt*, *d'Aubenchœul*, de *le Caron*, de *le Villette*, de *Sairon*, de *le Val*, &c.

Le 3. fils du dit HANNOTIN SOHIER fut nommé AMUL-RIC, lequel prit à femme MARIE LE PREVOST, dont les Devanciers portoient promiscuement le nom D'AUDENCOURT, à cause de leur Pairie de Cambresis. ROBERT Pair d'AUDEN-COURT, vivoit l'an 1007. un autre ROBERT l'an 1070. un 3. ROBERT l'an 1266. par une lettre de *Nicolas* Evesque de Cambray ou est aussi fait mention de *Jean de Hertain*, de *Gerard de Landas*, Sire d'Aisne, *d'Adam de Premont*, de *Jean de Cantaing*, de *Landry d'Anneux*, de *Louis de Caulery*, de *VVillaume de Vieslis*, de GUION ROSEL, *d'Estienne le Comte*, de *VVicard de la Fontaine*, de *VVatier de Neufville*, de *Gilles de VVambais*, de *Philippon du Cange*, *d'Enguerrand de la Chapelle*, de *Colard du Crocq*, de *Robert de Beaucamp*, *d'Alard de Graincourt*, de *VVion Pellicorne dit Dury*, *d'Anselme de Forest*, de *VVatier de Sains*, de *Pierre Roussel*, de *Hugues de Sainte Olle*, de GOSSUIN DU MOULIN, de *Hugues de la Croix*, de *Philippes du Pont*, de *Jacques du Sart*, &c.

Un autre lettre de l'an 1236. à present en la possession de la Famille *de Pellicorne*, fait mention de *Simon de Sains*, & de *N... de Dury* sa femme, de *Jacques d'Aubencheul*, de *Jacques Pellicorne* Advocat & Tuteur de la dite *N... de Dury*, sa parente, de *Simon de Bourlon*, de *VVasson de Pellicorne*, de JACQUES LE PREVOST, de *Pierre le Kien*, de *Nicolas dit le VVillaume*, de *Gerard Lainvins* (ou *Lievin*) de *Robert de Barale*, *d'Asson-strabon d'Incy*, qualifiez hommes Nobles, & Fiefuez de l'Evesque de Cambray.

Une autre lettre de l'an 1216. qui se void aux Archives de Saint Aubert, fait mention de *Gilles de Saint Aubert*, de *Gilles de Trit*, de *Manassier de Hordaing*, de *Gossuin de Denaing*, *d'Adam de Haußi*, de *VVatier de Vieslis*, Chevaliers, & hommes de fiefs du Comte de Hainaut: puis de *Jean d'Aubigny*, *d'Aulphe de Haußi*, de *Gilles de VVasnes*, *d'Amand Prevost de Haspre*, de *Nicolas Advoué*, de *Jean Cantiel* Bailly du dit Comte, de *Hellin de Maisnil*, de *Terric de Thiant*, de *Terric de Barastre*, de *VVatier de Seguncourt*, de *Jean de Taviaumez*, D'ADAM D'AUDENCOURT, de *Nicolas de Vieslis*, de *Rainauld d'Avesnes*, de *Reinald de Thun*, &c. Chevaliers.

Puis les mesmes Archives font mention de WERRIC D'AU-DENCOURT, aliàs PREVOST l'an 1187. de PIERRE l'an 1290. D'OTTE l'an 1304. des MATHIEUS l'an 1340. & 1370. de JEAN l'an 1350. d'un autre JEAN (fils de MARTIN D'AU-DENCOURT dit PREVOST) l'an 1456. estant present à quelque devoir de Justice avec *Jean Pingret* Bailly de Saint Aubert, ER-NOULD LEURIOT, *Jan de VVancquetin dit VVanquet*, *Paul de VVancquetin*, &c.

Cette Maison subsistoit encore avec reputation au siecle 1400. car nous apprenons d'un titre de la dite Abbaye de Saint Aubert, que MARTEL D'AUDENCOURT, dit le PREVOST Escuyer estoit allié avec *Marguerite de Ligny* fille de tres bonne extraction, &

que

que JEAN CRETON son cousin, Chevalier, & Conseiller au Duc de Bourgogne avoit espousé *Jenne de Proisy* l'an 1424. &c.

L'avant nommé GILLEBERT SOHIER eut deux fils, dont l'aisné nommé MATTHIEU a eu cy devant ses eloges : le Cadet fut nommé GILLES, lequel espousa PERONNE DE FOREST, sortie d'une Maison des plus anciennes & des plus fameuses du Cambresis, qui s'allia és siecles plus reculez avec les Familles de *VVallincourt*, de *Caudry*, *d'Enne*, de *Roisin*, de *Valenciènes*, selon d'Outreman, &c. & és plus nouveaux, avec celles de *Hertain*, de *Poix*, de *Montar*, de *Boulenger*, de *Lannoy*, de *Landas*, de *Bullecourt*, de *Bauduin*, de *Beauffremé*, de *Resteau*, de *Sable*, de *Louchier*, *&c.* Voyez encore ce que nous en avons dit cy devant, & au Titre Cotté D. ou WATIER SOHIER appelle *Huard de Forest* son cousin, tesmoignage evident que cette Famille fut alliée plus d'une fois à la nostre.

Le susnommé GILLEBERT eut un frere nommé PIERRE, qui de sa femme N... DE SOLEMMES avant nommée eut un fils & une fille : Le fils fut WATIER, qui espousa N..... d'ESCAILLON, sœur de *Gerard Sire d'Iwy*, (gros village à deux lieuës de Cambray) issu sans doute de ce GERARD, dont nous avons parlé cy devant és fueillers 107. 108. &c.

La sœur du dit WATIER espousa GUY de HAUCOURT comme nous l'apprend le Titre Cotté W *. en datte de l'an 1351.

La Famille de HAUCOURT est issuë d'un puisné de l'Illustre Maison de *VVallincourt*, qui estant appannagé de cette terre en porta le nom. Ce lieu (que les chartes Latines nomment *Haucurtium*, *Alticuria*, & *Alticurtis*, qui vaut autant que *Haute-court*, ou *Court du Haut*) avoisine le bois de Wallincourt à deux lieuës de Cambray, & donna la Naissance sur la fin du siecle 500. à *S. Aubert* Evesque de Cambray, fils de *Vedulphe de la Tour-Landry* Seigneur de Crevecœur, de Wallincourt, de Honnecourt, de Haucourt, &c. Chastelain hereditaire de Cambray, &c. dont le sang estoit meslé parmy celuy des plus puissans Monarques & Souverains. Comme nous l'apprenons de la Legende du dit Saint Aubert, ou il est reconnu attoucher de parenté à *Dagobert* I. du nom Roy de France, à *S. VVaudru* Comtesse de Haynaut, & à plusieurs autres Princes, & Princesses. Or comme du susnommé *Vedulphe* est sortie la Maison de *VVallincourt*, & de celle-cy la Famille de HAUCOURT, je crois que vous estes desia assez persuadé de sa haute extraction, & de sa grandeur. Afin toutesfois de satisfaire aux plus curieux, je rapporteray quelques Titres reposans és Archives du Cambresis, qui font mention de ces Seigneurs.

Un Titre reposant dans les Archives de l'Evesché de Cambray fait mention l'an 1090. de *VVatier* & *Tietuvin de Haucourt* Chevaliers (consentans à une donation qu'avoit fait leur frere *Mascelin* à l'Eglise de Cambray) comme aussi de leurs femmes *Alix de Saveuze*, & *Juette de Honnecourt*, puis de *Fulques* Vidame de Cambray, *d'Anseau de Ribemont*, *d'Oilard de Crevecœur*, *de Senwart*, son frere, de *Herimbert de VVallincourt*, d'AMUL-RIC DE MARCOENG, de WATIER COLET, de WATIER TONNERRE, de HUON DE CAMBRAY, de *VVenchelou de Cantaing*, & autres Chevaliers, parens aux susnommez WATIER & TIETUVIN, &c.

L'on void dans les mesmes Archives un autre Titre de l'an 1131. qui fait mention de *Lietard* Evesque de Cambray, de *Jean*, d'*Alard*, & de *Gerard* Archidiacres, de *Gildart* Doyen, de *Bardon*, de *VVerimbald*, d'*Anseau*, & de *Lambert* Chanoines, de *VVerimbald* Chancelier, de RO-BERT ROUCY (*de Russiaco*) surnommé COULET, d'*Adam de VVallincourt*, de *Gerard de Crevecœur*, de *Gilles de Trith*, de *Hidulphe de Honne-court*, de WATIER DE LE HERIS (sans doute nostre WA-TIER SOHIER SIRE DE LE HERIES) de REGINALD DE HAUCOURT, de *Jacques de Beaumont*, de *Richard de Venduille*, de *Hugues Senwart* fils du dit *Gerard*, de *Colard de le Boe* son frere, d'*Anselme de Revelon*, de *Pierre de Honnecourt* dit *Pezieres*, de *VVatier de Pailiencourt*, de *Philippes de Rumilly* fils de *Philippes*, de GILLON LOVET, de *Gobert de Venduille*, d'*Alman de Prouvi*, & de plusieurs autres Chevaliers de remarque.

Les Archives de l'Abbaye de Saint Aubert en Cambray conservent des tres belles memoires des anciens Seigneurs de HAUCOURT, à cause des belles donations qu'ils ont fait icelle Abbaye, tant en ter-res labourables, qu'en dismes, bois, &c.

Il y a, entr'autres, un Titre de l'an 1096. qui fait mention de WA-TIER DE HAUCOURT, de TITEVIN, de WALDON & de SIGER freres, Chevaliers, &c.

Un autre de l'an 1141. fait mention de RENAUD DE HAU-COURT, de *VVatier de Vieslis*, d'*Aelme de Bevilers*, de *Gilles Fontaine*, de *Louis de Caulery*, de *VVatier d'Esquermaing*, de *Renald de Thuin*, de *Tierric de Thians* Chevaliers.

Dans un Titre de l'an 1156. est fait mention de RENAUD DE HAUCOURT (nommé cousin de *Simon* Sire d'Oisy, de Creve-cœur, &c.) de GUIARD DE LA FOSSE, de *Gerard Farenace*, d'*Henry d'Alenes*, de *Gerard de Saint Aubert* dit *Maufilastre*, de *VVerric du Chasteau*, de *Robert le Leu* (aliàs *du Fayt*) fils de *Jean*, de WATIER DE LA FOSSE, & de GERARD son fils, de *VViard de Bantoeul*, de *Hugues de Rumely*, de *VVautier*, *Raoul*, & *Huon de Vincy* freres, Chevaliers, &c.

Es mesmes Archives il y a un Titre de l'an 1183. qui fait mention d'*Adam de VVallincourt*, de RENAUD DE HAUCOURT, de *Simon d'Anneux*, de *VVatier de Ligny*, de *Landry de Lonsart*, de *Gilles de Caulery* Che-valiers, &c.

Un autre de l'an 1216. fait mention de *VVatier de Vieslis*, de *Huon de Gonnelieu* son oncle paternel, de JEAN d'ENNE, de HELLIN d'EUVILERS (que je crois estre nostre HELLIN SOHIER SIRE d'EUVILERS) de *Jean de Taviaumez*, de SIMON &

JEAN

JEAN CRETON, de *VVatier de Vailly* neveu du dit *VVatier*, de *Gillon de Vilers*, de JEAN LOVET, aliàs LOUVIAUS, *d'Adam de Hauſſy*, de *Nicolas de Vieſlis*, de *Hugues Hurel*, de *Gilles de Leſdaing*, de *Jean de Serainvilers*, Chevaliers, &c.

Un Titre de l'an 1263. fait mention de RENAUD DE HAUCOURT, *d'Anſelme de Baſoches*, de *VVatier de Marke*, de *VVion Belincornes* (peut eſtre *Pellicorne*) de *Simon Pellarſe*, de *Gillon dit Mabus*, de *VVatier Manket*, de *Hugues le Mire*, de *Gilles Ferains*, *&c.* Chevaliers.

Un Titre de l'an 1266. parle de *Thomas de Marcoing*, de RENAUD DE HAUCOURT, de *Jean de Cantaing* & de *Gerard de Landas*, Chevaliers, & Fiefuez de *Nicolas* Eveſque de Cambray.

Un Titre de l'an 1290. fait mention de *Gilles de Fontaines-lez-gobert*, *d'Adam* Sire de *Candry*, de RENAUD DE HAUCOURT, *d'Ernould de Leſdaing*, de *Renaud de Beaumont*, de *Colart Liebert*, de *Jean Joly*, de *Pierre d'Audencourt*, de *Hugues Piaucelle* Chevaliers, &c.

Un Titre de l'an 1348. fait mention de JAN DE HAUCOURT Sire de Leſdaing fils de GUY, qualifié *Monſeigneur*, de *Broiſort de Preux* Eſcuyer, Bailly du dit JEAN, de *Raſſe d'Eſtincourt* Sire de Beaumont, *d'Eſmere de Bouſies*, de *Jean de Louvegnies*, de *Thomas de le Boue*, de *Pierre Turpin*, Chevaliers, &c.

Un Titre de l'an 1363. fait mention de *Hugues de VVarigny* Chlr Bailly de Saint Aubert, de *Pierron d'Enne* Prevoſt de l'Egliſe Cathedrale de Cambray, de JEAN DE HOUCOURT Sire de Leſdaing (fils de GUY & de N.... SOHIER) Chlr, de *Colard de Hauſſi* dit *Fournier*, de *Jean de Beaumont*, de *Hugues de VVanquetin*, de *Thomas Braſſart* (alias de Saint Hilaire) de *Jean du Bruille*, de *Jean Prevoſt*, de *Jean Vieret*, de *Jean Haignet*, de *Matthieu le Robert*, de *Jan dit Sauſſe* de *Maarege*, de *Taſſard de Maarege* ſon frere, de *Beggue de Maarege* leur pere, de *Jean Cordelois*, de *Pierot Helviu*, & pluſieurs autres Eſcuyers, &c.

Un autre du meſme an, parle de *VVitaſſe Sire de Campremy*, de GUY DE HAUCOURT, de *VVillaume Ciiquart*, de *Pierre de Lonſart*, de *Jan de Mauvoiſin*, &c.

Un titre de l'an 1371. contient un partage des Seigneurs de cette Maiſon, & y parle du dit JEAN DE HAUCOURT Sire de Leſdaing, en qualité de pere de GUY DE HAUCOURT Sire de Leſdaing, de JEAN DE HAUCOURT dit *Tieſtard*, Sire d'Aiſnel, d'ALARD DE HAUCOURT Sire de Flines, de MARIE DE HAUCOURT, Dame de Fontenay, & de Freſne, &c.

Un Titre de l'an 1433. parle de JEAN DE HAUCOURT Sire de Leſdaing & de Fontaines-les-gobert, &c.

Bref, toutes les Egliſes conſervent les memoires de ces Seigneurs, qui ont tous rendus leurs noms glorieux, tant par leurs beaux exploits en la conſervation de leur Patrie, que par leurs liberalitez envers les Egliſes & Hoſpitaux. De ſorte que ce n'eſt pas peu de gloire à une Cadette d'un Cadet de la Maiſon de SOHIER, d'avoir eſté

alliée

alliée à l'Aifné de celle HAUCOURT, dont l'origine eft fi illuftre, & fi ancienne.

D'ailleurs, nous apprenons par la Genealogie de noftre Maifon de SOHIER dreffée par les fufnommez Herauds d'Armes de fa Majefté Catholique, que MATTHIEU DE CANTAING Pair de Cambrefis, efpoufa JENNE SOHIER, furnommée DE LE HERIES, lequel defcendoit legitimement des anciens Comtes de Cambray, comme nous enfeignent clairement les vieilles Chartes & les vieux feaux qui y pendent, reprefentant trois lions avec le Cry de Cambray. Ce MATTHIEU eut de fa dite femme un fils de fon nom, qui prit à femme MARIE D'AUBRECHICOURT, iffuë d'une Famille, qui (felon d'Outreman en fa Chronique de Vallencienes Part. 11. Chap. VII.) puifoit fon origine des anciens Chaftelains de Vallencienes, neveux des Comtes de ce nom.

Nous pourrions rapporter cent Titres, qui font mention de ces Illuftres Familles de CANTAING, & D'AUBRECHICOURT, mais la crainte que j'ay de vous ennuyer par un trop long recit, me les faire paffer fous le filence.

Les Cadets de noftre Maifon de SOHIER fe font encor alliez avec les Familles de CAUDRY, (dont les Seigneurs furent jadis fi puiffans, & fi renommez qu'un jeune Prince d'Angleterre nommé *Harduin*, fe tranfporta à Caudry en Cambrefis, pour demander en mariage la fille du Seigneur) de BEAULAINCOURT (laquelle outre la Seigneurie de ce nom en Artois, poffedoit celles de Belleville, de Lanfort, d'Ernoval, &c.) d'AWAING, (dont *VVallerand* Sire de ce lieu en Cambrefis fut Chaftelain du Chafteau en Cambrefis avant l'an 1250.) de DU MORTIER, (qu'aucuns font fortir des anciens Comtes de Vermandois, mais fans fondement) de POLLE', (dont *Reinier* eftoit en grande reputation au fiecle 1100. felon d'Outreman) de SAUSOY, (dont *Foulque* eftoit en tres grand credit l'an 1107. felon le mefme d'Outreman) de WINGLES (iffuë d'un Conneftable de Flandres, & dont elle retient les Armes) de VILLE, de CROCK, d'ONGNIES, de BEAUMONT dite de SAINT QUENTIN, de FUZELIERS, de PINGRET, & autres, dont l'origine eft tres-noble & tres-ancienne, mais leur decadence nous marque l'inconftance de toutes les chofes, & nous fait voir que la Fortune n'a point d'yeux pour la grandeur non plus que pour la baffeffe, qu'elle perfecute ceux qui font dans la pourpre, auffi bien que ceux qui font dans la fange, qu'elle ne traitte pas autrement ceux qui luy ont donné des maledictions, que ceux qui luy ont dedié des Temples, & que par fes caprices les plus puiffans font devenus les plus malheureux. C'eft elle qui nous met toute la Nature en defordre, & qui nous fait voir des Royaumes en feu, des Provinces abifmées en elles-mefmes, des villes cachées fous des joncs, & fous des rofeaux, des mefchans recompenfez, des vertueux abbatus, des fages au defefpoir, des Gentils-hommes laboureurs, des Grands Seigneurs mendians, des Princes & Princeffes fur des efchaffauts,

fauts, des Roys dans les chaifnes, & des Efclaves deffus le Thrône.
Defguifez tant qu'il vous plaira les outrages & les faveurs de cette
Marâtre, je veux dire la Fortune, & vous advoüerez avec moy que

Tout ce que l'on void de plus leger,
Un vaiffeau dedans le danger,
Un trait alors qu'on le defferre,
Un arbre fans ceffe agité,
Une plume dans l'air, un rozeau fur la terre
A bien plus de ftabilité.

Nos anciens nous ont donné pour emblemes de la Beauté, la Rofe, à
caufe que fon teint n'eft que de la durée d'un jour, la Lune pour fon croif-
fant, & pour fon decours, le verre, pource qu'il n'y a rien de plus admirable ny de plus fragile, & quantité d'autres, pour monftrer que ce qui touche le plus nos yeux ne doit pas le plus toucher noftre efprit, & que les
chofes les plus belles, & les Dignitez les plus hautes font naiftre noftre
eftonnement, & noftre pitié au poinct mefme qu'elles font naiftre noftre
admiration & noftre envie.

Belle di-
greffion
pour la
Nobleffe. Lecteurs, fi vous eftes Nobles, fachez que voftre Nobleffe, comme les
Ifles de Lydie, qu'on nomme Calamines, va & vient, tourne & retourne au
flux & reflux de l'inconftance du monde.

Le rang que vous tenez aujourd'huy n'eft qu'un fantofme qui efblouït
vos yeux: voftre prefent bonheur peut devenir demain voftre fleau, &
vos valets peuvent eftre demain vos maiftres.

Si, vous croiez de tenir la Fortune en laiffe, & fa roüe aux tours &
contours de vos affections, vous vous trompez, car il y a de l'amertume
cachées dans fes pillules dorées, elle vous prepare mille foûpirs pour
un de fes baifers, des nuages pour un efclair, des nuicts, & des fiecles
d'afflictions, pour une matinée, pour un jour de profperitez.

O! qui ne l'a fcû, & qui ne l'a crû? & qui ne le croit, & qui ne le void
encore? Les Rois & les Peuples ne font pas feulement garands de cette
belle verité, mais encor tous les Eftats & les Empires du monde. Nobles, Marchands, Roturiers, ne vous enflez donc pas, & ne defefperez
pas d'un bonheur, ou d'un malheur fujet à tant d'accidents, püis qu'on
void qu'il fe fait des Efclaves non feulement des perfonnes libres, mais
encore des Princes, à qui tous les autres eftoient fujets, comme au
contraire fouvent des Efclaves deviennent maiftres d'un Eftat, & fe
font fervir des Monarques. A-t'on pas veu les Rois Euagoras & Thefée
finir leurs jours en exil & en pauvreté? un Ariba Roy des Epirotes, vaincu par Philippe au defefpoir? un Perfeus Roy de Macedoine fuivre
comme un captif le Char de triomphe de Paul Æmile, & l'un de fes
enfans exercer le meftier d'Orfevre à Rome, & l'autre celuy de Marefchal en Sicille, pour avoir au moins dequoy affurer leurs vies? A-t'on
pas veu un Gentius Roy des Illyriens fe mettre à genoux devant le Pre-
teur Anitius? un Demetrius Roy de Macedoine, deffait par Lifimachus,

B b

fouffrir

souffrir les miseres d'une prison eternelle ? Un Agesipolus éleu Roy des Lacedemoniens condamné en exil, & de vivre dans une pauvreté si grande, qu'il avoit presque autant de peine à contenter sa faim, qu'il en avoit eu auparavant à contenter sa delicatesse ? A-t'on pas veu un Origiagotes Roy des Caboleniens, & un Gaudates Roy des Tolosco-bagins en Bithinie mourir dans les chaisnes du Consul Manlius ? un Philophemenus Duc des Achaïens, un Graccus, & un Cinelius, deux Princes des Equois, souffrir des grandes miseres jusques à leurs tombeaux? A-t'on pas veu Syphax, vaincu de mesme par les Romains à la faveur de Massinissa, sa femme empoisonnée, & ce Roy de Numidie captif, & si confus d'un changement si peu attendu, qu'il eust esté miserable plus long-temps, si la tristesse qui le fit mourir, n'eust plustost achevé sa captivité que ses ennemis, & si la peur qu'il avoit d'user ses chaisnes ne les eut rompuës? A-t'on pas veu un Riche Severin entre les fers des Gots mourir sans consolation ? un Psemmenite Roy d'Egypte estre le captif de Cambises? un Hecube, apres avoir regné long-temps, devenir esclave dans sa vieillesse ? un Empereur Valerian estre obligé de presenter son dos, comme un estrier, lors que Sapor Roy des Perses vouloit monter à cheval ? Qui eut jamais crû que Bajazeth Empereur des Ottomans (dont les combats avoient esté autant de victoires, & les desseins autant de conquestes) auroit esté le captif d'un Berger, je veux dire de Tamerlan, & que la Fortune de ce Monarque, qu'on appelloit Hildrin, c'est à dire Foudre, pour la prompte execution de ses entreprises, auroit disparu comme un éclair? Qui auroit crû que Didier, qui sembloit estre entre les Roys de la Chrestiente, ce que le Soleil est entre les astres auroit trouvé son tombeau dans les prisons de Charlemagne ? qu'un Chilperic III. du nom auroit esté reduit par Pepin dans un Cloistre ? Qu'un Charles Duc de Lorraine, prest à prendre l'investiture du Royaume qui luy appartenoit apres la mort de son frere, & de son neveu Louis V. auroit esté chargé de fers par Hugues Capet? qu'un Louis Sforce Duc de Milan auroit fini ses jours dans une cage de fer? qu'un Denis Roy de Syracuse, auroit decedé Vielleur ? que l'Empereur Charles le gros auroit enduré la faim ? qu'un Belizaire Lieutenant de Justinian auroit receu l'aumosne de ceux dont il avoit esté le refuge, & le soustien ? qu'un Ferdinand, fils de Jean X. Roy de Portugal auroit esté reduit à tourner une meule à moudre à force de bras, pour avoir dequoy se nourrir ? Mais c'est trop parler de servitude, il faut maintenant passer de la tristesse à la mort, & puis que nous avons conduit tant de personnes en prison, nous en pouvons bien conduire d'autres au tombeau, & monstrer que la Fortune n'est pas moins ingenieuses à faire des meurtres qu'à forger des chaines. Qui ne sçait pas que Josué fit pendre cinq Roys de suitte selon l'ancienne coûtume ; que le Tyran des Agrigentins Phalaris fut brulé dedans son Taureau d'airain; que Marc Antoine fit trancher la teste à Antigone Roy des Juifs; que Charlemagne fit Crever les yeux à Pierre Roy de Hongrie, & puis le massacrer pour contenter sa défiance ou sa haine? A-t'on pas veu un Andronic,

tuteur

tuteur du Roy Alexis, devenir son meurtrier; un Conradin Roy de Suede
souffrir la mort à Naples par le commandement de Charles Duc d'Anjou;
un Michel Zilage Prince de Hongrie avoir esté decapité pour avoir esté
trop vaillant; un Adeberg Comte Palatin traitté de mesme pour avoir
esté trop credule. A-t'on pas veu encore un Chilperic Roy de France tué
dans son Palais par les malicieuses pratiques de sa femme Fredegonde;
un Candolus Roy de Lidie massacré par Gyges son favory? A-t'on pas
veu quarante Rois d'Escosse & plus, tuéz par leurs peuples; & és siecles
plus nouveaux un Jacques Roy d'Escosse, le premier de la Lignée des
Stuards, poignardé dans sa maison Royalle par des gens masquez; Jacques II. son fils & successeur emporté, peut estre à dessein, par une piece
d'Artillerie, dont on faisoit l'essay; Jaques III. tué par son propre fils; ce
parricide, nommé comme son pere, massacré par les Anglois; & Jacques V. empoisonné; comme si toute cette race eût dû heriter de la misere de Jaques aussi bien que de sa Couronne? A-t'on pas veu encore en nostre siecle, Anne Boulan Reine d'Angleterre au pied d'un boureau; Marie
Stuard Reine d'Escosse, aussi malheureuse qu'Anne, laisser sa teste sur un
eschaffaut, & Charles I. Roy des trois Royaumes d'Angleterre, d'Escosse
& d'Irlande, le plus juste, & le plus clement d'entre les Monarques, se
ressentir de l'ingratitude de ses propres Sujets, qui luy firent couper la
teste sur un eschaffaut, afin de faire d'une Monarchie une Republique,
& d'un Estat une Tyrannie? Tout cela nous apprend que les plus grandes prosperitez engendrent les plus grands malheurs, que les plus belles choses n'ont jamais une mesme suitte, que les apparences sont trom-
peuses, & que ce qui a le plus d'éclat n'a pas tousiours le plus de durée.
Partant, (ô Nobles!) ne dites pas que vostre Fortune est inébranlable,
estant appuyée sur les richesses, sur les honneurs, & sur les armes: Il y
a tousiours eu de l'abbaissement, ou il y a eu de la grandeur. Mais si vous
desirez des hommes d'une autre nature, & d'une autre trempe, qui d'une
basse condition furent élevez à une grande, & qui de petits & abjects
sont devenus tres puissans; Jettez vos yeux sur celuy qui fonda Rome,
& qui donna la naissance à la premiere Monarchie du monde, ne fust-
ce pas un Pasteur? Et le sixiesme Roy de cette mesme Monarchie de ser-
viteur ne devint-il pas le Maistre? Cyrus estoit Berger, devant qu'il fut
Prince des Perses. Abdolonimus Jardinier d'Alexandre fut Roy d'une
des belles Provinces de l'Asie. Marius tant de fois Consul, fut laboureur au commencement & mendiant à la fin. L'Empereur Ælius surnommé l'opiniâtre fut en sa jeunesse marchand de bois. Maximin avoit honte
d'avoüer ses pere & mere, quand il se vid arrivé jusques au comble de sa
gloire. Maxime aussi Empereur estoit le fils d'un Charpentier, ou d'un
Serrurier. Hyphicrates Duc d'Egipte estoit fils d'un Cordonnier. Eume-
nes Cardianus, un des successeurs d'Alexandre le Grand, faisoit au commencement le mestier de Chartier. Viriatus Lusitanus, qui l'espace de
quatorze ans fit la guerre aux Romains avec succez, a eu pour pere un
Berger. Agathocles Roy de Syracuse fut le fils d'un Potier. Amaduddaula,

                                    Leysius,

Leyſius, & Samuchus tous trois Roys de Babilone, ont eu pour peres un Peſcheur, un Serrurier, & un Berger. Les Empereurs Aurelianus, Baſilius, Op. Macrinus, & Marcianus eſtoient iſſus de pauvres roturiers. Juſtinus garda les porcs & les bœufs avant que de monter à l'Empire. Chingius fut fils d'un Charpentier avant que de commander aux Tartares. Piaſtus Roy de Pologne, & Snius Roy de Suede eſtoient de tres bas lieu. Wiligiſus avoit appris de ſon pere à faire des chariots & des roües, paravant que d'eſtre Duc de Mayance, & Electeur de l'Empire. C. Aur. Val. Diocletianus fut le fils d'un Notaire. Julius Licinius fut le fils d'un pauvre Payſan. Lamuſius Roy des Lombards fut élevé, comme ſa mere, par les aulmoſnes du peuple. Primiſlaus troiſieſme Roy de Boheme fut appellé à la Couronne en piquant ſes bœufs au champ. Tamberlan Roy des Perſes fut fils d'un Berger. Abdeldonius Roy de Barbarie eſtoit fils d'un Potier. Sforce Duc de Milan eſtoit fils d'un Laboureur. Nicolas Picinius eſtoit fils d'un Boucher. François Carmaniole Duc de Gennes a gardé les porcs en ſa jeuneſſe. Bref une bonne partie des Roys & des Empereurs qui ont commandé à Rome & ailleurs ont porté la houlette, ou quelque autre outil avant que de porter le ſceptre. Vous ne ſerez beaucoup eſtonné de cela, s'il vous ſouvient du dire de Platon, qui dit que chaque Roy deſcend de ſes ſujets en droite ligne, & chaque ſubjet tire ſon origine des Roys. C'eſt ainſi que le temps & la Fortune ont broüillé les choſes humaines; c'eſt de là que nous connoiſſons qu'il n'eſt rien de ſtable au Monde, & que les objets de nos eſperances doivent l'eſtre auſſi de nos craintes. Si jamais homme, a dû meriter une loüange legitime; Le Roy Carganus à mon advis a dû l'attendre de ſa patience. Seſoſtris le plus grand Roy d'Egipte apres avoit rangé pluſieurs Peuples à ſon obeiſſance, avoit accoûtumé de ſe faire trainer dans un chariot par quatre Roys qu'il avoit vaincus, & cét orgueilleux ſe promenoit rarement ſans donner cette honteuſe marque de ſa puiſſance, & de ſes victoires. Comme il en faiſoit ſon plus noble divertiſſement, il prit garde un jour que Cardanus tournoit la teſte du coſté des roües, qu'il conſideroit avec une curioſité qu'il ne luy eſtoit pas ordinaire, & ne pût s'empeſcher de luy demander quels objets pouvoient arreſter ſes penſées lors qu'il n'en devoit avoir que pour ſa miſere. J'y ſongeois, dit celuy-cy avec beaucoup de hardieſſe, & quoy que le changement de ma condition m'ait eſtonné juſques icy, je trouve pourtant qu'il ne doit pas meſme te ſembler eſtrange. M'arreſtant à cette roüe, je voyois que le rayon le plus élevé devenoit le plus bas en moins d'un rien par ſon tour, & je voyois en meſme temps qu'il en eſtoit de meſme de celle de la Fortune, que la Proſperité devoit trainer avec ſoy l'inquietude & la crainte, & que l'adverſité ne devoit pas eſtre ſans conſolation & ſans eſperance. N'agueres j'eſtois au plus haut degré, maintenant je ſuis au plus bas, & puis que tout change en la Nature, je treuve que ceux qui t'admirent aujourd'huy ſeront peut eſtre obligéz demain de te plaindre. Seſoſtris touché au cœur, & s'eſtant reſſouvenu que ſon propre frere Peleuſines avoit dejà manqué de le brûler avec toute ſa

famille,

famille, & craignant en effet qu'un malheur femblable ne luy arrivât, ne traitta plus ces quatre Rois avec tant d'infolence, au contraire il les honnora tous depuis, & fe fervit de Carganus comme du plus grand Miniftre de fon Eftat.

Je vous ay fait cette longue digreffion (Lecteurs) pour vous faire mieux comprendre la viciffitude de toutes les chofes. Tout ce qui eft icy bas tourne fans doute comme une rouë, on peut defcendre comme on peut monter; C'eft pourquoy ni les uns ne fe doivent pas trop orgueillir s'ils fe voient aujourd'huy dans la pourpre & dans l'éclat, ni les autres fe trop abbaiffer s'ils fe trouvent reduits à des conditions moins relevées, car fi c'eft aujourd'huy le tour des uns, ce fera demain le tour des autres.

C'eft au fujet de cette Genealogie de la Maifon de S O H I E R que je me fuis un peu eftendu, afin de vous faire quitter l'eftonnement, ou la calomnie qui fe reçoit, & qui fe gliffe facilement dans les matieres Genealogiques, & principalement lors que les Familles que l'on entreprend de defcrire, ont eu des fi grands Principes, & des fi fubites cheutes, telles qu'a eu celle-cy, qui a eu cent mille compagnes auffi heureufes en fa haute extraction, que malheureufes en fon abbaiffement, dont je pourrois rapporter encor un nombre innombrable d'exemples ; mais outre que le recit en feroit trop long & peut eftre trop ennuyeux, qu'il vous fuffife de fçavoir qu'il n'y a pas icy bas de puiffance permanente, & que vivre tantoft en Noble tantoft en Roturier, vivre en paix & vivre & guerre, rire & pleurer, battre & eftre abbatu, & tantoft deffus tantoft deffous, c'eft l'arreft du Ciel.

D'ailleurs j'ay obfervé en travaillant fur la Genealogie de cette Illuftre Maifon, que fi on pouvoit fournir tous les quartiers d'une race jufques au quinziefme degré, il fe trouveroit que trente-deux mille perfonnes ont contribué à la naiffance d'un feul, ce qui fe peut prouver aiffement par la regle des multiplications redoublées, le premier degré eftant de deux; le fecond de quatre; le troifiefme de huict; le quatriefme de feize ; le cinquiefme de trente-deux; le fiziéme de 64. le 7. de 128. le 8. de 256. le 9. de 512. le 10. de 1024. l'onziéme de 2048. le deuziéme de 4096. le treiziéme de 8192. le quatorziefme de feize mille deux cents quatre-vingts quatre; le quinziéme de trente-deux mille cinq cens foixante-huict; En outre, le feiziéme de foixante & cinq mille cent cinquantefix ; le 17. de cent trente mille trois cens douze ; le 18. de deux cens foixante mille fix cens vingt quatre, &c. Enfin l'on pourroit monter encore bien plus haut, mais cela ne ferviroit de rien, & fuffit que l'induction que j'ay faite, monftre clairement que prefque toutes les generations d'un grand Royaume fe tiennent par la main, & qu'il y a grande apparence que chacun participe de chaque lignée des hommes, qui vivoient il n'y a que fept ou huict cents ans, puis qu'il y en doit entrer un fi grand nombre (quoy qu'à la verité plufieurs fe trouvent reïterées) qu'au vingt-cinquiefme degré, on compte jufques à quarante millions quarante-& un mille foixante & douze : & au trentiefme degré, jufques à vingt cinq fois cent, & feptante fix millions neuf cens quarante huit mille fix cents quatre : & ainfi jufques à l'infini, fi plufieurs de ces mefmes lignes ne fe replioient en elles mefmes. De forte que tout le monde d'une nation fe trouve allié, quoy qu'en degrez un peu éloignez, mais il n'eft pas aifé de le juftifier. Il ne me feroit pas pourtant difficile de prouver que noftre Famille de SOHIER defcend par divers degrez, fans eftre obligé de monter jufques au douziefme, des Maifons Royalles de France, d'Angleterre, d'Italie, de Portugal, de Leon, de Jerufalem, &c. des anciens Duc de Bourgogne, de Brabant, de Normandie, de Lorraine, de Baviere, de Saxe, de Sueve, des Comtes de Hainau, de Flandres, d'Artois, de Champagne, de Troye, de Blois, de Senlis, de Cambray, de Bologne, & autres Maifons Illuftres. Et cela eft vray de telle forte, que s'il y avoit moyen de faire des claires inductions, je vous pourrois monftrer que vous avez auffi des Princes & des Rois dans voftre race, comme il n'y a point de Princes ni de Rois, qui ne trouvaffent dans la leur des Bergers, & des perfonnes obfcures, fans qu'il fut neceffaire pour cela de monter jufques au vingtiefme degré, ou il faut qu'un million de perfonne contribue à la naiffance d'un feul.

Je diray fur ce propos qu'il n'y a rien qui fouffre plus de cenfures & plus de jaloufie que les Genealogies, & nommement celles qui regardent les Familles dont la Nobleffe a dormie, & qui s'efforcent de fe relever de leurs difgraces; j'avoüeray auffi que l'on trouve beaucoup de lacunes & de defauts dans un grand nombre de belles Genealogies, mais je ne voy pas qu'on en puiffe admettre un en celle-cy, attenduë la longue poffeffion de la Seigneurie Feodalle de le HERIES confervée heureufement dans un mefme fang plus de quatre cents ans, veuë auffi la production de tant de fi rares Titres & monumens, qui font une connexion non interrompuë de pere en fils depuis 600. ans, & l'approbation de tant de fi celebres perfonnages qui les ont veu, leu, & confideré avec admiration.

DIVER-

DIVERSES QUESTIONS
TOUCHANT
LA NOBLESSE.

QUESTION I.

*S'il est loüable de rechercher de quels Parens
on est issu.*

E respons qu'il n'est pas seulement loüable de le faire, mais qu'il seroit blámable de ne le point faire , & cela pour les raisons suivantes. La premiere est, que la memoire de nos Ancestres nous incite à la vertu, car c'est par elle qu'ils se sont fait nobles. *Majorum Nobilitas, teste Panormitano, posteros ad virtutes suo exemplo excitat.* Aussi les merites des Ayeux sont des notes d'infamie à leurs neveux , qui degenerent de leur vertu, & la gloire de ceux-là, fait mieux veoir par son opposition la honte des autres. La vertu d'un homme de bien est souvent utile à un homme vicieux , & les actions heroïques de nos peres nous détournent du sentier du vice , comme si nous avions peur d'estre appellé le deshonneur de nostre race. D'ou vient que le Poete dit que

In sobolem transire solet cum femine virtus.

Lyricius Venusinus dit sur le mesme sujet que

Fortes creantur fortibus & bonis.

De mesme que d'un bon arbre vient un bon fruit , & d'une bonne terre du bon grain.

La seconde raison est prise du devoir naturel que les enfans sont obligéz de rendre à leurs peres , qui consiste à ne mettre en oubly les belles successions , & riches appannages qu'ils ont receus d'eux , ains à laisser des marques tres particulieres à leur posterité de leurs donations & bienveillances.

La troisiesme raison est tirée de l'Usage receu de toutes les Nations de l'Univers. Les Hebrieux , que nous reconnoissons pour les premiers & plus anciens peuples du monde , gouvernez & conduits en ordre de Republique , selon les loix & ordonnances que Dieu leur avoit prescrites & enseignées par Moyse, ont porté un soin incroyable à conserver dans leurs registres , & memoires les noms & actions , de

leurs

leurs Anceſtres. De ſorte qu'encore que nous les voyons en nos jours épars par toute la terre, ils en pourroient rapporter des remarques, qui s'étendroient au delà de trois ou quatre mil ans. Tellement que ſi la Nobleſſe ne tiroit ſon avantage que du Sang, & non de la vertu, ils auroient plus de ſujet que nul autre, de ſe vanter de la gloire & dignité de leurs Devanciers ; Et ils ſeroient dignes de loüange, & de reſpect par deſſus tous les Nobles, pour eſtre iſſus des douze Princes des Lignées d'Iſraël (Tiges de tous les Hebrieux & Juïfs) mais au lieu de nous ſervir d'admiration & d'exemple, ils nous ſervent aujourd'huy de joüet, & de paſſe-temps, parce qu'ils ont abadonné la vertu, laquelle venant à ſortir d'une Maiſon ne l'a peut rendre que roturiere. Et ce qui a rendu ces peuples d'Iſraël, & de Juda ſi curieux & ſi diligents à faire la recherche & deſcription de leurs races, n'a eſté que pour faire d'autant plus éclater la grandeur, la magnificence, & dignité de leur Eſtat, & pour conſerver l'ordre & la police, qui leur avoit eſté preſcrite en temps de guerre & de paix. Et en effect ils obſervoient ſi punctuellement la diſcipline militaire, que chacun dans les armées tenoit le rang qui eſtoit deu à ſa Famille, ce qui ne ſe pouvoit faire ſans la connoiſſance de châque race. Pleuſt à Dieu que cette loüable couſtume ſe fuſt conſervée juſques à nos jours, nous n'aurions veu tant de batailles perduës par les pointilles des Chefs, ni tant de duels entrepris, & mis à chef, pour le malheureux point d'honneur, qui n'eſt fondé le plus ſouvent que ſur l'ancienneté, le rang, & les preſceances des Maiſons Nobles, dont l'origine ne peut eſtre mieux connuë que par les repreſentations de leurs Genealogies.

Dés que les Iſraëlites furent ſortis d'Egypte à deſſein de le rendre maiſtres des Eſtats des Chananeéns (que l'on appelloit la Terre de Promiſſion) ils firent une grande aſſemblée en laquelle furent trouvez plus de ſix cens mille combattans, leſquels furent tous obligez de monſtrer leurs Genealogies, afin de mieux regler cette puiſſante armée, & de ranger un chacun ſous ſa banniere ſelon la grandeur & la qualité de ſa race. Lequel ordre fut touſiours inviolablement gardé du depuis, & meſme parmi les plus grands changemens & cryſes d'Eſtat, comme au retour de la captivité de Babylone, & autres urgentes occaſions.

La meſme couſtume fut obſervée par ceux qui ſortoient de la race de Levi ; de ſorte que ceux qui ne pouvoient donner des preuves ſuffiſantes de leurs Anceſtres, ne pouvoient eſtre avancez à la Dignité de Sacrificateur.

La Sainte Eſcriture nous apprend encore qu'il n'y avoit que ceux qui deſcendoient de Juda (l'un des douze Princes d'Iſraël) qui pouvoient pretendre à la Couronne, & qu'il eſtoit predit par les Prophetes que le Meſſias ſortiroit de cette race ; de ſorte qu'il fallut, pour convaincre les Juïfs, & incredules, que Saint Luc fit la deſcente d'iceluy par la deſcription de ſa race, laquelle il rechercha juſques au ſeptante - & unieſme degré.

Les

Les Egyptiens furent fi affectionnez envers leurs Ayeux, qu'ils enbau-
moient leurs corps en des vaiffeaux , ou cercueils de verre ou de cri-
ftal , & les mettoient en parade dans leurs maifons, pour les avoir toufiours devant leurs yeux , & eftre d'autant plus excitez à imiter leurs
vertus.

Les Affyriens ne furent pas moins curieux dans la recherche de leurs
Maifons. Les Grecs recherchoient fi avant leur Nobleffe, que lors qu'ils
ne pouvoient plus exhiber des preuves de leur eftoc , ils recourroient
aux fables , & publioient que leurs Anceftres eftoient neveux d'un Ju-
piter , d'un Æacus, d'un Achilles , d'un Hercules, d'un Alexandre, ou
de quelques Dieux ou grands Guerriers. Et afin que les peuples les auroient en plus grand refpect & admiration , ils leurs erigeoient & con-
facroient des Images , qu'ils appelloient *Schemata*, ou *Stemmata*, & les ex-
pofoient à l'entrée des Temples & des maifons publiques.

Les Romains à leur imitation drefferent & dedierent des ftatues , à
ceux qu'ils jugeoient eftre dignes du titre excellent de Noble , & non
contens de cela confervoient dans leurs cabinets les memoires & Genealogies de toutes les Familles nobles , en faifoient peindre ou graver leurs Armes fur leurs boucliers & efcus , & élevoient en boffe les
vrays portraits de leurs Anceftres , & les difpofoient en fi bel ordre,
que par branches & diftinctions de lignes , chacun pouvoit connêtre
aifement fa defcente & fon degré. Et au bas de ces portraits efcrivoient
les actions heroïques d'un chacun , afin que les Defcendans fuffent d'autant plus portez à les imiter. Ils fouloient encore porter toutes ces
images empraintes au vif fur la cire aux funerailles d'un Noble tres-
paffé , afin de faire parêtre fa bonne extraction , & de tant mieux im-
primer dans les efprits des peuples l'antiquité , & la grandeur de fa race. Meffala , le plus grand Orateur de fon temps nous en donne des fuf-
fifans tefmoignages , & fe vante d'avoir compofé plufieurs volumes Genealogiques de la Nobleffe de Rome.

Les Gaulois ont auffi trouvé bon , tant pour la police de leurs Eftats
& de leurs Armées , que pour la feureté des fucceffions collaterales,
d'avoir des Regiftres & memoires de châque Famille Noble. Paul Emile
tefmoigne qu'au commencement de la Monarchie Françoife , aucuns
Gentils-hommes fe voulans prevaloir de l'ancienneté de leur race , ofe-
rent s'egaler au Roy Clouis , & entr'autres un nommé Canacre Seigneur d'Artois luy voulut difputer la couronne, fondé fur la reprefen-
tation de la Genealogie de fa Famille. Dagobert I. du nom avoit en
telle eftime & recommendation les Nobles, comme eftans les boucliers
& les ramparts de fon Royaume, qu'il tenoit en fes Archives la Genealogie d'un chacun. Charlemagne fit compofer en vers l'extraction & les
merites des Nobles & vaillans guerriers, & ordonna à fes fujets de les
apprendre par cœur, afin que par l'exemple & le fouvenir de leurs vertus , ils fuffent incitez à les fuivre. Bref tous les Eftats les mieux po-
licez de l'Univers ont fait grand eftat des Nobles , & ont jugé qu'il

C c

eftoit

eſtoit tres loüable & tres glorieux de conſerver en leurs Regiſtres l'ancienneté & les belles actions de châque lignée tant pour ſervir de mi-
roir à la poſterité que pour la ſucceſſion des Fiefs, pour l'exemption des
Tailles, & Impoſts, &c. Voiez en outre ce que nous en avons dit en la
Preface de cet Oeuvre.

Q U E S T I O N II.

S'il eſt utile & neceſſaire que châque Noble ait ſa Genealogie.

E reſpons qu'ouy, voires meſmes és ſiecles plus reculez
il eſtoit commandé de l'avoir. Le profit qu'en tiroient les
Nobles eſtoit, que les Familles eſtoient mieux conſervées & diſtinguées; qu'on ſçavoit pertinement la Branche des Aiſnez, & celle des Puiſnez; à qui devoient appartenir les Armes plaines, ou les barrées, briſées, & rompuës; ſi la race venoit d'un baſtard, ou d'un legitime; s'il y avoit quelque
office, dignité, privilege, ou autre prerogative deſtinée à une race, tant
en la ligne d'un Aiſné, que d'un Puiſné, comme ſont encore en nos
jours les Pairies & Offices hereditaires de France, de Brabant, de Flandres, de Hainaut, d'Artois, de Cambreſis, &c. affectées à des races particulieres. On reconnoiſſoit auſſi s'il y avoit quelque legat & donation entre vifs faite à une certaine Branche, ou une ſubſtitution faite au profit du
plus proche maſle, & de ſes deſcendans; s'il eſcheoit quelque bien par
ſucceſſion en ligne collaterale de quelque couſin de bien loin; ſi l'on
eſtoit bien fondé pour retraire à ſoy les heritages diſtraits de la poſſeſſion de ceux de ſon lignage; On remarquoit encore ſi un une Branche, ou une Lignée avoit eſté declarée ignoble & roturiere, ſi elle n'a-
voit fait une alliance ſortable à ſon extraction, &c. Et tout cecy ne pouvoit eſtre connu, ni verifié que par des demonſtrations Genealogiques
de châque race. Si cette loüable couſtume eſtoit encore en vigueur
en noſtre ſiecle, le public n'en receveroit que du bien & du ſoulagement.
Car il y en a pluſieurs qui ſe font reverer pour Nobles, leſquels ſeroient
transformez en roturiers, & aideroient à ſupporter leurs compagnons
aux recoltes des tailles & impoſts. D'ailleurs, les Charges & Offices ſeroient plus fidellement adminiſtrées, les Finances & les affaires de l'Eſtat mieux conſervées & conduites, les pauvres plus ſoula-
gez, & le repos d'un châcun mieux affermy, ſi la Nobleſſe ſeule en avoit
le gouvernement, car elle ne porte ſes penſées qu'à la conqueſte de la vertu & d'une bonne renommée, au lieu que parmy le roturier il n'y a rien que
de bas & d'abject. Les Nobles (diſent Ariſtoteles, Ciceron, & autres) ſont

ſans

fans doute plus genereux, plus fidelles, & plus entiers que les Ignobles dans l'adminiftration des Charges; le fang, dont ils fons iffus, leur
apporte cela; la bonne nourriture qu'ils ont receuë dés leur enfance,
les y a du tout formez, & la connoiffance de leur condition les oblige à
ne rien faire de lafche, ains à ne produire que des actions hautes, &
vrayement nobles, voire fans prejudice de l'humilité Chreftienne, laquelle ne fe perd que dans fa vanité, & dans le menfonge. Tout ce qui
part d'eux, jette je ne fçay quel éclat aux yeux des peuples, qui les revevient comme des Oracles, à caufe de leur Sang, de leur douceur & volon-
taire abaiffement: au lieu que les Roturiers avancez aux charges, fe perdent au trop de luftre de leur inopinée lumiere, ils fe regardent en leurs
perfections avec tant d'admiration affectueufe, qu'ils ne voyent plus le
Ciel pour reconnêtre leur fource, & leur vile extraction: Ils mefprifent
leurs femblables, & à mefure qu'ils fe voyent eftre avancéz aux offices,
ne font d'eftat de leurs Inferieurs; ils baftiffent des entreprifes au dela
de leur portée, & comme les vers à foye s'enveloppent & s'eftouffent
pour l'ordinaire dans leur befoigne.

Difons donc qu'il eft tres-utile & tres neceffaire à la Nobleffe d'un
Eftat, d'avoir à la main une ample defcription de fes Anceftres, comme
nous pouvons remarquer de plufieurs Edicts & ordonnances qu'ont fait
divers Roys de France, ou entr'autres il eftoit commandé que tous les
Fiefs feroient retenus és mains, & poffeffions des Nobles, fans qu'ils en
fuffent mis hors pour quelque pretexte que ce fuft: 2. que les Nobles ou
leurs enfans ne pourroient eftre alliez à des Roturiers, &c. que châque
Noble feroit tenu d'avoir la defcription, & la Genealogie de fa race: Et
le tout pour les raifons que nous avons rapportées cy devant.

QUESTION III.

Si la Nobleffe eft utile.

IE refpons qu'ouy, & pour diverfes raifons.
Le premier fruict & effect de la Nobleffe *eft*, (felon
Pharetratus) *perpetua ejus ad pofteros continuatio.* Car il eft
raifonnable que le fils joüiffe du bonheur de fon pere,
que la memoire du pere foit imprimée dans l'efprit du
fils, & que le fils ne foit reputée qu'une mefme perfone
avec fon pere.

Le deuziefme fruict de la Nobleffe eft *Inclinatio ad virtutum ftudium,*
comme nous avons rapporté cy devant. Salluftius dit, *cum pofte-*
ri Majorum imagines intuentur, vehementiffimè animus ad virtutem incenditur.
Galenus dit auffi que *fi qua omninò eft nobilitatis utilitas, hanc folam habet, quod*
hinc

hinc accenditur studium æmulandi proposito exemplo domestico. Boëthius parlant aussi de l'utilité de la Noblesse, dit que *si quid est in Nobilitate bonum & utile,*
id esse arbitror solum, ut imposita Nobilibus necessitudo videatur ne à Majorum virtute
degenerent.

Piccolominæus traitant de l'utilité qui resulte de la Noblesse, dit que
le Noble est utile à soy-mesme, se proposant de vivre une vie tranquille, heureuse, & heroïque. En outre il n'est pas seulement utile à
sa Famille mais encore à sa Patrie ; *Nobiles enim decet* (dit il) *pietate, pru-*
dentiâ, justiciâ, animique integritate munera obire summorum Magistratuum ; plebeji vilia
concipiunt, sed neminem excelsæ conditionis virum humilia delectant & sordida.

Melchior Junius dicit quod Nobilitas sit flos subditorum, Magistratus præsidium,
firmamentum pacis & tranquillitatis, & Regis, Regionisque totius propugnaculum. En
effect lors que l'on vid tant de fois la France toute sanglante, toute en
feu, & toute esplorée en l'abysme de ses confusions, qui a monté a
cheval, & qui armé de pied en cap s'est eslancé dans l'abysme comme
Curtius, ou comme le Phrygien Anchurus, sinon vous, Nobles guerriers, qui comme des luisantes Planettes avez parus autour des Souverains de cet Estat ? Qui autre que vous en a affermy le repos & fait
bransler le cœur de ses ennemis ? Qui (dis-je) au milieu des orages a
fait plus que vous, lors que la Couronne & vos espées, les fleurs de
lys & vos cœurs, vos cœurs & le devoir, vostre devoir & l'honneur
se sont rencontrez en mesme devoir pour ramener la lumiere à l'Estat?
Que seroit-ce de l'Empire des Perses si les Nobles ne se fussent si souvent monstrez à cœurs bandez, & à bras roidis contre les invasions
des Turcs, des Tartares, & des Sarrazins? Les Maures & autres nations barbares auroient passé long-temps marché sur les ventres des
Espagnols, si les Nobles portez d'un mesme courage, d'une mesme
escharpe, & d'une mesme livrée, ne les auroient repoussez. Que seroit-ce de l'Allemagne tant de fois esbranlée pour tomber, si les mains
des Nobles ne l'eust soustenue ? ne verroit on pas l'Estat de Venize
porter le noir & le cyprez, si la Noblesse né fust tousiours allé au devant de sa luctueuse misere? Bref il n'y a pas d'Estat qui puisse subsister
sans la Noblesse. Moise estoit de ce sentiment, & a appris de Dieu
mesme, qu'il ne pouvoit pas bien gouverner son peuple sans la prudence & la force des Sages & des Nobles. Charles V. ordonna que
pour l'administration des Charges importantes on ne choisiroit que les
Nobles ; *Nam pro Nobilibus major, quam pro plebejis stat virtutum præsumptio, ideò*
in testimoniis ferendis, in legationibus obeundis, in officiis sæcularibus, & beneficiis Ec-
clesiasticis, in regimine castri vel civitatis & aliis honoribus magis creditur Nobilibus quam
plebejis ; Joannes Lauterbachius in Principe Christiano cap. 12. apporte
son jugement la dessus, & dit : *Princeps viros Equestris Ordinis & munerum ca-*
paces adscicere debet, quorum genitores benè sunt meriti. Ignobiles enim animi dotibus
excellentes, interdum insolenter se gerunt nec Nobiliores observant & honorant ; Itaque
cum Phaëtonte Solis currum evertunt, & cum Icaro pereunt. Charlemagne a eu
raison de dire que les Nobles estoient les murs de son Empire, les esprits
vitaux

vitaux de fa Royauté, les ornemens de fa couronne, les fermes eftan-
çons de fon fceptre. Dagobert les appelloit Anges de fon Eftat, puis
que ny l'Eftat fans juftice, ny la juftice ne peut eftre fans tels: il fouloit
dire qu'ils eftoient élevez par deffus les peuples, & comme pofez en
fentinelle pour découvrir & arrefter le mal, qui à l'ombre de faux pre-
textes voudroit troubler le calme & la ferenité du repos public. Cloüis
les appelloit fes bons Genies, que les anciens feignoient protecteurs
des villes, & bien faicteurs du genre humain. Voulant fignifier par là
que la Nobleffe eftoit le vray rempart, & la feule frontiere de fon Empire, & qu'il n'y avoit qu'elle feule, qui pouvoit s'oppofer à fon ef-
branlement, & empefcher fa ruine.

Inferons donc de tout cecy que la Nobleffe eft tres utile & tres neceffaire à un Eftat, & qu'elle eft vrayement digne de toutes fortes d'e-
loges, & d'honneurs.

QUESTION IV.

Si le Noble peut trafiquer.

IL y a de la difficulté à bien démefler cette queftion, at-
tenduës les differentes opinions des Jurifconfultes, &
les divers ufages receus parmi les Nations.

C'eftoit jadis un grand crime entre les Lacedemoniens
de s'amufer au trafic, lequel, felon la loy de Licurge,
eftoit commis aux feuls efclaves & eftrangers. Les Romains avoient à mefpris la marchandife, & tenoient à honneur de cul-
tiver leurs terres & d'y élever du beftail, afin d'en amaffer des Richeffes.

Les Thebains avoient pour loy, que pour eftre avancé aux honneurs de leur Republique, il falloit dix ans auparavant avoir abandonné la marchandife.

Les Lombars croyent que la nobleffe confifte à demeurer aux champs,
& de s'enrichir des exactions & butins qu'ils extorquent fur les denrées
& marchandifes des paffans.

Les Egyptiens & les Syriaques reputent feulement pour Nobles ceux
qui font profeffion des armes, & qui ont quelque commandement fur
les autres.

Les Turcs & les Sarmates font prefque d'un mefme fentiment, &
n'élevent aux Charges, & ne reconnoiffent pour vrayement Nobles,
que ceux qui fe font rendus recommendables par leurs belles & heroïques actions & genereux exploits, quoy qu'ils foient iffus de bas
lieu.

Cc 3

Les

Les Grecs eftiment pour Nobles ceux qui font aupres de la perfonne de leur Prince, encor qu'ils foient fortis des roturiers.

Les Efpagnols reconnoiffent deux fortes de Nobleffe, ou pour mieux dire, deux fortes de Perfonnes qu'on peut appeller Nobles. Les premieres font celles qui iffuës dans les Villes de confiderables & anciennes Familles, y poffedent les meilleures Charges : Les deuziémes, font celles qui avantagées par deffus le vulgaire des biens de la Fortune, demeurent aux champs au milieu de leurs domaines & appannages, & y vivent avec toute forte d'eclat, de reputation, & de magnificence.

Les Anglois ne font grand cas d'un Gentilhomme de ville, & difent que qui veut gagner infenfiblement le titre de Nobleffe qu'il faut qu'il vienne habiter en la campagne, & fe domicilier dans quelque chafteau. Ils y ont en grande recommendation l'œconomie & y font un grand trafic de beftail, de laine, & de grain.

Les Allemans font leur demeure aux champs, & y font les petits Roys, fans fceptre toutesfois ny couronne : là leur commandement eft executé à point nommé : ils manient à mefme difcretion les volontez, & les moyens des payfans, qu'ils font la baguette qu'ils tiennent en la main : ils les traitent le plus fouvent en efclaves, & leur raviffent le peu qu'ils ont : que s'ils habitoient és villes, les habitans, qui ne font pas moins jaloux de leur liberté que de leur vie, leur nourriroient des querelles, & celles-cy des troubles. Le remede donc de ces inconveniens a efté fort prudemment choify de la part des Nobles Allemans, quand ils ont deliberé d'eftablir leur demeure à la campagne.

Les Napolitains font grand eftat de la Nobleffe, mais mettent fa felicité dans l'oifiveté, dans les riches harnachemens de leurs chevaux fur lefquels ils font piafe, dans la magnificence & pompe des habits, & dans toute forte de luxe, & de molleffe.

Quant aux François, ils tiennent non feulement (dit Pafquier) pour chofe indigne d'une Nobleffe, mais auffi pour un crime & un acte derogeant au privilege d'icelle, lors que l'on trouve aucuns Nobles exercer le trafic, au lieu de manier l'efpée. Or parce que l'homme eft tellement enclin & porté à l'imitation, qu'il s'abbreuve auffi toft des reprefentations, que les perfonnes, avec lefquelles il traite quelque temps, luy peuvent donner : Cela faict que la Nobleffe Françoife craignant l'impreffion des mœurs, & l'ufage des façons de faire d'un peuple roturier, (qui n'a pour but que les arts mechaniques, & le commerce) abandonne les villes ferrées, pour prendre les explanades libres de la campagne, ou l'on peut mieux diftinguer les Nobles des ignobles, (car quand il y a trop grande proximité entre les chofes, il femble qu'il y a de l'unité) & ou la Nobleffe appauvrie, ou peu opulente ne fouffre le mefpris des habitans des villes, lefquels amaffans des grands deniers par le trafic, ou charges lucratives, deviennent ordinairement infolents, & fe font accroire qu'ils font plus Nobles que les

Nobles,

Nobles, qui ne font fi riches qu'eux. D'ailleurs la Nobleſſe Françoi-
ſe, craignant les deſpens exceſſifs des Villes, ou il conviendroit parêtre
ſelon ſa qualité, & ſouvent au delà de ſes moyens, ſi elle ne vouloit
eſtre expoſée au meſpris des Citadins, a éleu les champs, afin d'y vivre de ſa meſnagerie, ne s'engageant aux fraix des deſbauches ſuper-
fluës, & afin d'y joüir plus à coudées franches des privileges de la liberté: là ou ſi elle demeuroit en ville, elle ſeroit reſerrée de l'enclos
des murailles, aſſujettie au babil & à la riſée des orgueilleux & riches roturiers, & obligée aux loix & aux commandemens des Magiſtrats.
Gagninus lib. 2. *in principio de Clotario Rege* dit que les François quittent les
villes pour aller chercher parmi les campagnes & les monts leur plaiſir de paix, & comme il n'y a pas touſiours des emplettes de guerre
humaine pour entretenir leurs grands courages, il leur en faut avoir de
brutale pour nourrir & fomenter cette flamme Martiale, laquelle ſe
faite par la chaſſe des beſtes : car c'eſt là ou ſe donnent des aſſauts de
ſurpriſe, & de furie autant dextrement que l'on pourroit faire dans les
vrays combats, ainſi que Cyrus enſeignoit par ſa pratique ordinaire.
François Loriot-de Laval en ſes Secrets moraux dit que celuy qui eſt maiſtre de la campagne, ſe peut promettre ou le tout ou le principal du
pays, & que c'eſt pour cela que les Rois de France ont commandé
aux Nobles d'y baſtir des chaſteaux & des fortereſſes, comme autant
de Citadelles contre toutes ſortes d'ennemis, tant domeſtiques qu'e-
ſtrangers, qui pourroient attenter contre leur Eſtat, & le repos du Public. Ils ont (dit il) trouvé bon de mettre la Campagne entre leurs
mains, autant fortes que fidelles, pour faire dormir les villes en toute
aſſeurance, & rendre leur Royaume floriſſant & puiſſant. Et en effect
ſi le plat-pays n'eut eſté garny de pluſieurs Seigneurs autant courageux
que fidelles au ſervice de l'Eſtat, il eſt à craindre qu'il n'eut tenu ſi
long temps en une aſſiette ſi ferme, ou l'on le voit juſques à maintenant joüir en abondance de tous les biens d'une paix entierement accomplie. Paſquier adiouſte encore que les Nobles ont choiſy les champs,
parce que la pluſpart de leurs Fiefs y ſont aſſis, & afin de ſe garentir
de toutes opinions que l'on pourroit avoir d'eux qu'ils trafiquaſſent
dans une ville, ce qui choqueroit la gloire & la renommée de leur ex-
raction.

Les Venetiens, les Gennois, les Florentins, & les Luquois s'addon-
nent tous indifferemment au trafic, croyans que la felicité & que la
Nobleſſe ne peut eſtre accomplie, ni maintenuë ſans quelque proſpe-
ité exterieure, telle qu'apporte ordinairement le trafic. Car

    Et genus & virtus niſi cum re vilior algâ eſt.

C'eſtoit là la vraye opinion des Peripateticiens, qui tenoient que la
vertu ne pouvoit tenir ferme ſans eſtre ſecondée & fortifiée des richeſſes. A ce propos Juven. dit

    Haud facilè emergunt, quorum virtutibus obſtat
    Res anguſta domi.

Et un Poëte François fecondant celuy-cy, dit:

> *Il vaut mieux par fa richeffe*
> *Eftre du peuple careffé*
> *Que fe voyant haut en Nobleffe*
> *N'avoir du tout rien amaffé.*

Voires encores que la Vertu y fut adjointe.

> *Car qui n'a rien que la vertu,*
> *Outre les grands titres de fa Race,*
> *Il eft prifé comme un fétu,*
> *Qu'on foule aux pieds parmi la place.*

Ces quatre derniers Peuples embraffent (dis-je) chaudement le commerce & leurs Senateurs mefmes font reputez les plus grands Marchands, dont les Defcendans font reconnus & reverez pour Nobles & Patrices, & ne font de cas que de ceux qui puifent leur extraction de tels Nobles ou Senateurs.

Voila (Lecteurs) divers ufages touchant cette precedente queftion. Si vous me demandiez mon fentiment fur icelle, j'oferois vous fouftenir l'affirmative, & vous dire apres le *Sieur Du prés* Gentilhomme Normand, que prefque toute la Nobleffe du Monde trafique, ou peut au moins trafiquer. Et de grace, fi les Lombars, les Allemans, les Anglois & les François demeurans aux champs font des extorfions fur leurs fujets, & font profit de leurs grains, de leurs bois, de leur beftail, de leurs poiffons, &c. n'eft-ce pas là bien trafiquer? Si ces Nobles vendent leurs bœufs & leurs porcs aux marchéz & foires des bonnes villes, n'eft-ce pas pour en tirer de l'argent & en entretenir leur train? & ce trafic n'eft-il pas pour le moins auffi mercenaire & auffi fordide que celuy de nos marchands de fel, de vin, de cuivre, d'efpiceries, & d'autres femblables denrées?

D'ailleurs, je ne vois pas qu'il puiffe eftre defendu aux Nobles d'entreprendre quelque trafic, pourveu qu'il foit de haute marque, quoy qu'en dife *Tiraquellus* avec fes adherans. Parce que c'eft l'unique & le plus affuré moyen pour maintenir fa Nobleffe, au fentiment mefme de Ciceron, qui dit, *Magna quidem mercatura, quæ multa undique apportat, & multis fine vanitate impertitur non eft vituperanda, fed ad quærendas opes accommodatiffima.* Bartolus dit *quod Nobilitas propter paupertatem perdatur fcilicet juxta opinionem hominum, non juxta jus commune,* & que pour fe relever de fa mifere, il eft licite de travailler, & de trafiquer. Mais pourquoy attendre cette pauvreté puis que nous la pouvons eviter en nous entretenant prudemment dans le commerce? N'eft-il pas vray, felon l'opinion de nos plus celebres Jurifconfultes, *quod divitiæ Nobiles reddant Nobiliores, & recte illis utentes meliores?* Et fi les richeffes apportent un grand ornement & appuy à la Nobleffe, pourquoy ne les point rechercher? Et pour les rechercher avec moins d'injuftice & de violence, y a-il autre moyen qu'un trafic honnorable, tel qu'embraffent aujourd'huy nos meilleurs Marchands Hollandois? Si les plus riches Marchands de Venize & de

Gennes

Gennes prennent la qualité de Nobles , qui la pourroit difputer aux noftres s'ils la vouloient prendre ? Je fçay que c'eft une couftume receuë parmi ces premiers, mais ne fe pourroit-elle auffi recevoir parmi ces derniers ? Je dis plus fi les François, & les Anglois, demeurans fur leurs fumiers, ne font mefprifez , & ne perdent rien de l'éclat de leur Nobleffe pour faire profit de leur grain & de leur beftail, j'ofe dire que nos Hollandois font à plus jufte raifon dignes d'eloges & de titres d'honneurs , lefquels n'ayans affez de campagnes pour s'y eftablir , & s'y maintenir avec reputation, engagent à fourcils élevéz & à cœurs hors de branfle fur des vaiffeaux leurs perfonnes , voires tout ce qu'ils poffedent , pour en trouver d'autres au milieu des mers les plus éloignées, & y porter , & en tirer des denrées , dont ils profitent à double ufure , en avancent le bien public , & confervent la liberté de leur Patrie. Marques à la verité de grands courages , & d'ames vrayement nobles & Martiales , & qui excellent, de beaucoup la valeur des Gentilshommes champeftres, qui ne s'eftudient le plus fouvent qu'à thefaurifer , voires mefmes par des voyes illicites , pour fatisfaire à leur ambition , leur lubricité & molleffe , J'ofe donc dire que le Noble peut trafiquer , & ce avec d'autant plus d'honneur, s'il le fait en gros & à honnefte prix , & par les mains de facteurs, & s'il ne delaiffe pour cela les Arts liberaux , ni les Magiftrats , & les affaires qui regardent la tranquillité publique.

QUESTION V.

Si le Noble perd fa Nobleffe par l'exercice du Trafic.

JE refpons confequemment que non , car comme dit l'Oifeau en fon Traitté des Offices lib. 1. cap. 9. n. 37. La Nobleffe eft comme un caractere indeleble & ineffaçabe, tout ainfi que le caractere de la Clericature ; & comme Guitierrez Pract. quæftion. Civil. fuper 1. part. lib. 3. & 4. qu. 140. fub n. 37. *Nobilitas ita eft conjuncta perfonæ ut ficut radii folis non poffunt feparari à Sole , ita nec Nobilitas à perfonâ.*

Et combien que quelques Docteurs difent que la Nobleffe fe perd par l'exercice des Arts mechaniques , neantmoins ils advoüent, du moins au regard de ceux qui font iffus de noble Race, qu'ils recourrent leur Nobleffe , auffi toft qu'ils quittent l'exercice de tels Arts. Guid. decif. 106. n. 2. Rebuff. ad conftit. reg. tit. de mercat. minut. venden. gl. 1. n. 21. & autres.

Dd										Leurs

Leurs Interpretes difent que ces Docteurs parlent improprement en fe fervant de ces mots , *la Nobleſſe ſe pert* ; mais l'on doit pluftoſt dire qu'elle ne fe perd point , mais qu'elle eſt dormante, & point enſevelie, ains feulement fufpenduë , & qu'elle peut revivre comme dit Argentré ad confuet. Briton. art. 155. gl. 2. n. 1. Et l'Oyſeau en fon traité des Ordres Chap. 5. n. 105.

L'on peut encore proprement parler en difant comme parle Wame-fius Tom. 1. confil. de Jure Pontif. confc. 20. fub n. 5. que ce font plu-ftoſt les effets, & les privileges de la Nobleſſe, que la Nobleſſe meſme qui font fufpendus, pendant l'exercice des Arts mechaniques, puis que nous avons defia dit , que la Nobleſſe imprime un caractere ineffaça-ble , qu'elle eſt infeparable de la perſonne , comme les rayons du So-leil font infeparables du Soleil meſme , & puis que l'on tient auſſi que tels iſſus de noble Race recouvrent leur Nobleſſe *ipſo jure* fans nouvel-les lettres, & rehabilitation du Prince, ainſi que tefmoigne Rebuff. ad conſt. reg. tom. 2. tit. de mercat. minut. venden. gl. 1. n. 21. Puis An-ton. Faber, l'Oyſeau ch. 5. n. 104.

Quant à ce (difent-ils) qu'il fe pratique en quelques lieux, de faire lever des lettres de reanobliſſement ou de rehabilitation , ce n'eſt pas que cela foit neceſſaire , (ſi l'on regarde le droit commun) mais cela fe fait pour augmenter & groſſir les Finances des Princes , ou comme dit l'Oyſeau pour faire d'avantage reverer & éclater les perſonnes & la puiſſance des Roys.

Chaſſanée uſe d'autres termes ad confuet. Burg. rubr. 4. 5. 19. gl. Verborum éntre gens Nobles , & dit que ſi un Noble de race fe met à l'exercice de quelque art mechanique , qu'il ne pert pas pourtant fa Nobleſſe (parce , dit-il , que les droits du Sang ne fe perdent point) mais qu'elle eſt offufquée & obfcurcie, & qu'elle demeure en cette ob-fcurité tant & ſi longuement , que le Noble demeure en cet exercice, & qu'auſſi toſt qu'il quitte l'exercice, que la Nobleſſe recouvre fa fplendeur & fon premier luftre.

Et tant s'en faut que la degeneration ou decadence, qui arrive en quelques perſonnages d'une Famille Noble , qui fe mettent à l'exercice des arts mechaniques puiſt prejudicier à la Nobleſſe des collateraux, qui fe maintiennent dans leur eſtat de Nobleſſe , que meſme un pere qui feroit Noble de race ne peut prejudicier par l'exercice des arts me-chaniques à fes enfans , encore qu'ils auroient eſté conceus & nez au temps que leur pere exerçoit l'art mechanique , comme le dit fort bien Anthoine Faber Prefident de Savoye in ſuo Codice lib. nono. tit. 28. def. 1. les mots duquel comme eſtans tres remarquables & tres importans pour noſtre fubjet nous avons jugé à propos de vous les apporter icy. *Qui Nobilitatem* (dit-il) *habet ab avis & proavis , non idcirco eam amittit , quod patrem habuerit , qui mechanicas , forte & obſcænas artes exercuit : abſurdum enim ſit à patre ſolo auferri filio , quod non à ſolo patre filius habet : Nec quod eo ipſo tempore conceptus fi-lius fuit , quo pater eam nobilitatem amiſerat , ad rem pertinebit : Nam quod dici ſolet*
per me-

per medium quod vocant inhabile impediri extremorum conjunctionem, ad hunc casum non pertinet, in quo fieri non potest quin avi Nobilitas, per patrem quamtumvis ignobilem, in nepote cum vita transmittatur.

Quidni verò (adjouste-il) *cum is ipse qui mechanicas artes exercuit, si ab antiquâ profapiâ Nobilis fuerit, folâ defiftentiâ recuperet Nobilitatem, neque ullâ indigeat reha-bilitatione, quâ proculdubio indigeret, qui ex privilegio, & folâ Principis conceßione pri-mus fibi, fuifque Nobilitatem quæfiviffet.*

Wamefius tom. 1. Refponforum de Jure Pontific. conf. 20. n. 7. par-le auffi avec des termes fort remarquables fur ce fujet, difant *quod patris Nobilitas ex genere obtenta non ex privilegio ftatim in momento nativitatis filii in eum transmittitur, quæ* (inquit) *femel illi acquifita ob quamcumque fupervenientem patri cala-mitatem, five ex cafu, five ex ejus delicto, nec tolli, nec labefactari poteft, nec debet.*

Le dit Faber Rubr. d. tit. defin. 257. traitant ce mefme fujet, rap-porte des mots dignes de remarques, qui font tels : *Quod pater meus qui Nobilitatem à genere habebat eam amiferit per actus mechanicos, non debet mihi nocere, licet natus fim eo tempore quo jam amiffa erat Nobilitas : Nec mirum* (dit-il) *quia et-iam is ipse qui amififfet Nobilitatem avitam, recuperaret eam per folam defiftentiam, quæ faltem tùm evenit cum is moritur: Cur ergo mihi nocebit, quod ei si hodie viveret, non no-ceret? non idem eft* (adjoufte-il) *si pater meus Nobilitatem habuit dumtaxat ex privi-legio, amittendo enim privilegium, & fibi noceret & pofteris : nifi proponas, Nobilita-tem à Principe datam ei, & ejus pofteris : tunc enim factum patris nocere fiiis non de-beret, &c.*

L'on peut apporter icy pour exemple ce que dit Jacobus Curtius, *quod Nobilitati M. Æmilii Scauri Romanæ Civitatis Principi, tempore belli Jugur-thuni, nihil offecerit quod pater ipfius paupertate coactus carbonariam exercuerit.* Ainfi parle le dit Curtius, conjecturalium Juris Civil. lib. 2. cap. 29. in fine.

Fabius de Anna, in conf. 17. n. 8. 9. re 11. per l. 2. 5. in avo. ff. de Decurion. dit d'avantage, à fçavoir, *quod filius etiam necdum natus, fed tantum conceptus ante delictum patris, qui ante conceptum filium acquifiverat nobilitatem, non amit-tat eam per patris amißionem, iniquum enim effet* (dit-il) *ut poftquam fiius per conceptio-nem* (per quam in favorabilibus habetur conceptus pro nato) *Nobilitatem acquifivit, quæ fuæ perfonæ cohæret, eâ facto patris pofteriore privaretur, etiamfi pater author Nobili-tatis fuerit.*

Ce que l'on ne doit trouver eftrange, veu que la Nobleffe du fils auffi en ce cas eft un droict de Sang & de Nature. *Jura autem fanguinis nullo civili jure dirimi poffunt.* l. 8. de reg. jur. *Et civilis ratio naturalia jura corrumpere nequit.* l. eos. ff. de capit, &c.

Pour ces raifons la Nobleffe de race, mefme au regard de la perfonne delinquante, ne fe pert point, ni par le delict, ni par l'infamie, ni par la fentence condemnatoire, ne fut que le Gentilhomme fut expreffe-ment par icelle declaré ignoble, ou degradé de nobleffe.

Auquel cas cette fentence ne pourroit pourtant pas nuire aux en-fans, voire mefme ceux qui feroient conceus apres telle fentence, doi-vent eftre reconnus pour Gentils-hommes du chef de leur Ayeul, &

de leurs

de leurs autres Nobles Anceſtres. Comme teſmoigne l'Oyſeau ch. 5.
n. 90. ch. 9. ſub. n. 17. & ſeq. avec cent autres Autheurs, à la lecture
deſquels je renvoye le Lecteur.

De tout cecy reſulte, que ſi le delict, l'infamie, ou la degradation
de la Nobleſſe d'un pere ne peuvent prejudicier aux enfans voire non
encore nez, à plus forte raiſon l'art mechanique, ou le commerce
exercé par un pere ne peut-il effacer le caractere de Nobleſſe eſſentiel
aux enfans.

De ſorte que ſi vous m'objectez icy que le Pere & l'Ayeul du Seigneur de Warmenhuiſen ont embraſſé le Trafic, payez vous des rai-
ſons precedentes, & ſachez que ce commerce ne luy peut prejudicier,
veu qu'il ne l'a entrepris, ni continué, & que s'il reprend en nos jours
l'eſtat de Nobleſſe, il ne reprend que le droict du Sang de ſes glorieux
Anceſtres, qui luy eſt acquis. Eſtant tres certain (ſelon l'opinion de
tous nos plus fameux Juriſconſultes) que le pere ſeul ne peut pas oſter à
ſon fils, ce que le fils n'a pas de ſon pere ſeul. Or comme le droict
de Nobleſſe du Seigneur de Warmenhuiſen ne vient de ſon pere ſeul,
ains de quarante autres Anceſtres, il ſeroit abſurde de croire qu'il auroit perdu ſa Nobleſſe par le commerce de ſes deux derniers peres;
commerce (dis-je) qui comme ayant eſté de plus haute marque, ne peut
nullement prejudicier à l'eſtat de Nobleſſe, beaucoup moins en peut-il
faire perdre le caractere. S'ils ont ceſſé pour un temps de vivre noblement, ſelon la couſtume des Nobles de France, & ont ſuivi celle des
Venitiens, embraſſans le trafic, ils ne l'ont fait que pour reprendre ha-
leine, & reparer les malheurs, dont ils avoient eſté affligez, tant par
les ravages de la guerre, que pour la defenſe de la Religion, qu'autres
ſujets communs à tous ceux qui ſe ſont retirez ſous le doux joug de
ces Provinces Unies.

SOLI DEO.

APPENDIX.

APPENDIX

FRAGMENT

De la Descente Genealogique

DE LA

TRES-ILLUSTRE

MAISON DE SOHIER

Extrait des Titres cy apres exhibez.

A.

EUDOIBERT, ou EUDE FARIN Baron, & Vassal de l'Evesque Manasses. Voiez le Titre Cotté I.

ENBOLD LE ROUGE ou ELLEBAUD, mentionné cy devant és Titres Cottez A. A*. & B. est qualifié par le Titre Cotté I. Baron de l'Evesque, comme aussi ses autres freres.

EUDE privé de ses Estats, espousa AVIDE qualifiée noble Dame, par le Titre Cotté I. Elle se remaria selon toute apparence avec le Seigneur de Sarquinville nommé pour lors AÏBERT. Cét EUDE est assez mentionné cy devant és Titres Cottez A. A*. *A* B &c.

SOHIER DIT LE ROUX, qualifié Baron par les Titres Cottez I. & 2. est souvent mentionné par les Titres A. A*. *A*. B. C. D. &c. cy devant exhibez. Il espousa ADELE de MAUVOISIN.

2. lit.
BALDERIC DIT DE SAR-QUINVILLE fut fils de l'avant nommée AVIDE & de HERBERT, ou AÏBERT Sire de Sarquinville, & de Queans en Arthois : il fut Chanoine de Cambray, dont il escrivit un Chronique, & deceda Evesque de Noyon, & de Tournay. Voiez le Titre Cotté I.

ERLEBOLD DE SAR-QUINVILLE. Voiez le dit Titre Cotté I.

AMALRIC DIT LE ROUX, mentionné cy devant és Titres A. A*. B. &c. est qualifié par le Titre Cotté 2. Sire & Pair de Marcoing; & par le Titre Cotté I. espousa ADE, ou ADELE D'OISY fille de HUGUES, Baron & Vassal de l'Evesque de Cambray.

HUGUES surnommé SOHIER est qualifié Magnifique Chevalier & Baron de l'Evesque par le Titre Cotté I. & y est reconnu descendre des tres puissans Comtes de Vermandois. Il espousa ADELIE de TOROTE selon le mesme Titre. Voiez cy devant les Titres Cottez A. A*. *A*. B. C. D. &c.

GUATIER SOHIER espousa selon le Titre Cotté 2. ADE DE CAMBRAY, & y est dit Executeur Testamentaire de RENAUD Sire de Haucourt, son beau frere, avec SOHIER DE BETHUNE, Sire de Carency son cousin. Voiez encor le Titre I. & cy devant ceux Cottez A*. *A*. B. C. D. E. F. G. R.

THIBAUD SOHIER espousa par le Titre Cotté I. IDETE d'AUBIGNY. Voyez aussi les Titres A. B. C. D.

ODON SOHIER.

ALELME.

ALULFE.

RENAUD.

EUE SOHIER est qualifiée par le Titre Cotté 2. sœur de WATIER, tante de RENAUD, femme de RENAUD Sire de Haucourt, Montigny, Bues, Kapi, &c. & fille d'ADELE de THOUROTE. Le mesme Titre nous apprend qu'elle sortoit des Comtes de Vermandois. Son nom est connu cy devant par le Titre Cotté D.

A RE-

A

RENAUD SOHIER, fut ainsi nommé de son oncle RENAUD Sire de Haucourt, duquel il eut par legat la terre de Praye-le, selon le Titre Cotté 2. ou il se void aussi qu'il espousa ALIX DE LA FOS-SE. Voiez aussi cy devant les Titres Cottez *A*. D. E. F. &c.

HUGUES SOHIER II. du nom. Voiez la Table Genealogique.

HUON, ou HUGUES SOHIER, est nommé neveu d'EUB avec ses freres, selon le Titre Cotté 2.

HELLIN SOHIER, Chastelain de Bohain selon le Titre Cotté 3. fut ainsi nommé de HELLIN Sire de WAVRIN Seneschal de Flandres, qui luy donna la Terre de Biel-camp. Il espousa GALETE d'ESTOURMEL, que la Table Genealogique appelle GILLETE, qui est la mesme chose. Voiez cy devant les Titres Cottez E. F. G. &c.

GRADINO, ou GE-RARD.

EUDON ou EUDE.

PIERON, ou PIERRE, espousa, selon le Titre Cotté 2. une Dame nommée AIGLINE, que la Table Genealogique surnomme COLET, issuë de la Maison des Comtes de Roucy.

EMME SOHIER, espousa selon le Titre Cotté 2. HUART, ou HUGUES de BAILLOEUL, ou BAILLEUL.

A

PIERRE SOHIER Sire de le Heries, Gouverneur d'une partie du Païs d'Artois, située entre les Rivieres de l'Escaud, & de la Scarpe, possedoit entr'autres les terres de Rancourt, du Sart, & Lompire, & se reclame estre descendu des Sires & Comtes de Vermandois par le Titre Cotté 3. & il se qualifié cousin d'Eustache de Neuville, beau frere de Robert de Rivery, & mary de MARGOTE D'INCY. Laquelle est aussi mentionnée par le Titre Cotté 4. Voyez en outre cy devant les Titres Cottez E. G. H. &c.

GUATIER SOHIER Chanoine à Cambray donna ordre par son Testament de payer ses debtes, & de donner des aulmosnes aux Eglises selon le Titre Cotté 3.

EMME SOHIER espousa, selon le Titre Cotté 3. ROBIN ou ROBERT de RIVERY Chevalier, sorty d'une tres-illustre Maison.

BAUDART ou BAUDUIN SOHIER est mentionné avec ses freres par le Titre Cotté 3.

HANNOTIN ou JEHAN SOHIER qualifié Chevalier, avec son frere BAUDART, & tres-noble & vaillant par les Titres Cottez 3. & 4. & par le Titre Cotté 5. il est qualifié Gouverneur du Chasteau, de laquelle Charge est fait mention cy-devant par les Titres Cottez M. R. &c.

GILLEBERT SOHIER Sire de le Heries, &c. Gouverneur du Païs d'Arthois, avoit un Hostel à Cambray, selon le Titre Cotté 5. Voyez ses Eloges és Titres Cottez E. N. P. O. Q. R. W. &c.

A

MAHIUS, ou MATTHIEU SOHIER, &c. Voyez la Table Genealogique. & le Titre Cotté G.

MATHILDE SOHIER espousa GUY dit JEHENIN de HAUCOURT, Sire de Lesdaing, d'ou est descendu JEAN marié avec JENNE DE LIGNE, selon le Titre Cotté 6.

GEOFROY, ou GONFROY SOHIER, selon le Titre Cotté 3. qui dans la Table Genealogique est nommé GODEFROY.

B

PIERRE SOHIER, qualifié tres Noble homme par le Titre Cotté 4. Voyez aussi la Table Geneal.

B

WATIER obtint les terres de Blerelges & de Flavines, par un accord qu'il fit avec GERARD Sire d'Iwy, à cause qu'elles estoient venuës de la tres-Illustre & tres-ancienne Famille du dit WATIER, selon le Titre Cotté 4. par lequel l'on remarque ses Ayeux, & sa femme nommée MARGOTINE D'ESCAILLON, sœur du dit GERARD. Voiez aussi la Table Genealog.

GUION, ou GUY est mentionné dans la Table Genealogique.

AGNES SOHIER n'est mentionnée dans la Table Genealogique, mais seulement par le Titre cy apres exhibé Cotté 5. ou est parlé de ses Nobles & Grands Ancestres, & y est qualifiée femme de GERARD DE BOUCHAVESNES Chevalier.

HUART, ou HUON.

ODON.

ALELME.

ALIES, ou ALIX SOHIER espousa, selon le Titre Cotté 5. ASLAERT, ou ALARD DE ROISIN Sire & Pair de Blaregnies.

ALICIE SOHIER espouse GERARD Sire d'Iwy, selon le Titre Cotté 4. Voyez aussi la Table Genealogique.

RAOUL Chanoine Regulier de l'Abbaye de Cantimpret, selon le Titre Cotté 5. & selon l'avant nommé Titre Cotté de la lettre I.

A PIER-

A

PIERRE SOHIER,
Voyez la Table Genea-
logique. & le Titre Cot-
té 6.

PIERRON ou PIERRE
SOHIER, furnommé Ro-
BIN, eft qualifié Meffire & Cou-
fin de JEAN de HAUCOURT
Sire de Lefdaing, felon le Titre
Cotté 6. ou il eft particularizé
que les Anceftres du dit PIERRE
avoient dés long-temps poffe-
dé la Seigneurie de le Heries.
Voyez la Table Genealog. & les
Titres y mentionnez.

TITRES

T I T R E S
TOUCHANT LA
TRES-ILLUSTRE
MAISON DE SOHIER,

Trouvez dans les Archives des Eglises de HONNE-
COURT, *de* WALLINCOURT,
& de CANTIMPRET.

Es continuels foins que prent le Seigneur de Warmen-
huifen de confulter l'Antiquité, & de faire foüiller incef-
famment dans toutes les Eglifes, & lieux facrez, pour un
plus grand efclarciffement & illuftration de la Grandeur,
& de la Gloire de fes premiers Anceftres, luy ont fait encore rencontrer heureufement les Preuves fuivantes, qui
tefmoignent non feulement que fa tres-Illuftre Maifon defcend des
Comtes de Vermandois de la Race de Charlemagne, mais encore nous
enfeignent plufieurs particularitez inconnuës jufques à prefent.

Titre
Cotté Le premier Titre eft tel :
I. a°
1095.

En tefte fe voyent trois Croix à l'antique ; celle du milieu chargée d'autres petites croifettes porte en chef les lettres de INRI, & au pied les mots,
IN. NOMINE. XPI. AMEN. La deuziefme Croix mife à droite de la
precedente enferme ces mots efcrits d'un caractere grecanifé : *Pax.&.
falus. timentibus. &. benedicentibus. Dominũ. Deũ. noftrũ.* La troifiefme contient
les mots fuivans : *Maledict⁹. vir. qui. non. audierit. verba. pacti. hujus. Jeremie.* 11.

MANASSES. Camer. &. Atreb. nomine. non. merito. ele-
ct⁹. Ep⁹. Devotis. Servorum. Dei. precib⁹. &. pofteritatis. commodo.
providere. volentes. Notum. effe. volum⁹. q̄d. vir. quidam. Nobis.
Veric°.

Veric⁹. de. Bantouel. homo. nr̄. vendidit. werpivit. &. tradidit. in.
perpetuū. pro. justo. &. legali. pretio. dilectis. in. Christo. fratrib⁹.
Ecclie. Hunolcurtensis. ad. scaldim. absus. sex. sitos. prope. Hugonis.
Curiam. ad. viam. Villarium. q̄d. a. patre. suo. *Verico.* hereditaverat.
q̄d. fecit. de. assensu. ussoris. *Itere. de. Venchilio.* &. filiorum. *Verici.*
Wolteri. Notum. sit. iterū. q̄d. vir. Venerab. BALDERICUS.
Can. Camerac. &. Archidiac. Noviom. liberaliter. concessit. in. per-
petuum. dicte. E. tria. bonaria. in. Bantosello. jacentia. prope. tras. G.
Militis. de. Caunicurte. q̄d. hereditarie. habuerat. a. *Nobili. Muliere.*
Matre. sua. AVIDA. q̄m. elemosinam. dict⁹. B. fecit. de. con-
sensu. ERLEBOLDI. DE. SARCINVILLA. fratris. sui. &.
EUDOIBERTI. FRAERINI. ENBOLDI. RUBEI. &.
SEIHERI. RUFI. uterinorū. suorū. Baronū. ac. hominū. nrōrum.
Notū. tertio. sit. q̄d. *Magnificus. Miles. ac. Baro. nr̄.* HUGO. dict⁹.
SEIHER⁹. p̄dicti. S. fili⁹. vendidit. duas. hiobas. nemoris. &. tres.
alias. hiobas. dedit. in. elemosinā. dt̄e. E. jacentes. inter. Honulsi. &.
Bantulsi. curtes. laudante. id. &. approbante. ADELIA. DE.
TOUROTA. ussore. sua. a. qua. d. hiobe. venerant. confirmanti-
busque. filijs. GUOLTERO. TIBAUDO. ODONE. ALEL-
MO. ALULFO. &. REINOTO. sub. eo. onere. q̄d. d. E. fra-
tres. preces. fundēt. pro. animab⁹. d. HUGONIS. &. d. A. Patris.
sui. S. & Avi. sui. E. &. aliorū. *p̄potentum.* MAJORŪ. SUORŪ.
VIROMAN. COMITŪ. Notum. quarto. sit. q̄d. inlustris. ali⁹.
Miles. HUGO. itemque. *Baro. nr̄.* d. DE OISIACO. dedit. pas-
cua. sua. in. Honulsicurte. ad. fluentem. Scaldis. de. plena. volunta-
te. ADE. d. DE MONTIB⁹. ussoris. sue. HUGONIS. filij. sui.
AMALRICI. generi. sui. d. RUFI. ADE. filie. d. H. mariti.
sub. onere. p̄petuo. q̄d. d. E. frēs. Deū. misericordē. implorabunt. p̄.
animab⁹. d. H. &. A. ac. GUOLTERI. p. SEIHERI. Avi. &.
aliorū. inlustriū. p̄genitorū. d. E. Benefactorū. immo. &. Fundatorū.
Notum. postremo. sit. q̄d. q̄dq̄d. antehac. a. nupero. vel. fluxo. diu.
tempore. dederunt. vel. vendiderūt. d. Milites. aut. quilibet. alij. d. E.
id. omne. pleniter. E. d. autoritate. nr̄a. confirmam⁹. c̄fovem⁹. &. cor-
roboram⁹. in. p̄petuū. Huic vero. c̄firmationi. p̄ntes. fuerūt. qui. tunc.
mecum. erant. apud. S. Quintinū. videlicet. *Hugo. Suessionens. Rat-*
bod⁹. Noviom. Epi. Hugo. Abbas. S. Dionisii. Remensis. Robert⁹.
ibidem. Prepositʼ⁹. Gerard⁹. de. Castilione. Hugo. de. Varena . . . . . .
alm⁹. Marmerest⁹. ISAAC. LIETARDUS. Milites. &. Fide-
les.

les. nr̄i.   Actum. anno. D. nr̄i. Mill°. nonagesimo. qt̄o. Meñe. Decembri. Francis. dominante. Rege. *Philippo.* Pontificat⁹. nr̄i. primo. Maledict⁹. Dei. sit. qui. hoc. violare. presumpserit.

Adalbero. recognovit,   avec parafe.

Sur le replis de ce Titre se void la marque de cét Evesque Manasses,
representée en cette sorte:

Et au dessous se void un grand seel attaché industrieusement sur le
parchemin representant un Evesque, la matiere duquel est dure comme
la pierre, & semblable à une pâte, ou farine detrempée toute ternie, &
devenue noiratre à cause de son antiquité.   Le seel est tel:

Le Caractere qui compose ce Titre (comme aussi celuy des Titres A. A*. *A*. & B. cy devant exhibez) est si rare, si admirable, & si surprenant, qu'il semble d'abord imposer le silence aux plus habiles Lecteurs de l'Antiquité, mais à la fin on en peut venir à bout, & l'interpreter jusques à la moindre sillabe, si l'on est armé de patience, & si l'on a quelque connoissance des anciens caracteres Grecs, & Latins, dont les plus anciennes Chartres estoient jadis composées & narrées. Vous auriez peut estre, de la peine à me croire, si je ne vous avançois pour garands aucuns des plus celebres Autheurs qui ont traitté particulierement de la diversité des langues & des caracteres. Jules Cesar ne dit-il point dans ses Commentaires chapitre XII. que les Helvetiens, peuples de la Gaule Belgique, usoient de caracteres Grecs en leurs communs escrits, tout ainsi que les Gaulois? Pasquier dans le livre VIII. de ses Recherches dit en ces mots : Il y a bien peu de gens lettrez, qui n'estiment que nostre langue ne soit composée de la Grecque & Latine, &c. & je demeure ferme & constant en cette opinion, comme les autres, que la langue Françoise doit beaucoup à la Gregeoise, & que nos anciens ont d'elle emprunté leurs caracteres. Strabon au sixiesme livre de sa Geographie, dit que les Phociens, peuple de Grece, ayans esté conseillez par l'Oracle de la Deesse Diane de faire voile en pleine mer, vinrent aborder à Marseille, ou ils s'establirent, & y fonderent une Academie en langue Grecque, d'ou sortirent plusieurs sçavans personnages, qui en peu de temps porterent la connoissance de cette langue & de son caractere par toutes les Provinces des Gaules.

D'ou vient (dit Boüillie Chanoine de Noyon) qu'il ne se faut estonner si dedans le vulgaire Gaulois on trouve infinité de mots Grecs, & si les plus anciennes Chartres, & plus vieux monumens sont presque entierement composez du caractere Grec.

Pline au septiesme livre de son Histoire naturelle, dit qu'il n'y avoit nation en Europe qui n'escrivit en lettre Ionique, c'est à dire en lettre Grecque. M. I. Trithemius dans sa Polygraphie dit que les Normans expliquoient aux Gaulois leurs volontez par le moyen de l'Alphabeth Grec. Charlemagne voulant donner des nouvelles loix aux Saxons qu'il avoit subjugué, les fit toutes escrire en caractere Grec. Claude Duret Bourbonnois President à Moulins dans son Histoire des Langues de cét Univers, rapporte que les Druides, Prestres, & Philosophes Gaulois usoient de la Langue Grecque en leurs sacrifices, & leurs plus importantes affaires. Qui plus est (comme escrit C. Rhodigin. livre XVI. de ses Oeuvres) les Gaulois furent tellement amateurs de cette langue, qu'ils faisoient rediger par escrit toutes leurs ordonnances, & contracts en icelle, & non de merveille si l'on rencontre encore parmi les Archives les mieux gardez de nostre France aucuns titres & instrumens de nos vieux Monarques & Princes pour le moins autant Grecanisez que Latinizez en leurs caracteres, &c.

Partant,

Partant, Lecteur, ne foiez eftonné, fi nous vous exhibons pre-
fentement une Chartre de cette nature, que j'ofe nommer, apres le
fufdit Autheur, Grecanifée, je veux dire efcrite en caractere Grec, qui
eftoit encore en ufage en plufieurs contrées des Gaules vers le fiecle 1000,
mais au commencement du fiecle fuivant il commença de s'abolir par
l'introduction de celuy des Latins, à caufe peut eftre de fa facilité, pour
nous apprendre qu'il n'y a rien de ferme & de conftant en ce monde.
Sur ce propos le fufdit Trithemius dit, qu'il eft impoffible de coucher
par efcrit les changemens des langages, & des caracteres que les François, Italiens, Efpagnols, & Allemans ont inventez depuis fix ou fept
cens ans. Ce qu'il ne faut trouver eftrange, dit il, car comme avec le
temps, les hommes (fils du temps) & leurs corps fe changent: tout ainfi
leurs complexions, leurs volontez, leurs mœurs, leurs idiomes & ftiles
varient, & s'alterent tellement à la fin que l'on n'y reconnoit plus rien
de cette venerable Antiquité.

Efpluchons maintenant felon noftre poffible les poincts de cette rare Chartre, pour decouvrir s'ils font conformes aux Hiftoires de ce
temps là.

Manaffes Camer. & Atreb., &c. Il eft tres conftant felon les
Chroniques de Cambray, & d'Arras, & auffi felon le rapport qu'en
font les Sieurs de Ste Marthe dans leur Gallia Chriftiana de Epis Ca-
meracenfibus, que ce Manaffes gouvernoit l'Eglife de Cambray l'an
1095. datte de cette prefente Chartre. *Manaffes* (inquiunt) I. *hujus nomi-*
nis, ex Archidiacono Remenfi, 1095. confecratur à Raynoldo Metropolitano : confirmat
tranflationem Monafterij S. Petri ad Gerardi-montem tabulâ an. 1096. &c.

Notum effe volumus quod vir quidam Nobilis Vericus de Ban-
tollel, &c.

Cette Famille de *Bantœulx* puifoit fon nom d'une Seigneurie & villa-
ge fitué entre les Abbayes de Vauchelles & de Honnecourt fur les
frontieres de Picardie non loin de Cambray. Les Archives de la dite
Abbaye de Vauchelles nous enfeignent qu'un certain *VVatier*, fils de
Veric de Bantœux (fans doute ceux, dont il s'agit en ce lieu) luy donna
des biens l'an 1159. avec *Hugues de Rumely*, *VVautier de Vincy*, *Raoul &*
Hugues de Vinchy, tous Vaffaux de SIMON D'OISY Chaftelain de
Cambray.

La mefme Famille eft d'ailleurs affez connuë dans les Archives du
Cambrefis, mais les memoires particulieres n'en font encore venuës
jufques à nous. Ce *Verric* avoit efpoufé *Ide* ou *Ithiere de Venduille (de Ven-*
chilio) village auffi non loin du precedent, laquelle luy procrea deux
fils, dont l'aifné fut nommé *Verric*, & le cadet *VVautier*, noms fort communs à cette Famille. Ils vendirent donc d'un commun accord à l'Abbaye de Honnecourt quelques terres, (que la Chartre nomme *Abfus*) fituées non loin du dit Honnecourt du cofté du chemin qui va de ce
lieu à Villers, &c.

Notum fit iterum quod vir Venerabilis BALDERICUS *Canon. Cameracenfis & Archidiaconus Noviomenfis , &c.* Apres beaucoup de peine, nous avons appris que ce BALDERIC fut depuis Evefque de Noyon & de Tournay. Les Sieurs de Ste Marthe, dans leur Gallia Chriftiana de Epifcopis Noviomenfibus , nous ont donné les premieres lumieres de fa bonne extraction & de fes qualitez; BALDERICUS (difent-ils) AIBERTI *Equitis , Sarcinvillæ in Artefio, & Diœcefi Cameracenfi toparchæ , nobili profapiâ natus , vir laude ingenij , ac fcriptorum monumentis longe clarißimus, quibus pofteritati nomen propagavit, ifte Ecclefiaftica officia obivit quam plurima , priufquam Pontificatus fedem affecutus fuiffet. Capellanus primò, & à fecretis Gerardi atque Lieberti Præfulum Cameracenfium , tum Canonicus , ac Cantor Tervanenfis , ex Archidiacono (nempe Noviomenfi) demum factus fucceffor Ratbodi a° 1098. Confecratur, &c. Cæterum divino cultu , probitate morum , fcriptifque etiam Epifcopatum illuftravit , editis lucubrationibus facris, nempe Chronico gefta Epifcoporum Cameracenfium & Atrebatenfium , &c.* Lequel Chronique fut embelli de plufieurs belles remarques par George Colvenere Profeffeur en l'Academie de Douay , qui parlant de la vie de l'Autheur dit, qu'il fut Chapelain & Secretaire de Gerard I. de Liebert, & de Gerard II. Evefques de Cambray; en apres fut crée Chanoine , Chantre de Teroüane , Archidiacre de Noyon , & puis Evefque de Tournay & de Noyon tout enfemble. Il rapporte en outre que ce BALDERIC eftoit fils D'AIBERT Seigneur de Sarchinville & de Queant en Artois , qu'il avoit, felon quelques-uns pour freres ELBOLDE & ERLEBARDE; & que felon les autres il n'avoit qu'un feul frere germain nommé ERLEBALDE, qui continua la lignée de SARKINVILLE.

Quant à ce qu'aucuns difent que BALDERIC avoit pour frere ELLEBOLD dit LE ROUGE Fondateur des Chanoines de Sainte Croix de Cambray, il ne fe doit entendre que de fon frere vterin, comme nous l'enfeignent clairement les mots contenus dans noftre dite Chartre : *Quam elemofinam dictus* BALDERICUS *fecit de confenfu* ERLEBORDI DE SARCINVILLA *fratris fui , &* EUDOIBERTI FRAERINI, ENBOLDI RUBEI, & SEIHERI RUFI *uterinorum fuorum, &c.*

La mere du dit BALDERIC nous eft connuë par ces mots; *Nobili muliere matre fua* AVIDA , qui fut femme en premieres nopces D'EUDE COMTE DE VERMANDOIS, puis que fes enfans EUDE FARIN, ELBOLD LE ROUGE, & SOHIER LE ROUX y font tous trois mentionnez & comme fortis d'un mefme ventre avec BALDERIC, lequel n'a voulu faire aucunes aulmofnes aux Eglifes fans le confentement de tous fes freres tant de pere que de mere. Il y a un Titre dans l'Abbaye du Verger (dont parle Colvenere) qui contient *quod dictus* BALDERICUS *de fratrum fuorum confenfu terram de Queant oneravit triginta mencaldis tritici & quatuordecim avenæ, affignatis Religiofis Virginibus in Viridiario juxta Oifiacum Deo famulantibus, &c.*

tibus, *&c.* Le mefme BALDERIC dans les belles fondations qu'il a faités Diocefes de Tournay , de Noyon, & de Teroüane a toufiours recherché le confentement de fes freres.

Baronum ac hominum noftrorum , *&c.* L'Evefque Manaffes qualifie en fa Chartre tous ces freres, des titres de Barons , & les appelle fes Hommes & Vaffaux, parce qu'en fuitte des fiefs nobles qu'ils tenoient immediatement de fon Evefché , ils luy eftoient obligéz de quelques devoirs & hommages , tels qu'eftoient en ce temps là les douze Pairs du Comté de Cambrefis, le Senefchal, le Marefchal, le Chambellan , l'Efchanfon, le Chaftelain , le Vidame , l'Advoüé , & autres grands Officiers hereditaires de l'Evefché , &c.

Notum tertio fit , quod Magnificus Miles ac Baro nofter HUGO *dictus* SEIHERUS *predicti S. filius* , *&c.* Le dit Evefque Manaffes confirme & approuve la vente & la donation qu'avoit fait à l'Abbaye de Honnecourt HUGUES SOHIER , fils de SOHIER fufnommé. Cét HUGUES eft icy nommée *Magnifique Chevalier*, à caufe de fon grand cœur, & de fes rares exploits , ou bien à caufe de fa grande prudence dans le projet & l'adminiftration des chofes relevées. Il y eft qualifié *Baro nofter*, parce qu'il tenoit en fief de l'Evefché une des douze Pairies & Baronies du Cambrefis, nommée *Marcoing* , comme nous avons amplement monftré cy devant.

ADELIA DE TOUROTA *uffore fua* , *&c.* La femme de cét HUGUES eft indifferemment nommée ADE , ADELIE, ADELVIE, ADELUCIE, voires par contraction LUCIE, ainfi que nous avons remarqué en fon lieu. Cette Chartre nous apprend qu'elle procrea à fon mary fix fils, (à fçavoir WATIER , TIEBAULD, ODON ou EUDE, ALELME, ALULPHE, & REINOT , ou REINAUD) dont les deux premiers font feulement mentionnez dans la premiere & grande Table Genealogique.

HUGUES donc chargea les Religieux de la ditte Abbaye de Honnecourt , de prier Dieu pour les ames de fon pere , SOIHIER , de fon Ayeul EUDE *(avi fui E.)* & de fes autres tres puiffans Anceftres Comtes de Vermandois, clairement exprimez par ces mots : *Et aliorum præpotentum* MAJORUM SUORUM VIROMANDIÆ COMITUM, mots dis-je, qui nous doivent du tout affermir dans la connoiffance de la veritable & primitive origine de noftre Maifon de SOHIER.

Notum quarto fit quod Inluftris alius Miles HUGO , itemque *Baro nofter , dictus de Oyfiaco* , *&c.* Cét HUGUES Sire D'OISY tenoit lors en fief noble de l'Evefque la Chaftellenie de Cambray , & la Baronnie , ou Pairie de Rumilly.

ADÆ DE MONTIBUS *ufforis fuæ.* Sa femme nommée ADE eftoit niepce de RICHILDE Comteffe de Hainau , (dont

nous avons fait mention fous le Titre Cotté A*.) & ce fut peut eftre
pour cela que noftre Chartre l'appelle A D E D E M O N S à caufe
que fa Tante fe titroit par fois Comteffe de cette Ville , ou qu'elle y
avoit pris fa naiffance, ou qu'elle y tenoit fon fejour. Balderic dans fa
Chronique de Cambray au fueillet 374. & fuivans , nous apporte un
grand efclarciffement fur ce fujet , difant : *Interea* H U G O (*Oyfiacenfis,
Camerac. Caftellanus*) *quamdam juvenculam* A D A M *nomine , neptem videlicet* R I-
C H I L D I S *Montenfis Comitiffæ , cæpit amare , eamque in conjugium fibi velle cu-
pidè copulare*, *&c.*

Cette A D E procrea à fon mary H U G U E S , un fils de fon nom,
& une fille nommée A D E mariée avec A L M A R I C L E R O U X,
dont nous avons amplement parlé cy devant fous les Titres Cottez A.
A*. B. &c.

Cét H U G U E S D'O I S Y donna quelques prairies à la fufditte Abbaye de Honnecourt joignantes la riviere de l'Efcauld , à charge que
l'on prieroit Dieu pour le falut des ames de fon pere W A T I E R , &
de fon Ayeul S E I H I E R , & de fes autres Illuftres Progeniteurs &
Anceftres , que la Chartre nomme Bienfaicteurs , voires Fondateurs de
la dite Abbaye. Ce qui eft conforme à ce qu'en a efcrit Monfieur
Alexandre de Butkens Seigneur d'Anoy , lors qu'il s'employa à la recherche de cette tres-Illuftre Maifon. E U D E , dit il , Sire D'O I S Y
devancier d'un autre E U D E , fe reclame d'eftre forti des anciens Ducs
& Comtes de Bourgogne , à la fondation qu'il fit de l'Abbaye de Honnecourt , &c.

*Huic vero Confirmationi prefentes fuerunt, qui tunc mecum erant
apud Sanctum Quintinum , &c.*

Cette Confirmation de l'Evefque Manaffes fut faite en la Ville de
Saint Quentin , là ou il fejournoit pluftoft qu'à Cambray , à caufe des
partifans de Gualtier , qui fe vouloit maintenir dans le Siege Epifcopal , lequel fut obligé à la fin de ceder toutes fes pretenfions à Manaffes. A cette confirmation furent prefens plufieurs Evefques, Chanoines & Chevaliers. Entre lefquels furent *Hugues Evefque de Soiffons.* Cét
Hugues eft furnommé des Sieurs de Sainte Marthe , de *Pierrefons* , fils de
Nevelon Sire de *Pierrefons* , & fut crée Evefque l'an 1093. & deceda
l'an 1103.

Ratbodus Noviomenfis Epus. Ce *Ratbode* fut predeceffeur de
noftre avant nommé B A L D E R I C ; Les Sieurs de Ste Marthe le
font neveu *d'Everard* Chaftelain de Tournay , & marquent fon decés
l'an 1098.

Hugo Abbas S. Dionifii Remenfis. Cét *Hugues* eft mentionné par
les Sieurs de Ste Marthe en leur volume de Abbatijs Galliæ au fueillet
340. quand ils difent, *Hugo I. ex Monacho Montis S. Eligij Atrebatenfis* 1094.
amicitiam contraxit cum Lamberto Epifcopo Atrebatenfi, obijt 6. *Martij* 1119.

Robertus

Robertus ibidem Præpositus Ecclesie, nempe *Remensis*. Ce *Robert* ne se trouve pas entre les Prevosts de Reims, mais bien *Rodolfe*, si ce n'est qu'il soit mal nommé par les Sieurs de Sainte Marthe, ou bien qu'il ait esté Prevost d'un autre Eglise à Reims, &c.

Guermondus de Castillione. Ce *Guermond de Chastillon* est mentionné par le Sr André du Chesne, dans l'Histoire Genealogique de la dite Maison, & dit qu'il fut fils de *Guy Sire de Chastillon* I. du nom, & qu'il donna commencement aux Branches des Seigneurs de *Savigny*, de *Chasteau-Porceau*, de *Pacy*, & autres. Il est mentionné dans plusieurs Chartres des Eglises de Champagne, & de Picardie, és années 1095. 1097. 1103.; Il vivoit encore l'an 1117.

Hugo de Varena, &c. Ce Seigneur est mentionné par Du Chesne en son Histoire de Montmorency au fueillet 84., & dit que l'an 1096. la devotion excita *Bouchard de Montmorency* à visiter l'Eglise de Saint Martin des Champs, en laquelle par la permission de Philippes I. lors regnant, Hugues I. Abbé de Cluny avoit envoyé des Moines de son Ordre. Il y alla accompagné de plusieurs Chevaliers & Barons, c'est à sçavoir de *Hugues* fils de *Thierry de Montmorency,*

Eudes fils d'*Eude de Montmorency,*

le *Hugues de Vareñnes,*

le *Richard* fils de *Thierry,*

le *Philippes de Tresluze,*

le *VVidon d'Eau-bonne*, &

le *Herbert de Vilers.*

Le Comte *Guy* de *Rochefort* s'y trouva pareillement assisté e *Hudon de Sainct Clou*

de *Guillaume de Marmerel*, & autres.

Ce dernier est peut estre celuy dont parle nostre Chartre par ces deux mots . . . . . . *almus Marmereslus.*

ISAAC LIETARDUS, *&c.* Ce Seigneur est assez mentionné cy devant. Il fut present à Saint Quentin avec les susdits Chevaliers, parce qu'il tenoit sans doute le party de l'Evesque Manasses, qui le reconnoissoit pour un de ses fidelles par ces mots; *Fideles nostri.*

Adalbero recognovit. Je crois que cét Adalberon est le mesme que celuy qui se qualifie Doyen de Cambray dans le Titre exhibé cotté C. attenduë la ressemblance du parafe, & la conformité de ce nom d'*Alberon.*

Quoy qu'il en soit, Nous pouvons remarquer par ce court recit, que toutes les clauses, & particularitez rapportées dans cette rare Chartre, sont entierement conformes aux Histoires de ce temps là, & que par ainsi nous ne devons douter de sa probité, non plus que du rapport de nos anciens Historiens.

AUTRE

AUTRE TITRE.

Titre
Cotté
2. a°
1133.

IOu RENAUT SIGNEUR DE HAUKOURT Kie-valiers, & iou EUE DEL ERIES, kuidant ke on ior ki fera no armes kieteront no kors, por fi trair a Dius no Signeurs, & ke no poieons raekater no fourfet en enmonant as Iglifes de Dius, & as po-vre, por chous desorendroit avons de no kemun affent fach no titau-ment e derains vouletet, en chil foermanche. Primes neiant heroir en-faule de no fenh kors & char, por goir & ireter no beiens e tieres, iou RENAUT del plefance de me kompangne EUE oredene a me nep-viaus & filiol REGNOTIN me tiere & fegneurie del Haukurt, & de Moentigneis ens o Kambrefis. Item a chil me tieres de Bues, & de Kaepi en Arethoes. Item iou oredene a RENON offi me filieol, & fiels einel a men biel freres WATIERS SIRES DEL ERIES me tieres de Peraiele, ke iou ai iretet de men figneur & ant *Ieihans de Guafenkurt*. Et iou mi EUE oredene as dis men niepvau RENON fies mi frere GUATIER le bo ke iou eis a Walinkurt a mi efkut del oredenanche ADELE THOUROTE me kiere Dame & Me-re. Item iou oredene as HUON, GRADINO, EUDON, & PIERON mi niepvaus as kakun fies livres de rentage four me ire-tage a Bufiere, ki fuit o mi ant OLEBAUD ferer as SEIHIER kon apieloit LI ROUS VIRMANS me teions. Item tot li ioue-les, annels, finkage de Medame mi mere, & de Medame ADLE MAIVISINE me teie, ious oredene os mi bieles fereurs ADE DE CAMBREI & IDETE DALBENGNI, & offi a me niep-veffes ALIS DEL FOSSE epeufe o di RENON, AIGLINE epeufe o di PIERON, & EMME epeufe o HUART BAIL-LOEL, as fkakun fi parchons avoec pes. Item iou R. & ious E. tot diaus enfaule timlet de fint mevanche oredenon o li Iglife de Hun-nulkurt no perchiele de tiere del Viliersgueilein ke no aviemes aske-tet D'ADELE no antaine, epeeufe del no Ant AMERI *Sire & Per de Marcoeng*, a kerke ke li dite perira Dius por le folut & vi de no arme, & de li armes de *no moelt noebles Ankifeurs Sires de VValinkurt* del koftet de iou R. & del KUENS VIRMANS de li koftet de iou EUE. Et li renftans de no beiens ovons four codinecil oredenes as povres, kaer debetanche nouvons nient. Et a chou ke no oredenan-che fient beien akenket, & en fient nuli greevet, keunfifeons, & en-taulifeons por akenkeurs de chil no Tintaument *Meffire* GUATIER SEIHIERS no frere defeur dis & *Meffire* SEIHIER DE BITHU-NE kon apiele KEARENCHI no koufins. Chous fuift fet o li an de li Enkarnanee *Jefus Chriſt* mil cent terente terois el mo Iung ior ens deis.

ens deis. Et o chou chil i ei hanket mi ficiael iou R. & nient mi
ious E. por chou ke nen ouvoet mi adonk Amen. Amen.

Li feing de mi R. & E.

RENAUT. EUE.

Sur le replis du parchemin fe lifent ces mots: *Alganus Notarius fcripfit,*
avec parafe.

A cette lettre pend le feel du dit RENAUD, fouftenu d'une trouffe de foye verde, en la forme icy reprefentée.

Ce Titre n'eſt qu'un Teſtament de RENAUD SIRE DE HAU-COURT, & D'EUE DE LE HERIES, ſa femme, lequel merite, pour les belles particularitez qu'il enferme, d'eſtre conſideré par le menu.

Premierement nous remarquons par ce Teſtament que ce RENAUD puiſoit ſon extraction des tres-anciens & tres-illuſtres Seigneurs de Walincourt, ce que nous enſeignent ces mots, *Et de li armes de no moelt noebles Ankiſeurs Sires de VValinkurt, &c.*

Ce RENAUD ſe voyant ſans enfans diſpoſa de ſes biens, & donna les principaux à ſon neveu & filieul RENAUD, conſiſtans en pluſieurs Seigneuries, ſçavoir *Haucourt, Montigny, Buez* & *Kaepi*, (à preſent *Capy*) ſituées en Artois & en Cambreſis. Il donna auſſi à ſon filieul RENON SOHIER, neveu de ſa femme, la terre de *Prayele.* Il donna de plus à l'Abbaye de Honnecourt quelque portion de terre, ſituée à Villers-Guiſlain, (village non loin de Honnecourt) laquelle il avoit achetée d'ADE-LE, ou ADE (d'OISY) veſue d'AMALRIC (ou AMERY) Sire & Pair de Marcoin, & oncle d'EUE femme du dit RENAUD.

EUE, (que la Table Genealogique nomme EUE SOHIER, & icy DE LE HERIES, qui ſe doit prendre pour un) diſtribua auſſi de ſes biens à ſes neveux, belles ſœurs, & nieces. Elle donna à ſon neveu RENAUD, ou RENON un petit bois qu'elle avoit herité de ſa mere ADELE DE THOROTE, femme de ſon pere HUGUES SO-HIER.

Elle legata encore à ſes neveux HUGUES, GERARD, EUDE & PIERRE, enfans de ſon frere WATIER ſix livres de rente, à prendre ſur un heritage à Buſſiere, ou Bouſſiers, dont avoit autresfois joüy ſon Oncle ELLEBAUD ou OLEBAUD, (ſurnommé LE ROUGE) frere de SOIHIER dit LE ROUX DE VERMANDIE ſon Ayeul.

Elle diſtribua en outre toutes ſes bagues & joyaux venus tant de ſa dite mere, que de ſon Ayeule ADELE DE MAUVOISINE, à ADE DE CAMBRAY femme de ſon frere WATIER & à IDETE d'AUBIGNY, femme de ſon frere THIBAUD, ou TIEBOLD; comme auſſi à ſes nieces ADELE DE LA FOSSE, femme de ſon dit neveu RENAUD, AIGLINE, (que la Table Genealogique fait ſortir de la Maiſon de CHOLET-ROUCY) & EMME SOHIER, qui avoit eſpouſé HUART, ou HUGUES DE BAILLEUL, iſſu d'une des plus Illuſtres Maiſons d'Artois, de laquelle fait ſouvent mention Du Cheſne dans ſes Oeuvres Genealogiques, & notamment dans celles de Bethune, de Montmorency, & de Guines. Noſtre HUGUES ſemble eſtre mentionné dans une Charte qui ſe trouve dans l'Abbaye d'Eaucourt en Artois, laquelle contient une donation faite à icelle Abbaye par ANSELME DE HOUDAIN, de tout ce qui luy appartenoit du chef d'AIGLINE ſa femme au Village de Courcelles-le Comte, & de la troiſieſme partie du moulin de Baillescourt; du conſentement *d'Enguerran Comte de Saint Paul* en Ternois, & *d'Anſelme* ſon frere,

de qui

de qui le tout eſtoit tenu en fief. Laquelle donation le Comte *Thierry* confirma, & par le conſeil de ſes Barons convertit le fief des poſſeſſions données en alleu. La Comteſſe *Sybille* eſpouſe du Comte y conſentit pareillement en la Ville d'Aire avec *Baudouin* & *Philippes* leurs enfans. Et d'autant qu'AIGLINE femme de d'ANSELME DE HOUDAIN ne peut s'y trouver, à cauſe qu'elle eſtoit groſſe, *Alviſus* Eveſque d'Arras venant paſſer d'Aire à Houdain receut là ſon conſentement en la preſence de ſon mary, ſuivant le pouvoir que le Comte Thierry luy en avoit baillé. Ce qui fut accordé auſſi par ADELIDE ou ALIX DE SAINT PAUL, ſœur de la dite AIGLINE, & d'ENGUER-RAND Comte de Saint Paul, & ratifié derechef en la ville d'Arras par le Comte *Thierry*, à la veuë de l'Eveſque *Alviſus*, de *Thierry* Abbé de la Capelle, de *Geofroy* Abbé d'Andres, de *Luc* Archidiacre d'Arras, de *Guillebert de Bergues*, de *VVatier* Chaſtelain *de Saint Omer*, *d'Arnoul* Comte de *Guines*, de BAUDOUIN DE BAILLEUL, d'ANSELME DE BAILLEUL, de *Robert* Sire & Advoué de *Bethune*, de *Guerin d'An-chin*, de *Robert le Brun*, de *Bauduin Chaſtelain d'Arras*, de HUGUES DE BAILLEUL, & de quelques autres grands Seigneurs qui l'accom-pagnoient. Cette confirmation fut faite l'an 1145.

L'Abbaye de Sᵗ Vaaſt d'Arras a pluſieurs Titres qui font mention de la Maiſon de BAILLEUL, & entre les autres il y en a un de l'an 1155. qui dit que *Robert de Bethune* Advoué d'Arras ceda à la dite Abbaye le revenu de certaines terres ſituées à Monchy, tant pour le remede de ſon ame que de celle *d'Adelize* ſa femme, & de leurs enfans. Ce qui fut fait en la preſence de *Godeſcal* Eveſque d'Arras, de Luc Ar-chidiacre, d'ELBERT DE CARENCY, de ROBERT ſon frere, de HUGUES DE BAILLEUL, de *Jean de Beury*, de *Baudouin d'Arras* couſin du meſme Advoué, & de pluſieurs autres Chevaliers, &c.

L'Eſpinoy dans ſes recherches des Antiquitez de Flandres, parle hau-tement de cette Famille, & dit que HUGUES DE BAILLEUL, qui vivoit encore l'an 1163. fut Chaſtellain & Vicomte d'Ypre, & pere de BAUDUIN DE BAILLEUL allié par mariage à *Mabilia* fille de *Bauduin* Chaſtelain *de Bourbourg* & de *Clemence de Bethune*, fille aiſnée de *Robert* dit le Roux Seigneur de *Bethune*, & Advoué d'Arras. Bref, cette Maiſon de BAILLEUL fut ſi conſiderée qu'elle merita les al-liances des plus illuſtres Maiſons de nos dix-ſept Provinces. Ce qui rehauſſe encore beaucoup la gloire de la Maiſon de SOHIER, veu que HUGUES DE BAILLEUL, prit à femme EMME SO-HIER, pluſtoſt ſans doute en conſideration de ſa haute extraction, que de ſes biens.

Mais ce qui fait plus à noſtre deſſein dans ce Teſtament eſt, que la dite EUE *nous aſſure qu'elle deſcend des Comtes de Vermandois*, lors qu'elle dit; &DEL KUENS VIRMANS *deli* koſtet de iou EUE: ce qui ſe doit expliquer ainſi, en ſuitte du contenu du dit Teſtament: Moy EUE SO-HIER, ou de LE HERIES, femme de RENAUD SIRE DE

HAU-

HAUCOURT, fille de HUGUES SOHIER, & d'ADE de
TOROTE, petite fille de SOIHIER furnommé le ROUX de
VERMANDIE, defcendu des Comtes de Vermandois cede à l'Abbaye de Honnecourt la portion de terre que je poffede à Villers-Guif-
lain, &c.

La reflexion que je fais encore fur l'origine de la Maifon de SOHIER
iffuë, comme plufieurs rares Chartres nous enfeignent, de celle de VER-
MANDOIS, m'oblige à vous rapporter ce qu'en dit François de Belle-
foreft, en fes Oeuvres imprimées à Paris l'an 1589. au fueillet 428.

Or eftant (dit-il) le Royaume Gaulois fi bien efchantillé & departy
qu'il n'y avoit pas prefque piece de confequence pour la donner en appannage aux puifnez de la Maifon Royale, eu efgard que les Grands
Fiefs eftoient demembrez de la Couronne, que le Normand avoit fondé fon plan en Neuftrie, que l'Aquitaine avoit fes Ducs, la Gothie fes
Marquis & Comtes, la Gafcongne fes Princes, la Champagne & Bourgogne leurs Ducs & Comtes, il n'eftoit fi non que de chercher des
alliances pour enrichir ceux qui n'avoient richeffes que de fang, ny a-
vancement que des bienfaicts des Roys, & de l'honneur qu'ils avoient
d'eftre les premiers Chefs de la Couronne. Je dis cecy pource qu'eftant
mort Henry I. laiffant deux fils, comme dit eft, l'un Roy jà couronné,
& l'autre n'ayant titre que de fils de France, & fans terre qui luy fut af-
fignée, afin de ne point appauvrir l'Aifnée, & demembrer la Couronne
affez pauvre par les ufurpations faites fur les Carlovinges, le Comte de
Flandres Regent de Philippes I. trouva bon de pratiquer à tort ou à droict
quelque mariage, pour le Puifné, afin que la pauvreté ne le forçat,
quand il feroit en âge meur de quereller fon frere, & dreffer des troubles
au Royaume, ainfi qu'en avoit ufé le Duc de Bourgongne. Or ne voyoit
on party pour lors qui fut fortable pour ce Prince, d'autant que tous les
Princes & Grands Seigneurs avoient des hoirs mafles pour leur fucceder,
& pource on s'addreffa à HERBERT COMTE de VERMAN-
DOIS, qui avoit une fille nommée ADELE, ou ALIS non unique,
ny feule heritiere, car il y avoit un fils nommé EUDE, & ce nonobftant cette ADELE emporta l'heritage, & en fut fon frere privé, à
caufe, dit on, qu'il n'entendoit rien à gouverner fa Seigneurie. Ce qui
fut caufe que les Barons & Nobleffe de Vermandois, requirent (par bla-
fonnerie) le Regent, & confeil de France de faire par force que Monfieur
HUGUES de FRANCE efpoufaft la fufdite ADELE, qu'ils firent apres leur Dame & Comteffe au prejudice du vray & legitime heritier. Surquoy je laiffe (dit-il) à devider cette fufée aux Legiftes & Jurifconfultes, s'il eftoit loifible à ces Barons de difpofer d'un heritage qui
ne dependoit d'eux, & faire la part au Chef de la Juftice de leurs terres, &
fi l'eftre de groffier entendement ou un peu fayneant eft fuffifante occafion de priver un tel Prince de fon heritage; & qui eft le plus d'en depof-
feder à toufiours tous fes enfans, aufquels on laiffa quelques petites Seigneuries, &c.

Ce recit

Ce recit nous apprend qu'EUDE laiſſa pluſieurs enfans, quoy que les Sieurs de Sainte Marthe, Bouchet & autres, Hiſtoriens François ne faſſent mention que D'EUDE DE VERMANDOIS Seigneur de St Simon, à cauſe, peut eſtre, que ſes freres n'eſtoient reputez pour François, parce qu'ils s'eſtoient eſtablis en Cambreſis & en Artois. Quoy qu'il en ſoit, nous tenons pour aſſuré & indubitable à la veuë de tant de ſi beaux documens & rares Chartres, que noſtre Famille de SOHIER, eſt iſſuë legitimement des COMTES DE VERMAN-DOIS, de laquelle eſtoit EUE SOHIER mentionnée dans ce preſent Teſtament.

Les Executeurs de ce dit Teſtament furent Meſſire GUATIER SOHIER frere de la dite EUE, aſſez mentionné cy devant, & SO-HIER, ou SIGER DE BETHUNE ſurnommé de CAREN-CY, à cauſe de ſa Seigneurie de ce nom, ſuivant l'uſage obſervé de ſon temps dans les plus Grandes Maiſons du Royaume de France, dont les puiſnez ſe ſurnommoient ordinairement des Terres principalles, qui leur eſtoient baillées en partage : ſoit qu'elles procedaſſent de leur patrimoine, ou du coſté de leurs meres. Je ne veux pas mettre en avant la Maiſon Royale de France, dans laquelle les ſurnoms de BOUR-GOGNE, de VERMANDOIS, de COURTENAY, de BOULOGNE, D'ARTOIS, D'ANJOU, de BOURBON, & autres ſemblables, vinrent ou des Appanages aſſignez à des Cadets, ou bien des Terres maternelles de leurs enfans. Il ſuffira d'en produire des exemples de quelques Familles inferieures: comme de celle de *Chaſtillon*, en laquelle on remarque qu'aucuns des Puiſnez quittans l'ancien nom de la Maiſon, prirent les uns ceux de *Blois*, de *Saint Pol*, de *Leuze*, de *Porceau:* d'autres ceux de *Nanteüil*, d'*Autreſche*, de *Villesavoir*, de *Chaalons*, de *Pacy*, de *Tocy*, de *Baſoches*, à cauſe de leurs terres & Seigneuries particulieres. Dans la Maiſon de *Neelle* les Cadets ſe ſurnommerent de *Faluy* du nom de ce lieu, qui leur fut donné en partage, là ou les Aiſnez s'appellerent de *Soiſſons*, à cauſe du Comté de Soiſſons, qui leur eſchût. Dans celle de *Montmorency* les uns s'attribuerent le ſurnom de *Laval*, d'autres ceux de *Beauſſart*, de *Marly*, de *Giſors*, pour une pareille conſideration. Et afin de ne nous tant eſloigner de celle de BETHUNE les Seigneurs de LOCRES & de HEBUTERNE ne furent pas ſeuls en cette Famille, qui ſe ſurnommerent de leurs principales Terres ; Car les Seigneurs de CARENCY, qui au commencement s'appelloient de BETHU-NE, prirent à la fin le ſurnom de leur Seigneurie.

Ceux de la Baronnie de BETSAN, ou BESSAN en la Paleſtine, & autres firent le ſemblable, ſe contentans pour marque de leur origine ou de retenir les Armes, ou le Cry de BETHUNE.

Du Cheſne dans l'Hiſtoire Genealogique de cette Maiſon, au fueil-et 560.561.&c. fait mention de ce SICHER DE BETHUNE Sire de CARENCY & d'Ablain. Il le fait fils D'ELBERT I. du nom Sire de CARENCY, & dit que vers l'an 1109. il confirma à

Gg 3

Richard

Richard Abbé du Mont Saint Eloy le droit de plaid que son pere avoit remis à *Eudes de Camblain*, & autres. Ce que ROBERT DE BETHUNE Advoué d'Arras, & BAUDOIN son fils, de qui il tenoit ce droict en fief, confirmerent en la presence de BAUDOIN fils de HUGUES d'AUBIGNY, de *Jean de VVaencourt*, de *Garnier de Hamelincourt*, de *Hugues* fils de *VVagon de Bethune*, & de quelques autres. Le mesme SICHER, & sa femme BERTHE donnerent pareillement au susdit *Richard* certaines terres assises à Renoncourt, par correption Rencourt, & autres situées à *Bertaucourt*, lesquelles estoient de l'heritage de BERTHE, que je pourrois croire avoir eu pour surnom SOHIER, à cause que cette Famille a jadis possedé ces Seigneuries comme nous avons remarqué cy devant au commencement de nostre Oeuvre, & que nous remarquerons au Titre suivant.

Quoy qu'il en soit nostre Testament dit que ce SICHER DE CARENCY estoit cousin & parent à RENAUD SIRE DE HAUCOURT, & à EUE SOHIER sa compagne; & pour cette occasion il fut choisi pour executer la derniere volonté de ces deux conioins; & ce fut l'an de l'Incarnation de Jesus Christ 1133. au mois de Juin.

AUTRE

AUTRE TITRE.

Titre
Cotté
3. a
1255. Le Titre suivant rehausse encore extremement la gloire de la Maison de SOHIER.

Ous PIERONS SOHIERS Chevaliers *Sire del Heries, Governor del pais & Comptet d'Arthoes ens & por le koftet del Escalt & Escerpe*, & el nom de molt redoubtet & poifant Signor Monfignor li *Quens Robiers*, & avoeck mi *Meffire* ROBIN DE RIVERI Chl̃rs men biel freres, Savoir fafcons, & a tous achertons ke kom Meffire GUATIERS Kanone de Kambrai no freres evift laiffiet fen kors hors de fen vie, chil nous a prié & komis li kerke de fi affaires elendroit de tos, & chil fe kenniffant kerkiet de molt fourfet, chil nous a fet priance de le dekerkietre de fes debtes, & de enlargir doens & olmofnes as Englifes de Diu. Por chou nous enfaule & ambedeux enfanlet, achertet del boene enclinanche ke no dis frere avoet en fen vi por li Englife de Hunnekurt nous chedons, doennons, & atournons pirpetuelment a tofiors a chil dite Englife tot li tiere ke no dis frere G. avoet al Bantoufiels chukant as tieres *Verric le Leu Sire de Bantoufiel*, & de l'oltre as *Meffire Euftache de Nuevile fielx VVago no koufins*. Item nous otrions al dite Englife katre mencaldées de boes ki fieent dales chuinck muis de boe ke li Englife de Vauchicles avoet afketet de *VVatier dou Bruile* Sires de Vilersoutreau. Item dix fet faulx parefis four mi cenfe de *Renkurt*, & nuef fauls four liretage de Venduile as dis G. efkut de li doen & fuccifion no chiere mere & Dame GALETE DESTURMEL. Item chedons katorfe faus parefis four liretage *Huart* kon dit *Goeulart*, chukant al grant iretage Mefire *Jehennart de Vilersguienlain*. Item uvicht faus de rente ke iou PIERON nai nient voeluits rankater, à prendre four me tiere & kaftiel de *Loempire*, & chuinck faus four me cenffe del *Sart* dalet Loempires, dikels diaux rentes m'avoet kerkiet a doener & atourner a men dit frere G. no chier Pere & Signor HELLIN KASTELAINS DE BOHENG. Item graons & konfremons a li dite E. li tiere de *Bielcamp* doenet par men dit Pere, a li venus par doen de Menfeignor *Hellins Sennefkal de Flandres* fen perrains. Si laons graons & konfremons offi tout chou ke NO OTRE ANCHISEURS SIRES ET QUENS DE CHILI TIEROIR

ont doe-

ont doenet en tans jedis a ichele Englife a tofiors. E a tot chou laer
graer & konfremer oubligons tot no hoir cil a favoir del koftet de mi
PIERART Medame me Epeufe MARGOTE, & me fiels BAU-
DART, HANOTIN Chevaliers, GONFROY, GUION,
HUART, ODON, ALELME nient donke Chevaliers. Et del
koftet de mi ROBIN Medame me Epeufe EMME fereur as dit P.
& me fiels ROBLOT, PIEROT, & KOLINOT. Et pour plu
eftaule achertanche de tot chou ke dit eft chi defeur avons nous ambedeux feaileet chetes de no feaiel & li doenet a icile Englife li ior
Sint Pierre lapoftel li an de grafce Mil cc. LIIIII.

    A cette lettre faine & entiere pendent deux feaux, fouftenus de cor-
dons de foye verde, dont l'un reprefente un Chevalier armé de toutes
pieces, tenant d'une main un efcu reprefentant une eftoille, & de l'autre une efpée nuë ; avec un contrefeel qui marque pareillement une
eftoille. L'autre feel reprefente trois pals au franc canton de . . . . . en
la maniere icy figurée :

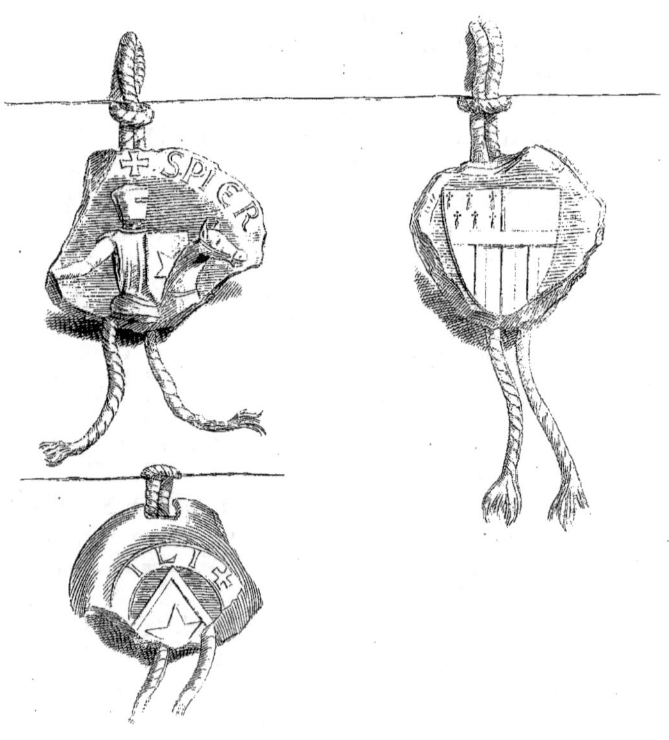

Nous apprenons encore beaucoup de particularitez par ce Titre, qui meritent d'estre considerées par le menu.

Nous y remarquons premierement que PIERON SOHIER, (qui est le mesme dont nous avons fait mention és precedens fueillets 84. 85. & suivans) fut establi Gouverneur de la partie du Comté d'Artois, enfermée des rivieres de l'Escauld, & de la Scarpe, qui s'estendoit depuis la ville d'Arras jusques aux portes de Cambray, & depuis Doüay jusques à Bapaumes & par de là. Charge à la verité de grande consideration, & à laquelle on n'avançoit que des personnes illustre en extraction, en rares vertus & en genereuses actions. Je me plaindrois icy volontiers des Historiens, lesquels nommans les Seigneurs & Comtes de cette Province, suppriment ou passent legerement les noms de ceux qui ont gouverné en leur nom, ou en leur absence. Pour meriter le nom d'Historien d'un Estat, il ne suffit pas qu'en gros, ou en partie on estalle les actions les plus signalées des Princes, ou que l'on rapporte quelques faits d'aucuns particuliers, qui vous font mieux connus, & plus affectionnez; mais il faut ce me semble (& je voudrois en user ainsi) s'estudier à la recherche de toutes les belles vertus, & exploits heroïques de toutes les personnes qui en sortent, ou qui s'y font establies, afin de les obliger, & animer leurs Descendans à les imiter. La negligence des Escrivains (dit F. de Pavie Baron de Forquevauls) & le peu de curiosité des Historiens, qui ne marchent ordinairement que sur les pas d'autruy, font parêtre les plus celebres & vaillans hommes quelquefois oisifs lors que paraduenture ils estoient plus assidus à la recherche de l'honneur. A la mienne volonté que Gazet, Ferreole de Locre, & autres, qui se sont meslez d'escrire l'Histoire de cette Province & Comté d'Artois, auroient pris plus de soin de foüiller dans ses Archives, pour y decouvrir les bienfaits & recommendables qualitez d'une infinité de personnages, qui y ont travaillé pour la gloire, & y ont possedé des hautes Charges; nous aurions passé long temps eu quelque connoissance des hauts merites de nostre Famille de SOHIER, puis qu'elle a produit plusieurs Gouverneurs à la dite Province, comme nous pouvons remarquer en cét Oeuvre.

Il est vray que le dit Locre in suo Chronico folio 456. tesmoigne d'avoir recherché avec diligence tous ceux qui avoient esté pourveus du Gouvernement de cette Province, mais il s'estend au de là de l'an 1330. Et par ainsi il est à croire qu'il n'eut aucune connoissance de nostre PIERRE non plus que de GILLEBERT son petit fils (qui en fut aussi Gouverneur) qui moururent au siecle 1200. Estant à remarquer que pour lors l'Artois estans divisé en plusieurs quartiers, il y avoit plusieurs qui le gouvernoient en mesme temps; ce qui fut cause, peut estre, que les Historiens en ayans découver un si grand nombre, & n'en ayans pû dresser une liste pertinente, & les ranger sous leurs quartiers, ils les ont obmis, & ont mieux aimé d'en donner une liste moins

H h

inter-

interrompuë, & de la commencer, lors qu'environ l'an 1330. cette Province fut gouvernée par un feul, comme remarque le dit Locre au fufdit fueillet 456., par ces mots: *Hoc ipfo anno (fcilicet 1330.) quum Principes noftri in Burgundis, quam Artefis frequentiùs verfarentur, per Præfectos res Atrebatium regi & dirigi cæperunt. Eorum quos reperire potui, Catalogum hîc fubtexam, gratum benè fperans meo Lectori futurum.* Le premier qu'il trouve avoir gouverné feul, fut *Hugues de Carebœuf* eftabli par le Duc de Bourgogne la dite année 1330. auquel fuccederent *Robert de Ligny, Jean Daillon,* auparavant Gouverneur du Dauphiné, *Anthoine de Crevecœur, N.. de Crevecœur, Philippes de Bourgongne, N.. de Fiennes, Adrian de Croy* Comte de Reux, *Pontus de Lalain* Seigneur de Bugnicourt, *Amoral* Comte d'*Egmont, Ferdinand de Lannoy* Comte de la Roche, *Robert de Melun,* Marquis de Roubais, *Marc de Ryé* Marquis de Warembon, *Florent* Comte de *Berlaymont* & de Lalaing, *Frederic* Comte de *Vandenberghe, Amoral* Prince de *Ligne, &c.*

Difons donc (pour revenir à noftre fujet) que noftre P I E R R E, fans doute en confideration de fa haute extraction, & de fes merites fut choifi pour gouverner une partie de la Province d'Artois, au nom de *Robert* II. du nom Comte d'Artois, fils unique de *Robert de France* Comte de cette mefme Province, & de *Mahaud de Brabant,* laquelle, apres la mort de fon mary arrivée prés la ville de Maffoure en Syrie, fe remaria en fecondes nopces avec *Guy de Chaftillon* II. du nom Comte de Saint Paul, lequel pendant la minorité de Robert fon beau fils, en eut le bail, dont il rendit compte au Roy Saint Louis l'an MCCLXV. De forte qu'en fuitte de cette datte, il eft vrayfemblable que noftre P I E R R E obtint cette Charge du dit Comte de Saint Paul, qui en ce temps là adminiftroit les biens du jeune Comte d'Artois.

Et avoeck mi Meffire R O B I N D E R I V E R Y *Chlrs men biel freres.* Ces mots nous affurent que noftre Famille de S O H I E R fut encore alliée avec la Maifon de R I V E R Y originaire du païs d'Artois, de laquelle les Archives des Abbayes d'Arras, de St Aumer & de Douay font une honnorable mention dés l'an 1100. De cette Maifon defcendoit Meffire J E A N S I R E D E R I V E R Y Chevalier, qui de fa femme nommée *Anthoinette de Cambrin,* eut une fille du nom de M A R I E, qui fut femme de *François de Thiant* Seigneur d'Aubry, fils de *Jean Seigneur de Thiant,* & de *Colle de Haynin.*

Noftre P I E R R E donc avec fon beau frere R O B E R T D E R I V E R Y, prit foing du Teftament du fufnommé G U A T I E R Chanoine de Cambray, & pour la bonne affection que le dit G. avoit porté en fa vie aux Religieux de l'Abbaye de Honnecourt, il ordonna de leur faire du bien apres fa mort; & premierement ils obtinrent quelque portion de terre au village de Bantoufel non loin de Honnecourt, joignante aux terres de *VVerric le Leu Sire de Bantoufel,* & de M E S S I R E E U S T A C H E D E N E U V I L L E fils de W A G O N coufins aux fufnommez.

Quant

Quant à VERRIC LE LEU Sire de Bantoufel, il eſt ſouvent mentionné avec ſes Ayeux dans les Archives des Abbayes de Vauchelles,
& de Honnecourt, à cauſe que les Seigneuries de Bantoufel, & de
Bantœux eſtoient voiſines d'icelles Abbayes. Dans les Archives de la
dite Abbaye de Vauchelles, une lettre de l'an 1159., fait mention de *Hugues de Rumely*, de WATIER DE BANTUES alias LE LEU fils
de WERRIC, de *VVatier de Vincy*, de *Raoul de Vincy*, & de *Hugues de Vincy*
Chevaliers, & comme Vaſſaux de SIMON D'OISY Chaſtellain de
Cambray, tous bienfaicteurs de la dite Abbaye.

ROBERT LE LEU Sire de Bantoufel & ſa femme Dame *Mehaut le
Mire* & leur fils RAOUL, ſont mentionnéz encor dans une lettre de
l'an 1166. Ce meſme ROBERT eſt qualifié Seigneur du Fay par une
lettre de l'an 1159. & y eſt nommé fils de JEAN.

HUGUES LE LEU, fils du dit RAOUL, grand Bailly de Cambreſis l'an 1202. & Seigneur de Bantœux par ſa femme *Mathilde* Dame du
dit Bantœux, donna deux muids de terre à la ditte Abbaye, laquelle donation fut confirmée par Godefroy Eveſque de Cambray l'an 1219.

WERRIC LE LEU Sire de Bantoufel ne pouvant ſouffrir les
grandes donations qu'avoient fait ſes Anceſtres à icelle Abbaye, l'in-
quieta pluſieurs années par des longs & opiniaſtres procés, qui furent
terminez par accord l'an 1222.

Cette Maiſon de LE LEU fit des tres hautes alliances és ſiecles reculez & és nouveaux s'allia avec les Nobles Maiſons de Hauraincourt,
de Tortequeſne, de Fuzelier, de Hertain, de Godry, de Fontaine (qui
porte une fontaine pour ſes Armes) de Pingret, de Mahieu, &c.

Quant à Meſſire EUSTACHE DE NEUVILLE, fils de WA-
GON, je crois que c'eſt celuy dont fait mention le Sieur André du Chefne dans ſon Hiſtoire de la Maiſon de Bethune au fueillet 268. &c. quand
il dit que *Guillaume de Bethune* II. du nom Sire de Locres, eſpouſa une
Dame de noble & ancienne Famille appellée *Beatrix de Hebuterne*, heritiere de la Seigneurie de Hebuterne au Pays d'Arthois, laquelle eſtant
reſteé veuve ſe remaria en deuzieſmes nopces avec EUSTACHE DE
NEUVILLE Chevalier, Seigneur de Neuville en Artois, communement dite *Neuville-VViſtache* par corruption, à cauſe que le nom *d'Euſtache* fut familier & ordinaire aux Seigneurs de cette terre. Je n'en re-
peteray les preuves de plus haut que D'EUSTACHE SIRE DE
NEUVILLE, qui fut preſent à une donation que fit SIGER DE
BETHUNE, Seigneur de Carency à l'Egliſe de Bouvignies, accom-
pagné de *Guy de Noyelle*, de *VVatier* ſon fils, de *Robert de VVavrin*, de *Robert
du Meſnil*, *d'Elbodon de Carency*, *d'André*, & *d'Achard* ſes freres, de *Jean de Beuvry*,
de *Robert Advoué de Bethune*, &c.

Ce meſme EUSTACHE (ou ſon fils) donna l'an 1180. quelques biens
à l'Abbaye du Mont Saint Eloy, avec le conſentement de ſes fils WA-
GON DE NEUVILLE, *Geofroy*, *Nicolas* Chevaliers, & BAU-
DOUIN DE NEUVILLE Clerc. WAGON ſucceda à ſon pere
H h 2
en la

en la terre de Neuville , & procrea EUSTACHE de NEUVIL-
LE apres luy Seigneur de la mefme terre , qui ratifia à Ponce Evefque d'Arras l'achapt de toute la difme que *Guillaume de Gomiecourt* Chevalier,
Hildeburge fa femme , & *Beatrix* leur fille aifnée, tenoient de luy en fief dans
le terroir de Neuville, par lettres paſſées au mois de Novembre l'an 1221.
Bref de cét E U S T A C H E vint E U S T A C H E, dit le *Jeune* Seigneur
de Neuville, qui apres la mort de *Guillaume de Bethune* efpoufa la dite *Beatrix de Hebuterne* fa veuve , ce qui fe verifie par une Charte expediée au
mois d'Avril l'an 1255. dont l'original eſt au Threfor de l'Eglife Cathedrale d'Arras. Et c'eſt fans doute le pere de cét E U S T A C H E que
PIERRE SOHIER reconnoit icy pour fon coufin , puis qu'il le
qualifie fils de WAGON de NEUVILLE.

Si nous voulions penetrer plus avant dans les fiecles reculez nous
trouverions que eette Maifon de NEUVILLE eſtoit une des plus
çelebres du païs au fiecle 1000. , & particulierement au voyage de la
Terre Sainte fous Godefroy de Boüillon , auquel non feulement les
Aifnez de cette Maifon donnerent des preuves fignalées de leur courage , mais mefme les Puifnez. Lifez ce qu'en dit De Varenne dans fon
Roy d'Armes au fueillet 384. & fuivans, ou il dit que *Bauduin de Lamet,*
originaire des Païs-bas, ou eſt la terre de Lamet defcendoit des puifnez
de l'illuſtre Maifon de N E U F V I L L E, dont fes defcendans portent
encore les Armes pour marque de leur origine , fçavoir eſt d'or freté
de gueules, brifées d'une eſtoille du figne de puifneſſe, ayans felon l'u-
fage du temps , quitté le nom de N E U V I L L E , & pris celuy de
L A M E T leur partage , & fous ce nom s'eſtans fait reconnêtre à
Godefroy de Boüillon, & ils adjouſterent aux Armes de *Neuville* un efcuf-
fon , que l'on nomme aujourd'huy de *Lamet*, à fçavoir de gueullcs à la
bande d'argent , accompagné de fix croifettes recroifettées de mefme
au pied fiché , pour marque de leur pieté , & du devoir par eux rendu
à la Chreſtienté. Du fuídit B A U D U I N de N E U V I L L E , dit
de L A M E T vint P I E R R E, & de cettuy-cy vint A N T H O I N E,
qui l'an 1460. s'eſtant marié à *Jaqueline de Henencourt* riche heritiere , &
defcenduë de la Maifon de *Bournonville* , aujourd'huy Ducale , quitta le
fervice du Duc de Bourgongne avec plufieurs autres grands Seigneurs
des Pays-bas. Il fut fi chery du Roy Louis onziéme , qu'il le fit fon
Chambelan , fon Bailly & Capitaine de Lens en Artois, puis de Mon-
cenis , & d'Authun, en fuitte Gouverneur de Bourges , & en fin Lieutenant de Roy en Berry, & deceda à Amiens l'an 1494. ayant laiſſé
une tres-illuſtre poſterité , qui fit depuis alliance avec les tres-Illuſtres
Maifons de *Bournonville*, de *L'Iſle-Adam*, de *Combault* dite *d'Anteuil*, iſſuë de
la Maifon de *Bourbon* l'ancien , de *Clery* , de *Bayencourt* dite de B O U C-
H A V E N E S, de *Crequy-Bernieulle*, de *Lannoy*, du *Pleſſis-Liencourt* , *&c.*
Il me faudroit un petit volume pour comprendre toutes les illuſtres
alliances qu'a fait cette Maifon de Neuville en ces dix-fept Provinces,
en France , en Angleterre , en la Paleſtine & ailleurs ; qu'il nous fuffife

d'apprendre

d'apprendre que noftre Famille de S O H I E R a augmenté fa gloire en s'alliant avec celle de N E U V I L L E.

Item nous otrions al dite Englife katre mencaldées, &c. Ces mots fignifient que G U A T I E R S O H I E R donna encor à la dite Eglife de Honnecourt quatre mencaudées de bois fituées proche de cinq muids de bois que l'Eglife de Vaucheles avoit acheté de *VVa-tier du Bruile* Sire de Vilers - Outreau, comme il paroit dans une Charte de la dite Abbaye en datte de l'an 1226., ou il eft dit que *VVatier du Bruille* Chevaliers Sire de Villers-Outreau vendit les dits bois du confentement de *Sara* fa femme, de fes enfans, de *VVatier de Honnecourt* Sire de Villers-Faucon, &c.

Item dix fet faulx parefis four mi cenfe de Renkurt, &c. Cela nous apprend encore que P I E R R E S O H I E R poffedoit la cenffe & fief Seigneurial de *Rancourt*, comme auffi le Chafteau & fief de *Lompire*, & de du *Sart*, trois lieux voifins de Honnecourt, qu'il avoit herité tant de fa mere G I L L E T E, ou G A L E T E D'E S T U R M E L, que de H E L L I N S O H I E R Chaftelain de Bohaing fon pere.

Item graons & konfremons a li dite E. li tiere de Bielcamp, &c. Nous apprenons de ces mots que H E L L I N S O H I E R tenoit fon nom de Hellin Senefchal de Flandres, qui luy avoit donné par affection la terre de *Bielcamp*, qui eft celle, peut eftre, que l'on appelle à prefent *Beaucamp* à deux lieuës de Honnecourt. Ce H E L L I N defcendoit de ce grand T H I E R R Y D E W A V R I N fi renommé du temps de *Bauduin de Lille* Comte de Flandres.

Ce Thierry laiffa un fils nommé H E L L I N D E W A V R I N, qui fit des grands exploits en la terre Sainte, & laiffa un fils nommé W A-T I E R qui fut pere de Bauduin. Cettuy-cy eut pour fucceffeur de fes biens & de fes vertus R O G E R, ou R O B E R T Seigneur de Wavrin Senefchal de Flandres du temps du Comte Thierry d'Elface, comme l'on apprend de diverfes Chartes paffées depuis l'an 1150. jufques à 1166. De luy fortirent quatre fils & une fille : à fçavoir H E L L I N D E W A-V R I N, qui continua la pofterité, R O G E R D E W A V R I N créc Evefque & Comte de Cambray, qui mourut en la Terre Sainte devant la Ville d'Acre l'an 1191. R O B E R T D E W A V R I N conioint avec A D E L I S D E G U I N E S veuve de *Renaut* Chaftellain de Lille: G O S S U I N D E W A V R I N marié à A D E D E R E U X coufine de *Baudouin* Comte de Hainaut; & A N C I L I E D E W A V R I N femme de Hugues I. Seigneur d'Antoing, & d'Efpinoy. Le dit H E L L I N Seigneur de Wavrin II. du nom fucceda à fon pere en la Senefchauffée de Flandres avant l'an 1169. Je crois que ce fut celuy-cy qui laiffa la terre de Bielcamp à H E L L I N S O H I E R fon filloeul, & mourut au fiege d'Acre avec l'Evefque R O G E R fon frere; laiffant deux fils, & trois filles. R O B E R T fut Seigneur de Wavrin & de Lilers, qui eut de *Sibille de Croifilles* fa femme H E L L I N III. du nom Seigneur de

Wavrin, marié avec *Felice de Montmirail,* de laquelle il eut trois fils R O-
BERT mary de *Mahaut de Bethune;* HELLIN mary *d'Isabeau de Bethune,*
& J E A N D E W A V R I N, qui furent tous trois faits prisonniers à la
bataille de Bouvines, combatans pour Ferrand Comte de Flandres leur
Prince à l'encontre du Roy Philippe Augufte, &c.

　　　*Si laons, graons, & konfremons ossi tot chou ke no otre Anchiseurs
Sires & Quens de celi tieroir ont doenet en tans jedis à ichele Englise, &c.* Ces mots de cette Charte nous enseignent que PIERRE
SOHIER ratifia & confirma toutes les aulmofnes & donations que
fes Anceftres avoient jadis faites à la dite Abbaye de Honnecourt,
fondée par leur munificence fous leur domaine, jurifdiction, & Comté
de Vermandois, qui comprenoit pour lors outre la Picardie & la Tie-
rafche, une bonne partie du Cambrefis, de l'Artois, &c.

　　　Et a tot chou laer, graer, & konfremer oubligons tot no hoir, &c.
Ces mots nous affurent que PIERRE SOHIER avoit pour efpou-
fe MARGOTE, qu'aucuns Titres cy devant exhibez furnomment
d'INCY, laquelle luy procrea fept fils, dont BAUDUIN & HAN-
NOTIN eftoient creez Chevaliers, & les autres nommez GON-
FROY, GUY, HUGUES, EUDE, & ALELME n'eftoient
qu'Efcuyers; eftant tres certain que perfonne en ce temps là, quoy
que fils de Souverain ne pouvoit prendre le titre de *Chevalier,* à moins
qu'auparavant il auroit donné des preuves de fon courage, & de fes
beaux exploits, en confideration defquels il eftoit crée folemnellement
Chevalier, & reconnu pour tel de toute la Nobleffe.

　　　Et por plu eftaule achertanche de tot chou, &c. Cela veut dire
qu'en tefmoignage & verité de tout ce qui eft contenu dans la dite
Charte, le dit PIERRE SOHIER, & ROBIN D E RIVERY,
y ont fait pendre leurs feaux l'an mil deux cens & cinquante & cinq,
le jour de St Pierre l'Apoftre. Le Seel de PIERRE SOHIER, qui
reprefente un Chevalier armé de toutes pieces, tenant d'une main une
efpée nuë, & de l'autre un efcu reprefentant une eftoile, garni d'un contrefeel, nous affure que cette Maifon tenoit encor lors le rang entre les
illuftres, & que fa haute extraction eftoit encore confiderée & reverée
entre les plus Grands, &c.

　　　　　　　　　　　　　　　　　　　　　　　　A U T R E

AUTRE TITRE.

IOu GERARS SIRES D'YUVIR Chevaliers faich savoir a tous chiaus ki ches letres veront u oront ke kom debat & kere-les fuisent muet entre *noble hommes & preux* WATIERS SOHIERES *Chevaliers*, & mi & me noble Compagne ALICIE sereur a devant dit WATIERS, four chou ke li dit W. disoit ka loccision del hoirie de *molt noble hom* PIERON *sen pere* apiertenoit li tiere de *Bleirelges* & de *Fla-vines*, & de *Burlet* tenant as Berelcant, & as lieu kon dit la marliere daugier del village de Ham en Cambresis. Et iou enkontre disoit ke ces tieres devant dites estoient me droiture & iretage a li okision dou legat, & don ken fesist par tietament a me dite Compagne A. *moult no-ble & vaillant Monsignor* JEHANS SOHERES SIRE DE LE HE-RIES *no taion ke Dius perdonist.* En le deparfin por bien de païs & conkort, & par consel des preudhomes & gugement de Monsignor labet de Honnecurt no cousins, Messire THUMAS GOINEL SIRE DE VENDEGIES, & Messire WATIER SIRE D'ES-TURMEL ossi no cousins avons acordet en le formure chi en bas decleret. Primes li devant dis WATIER men biel frere, & si noble epeuse me sereur retenront a tosiors por iaus & por lor hoirs li tieres de *Bleirelges* & *Flavines*, por kause kil sont venus & tennus en laeng succision de li *molt Illustre engeance & viex lingnage* du dit WATIERS. En apries ichil goyra encore de chuinck menkaudées de tieres en le paro-che de keans teñ a lesclusiel venus del hoire *noble Dame* MARGO-TON DE INCHY Epeuse ki fuist à no grant teion PIERON SIR DEL ERIES *Gouvernors en se vie ens el comptet d'Arthoes.* Item li dis WATIERS par li sentenche des dis preudhoms fuist obligiet a ren-dre a mi G. & a mi remanans a tosiors li tiere deseur dit de *Burlet* as dit Ham. Item fuist tennut encore por tout remuneranche me comp-ter une fie en boene & leale mounoye lxiij. lib. deix sauls paresis, kom il est plus o large declaret par le kompromis four chou fait & lievret ens en mains dou dits Signor labet no cousins. Oroes kom li dit W. men biel freres ma paiet en boene & leale mounoie le dite some, & mi la komptet en presenche de Jehans Verdiaus Kastelains de Bou-chains, & de Mikelot Biernars sen Lieutenant, ki en me Kastiel adonck estient, iou doene & ai doenet a men dit frere Mesire WA-TIERS & a me dite sereur MARGOTINE si kompagne, & a lieur hoirs une absolvance & kitanche a tosiors sans onk plus riens reclamer dor en es en avant ni iou ni mi hoir de tot chou ke deseure dit est. En tiemongnage de chete veritet iou ai doenet chetes a men dis

sires

fires freres WATIERS Chevaliers, & as dis Monfignor labet no
Coufins , ki a no dit afaires feftoit kerkiet de foingner kom de chiles
propres de fen Eglife. Ichiles fuirent doenet ens es mains del dit Abet
li an del Incarnation mil trois cens & fiet, & iou les ai faieleet de men
propre faiels el mois de Decembre ens del dit mois le huittiefme.

A cette Charte pend un feel imprimé en cire verde, reprefentant une
croix lozangée, conformement à la figure fuivante :

Cette Charte nous apprend encore des nouvelles particularitez touchant noftre Famille de SOHIER. Nous y remarquons premierement que GERARD SIRE D'JUVY (gros bourg fitué à deux
lieuës de Cambray & à une de Bouchain) avoit efpoufé ALICIE
SOHIER fille de PIERON, & fœur de WATIER, dont les eloges font affez defcrits cy devant és fueillets 107. 108. & ailleurs.
  2. Nous y reconnoiffons encore que WATIER SOHIER avoit
efpoufé MARGOTINE ou MARGUERITE D'ESCAIL-
LON Sœur du dit GERARD, & qu'à WATIER, par un Compro-
mis & arbitrage, furent adjugées les Seigneuries de *Bleirelges* & de *Flavines*,
en confideration que *fes tres-illuftres & anciens Progeniteurs* en avoient joüys
plufieurs fiecles, comme nous enfeignent ces mots, *por kaufe kil font venus*
& temus

& tennus en laeng succision de li molt illustre engeance , & viex lingnage du dit WA-
TIERS. Eſtant à remarquer que ce titre de *moult illustre* ne ſe donnoit du
paſſé qu'à ceux qui eſtoient ſortis des Maiſons Royales, & Souveraines,
ſelon l'opinion des Meſſieurs de Sᵗᵉ Marthe, de Du Cheſne, de Bouchet, de
Grammaye, &c. Et en effet ſi nous conſiderons les Epitaphes des Roys de
France, des Ducs de Bourgogne, des Comtes de Flandres, de Hainaut, de
Hollande, d'Artois, &c. qui ont eſté faits, & erigez avant l'an 1300. &
peu apres, nous y reconnêtrons que ce mot *d'Illustre* eſtoit reſervé pour exprimer la haute extraction de ces Grands Princes. Grammaye en ſon Namurcum folio 88. rapporte quelques Epitaphes des Comtes de Flandres,
& de Namur, ou ils ne ſont qualifiez que *Nobles hommes, Nobles & Illustres,*
tres illustres, &c. mais depuis l'an 1350. ils y ſont qualifiez *hauts & puiſſans, &c.*

D'Outreman dans ſon Hiſtoire de Vallencienes recite aucuns anciens Epitaphes de quelques puiſſans Princes, que je rapporteray icy
pour la curioſité du Lecteur. Au fueillet 456. eſt eſcrit : *Cy devant giſt*
noble homme Jean d'Avesnes fils de Bouchard d'Avesnes, & de haute Dame Marguerite
Comteſſe de Flandres & de Hainau, laquelle eſtoit fille de Baudouin de Conſtantinople.
Lequel Jean d'Avesnes treſpaſſa la veille du Noel de l'an M.CC.LVII. Au meſme
fueillet le dit Jean d'Aveſnes eſt ſeulement qualifié *Noble & preux.* Au
ſuſdit fueillet *Baudouin d'Avesnes* Seigneur de Beaumont, ſecond fils de
Marguerite Comteſſe de Flandres, & de Hainau, eſt ſimplement qualifié *Noble Chevalier*, lequel mourut l'an 1289. &c. Je vous avance cecy
pour vous faire mieux comprendre que ſi ceux de la Maiſon de SO-
HIER ont eſté qualifiez és ſiecles reculez *moult-illustres*, qu'il faut in-
ferer qu'ils deſcendoient d'une Race Royalle, ou Souveraine, comme
ils eſtoient en effet ſelon les preuves que nous vous avons exhibez cy
devant.

3. Cette Charte nous confirme encore dans la croyance que WA-
TIER SOHIER avoit pour Ayeul JEHAN SIRE DE LE HE-
RIES qualifié *noble & vaillant*, & pour Biſayeul PIERRE *Sire auſſi de le*
Heries, & qualifié *Gouverneur d'une partie du Comté d'Artois*, lequel fut allié par
mariage avec MARGOTON ou MARGUERITE D'INCHY,
deſquels nous avons fait une ample mention és fueillets 84. 85. 86. 87.
& ailleurs.

4. Nous apprenons que la Famille de SOHIER appartenoit de
conſanguinité aux Maiſons de CRETON-D'ESTURMEL, (dont
nous avons parlé cy devant) & de GOYNEL-VENDEGIES,
par ces mots de la Charte, *Meſſire* THUMAS GOYNEL SIRE
DE VENDEGIES, *& Meſſire* WATIER SIRE D'ESTUR-
MEL *oſſi no couſins, &c.* Cette Maiſon de *Goinel-Vendegies* fut en tres grande conſideration dés le temps de Godefroy de Boüillon, & a par ſa valeur & ſon addreſſe planté ſa renommée dans la Paleſtine & Syrie. D'i-
celle eſt deſcendu le dit THOMAS DE GOINEL SIRE DE
VENDEGIES qui fut en tres grand credit aupres de *Jean* Comte
de Hainau & le ſervit fidellement dans ſes guerres contre les Flamans,

I i

Holandois,

Holandois, & Zelandois. De luy eft forti GUILLAUME dit de *Ruenne* Seigneur de VENDEGIES (fur la riviere d'Efcaillon non loin de Vallencienes) qui de fa femme *Clemence de Ruymont* eut un fils nommé JEAN allié avec *Alais*, fille de *Griboul de Valers*, laquelle luy procrea entr'autres MARTIN DE VENDEGIES mary de *Catherine de Montigny* fœur du Seigneur de Montigny en Oftrevant. Les fepultures des dits GUILLAUME, JEAN, & MARTIN fe voyent encore à prefent en l'Eglife de Vendegies, & y font qualifiez du titre de *Monfeigneur*, & leurs femmes de celuy de *Madame*. JEAN DE VENDEGIES (felon les Annales de Haynau folio 231.) eft nommé entre les Chaftellains & Gouverneur d'Ath l'an 1429. D'Outreman nombre en fa lifte des Prevofts-le Comte de Valenciennes ROBERT DE VENDEGIES l'an 1417. Charge à la verité fi confiderable que l'on n'en pourvoyoit que les premiers Seigneurs du Comté de Haynau. Elle fut exercée par les anciennes Maifons de *Ferieres*, de *Vredeau*, de *Bernier*, de *Gomignies*, *Maftaing*, *d'Audregnies*, *d'Efne*, de *Moncheaux*, de *Varelles*, de *Quieurain*, de *Senzelle*, de *Lalain*, de *Harchies*, de *Lannoy*, de *Hennin-Boffu*, de *le Kien*, de *Haynin-d'Anfroypret*, de *Bernemicourt*, de la *Hamaide*, de *Haurech*, de *Merode-Thiant*, &c. Du Chefne dans fon Hiftoire de Montmorency dit *qu'Ogier de Montmorency* Baron de Waftines, fils de *Louis* Baron de Foffeux, efpoufa l'an 1486. ANNE DE VENDEGIES laquelle luy apporta les terres & Seigneuries de *Vendegies*, de *Sautaing*, de *Berfée*, de *la Boche*, de *Hellem*, *Lupardrie*, *Fremicourt*, *Chafteller*, & autres, qu'elle avoit herité de SANCE fon pere, & de *Jeanne de Beaufort* fa mere, fille de *Gilles* Seigneur de Grantrain, &c. Cecy nous fuffit pour nous apprendre que la gloire de la Maifon de SOHIER n'eftoit rabaiffée fe reconnoiffant alliée avec celle de VENDEGIES.

Cette Charte fait mention de JEAN VERDIAUS (aliàs *Vredeau*, & *Verdiel*) Chaftelain de Bouchain, & de MICHEL BERNARD fon Lieutenant en la ditte Chaftellenie, comme prefens aux claufes du Compromis fait entre GERARD SIRE D'JUVY, & WATIER SOHIER. Je crois que c'eft le mefme JEAN VREDEAU, dont fait mention d'Outreman entre les Prevofts le Comte de Vallencienes fous l'année 1286. lequel fut fils de JEAN VERDEAU eftabli grand Bailly de Hainau l'an 1275. fils d'un autre JEAN qui poffeda cette mefme Charge dés l'an 1230. felon les Annales de cette Province, &c.

Le fufdit MICHEL BERNARD, fils D'ANSELME Chevalier, vivoit encore l'an 1345. & avoit efpoufé une des filles du *Sire de Hordaing*, (Senefchal hereditaire du Comté d'Oftrevant, qui puifoit fon extraction des Comtes mefmes.

Les ANSELMES, & les MICHELS de ce furnom de BERNARD, font fouvent mentionnez dans les Archives de Cambray pour y avoir donné un Prevoft dés l'an 1335. dans les Archives des Abbayes
de Mar-

de Marciennes & de St Amand, parce qu'ils en ont relevez leurs fiefs, & finalement dans les Archives de Tournay, ou aucuns de cette Famille se font domiciliez en nos derniers siecles, & y ont possedé des belles Charges, &c.

La ditte Charte faite l'an 1307. se trouve conforme en tous ses points aux Histoires & Annales, qui font mention des personnes y couchées, &c.

AUTRE TITRE.

Gou GERARS DE BOVASVESNE Chlrs & gou AGNES feime Monsignor GERARD. Faisons schavoir a tuit chiaus ki ches presentes veiront & oiront, ke nous voelons, greions, loons & otrions ke li aulmosne ke *mon signor & pere* JEHANS SIGNOR DEL ERIES & *Gouvernor del Castel* avoet faich as freres & Eglise de Quantimpret u no onck RAOUL avoit labit siet ferme & estaule. Si loeons ossi & greions li almone de trois botelet de tiere sizes viers le Buze tén as tiere & prairie de l'Eveske ke *Monsignor no Taieon* PIERON Gouvernors ens en Artoes avoit faich as sereurs Nonaines de Premy, & a tote otre Eglise & Convens ke li *Anchisoers Madame* me femme A. avient faick en tans ki passet et. Por chous nous vooilons, orcnons, & commendons a tot no hers & succisoers les cose par devant dite otraier, voeloir, tenir, & confremer com nous. Et por chou ke kou ki devant est dit siet eentirement puer, etaule, & pirpetuel al porfit del dite Eglise, & Convens, gou GERARD, Chevaliers, & gou *Agnies* devant noemet del cotet de ki li oulmone fuient faites par si NOBLE ET GRANS ANCHISOERS, avons ches pntes lettres saielees de no salauls. Cou fuit faits a Cambrai ens en l'Ostel *Monsignor* GILLEBIERS SOHIERS Gouvernor d'Artoes frere a Medame me feime, en presence de *Everars de Sint Venant no onck,* de *VVuileme de Hebuterne* & *Balduins des Ennekin* no Cousins ki la etient venut avoec otre gent as nuepces D'ALIES sereur a Medame me feime ki merier saloit avoeck ASLAERT DE ROESING Sire & Per de Blarengnies, likel tuit ont aloet, apeurvet, & aviefet ke molt bien faisiefmes dainsit faire por lavanche des Eglifes de Dius, & desient ke tant faits en avient a le rekete des Eglifes, li an Incarnasion Jhu crist M. CC. LXXXXiij. el moes de Jung.

A cette lettre pendent deux seaux conformes aux figures suivantes:

Ce Titre nous enseigne beaucoup de particularitez, qui nous estoient inconnuës, & rehausse encor grandement la gloire de la Famille de SOHIER; & pour le faire mieux comprendre à ceux qui ne sont pas versez dans le vieux Gaulois, j'ay jugé qu'il estoit expedient de l'expliquer en meilleur style. GERARD donc DE BOUCHAVESNES *Chevalier* du consentement de *Dame* AGNES SOHIER sa femme, (*fille de Monseigneur* JEAN SOHIER *Seigneur de le Heries, & Gouverneur du Chasteau en Cambresis*) approuvé & ratifie la donation, qu'avoit fait son dit beau pere JEAN à l'Abbaye de Cantimpret, ou RAOUL SOHIER, oncle de la dite AGNES, s'estoit rendu Moine. Le dit GERARD confirme aussi & reconnoit pour valides toutes les donations qu'avoient fait aux Eglises PIERON SOHIER, *Gouverneur en Artois*, (Ayeul de sa dite femme) & tous ses autres *Nobles & Grands Ancestres* (mots à la verité qui meritent d'estre bien pesez.) Cette approbation & verification fut faite, & passée à Cambray l'an 1293. en l'Hostel de *Monseigneur* GILLEBERT SOHIER *Gouverneur d'Artois*, & beau frere du dit GERARD, en presence de leur Oncle EVE
RARD

RARD DE SAINT VENANT , de GUILLAUME DE
HEBUTERNE , & de BAUDUIN D'ANNEQUIN leurs
coufins , qui s'eftoient affemblez au dit Hoftel avec plufieurs autres,
pour affifter aux nopces D'ALARD DE ROISIN Sire & Pair de
Blaregnies en Cambrefis , & D'ALIX SOHIER , fœur de la fuf-
nommée AGNES.

Outre les belles qualitez de PIERRE, de JEAN, & de GILLE-
BERT SOHIER cy devant fuffifamment exprimées , nous remar-
querons encor que les Illuftres Maifons de BOUCHAVENES, DE
SAINT VENANT , de HEBUTERNE , D'ANNEQUIN,
& de ROISIN attouchoient de parentage à noftre Famille de SO-
HIER.

Quant à la premiere , je veux dire celle de BOUCHAVENNES,
elle fut jadis fi renommée pour fa haute extraction , & pour les grands
hommes qu'elle a produit, qu'elle merita les alliances des Maifons d'Ypre,
de *Bourbourg* , de *St Pol*, de *St Aumer* , *&c*.

Quant à la Maifon DE SAINT VENANT , elle s'eft auffi ren-
duë tres confiderable dans les Croifades , pour avoir employé fon courage , & verfé fon fang pour la defence de la Foy.   Et non contente
de cela donna une bonne partie de fes biens aux Chevaliers de Malte.

De cette Maifon eftoit le fufnommé EVERARD DE SAINT
VENANT, qui l'an 1252. fonda les Trinitaires & Hierofolimitains
de la Ville de Douay, felon le rapport qu'en fait Buzelin dans fa Gallo-flandria fol. 418. quand il dit : *Eft Monafterium facrorum hominum quos*
Trinitarios appellant , quique ex Joannis de la Mathe inftituto vitam traducunt , &
Chriftianis apud Turcos in ergaftula & triremes conjectis è diriffima fervitute afferendis
operam impendunt fingularem. Id Duaci collocatum eft anno circiter milleftmo ducente-
fimo & quinquagefimo fecundo. Parentem ejus ferunt EURARDUM A
S. VENANTIO *infigni virum virtute , & ftemmatis nobilitate præditum , &c.*

Cét EVERARD eft fouvent mentionné dans les Archives de
Saint Aubert de Cambray. és années 1296. 1297. 1299. 1300. &c. ou
il eft dit oncle du Seigneur d'Juvy, &c.

Quant à la Maifon de HEBUTERNE, qui appartenoit auffi de
confanguinité avec noftre Famille de SOHIER , nous en avons des
eloges dans les Oeuvres Genealogiques de Du Chefne, ou il dit entr'autres que *Guillaume de Bethune* II. du nom Seigneur de Locres , fut
marié par fon pere avec une Dame de noble & ancienne Famille appellée BEATRIX DE HEBUTERNE, heritiere de la Seigneurie
de *Hebuterne* en *Artois* , que les vieux Titres appellent vulgairement *Her-*
bufterne, *Hellebueterne*, *&c.* Elle defcendoit originairement d'un Chevalier
nommé OSTON DE HEBUTERNE, qui laiffa deux fils : à fça-
voir ROBERT SEIGNEUR DE HEBUTERNE, & GAU-
TIER mentionné avec fon frere en un Acte fait au mois de Feu-
rier 1234. Du dit GAUTIER DE HEBUTERNE (qui par un
Acte de l'an 1239. fe dit fils de MONSEIGNEUR OSTON)

fortirent ROBERT DE HEBUTERNE, HUGUES, &
GUILLAUME nommez en trois contracts des années 1267. 1268.
& 1278. Ce GUILLAUME eft fans doute celuy dont noftre
Charte avant dite fait mention. ROBERT SIRE DE HEBU-
TERNE, frere aifné du dit GUATIER, ne l'aiffa qu'une fille
appellée BEATRIX, qui luy ayant fuccedé en fa terre de *Hebuterne*
fut coniointe par alliance avec GUILLAUME DE BETHUNE
fils puifné de GUILLAUME Seigneur de Pontrohart, dont nous
avons parlé cy devant.

Et quant à la Maifon D'ANNEQUIN, (que les vieilles Chartes
appellent *Hennequin, Ennekins, Ennequin, &c.*) elle fut paffez plus de cinq
cens ans en tres grand credit au païs d'Artois. Et non de merveille fi
Baudouin III. du nom *Comte de Guiennes*, du confentement de fa femme
Mahaut de Fiennes, (fille de *Guillaume Seigneur de Fiennes* & de *Tingry*, & *d'Agnes*
de Dammartin) maria fon deuziéme fils *Bauduin* Seigneur de Sangate avec
ISABEAU D'ANNEQUIN, en confideration de fa haute ex-
traction.

Il y a un vieil Regiftre de la Chancellerie au Trefor des Chartes de
France, contenant un Roole des Seigneurs que le Roy par lettres du
fiziefme de Decembre manda à fe rendre à Corbie avec *Louis* Comte de
Clermont Chambrier de France l'an 1318. pour reformer la paix entre
Mahaut Comteffe d'Artois, & les Nobles de fa Comté, ou les fept qui
fuivent font remarquez particulierement avoir affifté au precedent Trai-
té, à fçavoir Monfieur *Robert de Fiennes*, le *Seigneur de Loques*, le *Seigneur de*
VVancourt, le *Seigneur de Crequy*, le *Seigneur de Beigne*, Monfieur PIERRE
HAVET (alias D' AUBIGNY) le Seigneur de Souaftre.

Et dans un autre Roolle entre ceux qui par lettres du XII. jour de
Janvier fuivant furent envoyez effectivement à Corbie de la part du
Roy, pour affifter avec l'Evefque de Mende, & *Louys* Comte de Cler-
mont à mettre la paix fur le difcord preallegué, le Regiftre nomme en-
core les Seigneurs du païs d'Artois, en cét ordre;
Monfieur de NEUEVILLE, à prefent *Neuville*,
Monfieur de Hameleincourt,
Monfieur de Souaftre,
Monfieur de VVillerval,
Monfieur de Belles,
Monfieur de Loques,
Monfieur de Brolli,
Monfieur de Maingoval,
MONSIEUR BAUDUIN D'ANNEQUIN,
Monfieur de Sapeignies,
Monfieur Hugues de Sapeignies Sire des Plancques,
Monfieur de Loncuillier, &c.

Ce BAUDUIN D'ANNEQUIN mentionné dans ce Roolle,
                                                    eft vray-

eſt vrayſemblablement le meſme, dont noſtre Charte fait mention, attenduë la conformité du nom & du temps.

Ce meſme BAUDUIN, (ou bien ſon fils) fut Grand Maiſtre des Arbaleſtries de France, ſelon les Sieurs de Sainte Marthe, & eut pour ſucceſſeur en ſa charge *Hugues de Chaſtillon* Seigneur de Dampierre, Gouverneur de Ponthieu l'an 1364. Buzelin dans ſa Gallo-flandria au fueillet 483. &c. parle hautement des merites de ce BAUDUIN, & le range au Catalogue des Gouverneurs de la Flandre Gallicane, dont le premier qu'il rapporte fut *Adam de Cardoine*, auquel ſucceda *Gilles Habus* l'an 1307. *Renard de Choiſnel*, ou *Choiſeul*, *Ferrand Denis*, *Godemare du Fay*, *Pierre de la Palu*, *Euſtache de Ribemont*, puis noſtre BAUDUIN D'ANNEQUIN, aliàs DE LENS, dont l'Epitaphe ſe voit encore à l'Egliſe de Saint Pierre en la Ville de Lille, qui commence par ces mots:

En ce dur monde tranſitoire
Doibt par droiĉt eſtre memoire
Du vaillant homme de renom,
Lequel eut BAUDOUIN *a nom*
D'ANNEKIN, *& fut Chevaliers,*
Et Maiſtres des Arbaleſtriers;
De Lille, Douay Gouverneurs
Des appartenanches meineurs.
Par devant Cocheriel morut,
En la bataille que y fut
L'an de graſce mil trois cens
LXIII. *la preſens.*
Fut en la bataille en Jeudy
XVI. *jour en Juing perdy*
Captal le Bœuf, qui y fut pris
Comme Capitaine de haut pris, &c.

Quant à la Maiſon de ROISIN, avec laquelle noſtre Famille de SOHIER s'allia, comme la dite Charte nous enſeigne, elle eſt celebrée dans les Archives du païs de Hainaut avant l'an 1100. *Baua Seigneur de Roiſin*, fils d'un autre BAUDOUIN, eſpouſa environ l'an 1123. *Agnes de Chiſoing*, qui luy procrea un fils nommé BAUDRY, qui de *Jeanne d'Antoing* eut BAUDRY, pere d'un fils de ſon nom BARON DE ROISIN, lequel prit alliance avec *Beatrix*, fille de *Goßiun de Mons* Seigneur de Baudour, & de *Beatrix de Rumigny*, fille d'*Alix de Haynau* & de *Hugues Sire de Rumigny* & de Florines. De ce mariage vint BAUDRY IV. du nom Baron de Roiſin, qui eſpouſa *Peronne de St Amand*; il eut pour frere GUILLAUME DE ROISIN, qui ſe maria avec AGNES DE VENDEGIES (Maiſon auſſi alliée à celle de SOHIER, comme nous avons monſtré cy devant. Du dit Baudry IV. du nom ſortirent trois fils, ſçavoir BAUDRY V. qui ſucceda à la Seigneurie de ſon pere, JEAN Prevoſt de Maubeuge & Chanoine

Chanoine de Condé , & ALARD DE ROISIN qualifié Seigneur
de Blaregnies , une des douze Pairies du Cambrefis , felon les Annales
de la Province de Hainaut. Cét ALARD donc s'allia avec ALIX
SOHIER l'an 1293. Alliance à la verité tres parfaite , & fans repro-
che puis que ces deux conioins eftoient également Nobles , l'un def-
cendant des Comtes de Hainaut , & l'autre des Comtes de Vermandois , &c.

AUTRE TITRE.

Titre
Cotté
6. a°
1409. **A**Tous cheux qui ches pñtes letres veront ou oront nous JE-
HANS DE HOUCOURT *Sire de Lefdaing* , favoir faifons
que long debat aiant efté mut entre nous d'une part , & de
Meffire PIERON SOHIER , quon dit *Robin no Coufins* d'aultre part,
fur chet que nous mainteniemes que a nous apartenoit chuinc mencaldées de tiere , gifant au long du bos de Valincourt alant a Selvigny,
& cille tiere defiemes avoir hiretés de me *Noble Dame Medame* MA-
THILDE SOHIER , epeufe jadis à *Monfigneur & Taion* GUION
dit JEHENNIN , & fereur a MONSIGNOR MAHIUS
SIRE DE LE HERIES & li dit PIERRE difoit le contraire. En
le de parfin apres confel de nos amis & gens de bien , & veiant auffi le
grand eage de men dit Coufins , ne le veuilant donner molefte , & en-
noye , nous avons confenty & grées aveucq me noble Compagne JE-
HENNE DE LIGNE , & no hoirs, comme par chetes confentons
& greeons le dite tiere eftre donnet a tofiors as freres & Eglife de Valincourt. a querque de prier Dieu pour le falut de no armes & de *no
Nobles Ancheftres* , & de chiaus de Meffire P. no Coufins Sires ia piecha
de le Heries. En tefmoing de chete veritet dou cotet de nous JE-
HANS avons fignet & feailect chetes che xxj. de Mey mil quatre
cens & nuef.

A cette

A cette lettre pend un feel imprimé en cire rouge conforme à la figure fuivante :

Cette lettre ne contient de particulier & de nouveau que l'alliance de GUY DE HAUCOURT furnommé JEHENNIN, avec MATHILDE SOHIER, laquelle y eft qualifiée NOBLE DAME MEDAME, comme les plus Illuftres & plus Grandes Dames de fon temps.

Bref, le Lecteur peut apprendre de cét Appendix nouvellement procuré par les foins d'un des plus illuftres Gentilshommes de Picardie, & des plus curieux dans la recherche des bonnes Familles, que la Maifon de SOHIER a eu tous les avantages de gloire, que l'on pourroit defirer d'une Maifon veritablement illuftre, eu efgard à fon Antiquité, à fon Sang, à fa Valeur, à fon Authorité, à fa Puiffance, à fes Alliances, à fa Pieté & à fa liberalité envers les Eglifes & les Pauvres.

K k

Lors

Lors que nous penſions de mettre la derniere main à cét Ouvrage, le
Sʳ de Warmenhuyſen recût encore des mains d'un tres celebre perſon-
nage le Titre ſuivant, lequel, tant pour l'antiquité de ſon caractere gre-
caniſé, que pour le nombre des Chevaliers qui comparoiſſent en un
Tournois, eſt un des plus conſiderables & des plus rares que nous vous
ayons exhibé juſques à preſent. Il eſt bien vray, que nous vous avons fait
quelque mention de ce Tournois au fueillet 121. de cét Ouvrage, mais
comme nous remarquons que le Copiſte n'en a pas eſcrit la moitié
(peut eſtre à cauſe qu'il luy eſtoit trop long & ennuyeux de lire & de
copier apres des ſi difficiles caracteres) nous avons trouvé bon, pour
ſatisfaire à pluſieurs bonnes Familles y mentionnées, de le vous exhiber
tout au long, & entierement conforme à ſon Original. Il commence
de la ſorte:

AUTRE TITRE.

Titre
Cotté
7. a°
1096.

IN. NOMINE. SANCTE. ET. INDIVIDUE. TRI-
NITATIS. AMEN. Sepius. audivimus. illud. euangelij.
quia. non. eſt. arbor. bona. q̄. non. facit. fructum. bonum. &. aliud. a.
dño. preceptum. theſauriſate. vobis. theſauros. in. celis. ubi. fures. non.
effodiunt. nec. furantur. at. cum promiſſione. vite. eterne. bona. cen-
tuplicantur. ſcimuſq̄. q̄. ſi. aliq̄. de. terrenis. facultatib⁹. nr̄is. benevola.
deliberatione. ad. loca. conferimus. ſanctorum. proculdubio. in. eterna.
beatitudine. remunerandos. fore. confidimus. eapropter. ego. AN-
SELLUS. VALENCEN. CASTELLAN. RIBEDI-
MONTIS.&. OESTREVANDIE. DOMINUS. notum. fieri.
volo. omnibus. ad. vitam. preordinatis. q̄tum. gaudium. percipiam.
dum. Aquicinctum. Inſulam. prius. cubile. ferarum. &. latibulum. la-
tronum. hodie. videam. Dei. ſummi. gratia. hanc. in. ſanctorum. hominum. habitationem. transformatam: q̄rum. bona. fama. ita. mihi.
cordi. eſt. &. eos. tanto. karitatis. affectu. proſequor. ut. de. die. in.
diem. totus. in. ipſorum. promotione. &. gloria. verſer. Eam. ob. cau-
ſam. hic. hodie. comparui. multorum. militum. conventu. ſtipatus. ut.
ij. mecum. vel. eorum. ſanctitatem. honorent. vel. imitentur. vel. te-
nera. devotione. eſcitati. erga. illam. novellam. olivarum. ſpiritalium.
plantationem. eleimoſinarum. q̄titate. ej⁹. multiplicarent. gentem. &.
magnificarent. letitiam. Nec. eq̄dem. hoc. feſtum. ſolempne. abſq̄.
pio. tranſivit. effectu. q̄ndoq̄dem. vir. preclues. &. nobilis. BAL-
DUINUS. KALDERUNS. eſcellenti. karitatis. erga. naſcen-
tem. &. puſillum. hunc. gregem. affectu. ſtimulatus. me. palam. tanq̄m.
hujus. fautorem. convenerit. dicens. Domine. mi. ANSELLE. &.
vos. omnes. proceres. milites. ſcutiferi. armigeri. famuli. &. plebei.

aures.

aures. obfecro. prebete. attentas. . . . . . . Ego. BALDUINUS.
KALDERUNS. manus. meas. ad. celum. elevans. in. prefentia.
v̄a. Deo. Omnipotenti. &. Salvatori. nr̄o. ac. Beato. Petro. Apoftolo-
rum. principi. totum. &. integrum. cum. manfis. dominicatis. &. in-
dominicatis. alodijs. feudis. mancipijs. campis. pafcuis. aq̄s. &. ceteris.
q̄. poffideo. in villa. q̄. dicitur. Incis. pro. peccatorum. meorum. re-
miffione. offero. huic. cenobio. illudque. donum. fuper. ej⁹. altare. per.
ramum. &. cefpitem. pono. ut. nunq̄m. in. aliq̄. hujus. donationis. par-
ticula. fpem. habeat. dominandi. ullus. heres. me⁹. hic. prefens. vel.
abfens. vel. aliq̄. alia. fubfeq̄ns. perfona. &. poteftas. nifi. q̄. regulari-
ter. hic. prefuerit. Abbas. Ad. hec. ego. ANSELLUS. gaudio.
magno. gaudens. debitas. gratias. egi. dicto. militi. illiq̄. vitam. eter-
nam. promifi. &. idem. aftantes. promiferunt. ad. q̄s. ego. A. oculos.
&. vocem. dirigens. dixi. In. nomine. Domini. Dei. &. Salvatoris. nr̄i.
vos. omnes. deprecor. &. quibus. poffum. mandans. obfecro. &. ob-
teftor. tam. ep̄os. q̄m. abbates. tam. Comites. q̄m. barones. tam. con-
fanguineos, q̄m. eftraneos. tam. milites. q̄m. fcutiferos. aliosq̄. viros.
militares. ut. q̄d. hic. BALDUINUS. tradidit. vel. ego. prius. vel.
alij. tradiderunt. in. eleimofinam. huic. cenobio. pariter. vos. fervaturos. Deo. &. Salvatori. nr̄o. michi. promittatis. atque. promiffionem.
ad. pedes. altaris. hujus. facramentis. corroboretis. veftrofq̄. fucceffores. eadem. fervaturos. preordinetis. q̄tenus. tam. egregij. operis. fructum. a. Redemptore. nr̄o. colligere. mereamur. gaudentes. in. feculo-
rum. fecula. Dumq̄. omnes. AMEN. refpondiffent. & fiat. fiat. liberis. animis. proclamaffent. feq̄. contra. temerarios. hujus. cenobij. ad-
jutores. & defenfores. futuros. jurando. confirmaffent. ego. A. adieci.
dicens. Magnates. &. primates. incliti. viriq̄. omnes. ftrenuiffimi. q̄q̄t.
adeftis. gracias. vobis. rependo. inenarrabiles. pro. vr̄o. pio. erga. Dei.
miniftros. amore. &. pro. vr̄a. acceptiffima. michi. in. hoc. folempni.
feftivoq̄. certamine. prefentia. gaudeoq̄. vos. omnes. incolumes. &
infaucios. ad. propria. redituros. q̄d. faxit. Deus. Et. ut. charte. huic.
in. prefenti. &. in futuro. firmiffime. credatur. hanc. figno. meo. ca-
tellanieq̄. mee. figillo. ac. figno. dicti. donatoris. B. corroborari. feci.
hoc. modo.

BALDUINI,

Nomina. autem. Eccleiãcorum. militum. &. fcutiferorum. q̄. pñtes.
fuerunt. hi. funt.

Manaſſes. Cam̄. Ratbod⁹. Noviōm. &. Lambert⁹. Atreb. Ep̄i. Al-
bert⁹. Haſnonij. &. Lambert⁹. Criſpinij. Abbates. Balduinus. Comes.
certaminis. judex. &. prefes. Ex. Oeſtrevandis. &. Hannonijs. hi. fuerunt. Godefrid⁹. de Ribodimonte. fili⁹. me⁹. Almaric⁹. de Landaſt. Reiner⁹. Dapifer. me⁹. Rainer⁹. de. Trith. nepos. ej⁹. Heroardus. de. le.
Rohée. dt⁹. a. reſtella. Balduin⁹. de. Roſgin. Fulco. de. Caſtello. Simon.
fili⁹. Hugonis. Advocati. GUALTER⁹. D E. OBERCHICOR-
TE. Walter⁹. fenior. de. Hamereincorte. Johannes. de. Malcicorte.
Helgot⁹. fili⁹. ej⁹. HERIMBERT⁹. A. ROSELLA. Helg. fili⁹.
Gerard⁹. de. Fanimarte. Godefrid⁹. de. Dulci. Rainer⁹. de. Malsrois.
EGIDI⁹. D E. JUODIO. Godin⁹. miles. de Hordeng. Adami. Se-
neſcalli. mei. fili⁹. Gerard⁹. de. Valers. Gobert⁹. de. Anſeng. Willelm⁹. frater. ej⁹. Gerric⁹. de. Novavilla. Richer⁹. de. Bugnicorte.
Vilfrand⁹. frater. ej⁹. Hugo. de. Deneng. Lietbrand⁹. de. Hellemes.
Philipp⁹. de. Marca. Hugo. frater. ej⁹. Rotger⁹. de. Marketa. Petr⁹.
frater. ej⁹. Lietho. de. Enich. Robert⁹. de. Salice. Johannes. frater.
ej⁹. Alelm⁹. de. Dechi. Verinfred⁹. frater. ej⁹. Gedric⁹. de. Era. Ter-
rici. fili⁹. Robert⁹. de. Horneng. Riculf⁹. de. Fles. Egidi⁹. de. Her-
teng. Rodolf⁹. de. Ferſeng. Hunold⁹. de. Oneng. Amand⁹. de. Prouvi. Hugo. de. Waſnes. Ernulf⁹. frater. ej⁹. Girald⁹. de. Quarubio.
nepos. Hunoldi. Willelm⁹. de. Hauſſi. Walter⁹. de. Rumbies. Johan-
nes. de. Montingniaco. Egidi⁹. de. Glargeis. frater. ej⁹. Egidi⁹. de.
Bermereng. Guido. de. Someng. Amand⁹. de Haſpra. Walter⁹. de.
Malcicorte. dict⁹. a. lattra. d̄. Jōhis. fili⁹. EGIDI⁹. D E. ESCAIL-
LOINS. Anſelm⁹. de. Bruilo. Vedric⁹. de. Maſteng. Hellin⁹. de.
Seins. Alulf⁹. d̄. Vedrici. fili⁹. Berinard⁹. de. Duaco. Ricared⁹. de.
Haſnonio. Sicher⁹. de. Bellodenguiens. Egidi⁹. Turpin⁹. Hugo. a.
Freſna. Otho. de. Berneriſarto. Adam. de. Moncello. Godin⁹. de.
Silva. dict⁹. de Ronſois. Alman⁹. de. Ponte. Simon. de. Alneto. Si-
mon. de. Genlain. Pompo. a. Vinea. HUGO. D E. MOLINO.
HUGO. D E. MERCERIIS. Helbert⁹. de. Beleng. Rumold⁹.
de. Vaſberche. Willelm⁹. Bubais. Odo. li. Partit. Hubert⁹. a. Cur-
cello. Wago. frater. ej⁹. Anthoni⁹. li. Brochons. Boſo. li. Braſſeurs.
Gonther⁹. de. Muiſarto. Liebert⁹. de. Baiſſi. Reiner⁹. de. Petra. Val-
ter⁹. li. Bailois. Adulf⁹. Parv⁹. Liefrand⁹. li. Valet. Huard⁹. de. Curia. &. Hubert⁹. de. Scaldeng. dtūs. a. Vineta.

Ex. Cameracenſib⁹. hi. HUGO. CASTELLAN⁹. AMAL-
RIC⁹. RUFUS. dict⁹. D E MARCOENG. gener. ej⁹. HU-
GO SOHIER⁹. dict⁹. A B HERIIS. A. frater. Fulco. Lievin⁹.
Cam. Subdompn⁹. LIETARD⁹. BROCHET. d̄. CUVIL-
LARI⁹. WALTER⁹. RUCIAC⁹. d̄. CHOLET. MAR-
D⁹. D E CAMERACO. HUARD⁹. ARNOLD⁹. ISAAC.
D. HAI. D E. CAMERACO. defuncti. COMITIS. AR-
　　　　　　　　　　　　　　　　　　　　　　　NOLDI

NOLDI. NEPOTES. VENCHILO. de CANTENG. fili9. d. A. Adam. de. Wallincorte. Gerard9. de. Stō. Autberto. Hugo. de. Crepicordio. Oilard9. fili9. ei9. Senvard9. frater. ei9. Walterus. Tonitru9. RAIMBALD9. CRETONS. d. a. STRUMELLA. AMALRIC9. de. CALDERIACO. TIETUVINUS. de. HAUCORTE. HUGO. de. FOSSA. Alelmus. de Maneriis. Gualter9. de. Venchilio. Ricard9. fili9. ei9. Hugo. de. Rumeli. Radolf9. de. Vimciaco. Heruard9. &. Odo. d. Senvarti. filii. Valter9. de. Guineliu. d. de. Vieflis. EGID9. LOUVET. d. DE STŌ. VEDASTO. HUGO. a. SOLENIIS. Reiner9. a. Fontevicardi. Walter9. frater. ei9. nepotes. mei. Herbert9. de. Forefto. Inguerran9. de. Anneus. nepos. R. Triht. Gualter9. de Aubencuel. Balduin9. nepos. ei9. Siger9. de. Thuins. Amand9. de. Burlong. WALTER9. de. AUDENCORTE. Iacob9. de. Stō. Hilario. Hugo. Canis. fili9. ei9. IOHANNES. de. LONGOSARTO. EGIDI9. de. AUVAING. Egidi9. de. Cauleri. Iohes. de. Serenuiliers. Terric9. de. Briaftro. Egidi9. de. Lefdeng. Ernold9. d. de. Oreuilla. fili9. ei9. Terric9. de. Meuures. Reiner9. de. Sarto. Werric9. de. Grincorte. Adam. d. Goderis. fili9. ei9. ALMAN9. de. ONGNIES. Egidi9. de. Wambais. RAINALD9. d. ASPIERS. fili9. ei9. Gualter9. de. Paifloncorte. Egidi9. de. Faieto. Balduin9. de. Marets. Egid9. de. Greberto. d. Tietewini. fili9. Iofeph9. Beulle9. Hugo. Lup9. d de. Bantuel. Pagan9. Bulliens. Gualter9. de. Kieui. Robertus. le. Mire. fili9. ei9. RICOLD9. li. FUESELIERS. d. DE GABEUILLA. Egidi9. de. Fonte. Gregori9. de. Floriaco. Galter9. Felefckiers. nepos. Venchilonis. Iohañes. a. Barala. Michael. d. Bernard9. fili9. ei9. Rainald9. de. Goul. diđy. Faber. Amand9. Picot. Wafnulf9. de. Raigneriis. Iohan. li. Regnialmes. &. Petr9. d. Gulart9.

Ex. Atrebatib9. hi. -- Robert9. Advocat9. Atreb. HUGO. de. HAUET d. d'ALBEINGNI. Anfelm9. de. Houdeng. BALDUIN9. de. LENTIO. RUMOLD9. HUGO. ET. GOIFRID9. de. INCIS. d. B. KALDERUNS. cognati. WISTACHI9. de. NOUAVILLA. Guido. de. Caunicorte. ROGER9. BUCELL9. BALDUIN9. BAILLIOLAN9. Hubert9. de. Eftrees. SICHER9. &. ALEXANDER. de. ABLEING. Gualter9. de. Guigneliu. Willelm9. d. Vailli. frater. ei9. Willelm9. d. Blondell9. nepos. ei9. Olard9. de. Nouauilla. Oprimi9. de. Montigniaco. Hugo. de. Bernimicorte. Petr9. de. Noiella. Wafco. de. Cordis. Vafco. d. Gielons. fili9. ei9. Fulco. de. Mota. Amand9. Burnell9. Anfell9. de Stō. Leodegario. Huard9. de. Dovrinio. Rumald9. de. Bullienfimonte. Stephan9. du. Hamel. Fremin9. de. Torteken. Martin9. de. Sains. d. a. Duriis. Willelmus. Hangart. nepos. ei9. Paul9. a. Bierberiis. Iohes. Corbehen. Ambrofi9. de Martifuilla. Amand9. de. Lagnicorte. Walbert9. de. Fampolio. Egidi9. de. Atrebato. Caftell. nepos. Virel9. de. Remis. Liebert9. frater. ei9. Gualter. de. Vagnonuilla. Galter9. de. Ranchicorte. Hugo. d. paru9. fili9. ei9. Hugo. de. Sclufa.

Ll

Alar-

Alard⁹. de. Bulecorte. Martin⁹. Pellicorne⁹. Guimar⁹. de. Sademon-
te. Petr⁹. de. Belloprato. Seiher⁹. de. Ribeftella. Adam. de. Selen-
ciis. Gervafi⁹. de. Hermis. Simon. de. Vallo. Jacob⁹. Kieret. &. Simon. à. Porta.

Ex. Tornacenfib⁹. &. vicinis. hi. pauci. Hellin⁹. Vaurini⁹. H. fili⁹. Kono. de. Tornaco. Hugo. de. Lannois. Jacob⁹. de. Bondues.
Goffuin⁹. de. Efcobec. Hugo. d̄. a. Paramenteria. fili⁹. ei⁹. Amand⁹.
de. Hems. Euftachi⁹. del Anglees. Iohes. Hamefi⁹. Vago. de. Plan-
ca. Valnulf⁹.

Amando.
Aths. Brifi⁹.
tro. Manfri-
Martino. Ge
lelm⁹. Ge-
ei⁹. Hugo.
Simon. Bus.
vientes. q̄.
graves. ob-
fe. indictam.
tiam. hoc.
ros. etiam.
Actum. Aq̄-
no. DD. no-
fefto. ubi. u-
nr̄is. chartis.
dā. contradi-
fit. laus. ho-
ria. Amen.

de. Sancto.
Mathe⁹. de.
de. Stō. Pe-
d⁹. de. Stō.
rard⁹. Wil-
rard⁹. fili⁹.
Blanc⁹. &.
&. alii. Ser-
omnes. nifi.
fint. caufe.
crucis. mili-
anno. initu-
promiferūt.
cincti. An-
nagefimo.
nam. ex. his.
cuftodien-
dim⁹. Deo.
nor. &. glo-

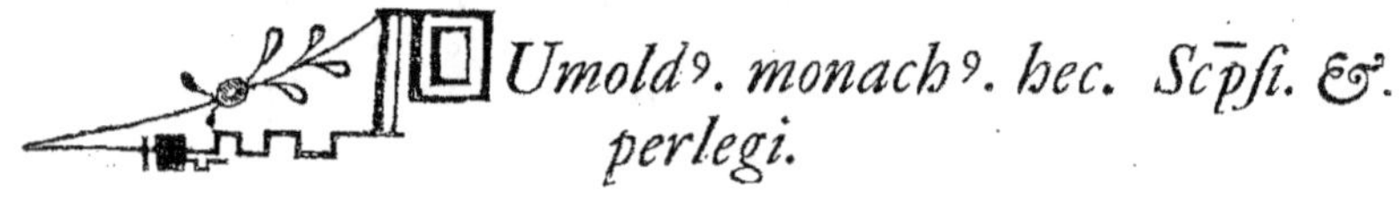

Umold⁹. monach⁹. hec. Scp̄fi. &⁹.
perlegi.

A ce

A ce prefent Titre eft attaché le feel du dit ANSELME de RI-
BEMONT, en la forme cy deffus reprefentée.

Ce Seel compofé d'une patte extraordinaire, noiratre ou bien ba-
zannée, eft dur comme la pierre, & nous reprefente les Armes des
premiers Chaftelains, ou Vicomtes de Valencienes, dont fait mention
d'Outreman dans fon Hiftoire fol. 271. les lettres A. & V. grecs qui
s'y voient, fignifient ANSELLUS VALENNENENSIS.
Quant aux quatre Tours qui fe voient aux quatre coins de ce feel,
j'oferois me perfuader qu'elles reprefentent les quatre principalles places, villes, ou Chafteaux, dont le dit ANSELME fe qualifioit in-
differemmént Seigneur, à fçavoir, de Ribemont, de Bouchain, de
Chafteau Porcean, & d'Orignies.

Sur ce propos d'Outreman, dans fa dite Hiftoire de Valencienes
Part. 11. chap. vii. dit que cét ANSELME diverfifia merveilleufement
fes titres : ce qui a caufé que la plufpart des Autheurs ne l'ont connû
qu'à demy, & ont pris ANSELME de RIBEMONT, pour tout autre qu'ANSELME de VALENCIENES, de BOUCHIN, &c.
Miræus toutesfois l'a bien fceu reconnêtre pour tel qu'il eftoit. Car en
une lettre de l'Evefque de Cambray Gerard, efcrite l'an 1079. pour
la fondation du Monaftere d'Anchin, il eft fimplement appellé AN-
SELLUS. Mais en d'autres du mefme Prelat, efquelles il confirme
la donation que fit le dit ANSELME de l'Ifle d'Anchin, & des terres
de Uret & d'Aubercicourt, le donateur foufcrit fous le nom d'ANSEL-
ME de RIBEMONT, & luy mefme s'intitule de la forte en la lettre
de la Comteffe Richilde donnée l'an 1082. en faveur du Monaftere
de Hafnon.

Dans les Archiues de l'Abbaye de S. Amand (laquelle il avoit long-
temps grevée, quoy qu'il en fut Advoüé) il eft qualifié ANSELME
de BOUCHAIN. Les Chroniques de Vicogne l'appellent COMTE
d'OSTREVANT; Les autres le furnomment tantoft COMTE de
VALENCIENES, de BOUCHAIN, de RIBEMONt, tantoft fimplement Seigneur & Chaftelain de ces mefmes lieux.

Quoy qu'il en foit, apprenons du dit d'Outreman que le dit AN-
SELME, cherchant tous les moyens poffibles pour avancer la fondation de l'Abbaye d'Anchin, trouva bon de publier un Tournois, d'y
convoquer tous fes nobles vaffaux, & d'y inuiter la premiere Nobleffe de fon voifinage, fous pretexte qu'avant que de s'engager à la
guerre de la Terre Sainte lors nouvellement publiée, il eftoit neceffaire de fe perfectionner dans les armes, & de fe rendre adroit aux combats.
Semblables Tournois, furent inventez par les Grecs & Romains, là
ou la Nobleffe combattoit de plaifir, à cheual ou à pied, à la lance
courtoife ou au coutclas emouffé, dans un champ clos de barrieres,
entre deux bandes, l'une des tenans, ou defendans, l'autre d'aiffail-
ans, avec reglement & formalité. Nos Gaulois fuivans l'exemple des
Romains firent fouvent publier femblables Jouxtes & Tournois, pour

                    appren-

apprendre la maniere de bien combattre. Cette couſtume (nonobſtant les inhibitions faites par divers Papes & Conciles) eſt encor en quelque façon pratiquée dans les Cours de nos Rois, aux occurrences de leurs mariages, de leurs couronnemens &c. Nos Princes meſmes & nos Comtes eſtoient depuis peu encore accouſtumez de faire des telles aſſemblés tant pour ſe reſioüir que pour s'exercer dans les armes, & de mieux juger de l'addreſſe, & du courage de leur Nobleſſe. Liſez là deſſus Buzelin, d'Outreman, Vincent, Petit, & autres Hiſtoriens de nos Provinces.

ANSELME donc confirma (dit le Titre) la donation que fit BAUDUIN Calderon) à l'Abbaye d'Anchin, en preſence de tous les plus ſignalez Seigneurs circonvoiſins tant de l'Artois, du Hainau, que du Cambreſis, de l'Oſtreuant & du Tourneſis. Entre les trois premiers Seigneurs du Cambreſis, ſont nommez AMALRIC ʟᴇ ROUX, dict de MARCOIN, gendre de HUGE d'OISY, Chaſtellain de Cambray, & HUGUES SOHIER dit DE ʟᴇ HERIES, frere du dit AMALRIC: teſmoignage evident de leur haute extraction, puis que le Vidame de Cambray & les Illuſtres Maiſons de Hennin, de Roucy, de Cambray, de Wallincourt, de Crevecœur & de Saint Aubert, ſi ſouvent alliées avec des Souveraines, ne leurs ont conteſté le droit de preſeance dans cette glorieuſe Aſſemblée, ou le point d'honneur devoit eſtre le plus conſideré.

D'ailleurs nous apprenons de ce Titre la ſource, l'antiquité, & la ſplendeur de la pluſpart des Maiſons alliées à celle de SOHIER, leſquelles ont eſté meres, & nourrices d'un bon nombre de grands Guerriers, qui ont porté leurs armes dans la Paleſtine & hazardé leurs vies pour la defenſe de la Foy. Les mots ſuivans nous en donnent des aſſurances ; *Qui omnes niſi graves obſint cauſe ſe indictam Crucis militiam hoc anno inituros etiam promiſerunt.* Et en effect nous remarquons dans les Hiſtoires de ce temps là que le dit ANSELME ᴅᴇ RIBEMONT eſtoit hors du païs l'année 1097. accompagné ſans doute de la plus-part de la Nobleſſe mentionée dans ce dit Titre, & fut tué en la Terre Sainte deux ans apres, en pointant l'artillerie contre la ville d'Archas, fort regretté de toute l'armée, pour ſa belle conduite, ſa valeur, & ſes ſignalées proüeſſes. &c.

Peu de jours apres, le Sʳ. de Warmenhuiſen, qui ſemble eſtre infatiguable ou plutoſt inſatiable dans la recherche de la connoiſſance de ſa haute & veritable extraction, receut encore heureuſement le Titre ſuivant, qui ſervira de fin, & de conſommation à ce preſent ouvrage, puis que nous ne l'avons eu aſſez à temps, pour luy ſervir de commencement, & de baſe.

AUTRE

AUTRE TITRE.

IS XPO. dᵒ. nᵒ. in. celis. triumphante. cū. eterno Prē. & Spū. Stő. Nicolao. P̄P̄. nᵒ. Stīmo. in. trīs. Eccliam. guberñte. Henrico. Au- gusto. in. Alemaniis. impͭte. Henrico. Rege. nᵒ. adhuc. gloriose. in. galliis. regnante. ei⁹demque. Dñi. ñ. Aᵒ. DDL. nono. Titre 8. aᵒ. 1059.

Ego. Herbert⁹. Vermandensium. &. Vadascorū. Comes. Videns. labilis. hui⁹. mansionis. instabilitatem. spe. ad. superne. beatitudinis. immortalitatem. inhians. ut. amplior. michi. portio. detur. in. trā. viventium. constans. sana. mente. sanoque. consilio. &. de. consultu. Alide. conjugis. mee. Karissime. testamentum. meū. condidi. iure. pretorio. atq̄. illud. codicillorum. vice. valere. iubeo. si. ei. iuris. aliquid. defuisse. videbitur. Ego. igitur. H. quamprimum. de. hac. luce. transiero. quia. voce. Dei. celestia. pro. terrenis. &. mansura. pro. caducis. promissa. sunt. do. Ecclie. S. Quintini. cui⁹. Advocatiam. habeo. &. in. quo. corp⁹. meū. Si. ita. Karissime. Ussori. mee. placuerit. subterrabitur. cum. pompa. Solempni. mansionalia. mea. apud. Attas. &. Dalonias. cum. ochis. arpiniis. forestagiis. &. pasuaticis. tam. pro. salure. anime. mee. quam. prēptimorum. progenitorum. meorum. hic. &. alibi. quiescentium. Dono. insuper. ecc. Vermandensi. cui⁹. &. Advocatiam. habeo. mansos. quatuor. apud. Berticortem. Martisuillam. &. Spechias. cum. huobis. areis. plustris. &. aratris. ab. his. dependentibus. &. ut. Dn̄us. omnipotens. promptius. me. a. peccatorū. meorū. ligaminib⁹. absoluat. ex. his. q̄. michi. xp̄⁹. donavit. jure. hereditario. ipsi⁹. eccliis. sub. meo. dominio. fundatis. unicuique. C. solidos. post. obitus. mei. adrumationem. enumerari. volo. ea. lege. ut. ee. communiter. &. privatim. religiolillime. Deum. pro. nobis. interveniāt. Eccliis. autem. q̄. speciali. amore. diligo. delego. ex. superabundanti. liberalitate. q̄ sequuntur. videlicet. Ecclie. Sti. Arnulfi. in. Crefpeio. mansum. 1. cum. appendiciis. juxta. dictā. Eccliam. & C. sől. Ecc. itidem. S. Albini. C. s. Ecc. Nantogili. in. foresto. de. Gombriis. &. Peis. arpentas. duas. Ecc. de. Caniaco. ubi. multa. alia. bona. pri⁹. dederam. ac procuraveram. do. mansa. mea. apud. Terignias. ac. Flavias. Ecc. de. Vivario. ubi. castrum. habeo. in. forestis. meis. contiguis. huoham. unam. Ecc. Firmitati. vrc. in. honorem. S. Sebastiani. arpentam. 1. in. foresto. Resti. Ecc. de. Bistisiaco. C. s. Ecc. de. Buxeto. ubi. &. castellū. habeo. C. s. Ecc. de Santiniis. C. s. Ecc. de. Vermeria. C. s. Ecc. de. Petrofangio. C. s. Ecc. de. Fera. apud. Montignias. absus. tres. cum. area. Ecc. Montis. nostre. Dñe. hiobam. I. in. foresto. Dula. Ecc. Peronensi. apud. Busuos. &. Terincortem. mansiones. quatuor. cum. mancipiis. Ecc. Cameracensi. C. s. Ecc. s. Petri. ibidem. absus. q̄que. apud. Goiacum. Ecc. s. Vedasti. Atreb. tria. managia. apud. Hanecortē. Item. trado. omnib⁹. Comitatuum. meorū. ptochiis. vnicuiq. C. s. do. deinde. Ecc. S. Quintini. &. Vermandensi. vasa. argentea. viginti. patinas. II. candelabra. IIII. duo. aurea. ac. duo. eburnea. calices. offer-

torios. II. thuribula. craces. urciolos. conchas. culcitras. &. cervicalia.
ac. cuncta. mea. altarium. ornamenta. atq̄. armaturam. meā. militarem.
Has. autem. donationes. integre. ftatim. poft obitum. meum. volo. effe.
firmatas. ac. traditas. Ne. vero q̄. heredum. meorum. huic. mee. ulti-
me. voluntati. contradicere. prefumat. *coram. me. advocari. jufii. filium. meum.*
EUDONEM. q̄. *diu. confilio. &. beneplacito. meo. rebellem. magnatum. interuentu.*
paulo. ante. in. gratiam. receperam. q̄. mee. tandem. voci. obediens. adftantib 9. filiis. fuis.
EUDONE. ELEBAUDO. &. SOHIRO. dixit. &. promifit. fe.

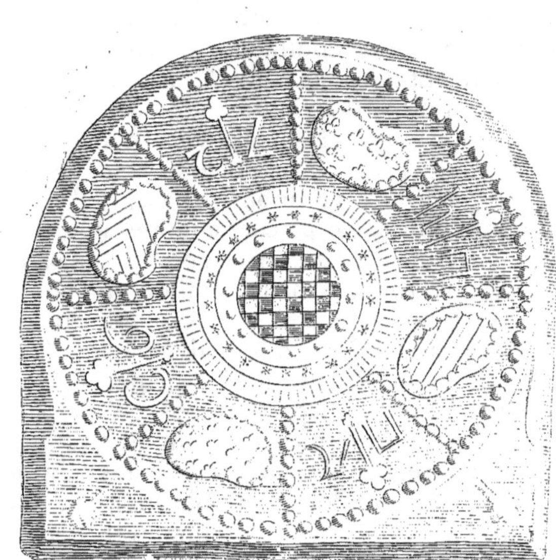

cum. fuis.
quā. con-
eleemofi-
taturum.
promifit.
fponfa. mea.
ac. difpofitio-
tera. bona.
ex. amore.
lum. relique-
hæc. et-
nuit. ALI
mea. dilectif-
ledict 9. er-
hec. vio-
fūpferit.
donatio-
cti. verita-
hartam.
manu. fub
ui. &. la-
mei. teffe-
preffione.
rari. pre-
ctum. in.
meo. feli-
Amen.

nichil. vn-
tra. has.
nas. ten-
idemq̄.
ALIDA.
cui 9. nutui.
ni. omnia. ce-
mea. antea.
per. codicil-
ram. ad.
iam. an-
DA. *filia.*
fima. Ma-
go. fit. q.
lare. pre-
In. huj 9.
nis. &. fa-
tem. hanc.
propria.
t 9. figna-
terculi.
rarii. im-
corrobo-
cepi. A-
Palatio.
citer.
amen.

AIRIUS. *Cancellari 9.*
Scripfi. &. perlegi.

Le grand

Le grand feel attaché à ce Titre, femble reprefenter an milieu l'e-
fchiquier de Vermandois, & allentour les Armes de Valois, de Bourgogne, de France, & de Hainaut, entourées de quelques lettres gre-
canifées, que nous ne pouvons bien reconnêtre non plus que beaucoup d'autres embelliffemens y reprefentez.

Le Contrefeel du fus dit Seel femble reprefenter deux fauvages fup-
portans un efcu, &c.

Sur le dos de ce Titre font efcrits d'un caractere grecanifé, & d'une
façon fort eftrange & admirable les mots fuivans: Teftamentum. Herberti. Comit. a°. DD. L. IX.

Chers Lecteurs nous vous exhibons un Titre, qui pour la raréte de fon
caractere à efté admiré des plus fçavans hommes de nos Provinces.
Entr'iceux Monfieur Gronovius à pñt Recteur Magnifique de noftre
Academie, ce Grand Tuteur de la Langue Grecque, & dont les efcrits
en diverfes langues & matieres, font pleins d'une rare & finguliere doctrine, à confeffé n'avoir rien veu de plus admirable, de plus furpre-
nant & de plus antique que fon caractere, qui eft du tout grecanifé,
mais à la mode des fiecles plus reculez, approchant toutesfois en quelque façon à noftre caractere moderne, fi nous le confiderons de prés.

Le contenu du mefme Titre eft auffi fort confiderable, mais ce qui
fait le plus à noftre deffein, eft que nous y remarquons avec plus d'affurance & de lumiere le fujet de la difgrace de noftre EUDE, & le
nombre de fes enfans, dont le cadet eftoit SOHIER, Tige de la Famille, que nous defcrivons.

Je vous expliquerois volontiers par le menu toutes les particularitez
de ce Teftament, fi j'avois allez de connoiffance des lieux de Picardie.
Au refte je vous prie de recevoir de ma plume ce que j'en ay pû tirer
les remarques du Sr. André Du Chefne en fon Ifle de France, qui font
n la poffeffion de Monfieur I. Blaeu, le plus celebre de tous les Im-
rimeurs de nos Provinces, voires de noftre Europe.

Ce Teftament porte en tefte fon année, qui fut de l'Incarnation de
noftre Seigneur JESUS CHRIST 1059. lors que Nicolas eftoit Pape
e Rome, qu'Henry eftoit Empereur des Allemagnes, & qu'Henry re-
noit en France; ce qui s'accorde tres bien aux dattes de tous nos plus
celebres Hiftoriens.

Ego HERBERTUS *Vermandenfium, & Vadafcorum Comes, &c.* HER-
ERT teftateur eftoit Comte de Vermandois de fon chef, & de Va-
ois du cofté de fa femme ALIX, comme nous avons remarqué en fon
eu. Ce Prince donc ayant confideré fon grand aage, trouva bon de
fpofer de bonne heure de fes Eftats, & s'eftant perfuadé qu'il falloit
cheter fes pechés par des aulmones, legata de fes biens aux Eglifes
Maladreries fondées fous fon Domaine; & premierement il donna
l'Eglife de S. Quentin (de laquelle il fe difoit Advoüé & Defenfeur,
ou il defiroit d'eftre inhumé, fi fa femme le trouvoit bon) les herita-
es qu'il avoit à Attes, & Daloen, fignifiez par le mots *Manfionalia mea*
apud

apud Attas & Dalonias cum ochis, &c. deux villages non loin de S. Quentin.

Dono insuper Ecclesie Vermandensi, cujus & Advocatiam habeo, mansos quatuor apud Berticortem, Martisuillam, & Specias, &c. Il donne à l'Eglise de Vermand située à deux lieües de saint Quentin quatre maisons avec leurs dependances situées aux villages de Bertincourt, &c.

Il legate encore generalement à toutes les Eglises situées sous son domaine, à chacune cent sols, qui estoit une grande somme en ce temps là.

Ecclesiis autem quas speciali amore diligo, &c. Et quant aux Eglises qu'il cherit particulierement, il leur ordonne en outre ce qui s'ensuit.

Ecclesie S. Arnulfi in Crespeio, &c. Il donne donc d'une munificence toute singuliere à l'Eglise de Sainct Arnould de Crespy une maison non loin de de la dite Eglise. Cette Eglise qui a autresfois porté le titre d'Abbaye, n'est plus aujourd'huy qu'un Prieuré depuis que Hu ̃gues Abbé de Cluny, y introduisit des Moines de son Ordre.

Ecclesiæ itidem S. Albini, C. solidos, &c. Plusieurs chartres enseignent qu'il y a eu aussi d'ancienneté à Crespy une Eglise Collegiale dediée à S. Aubin : car la composition (au rapport de Du Chesne) faite entre les hommes de la Commune de Crespy, & Phillippes Seig^r. de Nantueil l'an 1199. porte, *qu'ils seront tenus de rendre tous les ans le jour de S. Remy, chef d'Octobre cinquante sols parisis aux Chanoines de S. Aubin du dit Crespy.*

Ecclesie Nantogili in foresto de Gombriis & Peis arpentas duas. Il ordonne à l'Eglise de Nantueil deux arpents situez és bois de Gombris, & de Peis. Entre les dependances anciennes du Comte de Crespy, l'une des principales a esté la terre & Chastellenie de Nantueil, que l'Autheur de la vie de Louis le Debonnaire appelle *Nantogilum*, à present *Nantolium Hilduini* ou *Odoini* du nom de quelque notable Seigneur qui le fit ou rebâtir ou fortifier. Phillippes de Crespy, fils de Thibaud Seigneur de ce lieu, donna l'an 1222. aux hommes de la Commune de Crespy usage de bois vif, & de bois mort, & droict de panage en *sa forest de Gombris*, en eschange de trois cens arpens de bois assis en la mesme forest, dont les vingt tenoient à son bois de Leuignem, & les deux cens quatrevingts à *son bois de Piers*, ou *de Pey*, qui sont les deux forests mentionnées cy dessus, par les mots de *Gombriis & Peis*.

Ecclesie de Caniaco, &c. Je crois que c'est le mesme lieu que Flodoard appelle *Calniacus* dont les plus recens ont formé par apres *Chauniacus*, en françois *Chauny*, qui est une ville & forteresse située sur la riviere d'Oise entre la Fere & Noyon. Elle a appartenuë autresfois à des Seigneurs particuliers, entre lesquels un nommé *Bernard*, partizan de *Hugues le Grand* la possedoit l'an 949. & y avoit des lors un Chasteau, qu'il reconneut tenir d'ADELBERT COMTE DE VERMANDOIS.

Ecclesie de Vivario ubi & castrum habeo, &c. Du Chesne a remarqué que les anciens Comtes de Valois ont eu un Chasteau de plaisance à *Vivier* (bourg situé prés la forest de Retz) dont le Chastellain estoit l'un des Maistres & Gardes de leurs bois.

Ecclesie

Ecclesie Firmitati Vrc in honorem S. Bebastiani arpentam unam in foresto Resti, &c.
Si nous voulons adiouster foy à du Chesne, nous prendrons ce lieu pour
la *Ferte-Milon*, qui est la seconde Preuosté & Chastellenie du Bailliage
de Valois, non loin de la Forest de Rets (en latin *Restis*, ou *Retia Syl-*
va) laquelle est nommée dans une Bulle du Pape Alexandre III. *Firmi-*
tas que vocatur Vrca. & plus clairement en des lettres de Hilgot Evesque
de Soissons datées de l'an 1085. *Firmitas super Vrcam fluvium*, en François,
la Ferté sur Ourque, à cause de la riviere d'Ourque qui y passe. Neantmoins depuis on l'a nommée la *Ferte-Milon*, comme qui diroit la ferme-
té, ou forteresse de *Milon* son fondateur, qui la fit bastir sous le Regne
de Louis le Gros, pour tenir ferme contre les entreprises des guerres civiles. Ce Milon y bastit une Eglise qu'il fit dedier à l'honneur de S.
Sebastien, qui est sans doute la mesme Eglise, à laquelle nostre H E R-
B E R T legate un arpent de bois pris dans la Forest de Retz.

Ecclesie de Bistisiaco, &c. Je crois que c'est le lieu que nous nommons
aujourd'huy *Bethisy*, car nous trouvons que les Chartes Latines l'appellent *Bistisiacum.* Ce lieu est situé en une gorge fort large & spatieuse
de la vallée d'Autonne, & abbreuvé d'une petite riviere de mesme nom:
il appartenoit au domaine de la Couronne au commencement de la troisiesme lignée de nos Rois, qui y sejournoient quelquesfois à cause de
la chasse de la Forest de Cuise; y ayant pour lors un fort chasteau sur
le sommet d'un roc, duquel on void les restes au rond d'une haute &
épaisse muraille en forme de couronne, que l'on nomme encor à present
la Tour du Chasteau.

Ecclesie de Buxeto ubi & Castellum habeo, &c. Ce lieu (que Du chesne
nomme *Buy*) appartenoit anciennement aux Comtes de Crespy, comme l'on apprend d'une chartre du Comte *Raoul* II. ou il l'appelle *Buxi-*
tum castellum suum.

Ecclesie de Santiniis, &c. Saintines est une ancienne Seigneurie possedée autresfois par la Maison de Crespy, &c.

Ecclesia de Vermeria, &c. Je crois que c'est Verberie, l'une des anciennes Prevostez & Chastellenies du Valois, assise sur la riviere d'Oise.
Aimoinus dit que Charles Martel à son retour de la guerre, qu'il fit en
Provence contre les Sarrasins, y tomba malade; & l'explique en ces
termes: *Ægrotare cœpit in villa Vermeria super fluvium Isaram.* Les Roys de
France y tinrent diverses assemblées, & Sinodes, jusques dans la troisiesme Lignée, tesmoin une chartre du Roy Robert dattée de l'an 1029.
ou il l'appelle *Suam Regalem sedem Vermeriam, &c.*

Ecclesie de Petrofangio, &c. Ce pourroit estre l'Eglise de *Pierrefons*, située dans le Valois, du costé du Soissonnois, en un bourg ancien qu'Y-
ves Evesque de Chartres dans une sienne Epistre appelle *Petrofongium*,
que les Titres Latins plus nouveaux appellent Petrafons, &c.

Ecclesia de Fera, &c. Il entend sans doute l'Eglise de la Fere en Tardenois, ou celle de la Fere sur Oise, que les chartres Latines appellent
indifferemment *Fara*, ou Fera.

M m

Eccle-

Ecclesie Montis nostre Domine ,&c. Flodoard dans le livre II. de son Histoire chap. 11. fait mention du Mont Saincte Marie *in pago Tardanensi*, en François Mont-Nostre-Dame, à present Vicomté, & ou Adalberon Archevesque de Rheims tint un Synode Provincial l'an 983. & autres semblables. Nostre HERBERT donc donna à cette Eglise du Mont-Nostre-Dame une certaine portion de bois (qu'il nomme *hioba*) dans la Forest de *Dula* que je crois estre la Forest de *Daule* non loin de la Fere en Tardenois.

Ecclesie Peronensi apud Busuos, &c. L'Eglise de Peronne a aussi esprouvé les munificences de nostre Prince HERBERT, comme aussi les Eglises de Cambray, & d'Arras, & pareillement tous les Hospitaux & Maladreries fondées dans ses Estats.

Do deinde Ecclesiis S. Quintini & Vermandensi vasa argentea, &c. Il donne en outre aux susdites Eglises de S. Quentin, & de Vermand tout l'assortiment de sa Chapelle consistant en or, argent, yvoire, soye,&c.

Ne vero quis heredum, &c. Et afin que toutes ces aulmosnes fussent distribuees sans dilay & opposition, à tous les lieux susmentionnez immediatement apres sa mort, il trouva bon de faire appeller son fils EUDE, comme nous enseignent ces mots : *advocari jussi filium meum EUDONEM, quem diu consilio & beneplacito meo rebellem, &c.*

Chers Lecteurs, Je ne m'estonne plus, d'ou vint que le Roy de France trouva des si faciles moyens pour depoüiller nostre EUDE de ses Estats, puis qu'il s'estoit rendu ennemy de tous ses Vassaux & Sujets par l'opiniatree desobeissance, & la longue rebellion qu'il avoit nourrie envers son bon pere. Semblables desobeissances ne se fomentent ordinairement que dans les petits & foibles esprits, qui peu pourveus de discretion entretiennent l'impetuosité & la rage, & ne peuvent observer d'autres loix que celles de leur volonté, qui est tousiours aueuglée de quelque passion violente, & n'appellent à leur conseil que la precipitation. Je me persuade que nostre EUDE estoit de cette trempe, & que ses Vassaux voulans estre dilivrez d'un Prince, dont ils ressentoient iournellement la violence, & dont ils avoient conceus une haine & aversion, delibererent de s'appuyer du conseil & des forces du Roy, pour tant plus aisement priver leur Prince de ses Estats, & jetterent les yeux sur HUGUES DE FRANCE, frere du Roy pour les gouverner, en espousant la soeur du dit EUDE nommée ALIX. Ce mariage est vraysemblablement reüssi sans grande difficulté, puis qu'ALIX femme de nostre Prince HERBERT n'avoit plus d'amour pour son fils rebelle, & qu'elle n'en avoit que pour sa fille, laquelle par ses rares vertus & bonnes graces avoit entierement ravi le cœur de sa mere. Il estoit donc aisé de chasser nostre EUDE de son domaine, puis que la maison Royale (tousiours envieuse contre la puissance de celle de Vermandois) y trouvoit de l'interest; que les Barons de Picardie offensez unirent leurs cœurs & leurs forces contre luy, & que sa propre mere estoit devenuë son adversaire, veu qu'elle consentit à sa spoliation.

liation. Ce que pourtant elle n'auroit pû faire sans l'authorité & bon plaisir de son mary, duquel elle avoit obtenu une plaine disposition de ses Estats, comme nous apprenons du dit Testament par ces mots: *Alida sponsa mea, cujus nutui & dispositioni, omnia cetera bona mea antea ex amore per codicillum reliqueram.* Il est à croire que cette authorité donnée par le Prince HERBERT à sa femme, n'est emanée que de la desobeissance & insolence de nostre EUDE, lequel quoy que son pere devant mourir l'ait receu en sa grace, n'a pû apparamment apres sa mort conserver celle de sa mere, veu qu'elle le desherita, ou qu'elle ne s'opposa à ceux qui cherchoient sa ruine.

Quoy qu'il en soit, la disgrace d'EUDE, fut celle de tous ses enfans, & specialement de ses trois fils, que le dit Testament appellent EUDE, ELEBAUD & SOHIER, desquels leur Ayeule eut fort peu de compassion, puis qu'elle leur a fait un si petit partage, eu égard à la puissance de leurs Ayeulx, qui égaloit presque la Royale. L'Aisné donc des fils nommé EUDE comme son pere (surnommé FARIN, comme nous avons monstré cy devant) fut appanné de la seule Seigneurie de Saint Simon: chetif & malheureux partage pour un Aisné, qui selon le droit de Sang & de succession devoit posseder des Provinces entieres: il fut pourtant obligé de ceder à la force, & de flechir à la violence, n'ayant assez de puissance ny d'appuy pour s'opposer à tant d'ennemis si passionnez.

I'employerois volontiers toutes les plumes des Satyriques, pour blasmer les Autheurs de cette spoliation, que nous pouvons nommer desnaturée, barbare, & tres-injuste, puis qu'elle choque la Loy Naturelle, qui continuë aux enfans la succession des peres & meres, & qui est approuvée de tous les peuples, comme un Droict de gents, qui dit, que d'oster aux enfans la succession de leurs parens, est cruauté. Sur ce sujet Tiraquellus. Bal. Mart. Laudun. Rochus Curt. Zazius. Jac. Alua. Soci. Card. Alex. & cent autres disent, *quod si Pater exheredaverit filium suum causâ ingratitudinis, vel inobedientiæ, aut quia non erat idoneus moderando principatui, illud nusquam nocere debeat filiis exheredati, nam cur illos innoxios privare principatu, cum illum à genere habeant, &c?* Et ailleurs ils disent encore, *quod si pater primogenitus sit mutus, demens, furiosus, vel aliter imperfectus, & ex hinc inhabilis ad regnum, & quod si is habeat filium non dementem, is certè omni jure succedere debeat loco patris, &c.* Et toutesfois nous remarquons icy tout le contraire au regard des enfans d'EUDE, qui selon tout droict ne devoyent en ce cas porter la peine de la folie de leur pere, ains devoient succeder à tous ses Estats.. Ou sont ces beaux Statuts tousiours si sainctement gardez parmy les bons François, dont l'un accuse de tyrannie celuy qui prive un fils de la succession de son pere, & l'autre, n'admet de femelles aux successions des fiefs, lors qu'il y a des masles? Mais en ce cas present le pere & les fils sont spoliez, & une femelle succede aux Estats au prejudice des masles. Et veu qu'ainsi est, ne pouvons nous pas avec raison nommer cette spoliation une tyrannie? &

specia-

ſpecialement au regard d'EUDE FARIN, qui ſelon le droit de primogeniture devoit heriter les plus beaux biens de ſon pere. Mais que dirons
nous ? Il eſt bien vray que ſelon P. Diacon. in Juſtiniano, *violentiam in-
ferre, alieniſque paſci, injuſtitia eſt in omni tempore, ſed tyranno nihil abſurdum eſt quod
utile eſt, ac huic licet pro libidine agere omnia impunè, &c.* Tant y a, EUDE FARIN
(Tige la tres-illuſtre Maiſon de Sᵗ. SIMON, qui eſt en ce ſiecle plus
conſiderée de nos Roys, que du paſſé) ſe vid obligé d'abandonner ſa
primogeniture à la proye de ſes ennemis, &c.

     ELLEBAUD ſon frere (que les Chartres exhibées ſurnomment
LE ROUGE) fut contraint, de ſe retirer ſur quelques petites terres
en Cambreſis, comme auſſi ſon cadet SOHIER ou ils trouverent
bon de s'y eſtablir, ayant conceus ſans doute une trop grande aver-
ſion contre la Nobleſſe de leur propre païs, qui avoit ſi traitreuſement
menagé & comploté leur totale ruine. Ce SOHIER donc ayant
planté ſon ſejour en Cambreſis, y a produit pluſieurs belles & Illuſtres
Branches mentionnées cy devant, qui maugré le temps & l'enuie, ont
donné des preuves de leur haute extraction & de leur valeur durante
une longue ſuite de ſiecles & d'années; Juſques à là que par une ſpeciale & toute particuliere faveur & protection divine (quoy que tantoſt deſſus & tantoſt deſſous) elle ſubſiſte encore dans nos dix-ſept Provinces depuis ſix cens ans ou environ, & ce en la perſonne de MES-
SIRE CONSTANTIN SOHIER, reconnu Chef de cette tres-
ancienne & tres-illuſtre Famille, à qui Dieu a donné des enfans, qui
pourront avec ſa grace ſucceder de Race en Race, & parvenir de degré
en degré glorieuſement juſques à la fin du monde à la pluſpart des pro-
ſperitez & des honneurs de leurs tres-illuſtres Devanciers.

     Ce doivent eſtre les vœux de tous ceux qui aiment la verité, laquelle
nous eſt connuë par cinquante trois Titres irrefragables cy devant exhibez, nous obligeant de dire apres Eſaie chap. LXI. *quod ſciri debeat in gen-
tibus ſemen eorum, & germen eorum in medio populorum; omnes qui viderint illos, cognoſ-
cent illos; quia iſti ſunt ſemen cui benedixit Dominus.*

F I N.

Le Sʳ.

LE Seigneur de Warmenhuyſen ſe trouvant appuvé de tous ces beaux Titres & rares Documens fut conſeillé de les exhiber à Meſſeigneurs les Preſident & Conſeillers de la Cour de Hollande, de Zelande, & de Friſe, & de les ſoûmettre à leur examen & ſain jugement qui les ayant leu, viſité, & examiné exactement luy en ont octroyé l'atteſtation, & approbation ſuivante :

Approba-
tion de la
Cour de
Hollan-
de,Zelan-
de,&c.
PRæſes & Senatores Curiæ Hollandiæ, Zelandiæ, Friſiæ-que ; Notum facimus omnibus quorum intereſt,qui haſce litteras lecturi viſurive ſunt, CONSTANTINUM SOHIERIUM Toparcham Warmenhuſii, Crabbendami, & Veteris Poelgeeſtæ, exhibuiſſe nobis exemplaria, atque archetypa inſtrumenta ac tabulas in membranâ ſeu pargameno atque ære exaratas, & variis ſigillis munitas, magnam partem referentes non modicam antiquitatem, ut colligere lice-bat ex charactere aliquot retroſæculis inuſitato : Ad hæc exhibuiſſe nobis exempla quædam ſeu tranſcripta ut vocant, recenti ac vulgari charactere, quorum omnium exempla, ſatis amplo volumine typis excuſo fuere in-ſerta quo ſtemma atque Genealogia SOHIERIORUM expreſſa, & ut perhibebatur probata fuit, quorum omnium numⁿ 52., quæ ſcilicet nobis exhibita oculis luſtravimus, hæc quæ ſequitur eſt ſeries.

jᵘᵐ Signatum A. anno 1080. incipit pag.45. *In nomine Sante & invidue Trini-tatis, Ego Sohierus, &c.*

ij. Itidem Signatum A*. 1065. pag.51. *In nomine Trinitatis. Hugo Camera-cenſis Caſtellanus, &c.*

iij. Quoque Signatum *A*. anno 1153. pag.55. *In nomine Stē & individue Trinitatis; Quoniam Deo diſponente clementia, &c.*

iv. Signatum B. anno 1071. pag.62. *E.Elleboldus Ruber, &c.*

v. Signatum C. anno 1097. pag.66. *Ego Galterus ſolo nomine Epūs, &c.*

N n

vj. Signa-

vj. Signatum D. anno 1111. pag. 70. *Ego Gualterus a Sohierijs, &c.*

vij. Signatum E. pag. 73. *VVatiers Sohier Chevalier, &c.*

viij. Signatum F. anno 1199. pag. 76. *Moniti à facris fcriptis, &c.*

ix. Signatum G. anno 1204. pag. 79. *Ego Hellinus Sohierre, &c.*

x. Signatum H. anno 1245. pag. 84. *M. Flandriæ & Hanoniæ Comitiffa, &c.*

xj. Signatum I. anno 1260. pag. 86. *Ego M. Radulphi de Incejo filia, &c.*

xij. Signatum K. anno 1269. pag. 88. *Jou Jehans de Soherres, &c.*

xiij. Signatum L. anno 1269. pag. 90. *Jou Jehans d'Enne, &c.*

xiv. Signatum M. anno 1272. pag. 91. *Ego Johannes Sohier, &c.*

xv. Signatum N. anno 1273. pag. 93. *Jou Jehans Sires, &c.*

xvj. Signatum O. anno 1274. pag. 96. *Nous Guis Cuens de Flandres, &c.*

xvij. Signatum P. anno 1282. pag. 98. *Nous VVilliaumes Fius, &c.*

xviij. Signatum Q. anno 1292. pag. 100. *Nous Simons de Maurefgard, &c.*

xix. Signatum Q *. anno 1310. pag. 103. *Nous VVallerans de Luffen-*
bourc, &c.

xx. Signatum R. anno 1324. pag. 105. *Nous Sire Jehans de Fland', &c.*

xxj. Signatum S. anno 1328. pag. 108. *Univerfis præfentes, &c.*

xxij. Signatum T. anno 1347. pag. 112. *Jou Mathius Sohier, &c.*

xxiij. Signatum V. anno 1378. pag. 115. *Nos Petrus de Sohier, &c.*

xxiv. Signatum W. anno 1370. pag. 117. *Nous VVatiers Sires, &c.*

xxv. Signatum W *. anno 1351. pag. 118. *Jou Robert Coulet, &c.*

xxvj. Signatum X. anno 1392. pag. 123. *A tous cheulx, &c.*

xxvij. Signatum Y. anno 1397. pag. 125. *Jou Jehans de Jauche, &c.*

xxviij. Signatum Z. anno 1659. pag. 126. *Nous foubfignez Roys d'Armes, &c.*

xxix. Signatum Z *. anno 1436. pag. 129. *Nous VViftache, &c.*

xxx. Signatum AA. anno 1477. pag. 133. *De mes treshonorez Seigneurs, &c.*

xxxj. Signatum BB. anno 1472. pag. 138. *A tous ceulx qui, &c.*

xxxij. Signatum CC. anno 1495. pag. 139. *A tous ceulx, &c.*

xxxiij. Signatum DD. anno 1543. pag. 143. *Nous Jehans Abbé, &c.*

xxxiv. Signa-

xxxiv. Signatum EE. pag. 145. *Jean Sire de Bazentijn, &c.*

xxxv. Signatum FF. anno 1660. pag. 150. *Jean Saye, &c.*

xxxvj. Signatum GG. anno 1458. pag. 152. *A tous ceulx, &c.*

xxxvij. Signatum HH. anno 1660. pag. 155. *Au nom de Dieu, Amen. Sachent, &c.*

xxxviij. Signatum II. anno 1621. pag. 157. *In den name des Heeren, Amen, &c.*

xxxix. Signatum KK. anno 1650. pag. 158. *Nous soubsignez Roys & Heraults d'Armes, &c.*

xl. Signatum LL. anno 1624. pag. 161. *In den name des Heeren, &c.*

xlj. Signatum MM. anno 1641. pag. 162. *In den name des Heeren, Amen, &c.*

xlij. Signatum NN. anno 1643. pag. 165. *In den name ende ter eeren Godes, Amen, &c.*

xliij. Signatum OO. anno 1656. pag. 166. *Monsr. de VVarmenhuysen, &c.*

xliv. Signatum PP. anno 1658. pag. 169. *Leopoldus Divina Favente Clementia, &c.*

xlv. Signatum num°. 1. anno 1095. pag. 219. *Le premier titre est tel,* En teste se voyent, &c.

xlvj. Signatum num°. 2. anno 1133. pag. 228. *Jou Renaut, &c.*

xlvij. Signatum num°. 3. anno 1255. pag. 235. *Nous Pierons Sohiers, &c.*

xlviij. Signatum num°. 4. anno 1307. pag. 243. *Jou Gerars, &c.*

xlix. Signatum num°. 5. anno 1293. pag. 247. *Gou Gerars, &c.*

l. Signatum num°. 6. anno 1409. pag. 252. *A tous cheux qui ches, &c.*

lj. Signatum num°. 7. anno 1096. pag. 254. *In nomino Sancto, &c.*

lij. Signatum num°. 8. anno 1059. pag. 261. IS XPO, *&c.*

ET quandoquidem suprascriptus SOHIERIUS à nobis petiit, ut exemplaria illa atque archetypa Instrumenta ac tabulas quin etiam exempla seu transcripta omnia perlegeremus, atque cum excusis illis exemplis, ei, quem diximus, codici insertis, conferremus testimoniumque exhiberemus eorum, quæ visuri ac lecturi essemus, ejus desiderio obsecundantes, supra scripta omnia cùm exemplaria tùm exempla perspeximus, legimus ac cum excuso codice verbotenus comparavimus perspexisse, legisse atque comparavisse verbotenus pronunciamus, de-

claramus

claramus ac teſtamur, quinetiam dictas tabulas nobis exhibitas, neque eroſas, neque cancellatas, neque inductas, & quamvis ſigillorum pleræque, aut tempore adæſæ, aut caſu mutilatæ, omnia tamen eo modo nos vidiſſe ac legiſſe, quo codex excuſus repræſentat : Niſi quod errata quædam tum omittendo, tum committendo deprehendimus, quæ aut tranſcribentium incuria, aut typothetarum fecit feſtinatio, quæ, quam fieri potuit, accuratiſſimè in margine codicis excuſi, manu Graphiarii noſtri annotari curavimus, qui in tabulario noſtro ſervatur : Ut verò per alios, qui codicem illum lecturi ſunt, errata illa dignoſci, ac ſi velit etiam emendari bonâ fide poſſint, hic ordine recenſeri voluimus ac mandavimus, volumus ac mandamus,

IN 1°. Inſtrumento ſignato A. pag. 45. linea 16. poſt verbum *jacet* adjungendum, *dilectiſſima*, quod omiſſum.

Linea 18. pro *mea*, ponendum, *meo*.

Linea 29. pro *primo*, ponendum, *primum*.

Linea 32. poſt *terras*, adjungendum, *meas*, quod omiſſum.

Linea 33. pro *do eodem*, *do eidem*.

Linea 38. pro *atrebat. Atrebatenſi.*

Linea 39. pro *Item de*, *Item Do.*

Linea 40. poſt *torquem*, adjungendum, *aureum*, quod omiſſum.

Linea eadem, pro *ſolempniter*, *ſolemniter.*

Pag. 46. linea 2. pro *Camer. Camer.*

Linea 5. poſt *ornata*, adjungendum, *kariſſima*, quod omiſſum.

Linea 6. pro *torquem aurem*, *torquem aureum.*

Linea 7. pro *Viromanduorum*, *Viromand.*

Linea 9. pro *Monarcha*, *Monarqua.*

Linea 13. pro *Viromanduorum*, *Viromand.*

Linea 16. pro *Daubeugni*, *Daubengni.*

Linea 28. ubi habetur *Aufridus Archipellanus*, debet præcedere, *ſur le plis eſtoit ſigné.*

Linea 29. poſt *ſur le*, debet adjungi, *meſme.*

Linea 33. pro *n̄ri*, *noſtri*, & pro *octuageſimo*, *octuag.*

IN 2°. Inſtrumento ſignato A*. pag. 51. linea 51. pro *Extrema*, ponendum, *Eſtrema.*

Pag. 52. linea 9. pro *antedictus*, *antedictis.*

Linea 34. pro *Seneſcaci*, *Seneſcali.*

IN 3°. Inſtrumento ſignato *A*. pag. 55. linea 15. poſt verbum *militibus*, adjungendum, *qui*, quod omiſſum.

Pag. 56 linea 5. poſt verbum *Fontanas*, adjungendum *a.* quod omiſſum.

Linea 16. pro *Rodolpho*, *Rodulpho.*

IN 6°. Inſtrumento ſignato D. pag. 70. linea 4. pro *univerſis*, *diverſis.*

Linea 5. pro, *in perpetuum*, *in perpetuam.*

Pag. 71. linea 2. pro, *actum*, *datum.*

IN 7°. Inſtrumento ſignato E. pag. 73. linea 2. pro *moert*, *mort.*

Linea 4. pro, *or*, *&*, & pro, *ſi*, *ki.*

Linea 6. pro, *Roſel*, *Roſiel.*

Linea 7. pro, *avoec*, *avuec*, pro, *li*, *le.*

Linea 10. pro, *avoec*, *avuec.*

Linea 15. pro, *Jehans*, *Jehan*, pro, *reliva*, *relieva.*

Linea 16. pro, *avoec*, *avueuc*, pro, *Robiert*, *Robiers.*

Linea 17. pro, *Sohier*, *Soher.*

Linea 18. pro, *Gillebert*, *Gillebiert.*

Linea 20. pro, *Louvet avec*, *Lovet avueuc.*

Linea 21. poſt verbum *dit*, adjungendum *de*, quod omiſſum.

Linea 22. pro, *Michelle*, *Michellette des.* pro, *fielx*, *fieux.*

Linea 24. pro, *Cil*, *Il.*

Linea 25. pro, *oſſi*, *auſſi.*

Linea 29. poſt verbum *dit*, adjungendum *le*, quod omiſſum.

Linea 32. pro, *moult*, *molt.*

IN 8°. Inſtrumento ſignato F. pag. 76. linea 2. pro, *Cameracenſis*, *Camerac.*

Linea 3. pro, *Eccleſie*, *E.* pro, *Sancti*, *S.*

Linea 9. poſt, *filiorum*, adjungendum *ſuorum* quod omiſſum.

Linea 14. pro, *Hugo*, *H.*

Linea 15. poſt, *antedictam*, adjungendum, *aliquando ſuper hanc donationem inquietare, aut aliquo mō.*

Pag. 77. linea 1. pro, *Eccleſie*, *Eclie.*

IN 9°. Inſtrumento ſignato G. pag. 79. linea 1. pro, *Sohier*, *Soherre.*

Linea 4. pro, *quod*, *qq.*

Linea 14. & 15. pro *Strumella*, *Stumella.*

IN 10°. Inſtrumento ſignato H. pag. 84. linea 15. ante *heredes*, adjungendum, *per*, & pag. 85. linea 4. poſt verbum, adjungendum, *preſentium,q.* quod omiſſum.

IN 12°. Inſtrumento ſignato K. pag. 89. linea 1. pro, *celi*, *celuy.*

Linea 6. pro, *dite*, *dis.*

Linea 8. pro, *tout*, *toute.*

Linea 9. pro, *a*, *as.*

Linea 11. pro, *tous*, *tout.*

Linea 21. pro, *Et l'an*, *Enl'an.*

IN 13°. Instrumento signato L. pag. 90. linea 1. pro, *Jehans*, *Jehan*.
Linea 2. pro, *ki jou voulant*, *ke jou veulant*.

IN 14°. Instrumento signato M. pag. 91. linea. 2. pro, *Cameracesij*, *Camér*.
Linea 6. pro, *nostre communitatis*, *nre comm:*
Linea 8. pro, *nostre & communitatis*, *nre & comm:*
Linea 11. *viesis*, *vieslis*, pro, *Clermont*, *Clermon*.
Pag. 92. linea 5. pro, *has*, *hă*.

IN 15°. Instrumento N. pag. 93. linea. 6. delendum, *bien*, & linea 8. pro, *Soherres*, *Soheries*.
Pag. 94. linea 6. post verbum, *Adans*, erat in originali parva ruptura triangularis.
Linea 22. pro, *Jakemes*, *Jakemon*.
Linea 25. & 26. pro, *Pooiemes*, *Poiemes*.

IN 16°. Instrumento signato O. pag. 96. linea 2. pro, *pour*, *por*.

In duobus prioribus sigillis verba non ita clarè apparebant;

IN 17°. Instrumento signato P. pag. 98. linea 7. pro, *en*, *es*.
Linea 13. post verbum, *deniers*, adjungendum, *Cambrisciens*.
Linea 14. pro, *laquelle*, *laquel*.

IN 18°. Instrumento signato Q. pag. 100. linea 3. pro, *qui*, *q̄*.
Linea 7. pro, *salut*, *salu*.
Linea 14. pro, *riele*, *ruele*.
Linea 26. pro, *du*, *dou*.
Linea 29. pro, *femme*, *feme*.
Linea 30. pro, *Et pité que avons*, *Et pour pité que avions*.
Linea 33. pro, *tenu en forme*, *tenu en le forme*.
Linea 36. post, *a*, *le*, adjungendum, *prisere*, *& a le*, quod omissum.
Linea 35. pro *du*, *dou*.
Linea 40. post, *nous*, adjungendum, Y. quod omissum, & pro M^r. M^c.

IN 19°. Instrumento signato Q*. pag. 104. in primo sigillo, pro, *S. Wulfrum*, *S. Wulferuj*.

IN 20°. Instrumento signato R. pag. 105. linea 1. pro, *Flandre*, *Fland*.
Linea 3. pro, *Demisiele*, *Demis*.
Linea 3. & 4. pro, *Mikelette*, *Mikelete*.
Linea 6. post, *ordena*, adjungendum *que*, quod omissum.
Linea 9. pro, *Crevecuer*, *Creviecü*, pro, *faire*, *fair*.
Linea 11. pro, *Crevecuer*, *Creviecü*.
Linea 18. pro, *Crevecuer*, *Creviecü*.
Linea 19. pro, *un*, *r*.
Linea 22. pro, *Lieutenant*, *Lieiltenant*.
Linea 23. pro, *pages*, *page*, & adjungendum, *qui sera*, quod omissum.
Linea 25. post *aisnel*, adjungendum, *qu'il conjure tenir paix avoec si frers, & sœureurs*, quod omissum.

Linea 29. pro, *avec*, *avoec*.
Pag. 106. linea 10. pro, *nommet*, *nommez*.

Infra in primo sigillo litteræ sive notæ non clarè apparabant.

IN 21°. Instrumento signato S. pag. 109. linea 25. post *Parisiensis*, adjungendum, *publicus*, quod omissum.

IN 22°. Instrumento signato T. pag. 112. linea 5. pro, *la*, *le*.
Linea 9. pro, *Il*, *Ils*.
Linea 13. pro, *de*, *&*.
Linea 17. pro, *l'avons*, *layons*.
Linea 21. pro *bon*, *boen*.
Linea 30. post, *pres*, adjungendum, *de*, quod omissum.

IN 23°. Instrumento signato V. pag. 115. linea 1. & 2. pro, *Cameracesio Camerãc*.
Linea 2. pro, *Baillivus*, *Baillius*.
Pag. 116. linea 2. post, *Ecclesie*, adjungendum, *Scti Auberti*, quod omissum.
Linea 8. pro, *Robins*, *Robin*.

IN 24°. Instrumento signato W. pag. 117. linea 1. pro, *Watiers*, *Wārs*.
Linea 7. pro, *le*, *li*.
Linea 10. pro, *chiaus*, *chieus*.

IN 25°. Instrumento signato W.*. pag. 118. linea 6. pro, *fius*, *fiuls*.
Linea 7. pro, *convence*, *convenence*.
Linea 13. pro, *le dit*, *li dit*.
Linea 16. pro, *plus*, *plu*.
Linea 20. pro, *prūt. present*.
Linea 23. ante primum verbum, *biels*, debet præcedere *deux*, quod omissum est.

IN 26°. Instrumento signato X. pag. 123. linea 5. pro, *aubert*, *aubt̄*.
Linea 6. pro, *main*, *nom*.
Linea 8. pro, *demeuroient*, *demeurerent*, &, pro *triespas*, *trespas*.
Linea 10. pro, *apres*, *apries*.
Pag. 124. linea 8. pro, *suffiesmes*, *fuissiemes*.
Linea 10. pro, *la*, *le*.
Linea 13. pro, *dessus*, *dess̄*.
Linea 18. ubi habetur, &c. *quidem septem regulæ omissæ sunt*.

IN 27°. Instrumento signato Y. pag. 125. linea 8. post, *Sire de*, adjungendum, *le*, quod omissum.
Linea 16. pro, *volentet*, *volentes*.

IN 28°. Instrumento signato Z. pag. 126. linea 7. pro, *de haveron*, *hanveron*, autrement *haveron*.

IN 29°. Instrumento signato Z*. pag. 129. linea 1. & 2. pro, *Cambresis*, *Cambresij*.

IN 30°. Instrumento signato AA. pag. 133. linea 7. pro, *ahennables*, *ahennable*.

Linea 11. pro, *appărt*, *appartenans*,

Pag. 134. linea 9. pro, *fut*, *fu*.

IN 31°. Instrumento signato BB. pag. 138. linea 3. pro, *Barbencon*, *Barbenchon*.

Linea 10. pro, *xxvj.*, *xx*.

Linea 11. pro, *Lib.-que*, *Li. q*.

IN 32°. Instrumento signato CC. pag. 139. linea 3. pro, *a, de*, & pro, *Philippe d'Austriche*, *Philippe Archiducq de Austriche*.

Pag. 140. linea 1. post, *en*, adjungendum *ce*, quod omissum.

IN Genealogia pag. 145. post tertiam distinctionem & RENAUD DE MONTAUBAN, subjungi & sequi debet

JEHAN SIRE DE BAZENTIN, ET d'AVERDOIN CHLR. espousa N. DAME DE LEAUNE.

Distinctione 5ª. pro, JEAN SIRE DE BAZENTIN, poni debet, REYNAULT SIRE DE BAZENTIN, & pro, JENNE DE RAVENS, JEANNE DE RAVENS.

Pag. 146. distinctione 2ª. in tertia persona, *Houcourt*, *Honcourt*.

Distinctione 3ª. linea ascendens quæ supponitur ROBERT Sʳ. DE HERVILLY, debet supponi & annecti JEAN DE HERVILLY.

IN 34°. Instrumento signato EE. pag. 147. linea 8. pro, *&*, *de*.

Linea 10. pro, *ce*, *le*.

IN 35°. Instrumento signato FF. pag. 150. in fragmento Genealogico linea 4. pro, JEANNE BERLOT, JEANNE DE BERLOT.

Hic erant septem Sigilla quæ ibi non sunt expressa.

Pag. 151. linea 3. delendum, *estant*, quod in originali non reperitur.

IN 36°. Instrumento signato GG. pag. 152. in fronte ponendum, *Extraict d'une lettre en parchemin*.

Pag. 153. linea 16. & 21. ubi quædam .... sunt posita, fuit ruptura, ita ut non potuerit sciri, quid continuerit.

Linea 27. pro, *grande*, *grant*.

Pag. 154. in secundo Sigillo ubi in circuitu habetur, *Vermandois*, non potest bene legi.

IN 37°. Instrumento signato HH. pag. 155. parvum sigillum, quod infra in fine positum supra in fronte debuerat poni, Et ultima linea loco, *M. Alphen*, *G. v. Alphen*.

IN 38°. Instrumenta signato II. pag. 157. in subscriptione *J. Bruyning*, U.D. non potuerat legi, sed apparebat hujusmodi IB.

IN 39°. Instrumento KK. pag. 158. linea 7. pro, *Lambrequin*, *Hambrequin*.

Pag. 150. linea 4. pro *Root*, *Swart*.

Linea 5. pro, *een groen Zegel*, *eenen groenen Zegel*.

IN 40°. Instrumento signato LL. pag. 161. linea 1. post, *Heeren*, adjungi debet, *ende*, quod omissum, & linea 12. post SOHIER, adjungi debet SUSANNA HELMANS, quod etiam omissum.

IN 43°. Instrumento signato OO. pag. 167. linea 4. post, *Poelgeest*, &c. non invenitur.

IN 44°. Instrumento signato PP. pag. 170. linea 16. pro, *voluntatis*, *volentis*.

Linea 20. post, *Viros*, delendum, *&*, & pro, *quod*, ponendum, *quos*.

Linea 27. pro, *promoveri*, *foveri*.

Pag. 171. linea 25. post, *sit*, adjungendum, *honori*, quod omissum.

Pag. 173. linea 20. pro, *expansis*, *expassis*.

Linea 21. pro, *diu aricatis*, *divaricatis*.

Linea 27. post, *diplomate*, subjungendum, *hoc*, quod omissum.

Pag. 174. linea 18. pro, *titulis*, *titulus*.

Linea 31. post, *nostris*, debet adjungi, *&*, quod omissum.

Pag. 175. linea 7. pro, *bifario*, *bypario*.

Linea 9. & post, *Sexcentos*, delendum, & ponendum post *Octavo*.

In subsignatione pro *Lealmo*, *Leamlo*.

IN Instrumento signato N°. 1°. pag. 219. linea 2. pro, *d'autres petites croisettes porte en chef les lettres* INRI *& au pied*, ponendum, *d'une petite croisette au centre, & en chef d'une autre croisette, au dessous se voyent les lettres de* INRI. *& au dessous de la ditte croix*.

Linea 5. pro, *nostrū*, *nostrum*.

Linea 9. pro, *volentes*, *vo." pro nobis*, *nolis*.

Pag. 220. linea 3. pro, *Hugonis*, *Hunonis*.

Linea 4. pro, *qd.*, *qs*.

Linea 6. ante, *Wolteri*, adjungendum, *Et*, quod omissum.

Linea 11. pro, *Erleboldi*, *Erlebordi*.

Linea 20. pro, *d*, *d̄*.

Linea 22. post litteram, *S.* delendum *&*.

Linea 30. pro, *Inlustriū*, *Illustrium*.

Linea 34. pro, *vero*, *m̄*.

Linea 35. pro, *Suessionens*, *Suessioñ*.

Linea 37. post, *Præpositus*, debet adjungi. *e*, & post GERARDUS, adjungi, JOANNES, MARCELLIN[9], CANON: CAM: GUERMOND[9]. quod omissum.

IN Instrumento signato n°. 2°. pag. 228. lin. 1. pro, *Hankourt*, *Haukurt*.

Linea 8. pro, *a, o*.

Linea 15. pro, *a, o*.

Linea 28. pro, *aviemes*, *Oviemes*.

Linea 30. pro, *de, del*.

IN Instrumento signato n°. 3°. pag. 235. linea 3. post, *Escerpe*, subjungendum, *por*, quod omissum.

Linea 6. pro, *tous*, *tos*.

Linea 18. post, *as, tiere*, & pro, *messire*, *mesire*.

Linea 19. pro, *Eustache*, *Stache*.

Linea 20. pro, *Englise*, *E*.

Linea 25. pro, *paresis*, *păr*.

Pag. 236. Linea 3. pro, *Pierart*, *P*.

Linea 6. pro, *koflet*, *kotet*, & pro, *Robijn*, *R*.

In Instru-

IN Inftrumento fignato N°. 4°. pag.243. linea 12. pro, *dius*, *diu*.
Linea 17. pro, *dis*, *dit*.
Linea 22. pro, *Hoire*, *Hoirie*.

IN Inftrumento fignato N°. 5°. pag. 247. linea 2. pro, *faifons*, *faifcons*.
Linea 15. pro, *al*, *ol*.

IN Inftrumento fignato N°. 7°. pag. 257. linea 9. pro, *vieflis*, *vielis*.

Linea 10. pro, *folenijs*, *folemijs*.
Linea 22. pro, *bantuel*, *bantues*.

IN Inftrumento fignato N°. 8°. pag. 261. linea 12. pro, *Dei*, *Dñi*.
Linea 13. pro, *quo*, *qua*.
Pag. 262. linea 3. pro, *integrè*, ... *tegrè*.
Linea 27. pro, *hartam*, *chartam*.
Sigillum ut eft impreffum non clarè potuit agnofci.
Pag. 263. linea 1ª. pro, *an*, *au*.

QUapropter præfens Inftrumentum per Graphiarium noftrum fubfignari & ad majorem fecuritatem Jufticio figillo muniri mandavimus.   ACTUM Hagæ Comitis xxvij°. die menfis Septembris, anno xvjᶜ. fexagefimo primo.   Subfignatum & figillatum erat ut fequitur,

Adr: Pots.

Correction

AU commencement de ce livre en la Page qui s'addresse au Noble, en la derniere ligne, au lieu *d'oiseau,* lisez *ciseau.* Dans l'Epistre Dedicatoire l. 27. aprés *sorty de celle,* adjoustez *de.* Ibidem, l. 67. aprés *douleurs* rayez l'accent interrogatoire. En la Preface p. v. l. 21. lisez *que les Chasteaux.* Ibid. l. 37. rayez *le.* En la Page qui suit, l. 9. aprés *Catilina,* lisez *les Baux Princes.* En la Table Geneal. p. 2. l. 15. lisez *Comte.* Ibid. l. 16. lisez *sont* au lieu de *son.* Ibid. l. 19. lisez *Comte.* P. 6. l. 14. au lieu *deaus* lisez *aussi.* P. 8. l. 6. au lieu *Roy du,* lisez *du Roy.* Ibid. vers la fin de la page, adjoustez *de* devant *Leuriote.* P. 9. l. 9. au lieu de *VI.* lisez *Z.* Ibid. l. penultieme au lieu de *Zutphaes,* lisez *Jutphaes.* P. 10. sur la fin au lieu de *Berwick,* lisez *Beverwÿck.* P. 14. l. 32. au lieu de *dont* lisez *donc.* P. 23. l. 34. au lieu de *partut* lisez *paruë.* Ibid. l. 35. adjoustez un *S.* au mot de *Grand.* P. 24. l. 8. au lieu de *qu'il,* lisez *qui.* P. 28. l. 10. devant *Chevelu,* lisez *le.* Ibid. l. 14. au lieu de *meilleur,* lisez *meilleure.* P. 43. l. 6. au lieu *Aut,* lisez *au.* P. 44. l. 5. lisez *Cambray.* P. 51. l. 1. au lieu de *ravy,* lisez *ravit.* P. 60. l. 16. lisez *evidente.* P. 65. sur la fin adjoustez apres SOHIER I. *du nom.* P. 74. l. 4. aprés *Scabini,* adjoustez *Civitatis.* P. 75. l. 1. & 2. rayez les mots enfermez dans la parenthese. P. 78. l. 1. au lieu de *par la,* lisez *par le.* P. 83. l. 14. lisez *cretelée,* au lieu de *certelée.* Ibid. l. 15. lisez *enchasse.* Ibid. l. 30. au lieu de *Brache,* lisez *Branche.* P. 90. l. 9. au lieu de *mencandées,* lisez *mencaudées.* Ibid. l. 15. au lieu de *tiesmongn,* lisez *tiesmoing.* P. 96. l. 26. au lieu de *l'Empereur,* lisez *l'Impireur.* Ibid. lisez *otries.* P. 101. l. 2. lisez *el,* au lieu de *&.* P. 129. l. 1. apres PIERRE SOHIER, adjoustez IV. *du nom.* & apres MARIE adjoustez DE. P. 130. l. 4. au lieu de *dos,* lisez *dos de.* P. 131. l. 11. au lieu de *l'Escule,* lisez *l'Escluse.* P. 139. l. 1. apres *Escuyer,* adjoustez *avec.* Ibid. l. 13. apres *Lyons,* adjoustez *Leopardez.* P. 142. l. 14. au lieu d'*es,* lisez *&.* P. 149. l. 1. apres HUGUES SOHIER, adjoustez III. *du nom.* P. 150. vers les lignes 35. & 36. adjoustez à la marge, *Copie d'une Attestation des Herauds d'Armes Cottée* FF. P. 156. l. 15. lisez *feu son.* P. 162. l. 1. au lieu de *Vesue,* lisez *Vef.* P. 166. l. 10. au lieu de *Vesue,* lisez *Vef.* Ibid. l. 12. au lieu de *c'est,* lisez *cette.* Ibid. l. 21. lisez *feu son pere.* Ibid. l. 25. lisez *general* avec un petit *g.* Le Lecteur remarquera qu'apres la Page marquée du chiffre 180. doit suivre 181. au lieu de 185. & ainsi des Pages qui suivent. P. 185. l. 9. au lieu *d'un,* lisez *d'une.* Ibid. l. 13. au lieu de *sans,* lisez *dans.* P. 190. l. 21. au lieu de *belle,* lisez *beaux.* Ibid. l. 22. apres *fait,* adjoustez *a.* P. 191. l. 13. au lieu de *Candry,* lisez *Caudry.* P. 192. l. 1. apres *celle,* adjoustez *de.* Ibid. l. 19. au lieu de *sonr,* lisez *sont.* P. 193. l. 26. au lieu de *cachées,* lisez *cachée.* P. 194. l. 40. au lieu d'*ingenieuses,* lisez *ingenieuse.* P. 195. l. 16. au lieu de *Boulan,* lisez *Boulain.* P. 196. l. 26. au lieu de *avoit,* lisez *avoir.* P. 197. l. 22. au lieu du premier *&,* lisez *en.* Ibid. l. 31. au lieu de *deuzieme,* lisez *douzieme.* P. 198. l. 11. au lieu de *Duc,* lisez *Ducs.* P. 200. l. 26. au lieu de *le,* lisez *se.* P. 201. l. 18. rayez *en.* P. 202. l. 25. apres *si,* rayez *un.* P. 203. l. 2. au lieu de *sons,* lisez *sont.* Ibid. l. 9. au lieu de *revevient,* lisez *reverent.* Ibid. l. 34. au lieu de *reputée,* lisez *reputé.* P. 204. l. 30. au lieu de *l'eust,* lisez *l'eussent.* P. 209. l. 28. au lieu de *ineffaçabe,* lisez *ineffaçable.* P. 225. l. 2. au lieu de *faites,* lisez *fait és.* P. 227. l. 9. au lieu de *Pourceau,* lisez *Porcean.* P. 231. l. 5. apres *femme,* rayez *de.* P. 232. l. 22. au lieu de *l'Aisnée,* lisez *l'Aisné.* P. 237. l. 10. au lieu de *Illustre,* lisez *Illustres.* Ibid. l. 41. au lieu de *estans,* lisez *estant.* Ibid. l. 37. aprés *mais il,* adjoustez *ne.* Ibid. l. 43. au lieu de *decouver,* lisez *decouvert.* P. 246. l. 11. au lieu de *Gouverneur,* lisez *Gouverneurs.* P. 251. l. 37. au lieu de *Gossiun,* lisez *Gossuin.* P. 253. l. 3. apres *contient,* adjoustez *rien.* P. 263. l. 26. adjoustez apres *des, anciens.*

Le Lecteur suppleera quelques autres fautes d'impression moins importantes, comme changement de lettres & de chiffres, d'omission & de transposition de lettres, d'accens, &c.

Il remarquera en outre que les Chartres Latines & Françoises contiennent plusieurs abbreviations de mots, que nous avons par fois copiez & couchez tout au long, pour la facilité des lisans : Pour exemple *Nōlis,* signifie *Nobilis.* m̄., *autem.* t̄ra, *terra.* vōes, *volentes.* Scͭi, *Sancti.* Clicũs, *Clericus.* ecͨ., *Ecclesia.* ē., *etiam.* q̄q̄t., *quotquot.* Epᵒ., *Episcopus.* P̄P̄., *Papa,* &c. tēn., signifie *tenant.* p̄., *pour.* P̱., *par.* M. *Monsieur,* Chͬs, *Chevaliers,* & cent autres.

Il remarquera encore que l'Æ diphtongue n'estoit en usage dans les anciennes Chartres Latines.

TABLE

TABLE

Des Maisons alliées par mariage, ou par parentage
avec celle de SOHIER,

Enfemble les Armoiries reprefentées
en ce Livre.

A.

Blaing, *Famille alliée avec celle de Sohier.* p. 70. 106.
109. 110. 111. &c. *portoit d'argent à 3. lyons de finople*
(alias d'azur) à la bordure de gueulle.

ABlains, *ou* Ablens *Famille alliée celle de Sohier.* p. 73. 103. 105.
114. 118. Michelle des Ablens, *femme de* Matthieu Sohier *por-*
toit d'or à 3. pals de gueulle, empefchés d'une fafce de fable brochant
fur le tout.

Ce que fignifie le mot d'Advoüé. p. 21. 22.

Albert I. *du nom Comte de Vermandois portoit efchiqueté d'or. &*
d'azur p. 41.

Alix, *Ada, Adelide, Adelucie, Alicie, Adele, Adile, Ale,*
voires Havoife, & Havvide, n'eft qu'un mefme nom felon Du
Chefne. p. 60. & ailleurs.

Alpheide 2. *femme de* Pepin I. *portoit bandé d'argent & de gueulle*
de 8. pieces. p. 32.

Anchife, *Duc & Comte Palatin, portoit d'azur à trois lys de ma-*
rets party, le 2. party d'argent & de fable. p. 31.

Anfbert, *portoit de gueulle à l'aigle éployé d'or, au chef de mefme*
chargé d'une fleur de lys d'azur. p. 28.

Annequin, *Famille alliée avec celle de Sohier.* p. 247. 250. 251.
portoit écartelé d'or & de fable, au bafton engreflé de gueulle.

Emme-Pavie d'Aquitaine, *femme d'*Othon *ou d'*Eudes *Comte*
de Vermandois, portoit de gueule au leopard d'or felon Boiffeau. p. 43.

L'écarteleure des Armes eft neceffaire pour la gloire d'une Maifon. p. 17.

La Famille des Chaftelains d'Arras, *alliée à celle de Sohier.* p. 67.
portoit gueulle au chef d'hermines: ou, felon aucuns, de gueulle
à 3. chafteaux d'or.

Arnould *furnommé* Bugifes, *portoit d'or à la fafce de gueulle, à*
une fleur de lys d'azur en chef. p. 29.

S. Arnould, *portoit d'azur à trois aigles d'or.* p. 30.

Afpiers, *Famille alliée avec celle de Sohier.* p. 73. *portoit d'azur à*
3. chevrons efchiquetez d'or & de gueulle.

Aubigny, *Famille tres ancienne (furnommée indifferemment* Havet)
alliée avec celle de Sohier. p. 46. 53. 68. *portoit d'argent à la fafce*
de gueulle chargée de 3. befans d'or. Alias de gueulle au lion d'her-
mines couronné d'or.

Aubrechicourt, *Famille (iffuë, felon d'*Outreman, *des Comtes de*
Valenciennes) *alliée avec celle de Sohier.* p. 192. *portoit d'hermi-*
nes à 3. hamaides de gueulle. Aucuns chargent les hamaides de
fix coquilles d'or. Les autres luy donnent de finople au chef d'her-
mines.

Audencourt (*Pairie*) *Famille du Cambrefis, furnommée indifferem-*
ment le Prevoft, *alliée avec celle de Sohier.* p. 186. *portoit d'ar-*
gent au fautoir de gueulle, &c.

Avitus *Empereur, dont la fille fut femme de* Tonange-Ferreol,
portoit de gueulle à un M *à l'antique d'argent.*

Awaing *Famille alliée avec celle de Sohier.* p. 192. *portoit d'or à*
3. hamaides de fable, au lambeau à trois pendans d'azur.

B.

BAilleul, *Famille d'Artois alliée avec celle de Sohier.* p. 228.
portoit d'argent à la bande de gueulle. Aucuns luy
donnent des autres Armes.

Balderic *Chanoine de Cambray & Archidiacre de Noyon (depuis Evef-*
que) a eu pour frere germain Erlebold de Sarcinville (*à prefent*
Sarquinville) *& pour freres uterins* Eudoibert Fracrin (*ou* Farin) Enbold le Rouge, *&* Seiher le Roux. p. 224. 225.

Plectrude de Baviere *femme de* Pepin *dit* le Gros. p. 32. *portoit lo-*
zangé en bandé d'argent & d'azur.

Suanechilde de Baviere, *femme de* Charles Martel. p. 33. *portoit*
comme cy devant.

Beaulaincourt, *Famille d'Artois, alliée avec celle de Sohier* p. 191.
portoit d'azur à deux Leopards addoffez d'or.

Beaumont, *Famille iffuë de celle de* St Aubert, *alliée avec celle de*
Sohier. p. 84. Ameline de Beaumont, *femme de* Pierre Sohier I. *du nom, portoit de gueulle à 3. chevrons d'or, au I. can-*
ton d'azur.

Beaumez,

M. Malapert

M.

Malapert. *Famille alliée avec celle de Sohier. p.142.143. 144. 145. 146. 147. 148.* Anthoinette Malapert, *femme de* Jean Sohier IV. *du nom, portoit d'azur seiné de lys d'or, à la bordure componée d'or & de gueulle.*

Mancicourt *Famille tres-illustre (Tige de celle de Rosel) alliée avec celle de Sohier. p. 52. 81. 82. portoit de gueulle à trois chevrons d'argent.*

De Mannieres *Famille alliée avec celle de Sohier. p. 70.*

Mauleurier, *tres-illustre Famille, alliée avec celle de Sohier. p. 132. portoit d'hermines au chevron gueulle.*

Mauvoisin *Famille tres-illustre alliée avec celle de Sohier. p. 45. 60. 61. 228. 230.* Adelucie de Mauvoisin, *femme de Sohier dit le Roux de Vermandie portoit d'or à deux fasces de gueulle.*

Marcoing *Pairie du Cambresis, appartenante à* Amalric le Roux *(frere de* Hugues Sohier*) dont il prit par fois le nom. p. 52. 54. 228. portoit de sable fretté d'argent. Alias d'or à la croix engreslée de sable.*

Le Merchier, *Famille Noble d'aux environs de Valencienes, alliée avec celle de Sohier. p. 10. portoit d'argent à la bande d'azur chargée de trois coquilles d'or.*

Que veut dire le mot de Miles, en François Chevalier. *p. 68. 69.*

Du Mortier *Famille alliée avec celle de Sohier. p. 192. portoit eschiqueté d'or & d'azur.*

Du Moulin *Famille alliée avec celle de Sohier. p. 73. 133. 135. 136. 139.* Jenne du Moulin, *ou de Moulin, femme de* Jean Sohier II. *du nom, portoit d'argent à 3. fers de moulin, ou anilles de sable.*

N.

Neufville *Famille tres-illustre en Artois alliée avec celle de Sohier. p. 235. 239. 240. portoit d'or fretté de gueulle.*

Neufville *lez Soignies, Famille alliée avec celle de Sohier. p. 9. portoit d'argent à la croix ancrée de gueulle, ou selon aucuns, de gueulle à la croix ancrée d'or, &c.*

La Noblesse *tantot élevée, tantot abbaissée. p. 193. Divers exemples touchant le bonheur & le malheur des Nobles. p. 193. 194. 195. 196. 197. Voyez aussi la Preface de cet Oeuvre, & ailleurs.*

S'il est louable au Noble de rechercher de quels parens il est issu. *p. 199. 200. 201. 22. Voyez aussi la Preface.*

S'il est utile & necessaire que chaque Noble ait sa Genealogie. *p. 202. 203.*

Si la Noblesse est utile. *p. 203. 204. 205.*

Si le Noble peut trafiquer. *p. 205. 206. 207. 208. 209.*

Si le Noble perd sa Noblesse par l'exercice du trafic. *p. 209. 210. 211. 212.*

Que le Nombre de ceux, dont on est descendu est une chose prodigieuse. *p. 197. 198.*

O.

Oisy, *Famille (d'ou sortent les Sires de Crevecœur & d'Oisy Chastelains, ou Vicomtes de Cambray) alliée avec celle de Sohier. p. 46. 51. 52. 53. 54. 64. 65. 67. 220. 225. 226. portoit selon du Chesne d'argent à un croissant de gueulle; mais selon les autres, d'argent à un lion de gueulle entouré de billets de mesme.*

d'Ongnies *Famille d'Artois alliée avec celle de Sohier. pag. 192. portoit de gueulle à 3. testes de Mores d'argent tortillées d'or.*

van Os *Famille Noble du païs de Brabant, alliée avec celle de Sohier. p. 10. portoit d'argent à deux rencontres, ou testes de bœuf de gueulle, au canton de sable chargé d'une estoille d'or.*

Othon, *ou* Eudes *Comte de Vermandois: ses femmes. p. 43.*

P.

Papianille *femme de* Ferreol I. *& fille d'*Afranius Syagrius, *p. 24. portoit d'or à un serpent de gueulle ployé en cercle, ou autrement d'or à la Givre ou serpent de gueulle, tourné en ligne spiralle.*

Pepin I. *Duc d'Austrasie. pag. 32. portoit de sinople semé d'aigles d'or.*

Pepin II. *surnommé le Bref, fut declaré Roy de France, & porta d'azur semé de fleurs de lys d'or, à un lambeau de gueulle en chef. Il avoit auparavant porté (selon aucuns) écartelé. au 1. & 4. de sinople, semé d'alerions d'or. au 2. & 3. d'or au lion dragonné de gueulle, tenant de sa queuë un aigle de sable. p. 34.*

Pepin III. *Roy d'Italie. p. 37. portoit de France, party de l'Empire.*

Pepin *(fils de* Bernard *Roy d'Italie) fut I. Comte de Vermandois. p. 28. portoit eschiqueté d'or & d'azur.* Jean Boisseau *dit qu'il portoit eschiqueté d'argent & d'azur.*

Perone *Famille tres-Illustre alliée avec celle de Sohier. p. 46.*

Pingret *Famille alliée avec celle de Sohier. p. 197. portoit d'argent à trois tréffles de sinople 2. & 1. & une rose en abisme de mesme.*

Pollé *Famille alliée avec celle de Sohier. p. 191. portoit de sinople au sautoir d'or accompagné de 4. aiglettes de mesme.*

Pronville *Famille alliée avec celle de Sohier. p. 186. portoit de sinople à la croix engreslée d'argent.*

Q.

St Quentin *Famille alliée avec celle de Sohier. p. 192. Elle fut nommée indifferemment de Beaumont, & portoit de sinople à une teste de Leopard d'or.*

R.

Ribaumont, *ou* Ribemont *Famille (dont les anciens Comtes d'Ostrevant, & Chastellains de Vallencienes) alliée avec celle de Sohier. p. 46. portoit tantost d'azur à une tour gent, & tantost de gueulle fretté d'or, au canton d'or chargé d'un lion marchant de sable.*

Rivery

Constantin

TABLE.

FIN.